北大文化丛书

肖东发　主编

微说北大

杨　虎　严敏杰　编著

中国出版集团

现代出版社

图书在版编目(CIP)数据

微说北大 / 杨虎，严敏杰编著. —北京：现代出版社，2016.8
(北大文化丛书 / 肖东发主编)
ISBN 978-7-5143-5174-3

Ⅰ. ①微… Ⅱ. ①杨… ②严… Ⅲ. ①北京大学－校史 Ⅳ. ①G649.281

中国版本图书馆CIP数据核字(2016)第157170号

微说北大

编 著 者 杨 虎 严敏杰
丛书主编 肖东发
责任编辑 张 霆
出版发行 现代出版社
通讯地址 北京市安定门外安华里504号
邮政编码 100011
电　　话 010-64267325 64245264（传真）
网　　址 www.1980xd.com
电子邮箱 xiandai@cnpitc.com.cn
印　　刷 三河市南阳印刷有限公司
开　　本 710mm × 1000mm 1/16
印　　张 28.25
版　　次 2016年8月第1版 2016年8月第1次印刷
书　　号 ISBN 978-7-5143-5174-3
定　　价 55.00元

《北大文化丛书》总序

肖东发

从马神庙公主府的京师大学堂到沙滩红楼，从西南联大到京西燕园，北京大学从19世纪末期中国的坎坷历史中一路走来，既经历过山重水复的迷茫，也有过柳暗花明的欣喜；既遭逢过风雨如晦的阴霾天气，更多的则是欣享着云霞满天的朗润时光。不论如何，在这近120年的发展历程中，北大前进的脚步始终与国家发展、民族复兴的时代轨迹相伴相随，休戚与共。仅就这一点而言，在世界高等教育史上，也是非常少见的。我们发现，自北大诞生以来，一系列深刻影响和改变中国社会、文化、经济、科技发展的重大事件，大多与这所学校密切相关。悠久厚重的历史传统，精彩纷呈的学术大师，云蒸霞蔚的精神风度，独领风骚的学术贡献，让北大成为中国理所当然的最高学府和学术殿堂，被誉为20世纪中国文化界的双子星座之一。

抚今追昔，两个甲子的光阴即将成为让人深情追忆的厚重历史。在这120年的发展变革中，经过几代学人的不懈努力，北大酝酿出了一种独特的精神气度和文化风骨，也留下了太多太多值得我们系统梳理、深入总结、大力表彰、努力继承的历史传统、风物典故和精神魅力，持续感染和熏陶着中国无数的青年才俊和文化精英。值得特别关注的是，2018年北京大学将迎来120周年校庆，在北京大学争取建成世界一流大学的努力过程中，我们深感有责任通过深入挖掘北大的历史宝库和当代财富，总结和表彰北大的优秀文化，以向全社会传递北大的正能量和好思想，并为未来北大的“守正出新”提供必要的借鉴和参考。

北京大学一贯重视关于北大文化的建设和传承工作。在学校领导的关怀指导下，我所在的新闻与传播学院现代出版研究所，多年来已把关于北大校史与北大文化的研究作为一个不断深入的长期课题，决心把研究所打造为研究、整理、传承北大文化的基地。近年来，我们实地寻访了城里沙滩红楼一带老北大的名人故居，还多次走进燕南园、燕东园、朗润园，聆听诸位老先生的讲授和教诲，并在他们的指导下，编纂出版了一系列与北大相关的图书。比如，我们曾在侯仁之先生的指导下编辑出版了四卷本的《北大人文与风物丛书》，分别为《风骨：从京师大学堂到老北大》《风物：燕园景观与人文底蕴》《风范：北大名人寓所及轶事》和《风采：北大名师的岁月留痕》，这套丛书自2014年以来，已由北京大学出版社重新编辑再版。我们还在广西师范大学出版社出版和即将出版《北大燕南园的大师们》《北大燕东园的大师们》《北大朗润园的大师们》系列著述，可以说乐此不疲。

基于以上考虑和先前的基础工作，我们决定在北大120周年校庆之前，由我牵头，以我的历届学生为主力，编纂一套多角度展示北大历史传统、风物典故和精神魅力的《北大文化丛书》，作为献给北大120周岁生日的一份厚礼。经过多次讨论后，我们确定了丛书包括的单本书籍有：《北大历史》《北大精神》《北大校长》《北大教授》《北大文献》《老北大校园》《北大社团》《北大典藏》《微说北大》《北大风物图录》《北大文化初探》等。我们将努力从不同的视角全面展现北京大学一百多年来的发展历史，将这一丛书打造成展示、继承和弘扬北京大学人文精神的系列读物。

我们之所以选择这样一个题目还有一个考虑，就是直接接触过大师的家人亲友及弟子们大都健在，他们充满深情地回忆了许多有关北大名师的往事。正是在他们的帮助下，我们才能写出那些大师们的故事。本丛书多数编著者遗憾的是由于没有亲耳聆听大师教诲这样的条件，在写作中参考转引了不少他们的回忆文章，在充分尊重原始文献的著作权，注明出处的同时还要在此表示深深的谢意。

以上想法得到了现代出版社臧永清总编辑的高度肯定和大力支持，使得这一丛书的编纂出版得到了最重要的保障。能在以市场为主要导向的时风中拍板出版这一丛书，我们对臧永清先生和他带领的现代出版社不能不充满敬重和感谢之意。他日丛书顺利出版，臧先生和现代出版社将是理所当然的有功之臣。

本丛书还得到了北大图书馆、档案馆、校史馆的鼎力襄助，因而得以收录了许多以前不易见到的珍贵的历史图片。编著者力求以这种议叙相间、图文交织的形式突出展现北大风采，务使追求民主科学的北大传统与北大精神融汇于全书。当然，由于水平和条件所限，缺憾也不少，敬祈读者指正。

正如费孝通先生所言，文化是人为的，也是为人的。北大光辉的文化成就是历代先贤用自己的血汗铸造出来的。作为后来人，我们在享受这种文化熏染的幸福之光时，有必要想一想，如何头顶老北大人打造的耀眼光环，打造出当代北大人的文化之果，为丰富北大文化传统，沾溉后起之秀和社会大众，做出应有的贡献，以保证北大文化传统，能够如源源不断的活水，永葆勃勃生机，常有日新之境。从这个角度来讲，《北大文化丛书》的编纂出版，不过是一个小小的开端而已，要不负北大人和国人的殷切期望，还有赖于今日北大人的努力开拓和拼命实干。

长风破浪会有时，直挂云帆济沧海。相信并祝福我们的母校北大越来越好！

序言

表彰北大真精神，传递北大正能量

作为年轻的“老北大”，我们是怀着一颗热烈而虔诚的心完成这部书稿的。我们两人虽然年龄相差不少，但却有很多的共同点：都来自陕西的关中平原，高中毕业后都来到北大读书、生活，毕业后又留校工作，一直没有离开过燕园这个令人魂牵梦萦的园子。是北大培养了我们，让我们开拓了视野、提升了境界、认识了真理。因此，我们对北大常怀感恩之心。和每一位北大人一样，我们的内心深处都隐藏着一种浓郁的北大情怀。可以说，这部书是浸润着浓浓的北大情怀的。

北大是迷人的，她的一切能让每一个接近她的人沉醉不已乐而忘返。这缘于她悠久的历史传统、深厚的文化底蕴和独特的精神魅力。无论在什么时候，与北大相关的话题，总能引发人们的兴致。在我们看来，北大就是一本永远都读不完的大百科全书，正如燕园的未名湖一般，虽然不大，却有着大海一般的气象。要读懂这大书、这大海的真精神、真气象，绝非一日之功。随着在北大学习、工作和生活的时间越来越长，我们的这种感觉就愈发深切。

有一点是不能否认的，北大的一切，真真切切地体现在一代又一代的北大人身上，真正的北大魅力也体现在优秀的北大人身上。自入北大读书以来，我们就经常听老先生神采奕奕地讲述北大的历史、传统与精神，从他们的讲解中，我们知道了北大人的风骨、气概和神采；我们还曾经常听师兄师姐神侃北大人的逸闻趣事，在这种漫无目的的闲侃中，我们领略到了北大人的风趣、狂狷和洒脱；我们还经常阅读一些关于北大的回忆、评论文章，通过众人的视野，我们明晓了北大人的职责、使命和前景。而这一切，又都是通过精彩的话语表达出来的。

既然无法明确言说北大的魅力究竟何在，不如将前哲与时贤关于北大的精彩话语辑录起来，以供众人饭后闲览，让读者在会心一笑之余能多几分理解和思考，对北大和世人来说，均为有功之举。虽然是“述而不作”，但又可以发挥“表彰北大真精神，传递北大正能量”的些微之功，因此又何乐而不为呢？基于这样的共识，我们便产生了编写一本汇集北大精彩“话语”书的念头。2007 年，在中国广播电视出版社梁刚建社长和李潇潇编辑的支持与帮助下，我们“牛刀小试”，合作编撰出版了《北大新语》一书。

《北大新语》出版以来，得到了广大读者的欢迎。新华社资深记者丁一曾专门撰写并刊发书评文章《〈北大新语〉的新与旧》，称赞此书比较好地借用了“世说”体例，显得古意盎然，在“轻描淡写”中把北大传统和北大精神体现得“淋漓尽致”。该书出版不久便登上了北京万圣书园的月度销售排行榜，有些图书馆和学校还将此书列入推荐书目。一位网友在图书馆读到这本书后就将其推荐给大家，并这样写道：“它是百年老北大的大师们的《世说新语》，让我们看看什么才是真正的大学和大学教授以及怎样做一名大学生，什么才是大学精神，一本令人爱不释手的好书。”书中的部分内容被各种网站和报刊广泛转载。此书的重点章节还曾在《北大人》刊物上连载，在北大校友中反响良好。

初版的《北大新语》不过是我们通过适当方式表彰北大精神、传递北大能量开端而已，这样的工作，应该坚持不懈地做下去。众多师友也肯定了我们这样的想法，让我们做起来更有动力。近几年来，我们在工作之余，陆续收集、整理了大量的新资料、新掌故，拟在版权到期后，推出让读者更加满意的增订版。适逢编者之一的本师肖东发教授主持编纂《北大文化丛书》，便将此书的修订版纳入其中，并在臧永清老师的大力支持下，由现代出版社出版，真是荣幸之至。

此次增订和初版的内容相比，有了非常大的变化，主要表现在三个方面：

一是明确了思路。通过学习、讨论和思考，我们决定把编纂此书的指导思想明确为四句话："挖掘北大历史掌故，展示北大独特魅力，表彰北大真精神，传递北大正能量。"前两句话是我们所做的基础工作，是表现形式；后两句则是我们的最终目标，是微言大义。在这种理念的指导下，即便是"真趣""狂狷""乖僻"这样的篇章，也要努力反映和透露出北大人的真性情和凛然风骨。

二是调整了体例。和初版相比，新版的每一章都增加了数百字的"解题"部分，以起到必要的画龙点睛作用。为了增强读者阅读的连贯性和趣味性，也为了增强篇章布局的内在逻辑性，新版在篇章次序上，也进行了较大的调整。全书还新增了"风骨"和"奋勉"两章，以期让人们对北大的历史、现状和未来有一个整体的了解。以"奋勉"作结，寄予着我们对北大的殷切期望和美好祝福。

三是增删了内容。所谓增，是指新版字数比原书增加了十万余字，反映在各个篇章，除"谣歌"外，均有或多或少的新增内容，尤其是对新时期的北大掌故，特别留意收入。以体现北大"旧邦新命"的特征。另外，在《北大新语》出版问世至今，已经七年有余，其间，侯仁之、吴小如、汤一介、田余庆等先生先后离世，所以除了在正文部分增加其生前道德文章掌故外，还在人物志部分，对其简介也适当进行了修改。所谓删，是删去了一些有疏误的内容。如初版"授教"有一则关于潘光旦先生的内容："潘光旦在西南联大讲课时，每次走进教室，先从身上掏出一包香烟，抽出一支，问学生抽不抽，学生当然不抽，他便点燃那支烟，开始上课。"在《北大人》转载后，潘先生的后人提出，潘生前并不抽烟，此事当属演义之说。遵潘先生后人之教，将其删去。此外，还删去或改写了一些不甚精彩的内容，以使全书内容更加精练、挺拔。除了增删之外，还将篇章之内的排列顺序、部分内容的归属进行了适当调整，以使篇章题目与内容更为切合。

可以看出，增订版几乎是以全新的面貌呈现给广大读者。考虑到出版的"与时俱进"，我们受当前"微信体"的启发，并在臧永清老师的建议下，将书名更新为《微说北大》。《微说北大》者，乃"以微知著、以小见大，呈现北大精神魅力"之谓也。全书分为"授教""德行""气节""神采""雅量""真趣”“狂狷”“乖僻”等二十五节，后附“北大人物志”。将百余年来北大人的精彩“话语”和掌故汇集成书，在只言片语中体现北大的历史传统和精神魅力。读者可在细微之处领略、体悟北大人的真性情和凛然风骨，对于做人、做事、做工作、做学问，都有一定的助益。不着一字评价，却能尽览北大风流；无须正襟危坐，便可广汲北大能量，或许正是此书的魅力所在。

需要说明的是，由于篇幅所限，本书以类别为纲领，以人物为中心，所收人物以老一代北大人为主，同时文理大师又有侧重，难免会有挂一漏万，以偏概全之嫌。另外，此书在编写过程中，征引了大量的文献资料，由于体例的独特和篇幅的限制，未能一一注明，仅在全书后面列出参考文献，还请大方之家见谅。在此也对这些图书或文章的作者深表谢意。

有人说，为人师者的一个重要目标，就是在学生心中点燃求取真知的火种。在本书出版之际，我们要特别感谢肖东发教授，因为他就是点燃我们心中“北大情怀”这一火种的导师。肖老师在北大设帐讲学凡三十余年，对北大的感情十分深厚，精熟北大的历史风物、精神传统。每年新学期开学，便为全体新生讲授“北大历史与精神传统”，有“北大新生第一课”之称。在校开设“北京风物与传统文化”一课，总要留出专门的课时讲授北大精神，深受学生的欢迎和好评。职是之故，人多称赞肖老师为“爱校主义者”。在他的教诲、勉励、感染和支持下，我们也愿意努力做年轻人中的北大“爱校主义者”，用自己的绵薄之力，向世人积极“表彰北大真精神、传递北大正能量”，为实现北大人的共同梦想而摇旗呐喊，擂鼓助威。而此书的编撰出版，就是我们践行“爱校主义”的一次尝试，当然也是聆先生之教，读先生之书的一个初步成果。能以我们有限的能力，为所有关爱北大的读者奉献这样一本书，也是我们对北大，对老师的一种回报。这种对北大、对世道人心有一定意义的工作我们一定会坚持做下去，并争取做得越来越好，以不负师友和读者的厚望！

杨虎、严敏杰于京西燕园　2015 年 2 月

目 录

授教第一

解　题：大学之职，重在教书育人；育人之所，首推三尺讲坛。把课讲好，乃是每一位教师传道授业解惑的立身之本。大学能够留给学生最深刻最美丽的诸多印象中，名师的授课风采一定不可或缺。百余年来，北大的课堂一直是展示大师名家实力和风采的最佳舞台。要在北大的讲坛上立住站稳，就必须有严谨的授课态度，扎实的知识积累，巧妙的授课技巧，此外还得有些率真的雅趣。因缘于蔡元培先生大力提倡和表彰的"思想自由，兼容并包"之理念，北大的课堂之上，大体能够保持住异彩纷呈，妙趣横生的风尚韵致，从而让身临其境者终生难忘，也让未能躬逢其盛者无限向往。这或许是了解北大魅力的首要门径，因此开篇作授教第一。

○清末京师大学堂在清政府高压之下，课程也多陈腐无聊之论，经常引起学生不满。当时，有个姓叶的教习给预科学生讲授"人伦道德"课，学生对他的空谈不满，他却赖着不走。此课考试时，有一学生孙炳文在考卷上大书"叶公好龙，尸位素餐"八字。结果孙被学校挂牌开除。孙后来加入同盟会，辛亥革命后又回到北京大学，1912年毕业于预科第一类。

○据沈尹默回忆，他初入北大任教时，有一预科教地理的桂蔚丞老先生，每次上课时，均有一听差挟一地图，捧一壶茶和一只水烟袋跟随上讲堂，置之于讲堂上，然后退出，下课照旧如仪。其教科书、参考书和讲义对学生是保密的，丝毫不允被借阅。

○陈汉章于1909年入京师大学堂，辛亥革命后，任国立北京大学历史教师。他教中国历史，自编讲义，搜集资料，从先秦诸子讲起，考证说欧洲近代科学中的声、光、化、电之学，在我国先秦诸子的著作中已早有记载。那时，欧洲列强尚处于茹毛饮血时期。当时正在北大就读的沈德鸿（茅盾）课后作“发思古之幽情，光大汉之天声”的对联形容此事。陈闻听后解释道：“我明知我编的讲义，讲外国现代科学，在两千年前我国已有了，是牵强附会之说。但我为何要这样编呢？鸦片战争后，清廷士林中，崇拜外国之风极盛。中国人见洋人奴颜婢膝，有失国格人格，实在可耻可恨。我要打破这种崇洋媚外风气，所以编了这样的讲义，聊当针砭。”他还说：“中华民族同白种人并肩而无愧色。”沈德鸿事后称陈汉章是一位“爱国的怪人”。

○冯友兰在北大上本科时，“中国哲学史”一课由哲学系陈介石讲授。他从先三皇、后五帝讲起，每周四小时，讲了一个学期才讲到周公。学生问他如此讲法，何时才能讲完，他说：“无所谓讲完讲不完。要讲完一句话就可以讲完。要讲不完就是讲不完。”果然课没讲完，陈就去世了。20世纪30年代史学系一位讲师讲宋史，与陈有异曲同工之妙，一学年下来，仅仅讲了一个王安石变法还没有讲完。20世纪40年代邵循正在北大讲元史，一个学期也只讲了一个成吉思汗。

1918年6月北京大学文科哲学门毕业生与蔡元培校长（前排右四）合影。右二、三、五为梁漱溟、陈独秀、马叙伦，后二排左四为冯友兰

○陈介石在老北大深受学生尊重，他在哲学门（系）讲“中国哲学史”“诸子哲学”，还在历史门（系）讲“中国通史”。他讲的是温州一带的土话，一般人都听不懂，甚至连好多浙江籍的学生也听不懂。因而上课时只好以笔代口，先把讲稿发给大家，登上讲台，一言不发，就用粉笔在

黑板上写，写得非常之快，下课铃一响，粉笔一扔就走了。而且在下课铃响的时候，恰好写到一个段落。他虽不讲话，但却是诚心诚意地备课，课堂所写与讲稿亦各成一套。

〇据北京大学毕业的震瀛回忆，辜鸿铭在北大执教时，“很得学生爱戴，胡适之先生也比不上”。他回忆说，辜常常教学生念英文本的《千字文》：Dark skies above the yellow earth。音调很足，口念足踏，全班合唱。“现在想起来，也很觉可笑。看他的为人，越发诙谐滑稽，委实弄得我们乐而忘倦，这也是教学的一种方法，所以学生也很喜欢。”

〇沈从文回忆辜鸿铭在北京大学讲学时的情景：“辜先生穿了件缃色小袖绸袍，戴了顶青缎子加珊瑚顶瓜皮小帽，系了根蓝色腰带。最引人注意的是背后拖了一根细小焦黄辫子。老先生一上堂，满座学生即哄堂大笑。辜先生却从容不迫地说，你们不要笑我这条小小尾巴，我留下这并不重要，剪下它极容易。至于你们精神上那根辫子，据我看，想去掉可很不容易！因此只有少数人继续发笑，多数可就沉默了。”沈称辜的这句话给他留下十分深刻的印象。

〇辜鸿铭在北大讲授的是英国文学，每学期上第一堂课，他都要先对学生宣告：“我有三章约法，你们受得了的就来上我的课，受不了的就早退出：第一章，我进来的时候你们要站起来，上完课要我先出去你们才能出去，这是师徒大义，不可不讲；第二章，我问你们话和你们问我话时，都得站起来；第三章，我指定你们要背的书，你们都要背，背不出不能坐下。”辜要求虽严，但一般是没有学生退堂的。讲到得意处，他会忽然唱段小曲，或者从长袍里掏出几颗花生糖果大嚼，令人忍俊不禁。

〇陈独秀说，辜鸿铭在北大上课时，带一童仆为他装烟倒茶，辜坐在靠椅上，拖着辫子，慢吞吞地讲课，一会儿吸水烟，一会儿喝茶，学生着急地等着他讲课，辜一点也不管。有时一年下来只讲六首十几行英诗。

○辜鸿铭在北京大学讲英诗时，称“英诗分三类：国风、小雅、大雅。国风又可分为威尔士风、苏格兰风等七国风（只是没有萨克斯风）”。他还对学生说：“我们为什么要学英文诗呢？那是因为要你们学好英文后，把我们中国人做人的道理，温柔敦厚的诗教，去晓喻那些四夷之邦。”

○辜鸿铭在北大教英诗时，有学生求教学语言妙法，辜言道：“今人读英文十年，开目仅能阅报，伸纸仅能修函，皆由幼年读一猫一狗之式教科书，是以终其身只有小成。”他主张的就是中国私塾教授法：“以开蒙未久，即读四书五经，尤须背诵如流水也。”

○黄侃在北大任教时，常常身穿蓝缎子团花长袍，黑缎子马褂，头戴一顶黑绒瓜皮帽，腰间露出一条白绸带。每次授课，讲到紧要精彩处，则戛然而止，并对学生说，这里有个秘密，仅仅靠北大这几百块钱的薪水，我还不能讲，你们要我讲，得另外请我吃饭才行。

○黄侃与辜鸿铭、刘师培曾被称为老北大的“三怪杰”。黄侃讲课，颇多奇行怪举。田炯锦《北大六年琐记》中回忆：“有一天下午，我们正在上课时，听得隔壁教室门窗有响动，人声鼎沸。下课时看见该教室窗上许多玻璃破碎，寂静无人。旋闻该班一熟识同学说，黄先生讲课时，作比喻说，好像房子要塌了。方毕，拿起书包，向外奔跑，同学们莫明究竟，遂跟着向外跑。拥挤得不能出门，乃向各窗口冲去，致将许多玻璃挤碎。”

○ 1992 年，受梁漱溟等人的揄扬与举荐，熊十力被蔡元培聘为北大主讲“佛家法相唯识”的特约讲师。一到北大，他即打破“师生蚁聚一堂”的学院式教学方式，而采取古代师生朝夕相处，自由随和的书院式教学，力主道德与学问并重，生活与学习一致。熊在北大不喜多上课，学生上门问学比去上课还多，被人称为不上课的名教授，弟子亦满天下。

○熊十力在北大讲课，或与友人交谈，谈到重要的地方，往往情不自禁，随手在听讲者的头上或肩上拍一巴掌，然后哈哈大笑，声震屋宇。以致学生们都不敢坐第一排，怕熊的“棒喝”。有的人躲在最后一排，他就从最后一排拍起。朋友们与他谈话，也不敢靠近他。据说张东荪与他交谈时也被他拍过巴掌。

○陈寅恪游学诸国十余年，日常饮食喜牛油、面包、牛奶等，而衣装自青年时即着长袍。每次上课，都夹一个蓝布包袱，把包袱打开，讲义、参考书摊在桌上，基本不看。然后侃侃而谈，引经据典，古今中外，海阔天空，滴水不漏，史料、引文的出处，作者是谁，哪个版本，多少页，都交代得清清楚楚，绝似一个活图书馆。晚年执教于中山大学，讲课时校内教授旁听者有时竟多于学生，故有“教授之教授”之称。

○陈寅恪在西南联大讲授“隋唐史”，开讲前开宗明义：“前人讲过的，我不讲；近人讲过的，我不讲；外国人讲过的，我不讲；我自己过去讲过的，也不讲。现在只讲未曾有人讲过的。”因此，陈的课上学生云集，甚至许多名教授如朱自清、冯友兰、吴宓、北大的德国汉学家钢和泰等都风雨无阻地听他的课。

○邓之诚“为人为学，颇有古名士之风”。他在上课前不见客，不理事，一人静坐半小时到一小时，凝神静气。上课时经常空手而来，不带只文片纸。开讲前，他往讲台上一站，摘下帽子，放在讲桌上，深深地向众人鞠躬，脑门碰到桌面，然后说：“同学们，我来看看你们。”开讲后，一口西南官话，温文尔雅，口若悬河，一泻不止，遇到引用史书的，随讲随写，拿粉笔于黑板上用端正楷书一大段一大段写出，既快又准确，很少出错。如果有学生课后去他家请教，那就最受邓欢迎，因为他认为这样的学生可以因材施教，孺子可教也。

○刘文典任清华大学中文系教授，讲李商隐《锦瑟》一诗，每周讲两个课时，四周才讲完。讲《昭明文选》，一年只讲两三篇文章，而必讲《文赋》，至少用时两个月。尝于称赞其中某字时说：“《文赋》有许多种讲法，讲一年亦可，讲一月亦可。例如此句此字，真乃一字千金。古人于我非亲非故，我何必如此捧之？”

〇刘文典在西南联大讲《文选》课，不拘常规，别开生面。上课前，先由校役带一壶茶，外带一根两尺来长的竹制旱烟袋。讲到得意处，便一边吸旱烟，一边解说文章精义，下课铃响也不理会。有时他是下午的课，一高兴讲到5点多钟才勉强结束。或称刘“俨如《世说新语》中的魏晋人物”。

〇刘文典在西南联大讲课时，吴宓（号雨僧）也会前去听讲，而且总是坐在最后一排。刘一如既往，闭目讲课，每讲到会心得意处，便抬头张目向后排望去，然后问道：“雨僧兄以为如何？”每当这时，吴便照例起立，恭恭敬敬地一面点头一面回答：“高见甚是。高见甚是。”两位名教授一问一答之状，惹得全场为之暗笑。

〇刘文典上课征引繁富，经常一堂课只讲一句话，故而讲《文选》，一个学期只能讲半篇《海赋》。后因吸食鸦片，有时上课中间瘾发便狂抽香烟，由于发音多通过鼻腔，故而发音含混不清，讲《文选》时，只能听到嗫嚅而言：“这文章好！这文章妙！”

〇有一次，刘文典上了半小时的课便结束了上一讲的内容。学生以为他要开讲新课。这时，他忽然宣布说：“今天提前下课，改在下星期三晚饭后七时半继续上课。”原来，下个星期三是阴历五月十五，他要在月光下讲《月赋》。届时，校园里摆下一圈座位，刘文典坐在中间，当着一轮皓月大讲其《月赋》，生动形象，见解精辟，让听者沉醉其中，不知往返。

〇刘文典是民国时期著名的红学家，持论多有“索隐派”的色彩。有一次，原定在西南联大一小教室中开讲《红楼梦》，后因听讲者太多，容纳不下，只好改在教室前的广场上去讲。届时早有一批学生席地而坐，等待开讲。其时天已近晚，讲台上已燃起烛光。不久，刘文典身着长衫，慢步登上讲台，缓缓坐下。一位女生站在桌边从热水瓶里为刘斟茶。刘从容饮尽一盏茶后，霍然站起，如唱“道情”一般，有板有眼地念出开场白：“只、吃、仙、桃、一口，不、吃、烂、杏、满筐！”然后拿起粉笔，转身在旁边架着的小黑板上，写下“蓼汀花溆”四个大字，并解释说：“元春省亲大观园时，看到这幅题字，笑道：‘花溆二字便好，何必蓼汀？’花溆反切为薛，蓼汀反切为林，可见当时元春已然属意薛宝钗了。……”

○刘师培是学问渊博的旧派学者之一，被称为老北大的“怪杰”之一。他在北大开设的课程是“中国中古文学史”。他上课总是两手空空，既不带书，也没有一张卡片，而是往讲台上一站，随便谈起，头头是道，可以从头到尾一节课原原本本地讲下去。所引古文资料，常常是随口背诵，一字不差。声音不大清晰，却句句皆是经验之谈。但他的字却写得很不好，周作人评价说，当时北大文科教员里，“以恶札而论”，刘要算第一位。因此刘上课最怕在黑板上写字，不得已时，写一两个，也多是残缺不全。

○林损讲课喜欢标新立异。他长于记诵，许多古籍都能背诵，诗写得也很好。但他好酒而常借酒说怪话，上课也经常发牢骚，讲题外话。他讲杜甫《赠卫八处士》时，说：“卫八处不够朋友，用黄米饭炒韭菜招待杜甫，杜公当然不满意，所以诗中说‘明日隔山岳，世事两茫茫’，意思是你走你的路，我走我的路。”一次，周作人问他：林先生这学期开什么课？他正儿八经答：唐诗。周又问：准备讲哪些人？他答：陶渊明。

○老北大的一位女生描写许守白讲戏曲课的情形：“一位教师进来，身穿西服，光头，前面留着一个桃子，走上讲台，深深的一鞠躬，随后翻开书来讲。学生们有编织东西的，有写信看小说的，有三三两两低声说话的。起初说话的声音很低，可是逐渐响起来，教师的话有点不大听得出了，于是教师用力提高声音，于嗡嗡声的上面又零零落落地听到讲义的词句，但这也只是暂时的，因为学生的说话相应的也加响，又将教师的声音沉没到里边去了。这样一直到了下课的钟声响了，教师乃又深深的一躬，踱下了讲台，这事才告一段落。”

○蔡元培在北大讲授的课程是“美学”。一位同学的回忆录中记载下了当时课堂的情境：“他教的是美学，声浪不很高，可是很清晰，讲到外国美术的时候，还带图画给我们看，所以我们觉得很有趣味，把第一院的第二教室完全挤满了。第一院只有第二教室大，可坐一二百人……挤得连讲台上都站满了人，于是没有办法，搬到第二院的大讲堂。”

○梁漱溟在北大讲“印度哲学概论”“大乘唯实论”“东西文化及哲学”等课，有甚多见解，很受学生欢迎。1923 年前后，梁漱溟讲“儒家思想”一课，正式注册的仅九十多人，平时听讲的多在二百余人。但梁却不善于言辞，文字也欠流畅，每当讲到某个道理时常不能即兴说明，便急得用手触壁或是用手敲头深思。据说，梁讲印度哲学和唯识论时，哲学系的彭基相、余光伟等都不大同意梁的观点，他们对旁人解释去听课的原因说：“我们是来听听他荒谬到什么程度的。”梁听说后也不以为忤。

○钱穆是北大学生喜爱的教授之一。他在北大讲授“中国近三百年学术思想史”“中国通史”等课程，从来都是两个小时连起来讲，中间不休，他讲课的地点从来都在二院大讲堂，而且从来都是座无虚席。朱海涛描述钱穆的讲课风采道：“一副金属细边眼镜和那自然而然的和蔼，使人想到‘温文’两个字，再配以那件常穿的灰布长衫，这风度无限雍容潇洒。向例他总带着几本有关的书；走到讲桌旁，将书打开，身子半倚半伏在桌上，俯着头，对那满堂的学生一眼也不看，自顾自地用一只手翻书。翻，翻，翻，足翻到一分钟以上，这时全堂的学生都坐定了，聚精会神地等着他，他不翻书了，抬起头来滔滔不绝地开始讲下去，越讲越有趣味，听的人越听越有趣味。对于一个问题每每反复申论，引经据典，使大家惊异于其渊博，更惊异于其记忆力之强……这种充实而光辉的讲授自然而然地长期吸引了人。”

○晚年的钱穆坚持在台湾素书楼传道授业，讲授中国文化。有一次，他在家中为学生讲课时突然说：“其实我授课的目的并不是教学生，而是要招义勇兵，看看有没有人自愿牺牲要为中国文化献身！”

○顾颉刚学问渊博，善写文章，乃“疑古学派”之大家。作为名教授，顾颉刚长于研究，却拙于教学。在北大上课时，顾颉刚总是穿宽大长袍，戴一副白色金边眼镜，微驼着背，显得不苟言笑。虽然旅居北京多年，却仍然脱不了一口浓重的苏州口音，再加上有点口吃，所以讲课时常常词不达意，意多而言语跟不上，一般学生不易听懂。因此他便扬长避短，很少侃侃而谈，除了发给学生大量资料外，大部分时间都在拿起粉笔在黑板上疾书，通常写满三四黑板，下课的铃声也就响了。钱穆曾说：“颉刚长于文，而拙于口语，下笔千言，汩汩不休，对宾客则讷讷如不能吐一辞。闻其在讲台亦唯多写黑板。”虽然顾不善讲课，但他的板书内容却是精心准备的读书心得，很有见解，对学生很有启发，所以时间一久，大家也就认可了他这种独特的教学方法，觉得货真价实，别具一格。

○顾颉刚考试也与众不同，他不要求学生死记硬背，而是要求学生学会找资料，进行独立的研究和思考，并鼓励他们创新。考试时通常采用开卷的方式，让学生把试卷带回去做，但不许抄他的观点，凡抄袭他观点的试卷分数都极低，凡是提出自己见解的，即使是与他唱反调，只要能自圆其说，往往能得高分。

○杨向奎曾比较钱穆、顾颉刚、傅斯年讲课的不同特点：“钱先生是长江大河，滔滔不绝；而顾先生口吃不能多言，只写黑板；傅先生总是坐在讲桌后面，议论不休。”

○冯友兰讲话口吃，在表达方面比较吃力。上课有一特点：学生如不发问，他大都默坐不语，不主动开讲。但回答学生问题时，往往能妙语连珠，分析入微，耐人寻味。他的口吃为他的讲解增加了不少的幽默。某年，冯为大一和大二学生开设“中国哲学史”课，对一位名叫冯宝麟的同学特别器重。冯每讲到自认为淋漓尽致的时候，总是会突然问：“密……密……密斯忒儿冯……冯宝麟，你……你有什么意见？”让其他学生感到既新奇又嫉妒。

○明清史专家孟森在北大任教时，永远穿着一件旧棉布长衫，面部沉闷，毫无表情。讲课出奇地沉闷。他编有讲义，学生人手一编。每次上课必是拇指插在讲义中间，走上讲台。他讲课从来不向讲台下看，照本宣读，与讲义上一字不差。下课时，讲义合上，拇指依然插于讲义中间，转身走去，依然不向讲台下看。下一课仍旧如此。

○孟森心气和易，不擅讲课，江苏口音较重，加之讲课内容与讲义完全一致，学生缺席者便多。于是孟便常点名，但每次点名，只有少数人在堂上轮流应到。孟点完名后便说：“今天讲堂座上人不多，但点名却都到了。”然后继续讲课。孟对考试要求十分严格，如到时间仍不交卷，则严厉批评。他在课堂上从未谈过反对白话文，但用文言答卷的同学往往得高分，用白话答题的得低分。

○朱希祖在北大任教时，操一口海盐话。有的北方同学听到毕业，也没听懂几句。一次朱讲文学史，讲到周朝，反复说孔子是“厌世思想”，同学们都很奇怪，黑板所引孔子的话都是积极的，怎么是厌世呢？过了许久，同学们才解开此谜，原来朱所谈为“现世”而非“厌世”。

○ 1947—1948 学年，已经担任多年辅仁大学校长的陈垣第二次被聘请到北大史学系兼课，讲授“史学名著评论”和“中国佛教史籍概论”两门课，很受学生欢迎。据张守常回忆：当时陈“已接近七十岁了，但精神矍铄，按时上课，从不迟到或早退。天冷时穿长袍，围一暗色围巾。后来天气渐暖，穿蓝布大褂。朴素而整洁，美髯飘拂，举止从容，真使人有望之若神仙之感。随手打开携来的布包，取出讲稿……都是用毛笔写在毛边格子纸上的。但开讲之后，他不念讲稿，也不大看讲稿，那讲稿对他似乎不是为了备忘，似乎是为了引申发挥起来防止离题太远。”陈讲课“清清楚楚，话不多，板书也不多，要言不烦，而又很有条理。极富‘可听性’，笔记不难。……为了说明前几种书打乱了再写成后一种书，他说这是‘化学的’；另有一种情况，是前几种书凑成后一种书，他说这是‘物理的’，设喻恰当，使人易解。写罢板书，他又加上一句：陈援庵生平第一次这样用‘的’字，引得大家微微一笑。他的课堂上是非常安静的，但也偶尔有这样的引人一笑，安静中又有温馨，使人如沐春风”。陈讲课时尤其注意前人的错误：“在他眼里，前人的错误不知怎么那么多，就像他是一架显微镜，没有一点纤尘逃得过他的眼睛。不，他竟是一架特制的显微镜，专挑错误的。……他的嘴相当厉害，对于错误的学者批评得一点也不留情。”他经常告诉学生：“著书要提笔三行不错才行。”

○伦哲如（明）在北大开设的课程是目录学。他不仅连上下课有钟声都不清楚，每每需要人提醒，而且连课程的内容、数量、讲授时间长短，也一并不知，学生偶尔问及，他照例回答：不知道！

○沈兼士讲课时，总是闭着眼睛讲，到下课时，才睁开眼，走出教室。沈的考试最让学生害怕，他教的是文字学，常考生僻字，对学生要求又严格，所以学生往往有得零分的危险。

○刘半农在北大讲“古声律学”，经常运用西方试验方法来分析问题，不易听懂，所以选课人不多。最多的时候有十几个人，最少的一次只有张中行一人。因此，刘考试出题便出得尽量简单，学生如果还不会，他便在一旁指点一二。结果，高分不多，太低的分数也不会有。大家皆大欢喜。

○钱玄同在北大主讲文字学时，上课从来不带书本，除粉笔之外，身无长物，口讲指画，滔滔不绝。一个字的含义，往往要解释好几个小时，随口引证《说文解字》《尔雅》，原原本本，绝无差错。而且经常会发一些惊人之论，曾对学生发议论说，《说文解字》是一部集伪古字、伪古义、伪古礼、伪古制和伪古说大成的书籍。

○毛子水早年留学德国，专攻科学史和数学，回国后，受傅斯年之聘，在北大历史系讲授“科学方法论”等课程。平日上课穿一件旧长衫，衣着不整，很有名士派头。他讲课时，经常引用很多数学公式，加上口才不佳，因此选课者寥寥无几。但由于毛为人厚道，判分比较宽松，常常是各系的高年级同学临毕业时，为了凑足学分才慕名来选毛的课，因此每年来上课的学生总能维持在三五个。

○北大在20世纪30年代开始开设“国民党党义”课，是全校一年级的共同必修课。此课颇受学生冷落。但教党义的教师王宣，却很有办法。据当年的学生回忆：党义课在备有二三百人座位的二院大礼堂上，但听课人寥寥无几。经常去听讲的只有一个人，据说是先生的同乡，不好不去捧场。但王宣很有涵养，只要有人在，不管多少，他就可以对着空空的大礼堂开讲；如果连一个学生也没有，他就坐在讲台上等下课钟声敲响后才走。他有一本点名册，照例上堂点名。一个学生可以代十个、二十个学生答“到”，凡有应“到”之声，即以“到”论，无应声者才算缺课。期末考试，学生蜂拥而至，坐满课堂，成绩按“到”多少增减分数，不过凡有答卷的，最少也有60分。

○蔡元培在北大提倡军国民教育，聘白雄远为“军事训练”课教员。白早年毕业于保定军官学校，挂有少将军衔。他身材魁梧、双目有神、身着军服、扎皮带、蹬皮靴，一身戎装，十分威武。然而“军事训练课”虽为学生必修课，但常常不被学生们所重视。白对付学生很有一套，愣是把这课上了下来。他第一次上课就首先宣布：“只要大家按时上课，到学期考试就是一百分；如果试卷答得好，就是一百二十分！”话音一落，学生哄堂大笑。他却仍旧板紧面孔，继续说：“那个二十分嘛，给你们留到下个学期！”学生又一次哄堂。白记性极好，二三百受训的学生，他几乎都认识。虽在课上煞有介事，立正，看齐，报数，一丝不苟。但课下总很亲近学生，遇见学生称某先生，表示非常尊重。

有时还会说学生学的是真学问，前途无量，他学的这一行简直不足道。因此大家都很喜欢他。考试时，他常是高抬贵手。一次，期末考试，他将试题出于黑板上，便有学生要他解释题意，他便根据答案要求原原本本地解释起来，学生们边听边答卷，还不时地说，先生，慢些说。就这样大家高高兴兴地交了卷。蔡元培对白的评价很高，他说："白君勤恳而有恒，历十年如一日，实为难得的军人。"

北大校园里的蔡元培雕像

○西南联大时，金岳霖发表演讲，主讲小说与哲学的关系。讲到最后，结论却是：小说和哲学没有关系。有人问："那么《红楼梦》呢？"金答："《红楼梦》里的哲学不是哲学。"

○西南联大时，金岳霖曾开设一门选修课："符号逻辑"。对很多人来说，去听课就如去听天书。因而每次上课，教室中只有零星几人。其中有一名叫王浩的学生却是例外，能够懂得此门学问的奥妙。金经常会在讲授过程中停下来，问："王浩，你以为如何？"于是这堂课就几乎成了他们师生二人的对话。

○金岳霖授课时，常把学生也看作学者，以学者对学者的态度研究问题。他讲课常常是"不带书本，不带讲稿，走进课堂只带一支粉笔，这支粉笔并不使用，经常一堂课下来一个字也不写"。

○当年，金岳霖讲授的逻辑学是西南联大文学院一年级学生的必修课。大一的学生在中学时没有听说有逻辑这门学问，都对金的课很有兴趣，所以一个大教室经常坐得很满。金上课要提问，学生太多，又没有点名册，因而他经常一上课就宣布："今天，穿红毛衣的女同学回答问题。"于是所有穿红毛衣的女同学就既紧张又兴奋。学生回答问题时，金就很注意地听着，完了，便说：“Yes！请坐！”

〇学生喜欢向金岳霖提问题，金不论问题难易深浅，总是有问必答。有一华侨学生，名叫林国达，操广东普通话，最爱提问题，问题大都奇怪异常。有一次他又站起来提了一个怪问题，金想了一想，说：“林国达同学，我问你一个问题：Mr. Lin Guo Da is perpendicular to the blackboard（意谓林国达君垂直于黑板），这什么意思？”林国达当时就被问住。因为林国达当然无法垂直于黑板，但这句话在逻辑上没有错误。后来，林国达因游泳被淹死。金岳霖知道此事后，上课说：“林国达死了，很不幸。”在这一堂课上，金一直没有笑容。

〇“中国哲学史”是北大的老课，胡适到北大之前由陈汉章讲，陈从伏羲讲起，讲了一年才讲到《洪范》。胡适到北大后接任此课，一开始授课便新意迭出。当时的学生顾颉刚回忆：“他来了，他不管以前的课业，重编讲义，劈头一章是‘中国哲学的结胎的时代’，用《诗经》作时代的说明，丢开唐虞、夏、商，径从周宣王以后讲起。这一改，把我们一般人充满着三皇五帝的脑筋，骤然作一个重大的打击，骇得一堂中舌挢而不能下。”顾听过几次课后，便称赞“胡先生讲得的确不差，他有眼光，有断制，确是一个有能力的历史家，他的议论处处合于我的理性，都是我想说而不知道怎样说才好的。”

〇胡适的演讲式教学方式在北大颇受欢迎，常常因红楼教室人满为患而搬入二院大讲堂。他讲课从不发讲义，自己也没有讲稿。讲课内容很有新意，如讲中国文学史（宋元明清部分）时，先从文学评论的角度，介绍王若虚的《滹南遗老集》；讲《红楼梦》作者曹雪芹时，给学生们介绍了曹寅写给康熙皇帝的奏折。但同学们最喜欢的还是他的演讲。柳存仁称：“胡先生在大庭广众间讲演之好，不在其讲演纲要的清楚，而在他能够尽量地发挥演说家的神态、姿势，和能够以安徽绩溪化的国语尽量地抑扬顿挫。并因为他是具有纯正的学者气息的一个人，他说话时的语气总是十分的热挚真恳，带一股自然的傻气，所以特别地能够感动人。”

〇郑天挺在西南联大讲授明史，授课条理清晰，知识渊博而富有趣味性，加上对考试要求不高，因此经常有上百人来听讲。据何兆武回忆，有一次郑讲到朱元璋时专门提到他的相貌，整整讲了一节课，“那可真是旁征博引，某某书怎么怎么记载，某某书又如何如何说，最后得出一个结论，按照中国传统的说法，明太祖的相貌是‘五岳朝天’，给人的印象非常深刻，而且让人觉得恐惧”。

〇1920年到1926年，鲁迅在北大国文系兼课，先后开设“中国小说史”“文学理论”等课程，很受学生欢迎，很多外校学生也慕名前来旁听。据当时的旁听生鲁彦回忆，“每次，当鲁迅仰着冷静的苍白的面孔，走进北大的教室时，教室里两人一排的座位上，总是挤坐着四五个人，连门边走道都站满了校内的和校外的正式的非正式的学生。教室里主宰着极大的喧闹。但当鲁迅先生一进门，立刻安静得只剩了呼吸的声音。他站在讲桌旁，用着锐利的目光望了一下听众，就开始了‘中国小说史’那一课题。”鲁迅讲课时，“既不威严也似乎不慈和。说起话来，声音是平缓的，既不抑扬顿挫，也无慷慨激昂的音调，他那拿起粉笔和讲义的两手从来以没有表情的姿势帮着他的语言，他的脸上也老是那样的冷静，薄薄的肌肉完全是凝定着的”。“他叙述着极平常的中国小说史实，用着极平常的语言，既不赞誉，也不贬毁。”“然而教室里却突然爆发出笑声了。……笑声里混杂着欢乐与悲哀，爱恋与憎恨，羞惭与愤怒……”

〇冯至曾先后两度听鲁迅在北大讲“中国小说史”，在他看来，听鲁迅讲课，与读其文章一样，在引人入胜、娓娓动听的语言中蕴蓄着精辟的见解，闪烁着智慧的光芒。鲁迅对于历史人物的评价，往往跟传统的说法很不同，但却十分中肯、剀切。譬如谈到秦始皇，鲁迅说：“许多史书对人物的评价是靠不住的。历代王朝，统治时间长的，评论者都是本朝的人，对他们本朝的皇帝多半是歌功颂德；统治时间短的，那朝代的皇帝就很容易被贬为‘暴君’，因为评论者是另一个朝代的人了。秦始皇在历史上有贡献，但是吃了秦朝年代太短的亏。”谈到曹操时，他说：“曹操被《三国演义》糟蹋得不成样子。且不说他在政治改革方面有不少的建树，就是他的为人，也不是小说和戏曲中歪曲的那样。像祢衡那样狂妄的人，我若是曹操，早就把他杀掉了。”

○周作人学问很深，但讲起课来却很不善言辞，一口很不好懂的浙江口音，走上台后常常有点手足无措，许久才站定，然后把两手分别插入棉袍兜儿里才慢慢讲下去。同学形容他讲课如拜伦所描写的波桑教授：“他讲起希腊文来，活像个斯巴达的醉鬼，吞吞吐吐，且说且噎。”

○诗人徐志摩毕业于北京大学，后又任北大教授。他讲课不拘一格，潇洒随意。有时干脆就把学生带出教室，到郊外青草坡上杂乱坐着，或躺着，听着小桥流水，望着群莺乱飞，让学生和他一起畅游诗国。据沈从文回忆，徐有一次上课时带了一个很大的烟台苹果，一边吃，一边讲。还对学生说：“中国东西并不都比外国的差，烟台苹果就很好！”

○有人描写徐志摩在北大上课时的风采：“先生在北大不穿西服，或者以为中国服比洋服诗意较多。先生住胡适家中，每至上课，均坐人力车，并不提黑皮包，仅仅散抱几本书于怀内。先生尝口衔纸烟进教室，放脚于椅上或坐于书桌上讲书，在其蔼善面孔与疏朗音调中时时流露诗意之灵感，刹那间，和谐而宁静浑圆的空气，充满教室。有时使人感觉似在明月下花园中听老者讲美丽故事之神情。讲至痛快淋漓之际，将眼镜摘下，徐徐用手帕指拭，擦净后再戴上。……”

○梁实秋在北大上课时，黑板上从不写一字，他说：“我不愿吃粉笔灰。”梁虽为留洋归来的学者，但上课时却常常身着长袍马褂，脚蹬千层底布鞋，活似一老派学者。他讲课的功底十分厚重，很有感染力，据说有一次他在课堂上讲解英格兰诗人彭斯（Burns）的一首诗，情思悱恻。讲不多时，有一女生为情所动，泪下如雨；梁继续再讲，她竟伏案放声大哭起来。课后回家，梁向家人提起此事，梁的儿子问梁：“您是否觉得抱歉？”梁答：“不，彭斯才应该觉得抱歉。”

○沈从文二十六岁那年，受中国公学之请，第一次登台授课。慕名前来听课的学生很多，沈竟然紧张得一句话都说不出口，先在讲堂上呆站了十分钟。十分钟以后，才径自念起讲稿来，仅十分钟便“讲”完了原先预备讲一个多小时的内容。然后望着大家，又一次陷入沉默，最后只好在黑板上写道：“今天是我第一次登台上课，人很多，我害怕了。”学生因此而大笑不已。课后，学生纷纷议论：“沈从文这样的人也来中公上课，半个小时讲不出一句话来。”此话传到胡适耳里，胡微笑着说：“上课讲不出话来，学生不轰他，这就是成功。”

○据沈从文的得意门生汪曾祺回忆，沈从文曾在西南联大讲授过三门课程：“各体文习作”“创作实习”和“中国小说史”。他讲课没有讲义，讲起来毫无系统，多是类似于聊天的即兴漫谈。经常是看了学生的作业就作业讲一些问题。他虽然读了很多书，但从不引经据典，总是凭直觉说话，从不说亚里士多德怎么说，福楼拜怎么说，托尔斯泰怎么说。他讲课的声音很低，湘西口音很重，因此有些学生听了一堂课，往往不知道听了一些什么。他讲话也不借用手势，没有任何舞台道白式的腔调。但他讲得很诚恳，甚至很天真，没有一点哗众取宠的江湖气。他教学生创作，经常讲的一句话是：“要贴到人物来写。”他从不给学生出命题作文，谁爱写什么就写什么，自己命题。他给学生作文写的批语，有时比学生的作文还要长。

○据樊弘回忆，郁达夫从日本东京帝国大学留学归来后，受聘为北大经济系讲师，开设统计学课程。樊弘就是当时听该课的学生之一，他回忆说：“郁达夫上第一堂统计学课时就说，我们这门课是统计学，你们选了这门课，欢迎前来听课，但是也可以不来听课。至于期终成绩呢，大家都会得到优良成绩的。”郁达夫的这些话给樊弘留下了深刻的印象，五十多年后，他还经常生动地向他的学生谈及此事。

○汤用彤上课提一布袋，着布鞋、布大褂，数十年如一日。他上课从不带讲稿，绝少板书，也不看学生，而是径直走到讲台边一站，就如黄河长江一泻千里式地讲下去，没有任何重复，语调也没有什么变化，在讲到哲学家的著作、术语和命题时，经常是用英语；就这么一直到响铃下课。听讲者如稍一走神，听漏了一语半句，就休想跟上，所以只能埋头赶记笔记，生怕漏记一字一句。因此，在课堂上，除了汤的讲课声外，都是学生记笔记的沙沙声。

○在西南联大时，汤用彤一人就开有七门课："印度佛学概论""汉唐佛学概论""魏晋玄学""斯宾诺莎哲学""中国哲学与佛学研究""佛典选读""欧洲大陆理性主义"。汪子嵩先后听过上述课程，感叹道："一位教授能讲授中国、印度和欧洲这三种不同系统的哲学史课程的，大概只有汤先生一人。"冯契也回忆说："他一个人能开设三大哲学传统（中、印和西方）的课程，并且都是高质量的，学识如此渊博，真令人敬佩！……他讲课时视野宽广，从容不迫；资料翔实而又不烦琐，理论上又能融会贯通，时而作中外哲学的比较，毫无痕迹；在层层深入的讲解中，新颖的独到见解自然而然地提出来了，并得到了论证。于是使你欣赏到理论的美，尝到了思辨的乐趣。所以，听他的课真是一种享受。"

○皮名举是清末经学大师皮锡瑞之孙，曾在西南联大讲授"西洋通史"课，讲课非常有条理。他讲课有个特点，每堂课只讲一个题目，而且恰好能在下课时把这个题目讲完。比如今天讲维也纳会议，那么整堂课就是维也纳会议，虽然有时也谈些闲话，但并不扯远。他上课时要求学生画地图。每个上课的学生每学期需要画六张地图才算完成作业。汪曾祺曾按照课程要求上交了一张规定的马其顿帝国地图，皮阅后，批了两行字："阁下之地图美术价值甚高，科学价值全无"，也就算通过了。

○西南联大时期，陈岱孙任经济系主任，讲授"经济概论"和"财政学"两门课。他高硕英俊、鼻梁稍歪，经常口衔烟斗，以致口唇下搭，处事明快决断，不苟言笑。陈讲课颇有风度、条理清晰、出口成章，时间掌握准确，全校知名，上课均在大教室，每课必早到五分钟，立在讲台上，上课铃一响即把当日主题大书于黑板之上，开始讲授。因为听课同学太多，每每有人因上一堂课下课迟或教室远而迟到。陈必再约略重复一次，以免迟到学生无法做笔记。据学生回忆，把陈的话按次笔记，便是一本很好的讲义。陈对讲课的态度异常严谨，他在每次授课前的一小时，都要把熟悉的课程再重备一次，直到九十多岁高龄时还坚持这一习惯。有人问陈为什么还要重备熟悉的课程，陈说："虽心熟悉，但人老了，就怕出错，误人子弟，子弟再误人，岂不罪过！"

○向达是著名的敦煌学专家，曾在抗战时期写过一篇《敦煌学导论》，脍炙人口。据周法高回忆，向曾以此为题在西南联大发表演讲。第一次演说时，慕名前来听讲的人有一二百人，把一个大教室都挤满了。但是由于他不善言辞，照本宣读，无所发挥，一直念到晚上十点钟熄灯还没有念完，把听讲者都听怕了。到了第二次续讲时，前来听讲的人寥寥无几，教室里外，门可罗雀。急得当时的助教邓广铭把联大的工友杂役都请去听讲凑数，才未显得冷场。

○秦瓒（缜略）在西南联大讲授"高级财政学"和"中国财政史"。他不乐意上课时，一学期上不了几小时；如果认真起来，一学年不会少一分钟。而且上课一定先同学而到。考试时，必然坐在教室手捧报纸，唯恐前面同学吃亏。判卷最低分为 89 分，因而绝无一人抄袭。

○俞平伯个子不高，头方而大，镶金牙，戴深度近视眼镜，穿一身褪色的蓝布长衫。俞长于作文，也善于讲课，先后做过北大、清华的教授。俞当年给学生讲授诗词，每每自己先声情并茂地唱读一遍。每唱完一首，自己先赞道："好！好！真是好！"然后沉吟片刻。学生想要知道其之所以好，他已开始唱读第二首。唱毕，又由衷地赞曰："真好！"后来学生忍不住问他："先生，好在什么地方呢？怎么好法呢？"俞十分认真地说："不知道。"因此学生欲知其中奥妙，终不可得。

○据汪曾祺回忆，著名的古文字学家唐兰曾在西南联大给他们讲授“词选”课，上课极有特点。汪回忆说：“唐兰先生讲课是另一种风格。他是教古文字学的，有一年忽然开了一门‘词选’，不知道是没有人教，还是他自己感兴趣。他讲‘词选’主要讲《花间词》（他自己一度也填词，极艳）。他讲词的方法是：不讲。有时只是用无锡腔调念（实是吟唱）一遍：‘双鬓隔香红，玉钗头上风’——好！真好！这首词就 pass 了。”

○马寅初讲课很少翻课本、读讲义，总是站在讲台上，口若悬河，滔滔不绝。讲到激动时，他便走下讲台，挥动胳膊，言辞密集，唾沫横飞。一些坐在前排的学生说：“听马先生上课，要撑把雨伞。”

○傅鹰讲课时通古论今且逻辑性强，语言精辟，形象生动，“风趣、幽默，有着相声演员般的口才，课堂里常常爆发大笑声”，以致学生们说傅不仅是化学大师，还是语言大师。傅对学生要求异常严格，实验、习题都丝毫马虎不得。他公开宣布“课堂上我的话就是法律”，不允许在测验、考试时有任何越轨行为，否则就毫不客气地打上一个“0”分。一位 20 世纪 30 年代初在青岛大学受教于傅的学生回忆道：“吾辈学生受傅先生春风雨露，得益匪浅。先生学识渊博，待人甚爱。唯其治学谨严，令吾等敬畏。记得一同学作业超过时限，迟交之即不予收留。因之，诸同学不敢稍有怠惰，皆刻苦攻读，学识日精，一应考试，比比良好优秀。先生闻之笑曰：‘不严不足以示爱。’”

○侯仁之在对北京历史地理的研究中，解决了北京城市起源、城址转移、城市发展的特点及其客观规律等关键性问题，为北京旧城的改造、城市的总体规划及建设做出重要贡献，因此被誉为“北京活化石”“活北京”。他曾说，“我对于北京这座古城的城墙和城门，怀有某种亲切之感，是它启发了我的历史兴趣，把我引进了一座富丽堂皇的科学殿堂。”从 20 世纪 50 年代开始，每位北大新生入校后听的第一堂课就是“侯仁之讲北京”。最初只有新生听，在阶梯教室讲，后来许多高年级学生仍想重温，加上还有不少“蹭课”的学生，人越来越多，只得搬到大礼堂去讲。一位听过此课的老校友回忆道：“他总是如青年般朝气蓬勃，热气蒸腾。他有着诗人的气质，易激动，满怀激情，讲起话来声音洪亮，富于鼓动性，很适合青年学生的口味。”后来由于“文革”，这堂课中断了；“文革”后继续开讲，直到侯因年事已高才离开讲台。

○ 20 世纪 50 年代，浦江清在北大中文系任教时，身体状况特别不好。其时浦为学生开设“中国文学史”的第三段课——宋元明清文学史，课程安排在上午最后两节。但因身体原因，经常会晚到。浦上课时异常认真，迟到的时间一定要补上，拖堂半小时是常事，有时能达一小时之久，使选课同学的午餐大受影响。而浦又自得其乐，他会唱昆曲，讲授元明戏曲，常用吟唱法，意在熏陶学生。但学生又似乎并不买账，大有罢课之势。这让担任课代表的白化文夹在其中，深受其苦。并为此而作打油诗一首：“教室楼前日影西，霖铃一曲尚低迷。唱到明皇声咽处，回肠荡气腹中啼！”

北京大学西校门

○王力讲课，有根有据，实实在在，一板一眼，清清楚楚，每到一个段落还说：“这是一段。”学生说：“王先生讲课笔记真好记，就差点没把标点讲出来了！”白化文回忆说，王力“善于给学术内涵搭架子”，“把许多原来的学术资料适当调配，就使之成为一门新学术”，因此，“世之讲古代汉语者，莫不折中于夫子”。

〇林庚讲课，有时身着白衬衣，吊带西裤，有时身着丝绸长衫。腰板挺直，始终昂着头，大多时间垂着双手，平缓地讲着，讲到会心关键处，会举起右手，辅以一个有力的手势。他从不用讲稿，偶尔看看手中卡片，但旁征博引，堂下鸦雀无声，仿佛连“停顿的片刻也显得意味深长”。据北大中文系教授张鸣回忆，一次听林讲“独立小桥风满袖，平林新月人归后”，讲到“风满袖”的意蕴时，林平静地、引经据典地讲着，站在写满优美板书的黑板前，静静地看着学生。张自己忽然“感到了先生绸衫的袖子仿佛在轻轻飘动”，虽然那时教室里并没有风。

〇林庚上课，风度翩翩。板书流利自如，自成一体。其学生程毅中以“板书飘逸公孙舞”称赞之。有一年，学生钱鸿瑛听完林的最后一节课，回到女生宿舍，竟然悲从中来，躺在床上大哭。人问其故，答曰：“再也听不到林先生的课了！”

〇彭蓉如此回忆李赋宁讲授“文学讲座”课的神采：“印象最深的是李先生给我们讲《奥德修纪》的那节课。我从未见过李先生如此动情，先生眼中闪着泪光，声音微微颤抖着，他讲到当奥德修漂泊十年回到家乡时容颜大改，只有他的老狗认出他，它叫着扑向主人并死在奥德修脚边；他讲到‘Life is a long journey full of obstacles’（译文为：生命是一次充满坎坷的长途旅行），他讲到‘No scenery is better than seeing white smoke rising from the chimney of one’s homeland’（译文为：最好的场景莫过于看到从自己家乡的烟囱中袅袅升起的白色炊烟）。我依稀体会着这位白发老者的沧桑感触，也透过先生盈盈的泪光和颤抖的声音体会着奥德修的十年漂泊。先生的白发和袅袅升起的白色炊烟成为我记忆中永恒的定格。许多年以后，当我真的经历了远离家乡的游历之后，才多少理解了那最安详的家乡的炊烟带给奥德修和李先生的心灵震撼。”

〇法国语言文学家、文学翻译家郭麟阁长期在北大西语系任教，他知识渊博，治学严谨，开设的每一门课程都非常受学生欢迎。他的学生柳鸣九曾回忆郭上法文课时的风采："他的课不用现成的教材，而是他自己编的讲义，他的讲义编得很是认真、很是细致，一堂课往往就有好几大篇，把涉及的法语语言现象解释得清楚而透彻，并有丰富的例句帮学生理解得更深入、掌握得更能'举一反三'，在课堂上，他又用造句措辞十分精当的并有文化品味的法语进行讲解，使学生又受益一层。麟阁先生在课堂上还有一绝，他能随口背诵大段大段、成篇成篇的法国文学名著，甚至是高乃依与拉辛的那些令人生畏的长篇韵文。而且他背诵起来津津有味，如醉如痴，他那种背诵的'硬功夫'与执着投入的热情，都赢得了我辈的格外敬佩。"

○陈平原曾追随王瑶攻读博士学位，陈在《为人但有真性情》一文中，曾这样描述王瑶的"传道授业解惑"："先生习惯于夜里工作，我一般是下午三四点钟前往请教。很少预先规定题目，先生随后抓过一个话题，就能海阔天空侃侃而谈，得意时自己也哈哈大笑起来，像放风筝一样，话题漫天游荡，可线始终掌握在手中，随时可以收回来，似乎是离题万里的闲知，可谈锋一转又成了题中应有之义。听先生聊天无所谓学问非学问的区别，有心人随时随地皆是学问，又何必板起面孔正襟危坐？暮色苍茫中，庭院里静悄悄的，先生讲讲停停，烟斗上的红光一闪一闪，升腾的雾越来越浓——几年过去了，我也就算被'熏陶'出来了。"

○袁家骅是著名的语言学家，长期在北大开设"汉语方言学"，学生回忆他上课时的情形说："课在一教一零一阶梯教室上，能容百把人，虽然两个年级的学生不过四五十人，但加上进修教师，校内外的旁听生，教室差不多坐满了。袁先生风度温文尔雅，脸上总带着微笑，花白而稀疏的头发梳得整整齐齐，身着一套可体的中山装，使人感到那么和蔼可亲，有一种令人说不出的吸引力。他讲课声音不高，但清晰流畅，很能吸引学生。当讲到某个地区的方言时，常问坐在前几排的同学，谁是某方言区的，然后请他按照方音读几个指定的词。北方同学很多人不知入声是怎么回事，他就指定粤语区和吴语区的同学站起来读几个入声字，让北方同学仔细体味、辨别。有的方言词读音很奇特时，常引发大家的笑声。袁先生则风神凝然地站在讲台边上，侧耳听着，微笑着点头，表示赞许。'汉语方言学'这门课，袁先生教得一点不枯燥，课堂上时常爆发出笑声。"

○何芳川在我国历史学发展的艰难时期出任北大历史学系主任。面对当时知识分子的"下海潮"，他向历史系的同仁们提出"别人下海，我们上山，努力攀登史学研究的新高峰"。他讲课内容深刻、资料翔实、语言生动、激情饱满，很富感染力。他多次荣获北京大学教学优秀奖和优秀课程奖，1996 年被北大学生评为"十佳教师"，对此他曾多次自豪地说"此乃一生中最高奖励"。

○北大中文系屈玉德教授是金开诚教授的夫人，长期教授"民间文学"课。屈晚年患咽癌，但她还坚持用鼻音发声的方式，为学生讲课。某年隆冬时节，天气甚冷，屈的课程恰好又排在早晨，有很多同学未去上课。能容纳百人的教室里只坐了七名学生。屈望着窗外，低声说："有七个人，我也会来上课。即使只有一人，我也会来。不过，如果一个人也没有，我就不会来了。"令听课的学生大受感动，课后讲给没来的同学听，大家都感到无比愧疚。

○有学生描述钱理群上课时的情形："钱先生上课，常常是满头大汗地走进教室——他住家离北大很远，他每次都要赶很远的路来给我们上课。钱先生上课又特别认真卖力，即便在隆冬腊月，钱先生讲课也常常讲得满头大汗。……这时，钱先生会从口袋里掏出一条皱巴巴的大手帕来擦汗——先擦他那亮光光的宽广的秃顶，再擦他那亮光光的宽广的前额，然后是同样亮光光的宽广的脸庞，再下来是粗壮的脖子。坐在讲台上的钱先生一边擦汗，一边朝台下的同学们笑，是非常憨厚的不带半点城府的那种笑。偶尔有钱先生上课来得早的时候，他就会松一口气，慢慢地坐下来，一边从他的黑色的破旧的人造革提包里拿出讲义放到讲台上，一边停下手来又望着同学们笑，依旧是非常憨厚的不带半点城府的那种笑。一直笑到上课的电铃声响起，钱先生开始讲课。"

○钱理群的一位学生郑勇说，在北大中文系，极少见到像钱讲课那样感情投入者："由于激动，眼镜一会儿摘下，一会儿戴上，一会儿拿在手里挥舞，一副眼镜无意间变成了他的道具。他写板书时，粉笔好像赶不上他的思路，在黑板上显得踉踉跄跄，免不了会一段一段地折断；他擦黑板时，似乎不愿耽搁太多的时间，黑板擦和衣服一起用；讲到兴头上，汗水在脑门上亮晶晶的，就像他急匆匆地赶路或者吃了辣椒后的满头大汗。来不及找手帕，就用手抹，白色的粉笔灰沾在脸上，变成了花脸。即使在冬天，他也能讲得一头大汗，脱了外套还热，就再脱毛衣。下了课，一边和意犹未尽的学生聊天，一边一件一件地把毛衣和外套穿回去。如果是讲他所热爱的鲁迅，有时你能看到他眼中湿润、闪亮的泪光，就像他头上闪亮的汗珠。每当这种时刻，上百人的教室里，除了老钱的讲课声之外，静寂得只能听到呼吸声。"

○据曹文轩回忆，他在北大读书时，曾领略过一位先生讲课的风采："他空着手从容不迫地走上讲坛来了，然后从口袋里摸索出一张缺了角的香烟壳来。那上面写着提纲要领。他将它铺在台上，用手抹平它，紧接着开讲，竟三节课不够他讲的，并把一个个（听讲者）讲得目瞪口呆，连连感慨：妙，妙啊！"

○某年冬天的一个周末的下午，中文系女教授乐黛云顶着风雪来到北大电教报告厅作内容为"文化转型时期的中国文学"的报告。能容纳三百人的大厅座无虚席。讲完后，乐在掌声中站起身来，微笑道："今天天气不好，又是周末，我来的时候曾经想，如果有十个听众的话，我就开一个小座谈会；如果有三个人的话，我就把他们请到我家里去喝茶。没想到来了这么多人，我真的……我，谢谢大家！"说完，乐深深地向听众鞠了一躬。"哗——"听讲者又一次以热烈的掌声作为回应。

德行第二

解　题：学高为师，身正为范。经师易遇，人师难遭。为人师者，不仅要授人以知识和方法，更重要的是通过言传身教，示人以做人准则。“德高学博”“德才兼备”，既是教育者对受教者的殷切期望，更是受教者和世人对师者的基本要求。毛泽东评蔡元培校长云：“学界泰斗，人世楷模”，堪为北大人“治学为人”的最高典范。百余年来，作为中国高校的“龙头老大”，北大一直受到世人的普遍尊仰，这不仅由于众多北大人能够以其突出的地位和渊博的学识，源源不断地为社会提供“好思想”，更重要的是因为，绝大多数北大人都能够谨遵蔡校长“砥砺德行”的教诲，修身立德，做大写的读书人，不负社会之期许，为大众做“示范引领”的时代楷模。今日风气或有小变，但我们坚信，其主流仍然固守着“文章道德”的“正能量”。

○张百熙爱才如命，但不喜谄媚之徒。曾有一青年为张器重。一次，张的小妾生病，这位青年知道后，竟在家中设立香案，天天为之祈祷。张闻听此事后，叹息道：“我一直很爱他的才气，但我没想到他的德行却是如此。”后来就逐渐疏远了这个青年。

○ 1912 年 2 月，南京临时政府任命严复为京师大学堂总监督。严复接管大学堂后，困难重重，数月领不到经费，“几至不名一钱”。严不得已想办法借债应付，筹备复学。此时，财政部又下令减少教员薪水至六十元以下，严极力反对，提出“为今之计，除校长一人准月支六十元，以示服从命令外，其余职教各员，在事一日，应准照额全支”，以保证教员到校复学。

北京大学图书馆内的严复雕像

○ 1916 年 12 月 26 日，蔡元培正式被任命为北京大学校长。1917 年 1 月 4 日，蔡开始到校办公。当天，北大师生和校役们照例列队相迎。像往常一样，校役们恭恭敬敬地向新来的校长鞠躬行礼，以示尊敬和欢迎。北大校长当时是由大总统直接任命的特任官，官高位尊，以往的校长对校役是从不理睬的。出乎人们的意料，蔡在校役们行礼过后，当即摘下礼帽，规规矩矩地向他们鞠躬还礼。这个举动让北大师生感到异常惊讶和新鲜。此后，蔡每次出入校门，校警向他行礼他都脱帽鞠躬。蔡元培对于所有北大人，都能一视同仁，从无尊卑之分。老北大的人，无论师生员工，都称蔡元培为“蔡先生”，几十年如一日，从不称他的名号和职称。

○ 1918 年 6 月，针对当时社会上层道德堕落、生活糜烂和京师大学堂京官学生老爷相沿下来的腐朽习气，北大校长蔡元培亲自发起成立了一个提倡培养个人道德的组织——进德会。会员分为甲、乙、丙三种。规定：甲种会员须不嫖、不赌、不纳妾；乙种会员除以上三戒外，还须戒做官、做议员；第三种除以上五戒以外，还要戒烟、戒酒、戒肉。凡要入会者都必须填写“志愿书”，写明自己遵守的戒约，并签名盖章，送交进德会评议，经讨论同意，即为会员。进德会开成立大会时，北大教员入会的七十余人，职员入会的九十余人，学生入会的达三百余人。当时甲种会员的知名人物有：李大钊、陈独秀、章士钊、马寅初、邓之诚、罗常培、胡适、张国焘、辜鸿铭等；乙种会员则有：蔡元培、范文澜、傅斯年、钱玄同、周作人、徐宝璜、康白情等；丙种会员则有：梁漱溟、李石曾、张崧年等。

○ 1919 年 5 月 4 日，在五四游行中，军阀政府派军警抓走了三十二名学生，其中北大学生二十人。当天晚上，蔡元培便邀请与司法部关系密切的王宠惠一起到北大和同学们共同商议营救之事。他一再抚慰学生说："你们放心，被捕同学的安全，是我的事，一切由我负责。"夜里 9 时以后，蔡不顾劳累前去拜访受到段祺瑞敬重的孙宝琦，请求孙设法帮助解救被捕学生。孙表示为难，蔡则从晚 9 时到 12 时多一直待坐在孙的会客室里。5 月 5 日下午，十四所学校的校长集中到北大开会，商讨如何营救被捕学生。蔡态度十分坚决地表示，为了保出学生，"愿以一人抵罪"。会上成立了以蔡为首的校长团，会后即到教育部、总统府、国务院疏通，但徐世昌等拒不接见。5 月 6 日，蔡又率校长团先后到教育部、警察厅交涉，并以自己的身家性命作保，要求尽快释放学生。经过努力解救，加之社会舆论的压力，反动势力终于答应释放学生。5 月 7 日，被捕学生获释，蔡亲自率领北大全体教职员和学生在沙滩广场列队迎接。大家见面分外激动，彼此相对欲言无语，许多人竟致大哭起来。蔡劝慰大家应当高兴，不要哭，话未说完自己也禁不住流下了眼泪。北大被捕获释学生许德珩在回忆当时情景时说："当我们出狱由同学伴同走进沙滩广场时。蔡先生是那样的沉毅而慈祥，他含着眼泪强作笑容，勉励我们，安慰我们，给我们留下了极为深刻的印象。"

○五四运动中，蔡元培为营救被捕学生，保全北京大学，日夜奔忙，费尽心力，不惜受慢待、坐冷板凳。有人劝他"恐危及君身"，他笑答："如危及身体，而保全大学，亦无所不可。"

○ 1920 年冬，蔡元培赴欧美考察教育，出国期间，由蒋梦麟代理其校长职务。当时，北洋政府久欠北平高校教育经费，各校教职员领不到薪水，便向政府请愿，反被警卫殴打，因而宣布罢教。后经北平师生的努力斗争，北洋政府意识到事态严重，才为各校教员补发欠薪，并表示歉意。各校才开始复课。蔡回国后，听说此事，大为不满，召集北大教职员痛切地说，学校教育青年，教职员应为学生模范，岂可因索薪罢教，贻误后生？如果认为政府太坏，不能合作，尽可自动辞职，另谋他就。如大家都求去，亦可使政府惊觉反省。岂可既不离职，又不尽教学责任，贻误青年？他坚决要求把罢教期间未为学生上课，而领得的薪水，交出归公。教职员都接受了蔡的提议，请求将所领薪水分期扣除。

○蔡元培一贯认为，学生都是人才，亲戚都是庸才。因此，凡是北大学生来找他帮忙，他永远是来者不拒，竭力相助，千方百计将学生安置在最为合适的位置。当有亲戚托蔡谋事，他虽也尽力帮助，但为之联系的，大多是办事员、小科员一类的闲职，从不肯委以重任。

○九一八事变以后，民族危机日益严重，蔡元培直接间接对于促进国内团结共御外侮，用力甚多。一次，蔡在南京时，应汪精卫之邀，共进西餐。席间，蔡力劝汪改变亲日行为，坚定爱国立场，以推进抗战的国策。语至恳切处，潸然泪下，泪水滴入汤盘中，蔡将汤和泪一并咽下。在座的人除了汪无动于衷以外都大受感动。

○李大钊被捕期间，作《狱中自述》长文，回忆革命一生，其文曰："李大钊，字守常，直隶乐亭人，现年三十九岁。在襁褓中即失怙恃，既无兄弟，又鲜姊妹，为一垂老之祖父教养成人。幼时在乡村私校，曾读四书经史……钊自束发受书，即矢志努力于民族解放之事业，实践其所信，励行其所知，为功为罪，所不暇计。今既被逮，唯有直言。倘因此而重获罪戾，则钊实当负其全责。唯望当局对于此等爱国青年宽大处理，不事株连，则钊感且不尽矣！"又云："钊夙研史学，平生搜集东西书籍颇不少，如已没收，尚希保存，以利文化。"

○胡适在美国留学时，曾给自己定有一份自课计划：

第一，卫生：

每日七时起。

每夜十一时必就寝。

晨起做体操半时。

第二，进德：

表里一致——不自欺。

言行一致——不欺人。

对己与接物一致——恕。

今昔一致——恒。

第三，勤学：

每日至少读六时之书。

读书以哲学为中坚，而以政治、宗教、文学、科学辅焉。

主客既明，轻重自别。毋反客为主，须擒贼擒王。

读书随手作记。

○林语堂赴美留学前，曾与北大约定，学成回国后去北大任教。不料在美期间，林的生活遇到困难，打电报给胡适，请求北大给他预支一千美元接济生活。这笔钱由胡适担保，按时汇到。林在哈佛拿到硕士学位后，又去德国莱比锡大学攻读博士，又向胡写信，向北大借一千美元，钱也如数汇到。林语堂回国后，去北大向校长蒋梦麟道谢。蒋满脸疑惑地说："什么两千块钱？"事后才知，那两千美元并非北大的公款，而是胡自己的钱。之前，胡对此事只字未提。

○大约在1935年冬，一位北大学生约见胡适，胡在电话中告其明天上午7时相聚，学生误听为下午。当下午7点去时，门房告胡已离家，学生正欲转回，胡回来了。当接见时，胡问："上午在候，为何不来？"学生答："误听以为下午。"胡笑道："我亦疑你误听，故特趋回。"

○丁文江的办公桌上，总放着他用毛笔抄写的胡适为他翻译的一段外国诗句："明天就死又何妨！只拼命做工，就像你永远不会死一样！"

○新文化运动时期，钱玄同反对旧礼教最为坚决，发表了很多言辞愤激的文章，被视为向旧礼教宣战的先锋大将，但钱自己在行为上却极守礼法，自律极严。他曾说：“‘三纲’者，三条麻绳也，缠在我们的头上，祖缠父，父缠子，子缠孙，一代代缠下去，缠了两千年。新文化运动起，大呼‘解放’，解放这头上缠的三条麻绳！我们以后绝对不许再把这三条麻绳缠在孩子们头上！可是我们自己头上的麻绳不要解下来，至少新文化运动者不要解下来，再至少我自己就永远不会解下来。为什么呢？我若解了下来，反对新文化维持旧礼教的人，就要说我们之所以大呼解放，为的是自私自利，如果借着提倡新文化来自私自利，新文化还有什么信用？还有什么效力？还有什么价值？所以我自己拼着牺牲，只救青年，只救孩子！”

○钱穆自幼吸烟，后在小学任教，课本有劝戒烟一节，他自忖：自己嗜烟，何以教学生，遂决然戒之，后数十年不吸。接近钱的人说他无论做何事均“能提得起，放得下，洒落自在，不为物累”。

○ 20 世纪 20 年代，梁漱溟在北平讲演“人心与人生”，他规定前来听讲者都要交费一元。梁认为这样做的目的“是真想让人来听，或因花过钱而注意听，否则不免有人随便入座并不真有兴趣听”。但他又恐怕有的学生没钱，想听却不能听，因此遍告学生，没钱者可以写信给他，他可送上一张听讲券。他的学生唐君毅因为“受到一种精神的威胁没敢去听”。一天晚上，唐突然收到了梁托别人带给他的五元钱。因为梁怀疑唐是没钱才没去听的。

○梁漱溟坚信孔子的“仁者不忧”之说，因此而“乐天知命”。抗战期间，袁鸿寿在桂林七星岩请他吃素席，饭后在一株小树下聊天，恰逢敌机在头上盘旋轰炸，袁大惊失色，要避。而梁则镇定自若，聊天如常。1976 年唐山大地震时，北京人都逃出了户外，梁却安居不动。后在居委会、家属的再三劝告下，最后才有几个晚上到寓所后门的草地上露宿。

○梁漱溟好布施，经常接济一些有困难的朋友和晚辈。新中国成立初期他每月工资三百元，只留百元左右家用，其余都拿来帮助生活无助的友人。他还定有一条独特的规矩："送的钱不要还，但借他的钱必须要还。"一位友人借钱忘记归还，梁竟亲去索债。梁提醒已摆脱困境者还借款，目的是拿出更多的钱接济另一些仍在困苦中的友人。

〇梁漱溟待人平易，对所有的不速之客，无论对方年长年幼，位尊位卑，他都竭诚相迎，客人告辞，必要送之门外，还鞠躬揖别。梁晚年时，苦于访客过多，为健康计不得不亲自书写"敬告来访宾客"的字条，并贴于门前。上写："漱溟今年九十有二，精力就衰，谈话请以一个半小时为限，如有未尽之意，可以改日续谈，敬此陈情，唯希见谅，幸甚。"有心人从字的颜色和笔迹上判断，那"一个半小时"的"半"字，是后来加上去的。有人因此而说梁"真可谓'仁义之人，其言蔼如也。'"

〇梁漱溟每遇有人相求，只要认为在理，从不厌烦。从来都是亲自给人回信。垂暮之年，来信众多，他一时无力作复，都要在未复的函件上注明"待复"。九十一岁时，他亲自参加"梁漱溟国际学术讨论会"，在开幕式上，发言者大多坐着讲话。他为表示对与会者的尊重，在发言的十五分钟一直站立，主持人三次请他坐下，他都谢绝了。

〇顾颉刚十分惜时，年轻时经常每天要写七八千字，每日工作多在十四个钟头以上。有时上朋友家拜访也带上手稿和笔，如果朋友不在家需要等待时，就干脆坐在朋友家房里誊抄稿子。有时因事耽搁一天未能读书，即觉得这一天是白活的。往往数月或一年工作下来，总要病一场。但他却诙谐地称生病为"纳税"，甘愿以数日之病换得一年之工作。

〇顾颉刚将办刊物作为培养人才，推进学术发展的重要手段。他曾说："我们若为自己成名计，自可专做文章，不办刊物；若知天地生才之不易，与国家社会不爱重人才，而欲弥补这缺憾，我们便不得不办刊物。我们不能单为自己打算，而要为某一项学术的全部打算。”顾一生创办和主编的刊物甚多，其中以《中山大学语言历史学研究所周刊》《燕京学报》《禹贡半月刊》最为有名，当代很多有成就的学者，就是由这几个刊物培养起来的；其中《禹贡半月刊》，培养了整整一代历史地理学的人才。

○ 1946 年，中央研究院历史语言研究所在北京成立了一个办事处，汤用彤被邀请兼任主任一职，且每月有薪金若干。接到薪金后，汤如数退回，说：“我已在北大拿钱，不能再拿另一份。”

○任继愈用朱熹晚年的境遇来形容汤用彤：“‘虽疾病支离，至诸生问辨，则若陈疴之去体。一日不讲学则惕然常以为忧。’汤先生只要一谈起学问来，什么医生的嘱咐、家人的劝告全都忘了。”1964 年 5 月汤病逝前，念念不忘的是他的两个研究生还没有培养到毕业。

1947 年中央研究院院士第一次院士会议合影，前排右四为胡适；第二排右一为汤用彤。

○ 20 世纪 20 年代，罗常培潜心中国音韵学的研究和教育工作，成果甚著。1929 年，罗加入人寿保险二十年，并说：“我要玩儿命，非干出名堂不可！”最终成为语言学界的一代大师。

○ 1920 年，熊十力从欧阳竟无大师研习佛学。其间首尾三年，潜心苦修，独具慧心，颇有创获，而生活却艰苦异常，唯一的一条中装长裤，常是洗了之后要等干了才能穿的。

○熊十力说他三十五岁时才认真读书治学。他到复性书院报到时，身上穿的衣服破旧，背着一个小铺盖卷，别人一看他那寒碜相，就把他安排在下人住的地方住下，一住三年。熊在这三年里埋头读书。到了第三年，书院举办有关佛学方面的论文比赛活动，这位不被人重视的寒酸青年的论文被评为最好！熊从此一鸣惊人。

○马寅初青年时期学习非常刻苦，生活也很清贫。白天上课，晚上还要挑灯读书。他用不起电灯，油灯用的是相对便宜的菜油作燃料。有一次，一位朋友来他宿舍探望，发现灯光非常昏暗，便为他点上了两根灯芯。马发现后，立刻把其中一根熄灭，歉意地对朋友说："我点不起两根灯芯，请别见笑！"

○马寅初从北洋政府财政部辞职后，一些军阀、政客看中了他的学识和资历，纷纷派人前来游说、招揽。马备感厌烦，公开宣称自己"一不做官，二不发财"，把说客们拒之门外。最后应蔡元培之邀，前往北大任教。

○马寅初早年曾在浙江省任财政厅厅长、省府委员。一次，家乡有位候任的县长（已被提名，但没有被正式任命）给马送来一千多块银圆，想请马代为疏通。送钱时马不在家，便托马家的杂工转交。马得知此事后大发雷霆，大声骂道："真是无耻至极！蚊子叮菩萨——他是找错人了！这种人，今天可以用钱托人情；日后，万一当上县长，一定也是个贪官污吏。就凭行贿买官这一条，他就根本没资格当这个县长！"立即命人将银圆原封退回，行贿者最终也未能当上县长。

○新中国成立以后，范文澜写书从来不拿稿费。他的《中国通史简编》修订本和《中国近代史》上册，发行量很大，稿费很多，但他从不经手，都由人民出版社保管，每年底都写信给出版社，将稿费作为党费上交。范在报刊上发表文章，也不要稿费。他曾对人说："我的贡献没有我的工资高，我已经觉得很对不起人民，如果再拿稿费，不是更对不起人民了吗？"

〇朱光潜是享誉中外的美学大师，但他从不以大师自居，他经常说的一句话是：“我一直在学美学，一直在开始的阶段……”

〇从 1918 年到 1922 年，朱光潜在香港大学读了四年书。在学校里他与高觉敷、朱跌苍一道被称为“Three Wise Men”（三个聪明人）。他不但读书用功，成绩很好，而且十分注意人格的修养。他一直在书斋的墙上挂着同乡书法家方㮣石给他写的四个大字：“恒、恬、诚、勇”。据他后来解释，恒就是有恒心，坚忍不拔、百折不挠。恬就是恬淡，清心寡欲，生活简朴。诚就是诚实，待人处事，开诚相见。勇就是勇气，奋发进取，敢于搏击。他把这四个字奉为座右铭。

〇朱光潜一生信奉“三此主义”，即此身，此时，此地：“此身应该做而且能够做的事，就得由此身担当起，不推诿给旁人。”“此时应该做而且能够做的事，就得在此时做，不拖延到未来。”“此地（我的地位、我的环境）应该做而且能够做的事，就得在此地做，不推诿到想象中另一地位去做。”

〇有人问起陈翰笙当年营救国际友人的事情，他摇摇头说：“人老了，许多事情记不得了。我记得的，是自己做错的事情。因为那是必须改正的。”

〇“文革”期间，陈翰笙在遭受迫害的同时，还不忘自己作为教育者的职责，在自家办了一个免费英语学习班。来上课的，有普通民众，也有当时的“黑帮”子女，陆续达三百多人。周围的人劝他说：“不要惹火上身！”而陈则答：“我免费收学生，并不犯法。”一位当年的学生回忆道：“当时陈老的视力几乎丧失。我们的教材，都是老人家自己摩挲着在废稿纸上写出来的。他身体并不很硬朗，但即使发高烧也坚持给我们上课……”

〇陈翰笙后来享受的是部长级待遇，但他从来都把自己看作布衣百姓。一次，他从广州结束调查研究回来，在上海做短暂停留。当地报社记者很想趁此机会对他进行采访，但就是无法找到他的住处。到部长级干部常住的大宾馆饭店查询，回答都是："查无此人。"几经周折，才在他妹妹非常简朴的弄堂房子里找到了他。据说，每次到上海，下榻在这里的一张旧床，已经成为陈的老规矩了。

○在向达的一份档案材料中，曾有这样的评语："富于正义感；自高自大，有学术独立超然的思想，有士大夫的坚贞，无士大夫的冷静；解放后对党极其拥护，但对民主人士非常不满，骂他们 ××，对 50 年代前期的一系列政治运动表示不理解。"向达深受北大"科学与民主"精神的影响，又"为人憨直、是非分明、毫不宽假"。新中国成立后很长一段时间里，他都自认为是党的诤友，曾公开表示："我们现在要监督执政党，使他做得好，不让他变化。"

○陈岱孙素以助人为乐。1957 年北大一位青年教师被错划为右派分子下放劳动，冬天没有衣服穿，当时无人敢借给他。陈则不避嫌疑，给他邮去一大包衣服，而且不忘在邮包上大书"陈岱孙"三字。陈的一位学生在"文革"期间受到冲击，流落街头靠乞讨度日，陈知道后，每月挤出五元钱寄给他，连续达八年之久。陈家原有一个侍候他母亲的"管家婆"。母亲病逝后，陈对管家婆说："姆姆的东西用得着的你尽量拿。你的生活我管到底。"

○沈从文在西南联大授课时，教室不大，仅有一张讲桌和几把扶手椅。一次上课时，扶手椅都被先行到达的男生占满了，后到的三位女生没有座位。男生有的不懂得向女同学让座，有的则不好意思给女生让座，她们不得不站着听课和记笔记。沈看不过去，把讲台上的讲桌扛下来，放倒在教室地上，请这三位女生坐下听课。

○有人问张岱年是否曾对学生发过火，张回答说："不多，但也有几次。这说明我的修养还不够，还得加深修炼。"

○有人向张岱年请教应当怎样为人处世？张答曰："做人，应有独立的人格，同时还要有对国家、对社会的责任心，这种责任心不仅仅是爱国，还要时刻想着对社会尽一定的义务。为人处世，不要老想着自我，功名利禄如过眼烟云，可有可无。”有学生曾问张是否后悔新中国成立后留在大陆以致荒废了二十年学术生命？张没有直接回答，而是讲了金岳霖的一个故事：1972 年知道美国总统访华的消息时，金说我们中国人民真的站起来了！

○ 1958 年，北大西语系掀起了一股“批判西方资产阶级文学”的热潮。各个专业都忙着拟订自己的“重点批判对象”。德语专业五个年级的一百多位师生集中在民主楼楼上的一间大教室里，一致提名将歌德作为重点批判对象。主持会议的冯至却以深沉而诚恳的语调说：“同学们，你们现在还不知道，歌德在德国人民的心目中具有多么崇高的威望！如果我们批了歌德，会伤害德国人的民族感情的。”并鼓励大家提别的作家。听得师生个个目瞪口呆，会场上久久鸦雀无声，“大批判动员大会”最后不了了之。

○周一良经常说，自己平常最服膺的是孔子“吾道一以贯之”的“忠恕之道”。他自己在平时也亲身躬行，无论对师长、对朋辈、对后学弟子均待之以诚，蔼然有古人之风。20 世纪 80 年代末，周与赵和平合写《敦煌写本书仪研究》。周不顾年事已高认真审阅书样。书将付梓时，赵要署上周的大名。周认为这些事是一名师长应该做的，执意不允。周最后说：“你现在不用靠我，可以自己打天下了。”

○邓广铭和他的学生张希清合作整理司马光《涑水纪闻》，书由中华书局列入《唐宋史料笔记》丛书，并于 1989 年 9 月出版。在该书的点校说明中，邓明确说：《涑水纪闻》由张希清校勘，书末所附《温公琐语》由张希清辑校，全书的标题拟制、次第编序、人名索引也一律由张希清完成，绝不掩人之功，掠人之美。

○ 1997 年，河北教育出版社补贴资金出版了《庆祝邓广铭教授九十华诞论文集》，并以此为条件，商定出版邓广铭的全集，但因邓与人民出版社早有出版《王安石》修订本的约定，遂影响到全集的出版问题。邓当时首先想到的是，如果全集不能由河北教育出版社出版，他将欠下出版社一份情，这使他感到沉重的压力，如何清偿此事，就成了他心头一块大病。在 1997 年 10 月写给河北教育出版社编审张惠芝的信中，他提出全集仍希望交给该社出版，但必须等他把四部传记全部改完；如果出版社不同意这个方案，“我在有生之年必须对贵社印行我的《九十祝寿论文集》做出报答，那么就请贵社把印制这本论文集的费用清单告诉我，我将在半年之内分两期全数偿还贵社。我今年九十一岁，我的人生观点就是绝不在去世之时，对任何方面留有遗憾，不论是欠书、欠文还是欠债，这样我可以撒手而去，不留遗憾在人间。”

〇千家驹素以直言不讳著称。党的十一届三中全会后，千家驹以全国政协委员、常委和民盟中央副主席的身份重返中国政治舞台。1988 年 4 月全国政协七届一次会议上，千作了《关于物价、教育、社会风气问题》的发言，针砭时弊，慷慨陈词，言辞犀利，激起人的同感与共鸣。三十分钟的发言博得全场三十一次热烈鼓掌。千的发言播出后，收到一千多件来信，有人赋诗称赞他“白头岂敢忘忧国，唱出丹心正气歌”。对此，千自己说：“我已年近八十，可以悠哉游哉，息影林泉，但感于‘国家兴亡，匹夫有责’之义，所以不自觉地又说这些逆耳的废话。古人云：‘知我者谓我心忧，不知我者谓我何求。’余岂好辩哉，不得已也。”千生前还多次呼吁人民代表、政协委员要“多纳忠言，少唱颂歌”，要说真话，讲真理，不要追逐名利乌纱。

〇范长江在北大哲学系学习期间（1932—1935），除了认真读书以外，还十分关心国事。一次，在上伦理课时，范向授课教授提出了两个问题，请求回答。一是当时全国人民要求抗日，而国民党政府不抗日，怎么办？主张抗战的是善还是恶？二是一个人肚子饿了，自己又没钱，铺子里却堆满食物，能不能拿来吃？教授回答说：这不是哲学的事，哲学主要是为了弄明白各学派的情况，不是解决实际问题的。这一答复让范颇感失望，从此决定走出书斋，投入到现实的抗战中去，最终成为著名的新闻记者。

○阴法鲁晚年住在中关园，住处局促，又堆满了藏书，在朋友的再三劝说下，阴写了分房申请。申请刚递交上去的第三天，阴又亲自送去这样的信函："现在的青年教师住房很紧张，还是把更多机会留给他们吧！"

○有一次，张中行认识的一个人丢了一千块钱，十分沮丧。张当场就拿出五百元来送给那人，还说："只当是你丢五百，我丢五百,一个人的不快两个人分担！"

○法律史学家饶鑫贤提携后进不遗余力。2001年，有一位外地学生想考北京大学法学院中国法律思想史专业的研究生，不知道饶已经不再招生，依然写信向饶打听招生情况，年近八十高龄的饶拄着拐杖不辞辛劳到北大研究生院找到招生简章，并亲自给他邮寄过去。

○季羡林在德国留学期间，正值德国法西斯统治时期，求学条件殊为不易，但他仍忍饥挨饿，发奋学习希腊文、拉丁文、梵文、吐火鲁文、巴利文，研读梵语佛教经典。留学期间，他的功课门门得优。当毕业论文胜利通过时，他的感受是："我没有给中国人丢脸，可以告慰亲爱的祖国。"

○季羡林的几位弟子编《季羡林文集》，在前言的初稿中称季为"国学大师""国宝级学者""北大唯一终身教授"，等等。季看后要求删去，并说："真正的大师是王国维、陈寅恪、吴宓，我算什么大师？我生得晚，不能望大师们的项背，不过是个杂家，一个杂牌军而已，不过生得晚些，活的时间长些罢了。是学者，是教授不假，但不要提'唯一的'，文科是唯一的，还有理科呢？现在是唯一的，还有将来呢？我写的那些东西，除了部分在学术上有一定分量，小品、散文不过是小儿科，哪里称得上什么'家'？外人这么说，是因为他们不了解，你们是我的学生，应该是了解的。这不是谦虚，是实事求是。"

○北大长期流传着一段关于季羡林给新生看行李的佳话：某年 9 月初，北大新学期开始。一位新生带着一大堆行李来报到，实在太累，又要去办入学手续，就把行李放在地上。正在发愁之际，刚好走来了一个衣着极为朴素的老人，样子亲切和蔼，就像个老校工。这名新生便上前说："老同志，给我看一会儿行李好吗？"老人爽快地答应了。那位新生则轻装去办理手续。近一个小时过去后，新生归来，老人还在静静地看守着。新生谢过老人，两人分别。直到北大开学典礼时，那位新生才惊讶地发现，主席台上就座的北大副校长季羡林，正是那天替自己看行李的老人。

老北大时期的校长办公室

○何芳川工作时十分投入，有时还很容易动感情。在任北大副校长期间，在学校学术委员会的会议上，在讨论"211"和"985"项目时，每当他要发言，总是先举手，对主持会议的许智宏校长说："校长，诸位，芳川有本上奏。"然后，他便就北大文科的发展大计说下去了。说到激动时，他声音哽咽，眼里流出泪水，听者无不动容。

○金开诚在北大任教时，特别重视教学工作。年龄大了以后，有时讲完一堂课回到家累得再也站不起来了，家里人都劝他放弃，他却一再拒绝，乐在其中。金常说："如果我讲的一两句话能让学生们受用一生，我也就无憾了。"

○秉志 1908 年毕业于京师大学堂，后来成为著名的动物学家，被认为是中国动物学研究的主要奠基人。他曾在东南大学、中央大学、厦门大学、复旦大学、北京大学等大学担任教授。为了不断提高自身的科学素养，他为自己制定了"工作六律"和"日省六则"，并写成卡片随身携带，时时对照，以做到终生恪守。所谓“工作六律”，是指：身体强健、心境干净、实验谨慎、观察深入、参考广博、手术精炼。并在旁边写上“努力努力，勿懈勿懈”以自警自励。所谓“日省六则”，是指：心数忠厚、度量宽宏、思想纯正、眼光远大、性情平和、品格清高。其下另有“切记切记，勿违勿违”八个字。

○从1936年到1937年，周培源到美国普林斯顿的高等研究院参加爱因斯坦亲自主持的关于相对论的研论班，成为中国唯一在爱因斯坦身边长期从事相对论研究工作的学者。研讨班结束后，周特意到爱因斯坦家中话别，并在书房为爱因斯坦拍照留念。后来，周的女儿问周：“当时你为什么不跟爱因斯坦合个影呢？”周答：“他是这么伟大的人，我怎么可以随便和他照相？”

○周培源每次出国开会，都要在经费上精打细算，多坐巴士少打的。他八十五岁时，去德国开会，住在德国一家小旅店，为了少交一天住宿费，不顾旁人劝阻，中午退房，然后坐在街头长椅上，困得打盹儿，回国后反向财务部退款。

○王竹溪指导弟子王正行翻译海森伯的《量子论的物理原理》，译作出版之前，出版社建议请王竹溪写篇序文，他断然回绝：“海森伯是大科学家，我没有资格给他的书写序。”

○ 1931年，江泽涵谢绝普林斯顿大学的著名拓扑学大师S.Lefschetz教授的诚聘而回国，原因是江认为不能“只口喊科学救国而无自己要赶超世界水平的雄心壮志”。江回国的目标是使拓扑学在中国生根发展，团结同事共同奋斗，“期以五十年，一定要使中国也跻身于国际现代数学之林”。

○ 1991年9月，北京大学数学系决定设立江泽涵奖学金，江泽涵以他和夫人的名义捐赠五万元作为奖学金基金。当年12月，江写信给北大数学系，他在信中说：“我已年近九十，难以再从事数学工作，我寄希望于青年们：青出于蓝而胜于蓝，自强不息，为祖国的数学事业，发挥聪明才智。我意在九十岁时，检点自己平生积蓄，尽个人薄力，来支持和勉励学生的学习和研究。”

○叶企孙视学生如子女。20 世纪 60 年代初三年困难时期，国家为了照顾北大著名学者，给他们“特供”一些牛奶，叶企孙也是其中之一。但是，当叶看到自己所教班级中有学生患浮肿时，就把自己的牛奶一定让这些学生喝下去，他说:“我没有什么可以帮助你们的，这点牛奶你们一定要喝下去。”

○ 20 世纪 30 年代末，许宝騄在英国留学，当时共有三个中国人和三个日本人在那里学习统计学。许说:“我们三个中国人比日本人强多了。那时日本已侵略中国，我们想，在统计、概率方面，我们将来回国后，一定要把它搞好，超过日本人，当时很有信心。”这种以学术报国的想法成为指导他一生学术研究工作的准则。即使在“文革”时，他已病在床上，还对探望他的亲友说:“我身体不行，不能动了，但我的头脑还是很清楚的，我还可以用脑子为祖国服务。”

○ 20 世纪 50 年代，许宝騄已身患肺结核、胃病和痔疮等多种疾病，行动很不方便。此时他体重只有七十斤，每天主食只吃二三两，靠牛奶维持所需的营养。组织上曾多次建议他出国疗养，但都被他婉言谢绝。他大部分的时间是在床上过的，念书和写作时，面前放一硬纸板，背靠着软的靠垫，吃饭和参加讨论班时，下来坐在沙发上。尽管这样，他每天都工作六个小时以上。1963 年，医院检查发现他肺上有空洞。组织上安排他去疗养，他又拒绝了。他对学生说:“我知道时间不多了，我再带你们去闯一个新方向，好让你们知道新方向该怎么闯。”直到“文革”以前，他的教学、科研活动一刻也没有停止。

○ 1950 年夏天，邓稼先在美国取得博士学位后，毅然回国。同年国庆节，在北京外事部门的招待会上，有人问他从国外带了什么回来？邓说:“带了几双眼下中国还不能生产的尼龙袜子送给父亲，还带了一脑袋关于原子核的知识。”

○一次原子弹爆炸试验失败后，为了找到真正原因，必须有人到原子弹被摔碎的地方，去找回一些重要的部件。邓稼先说："谁也别去，我进去吧。你们去了也找不到，白受污染。我做的，我知道。"然后就穿了件简易的防护服，走进原子弹摔碎的地区，很快找到了核弹头，用手把它捧着，走了出来。最后证明是降落伞的问题。就是这一次，强烈的射线严重地损害了邓的身体。1985年，倒在病床上的邓对妻子和当时的国防部部长张爱萍将军平静地说："我知道这一天会来的，但没想到它来得这样快。"

○在一次地下核试验前的检测中，某个关键的信号突然测不到了，危险性极大。邓稼先带领的团队从夜里12点钟一直讨论到天亮，最后邓比较了各方面的意见，决定在现场采取妥善办法处理。他跟科技人员来到井口附近一起研究解决办法。戈壁滩上风沙呼啸，零下30多摄氏度，寒风刺骨。有人见他实在太疲倦了，劝他说："邓院长，你回去吧！"但邓严肃地拒绝说："不，这里就是战场，我不能走！"故障排除后，他才和大家一起离开了现场。当试验成功开庆祝会时，邓竟当场晕倒了。

○邓稼先生前，曾有不少人问他："原子弹成功后，你得到多少奖金？"邓总是笑而不答。直到1986年6月邓病危时，杨振宁到医院去看望，提起此事。邓才说："原子弹十元、氢弹十元。"杨又问："不开玩笑？"邓回答："是真的，不开玩笑。"并解释说：1985年颁发原子弹特等奖的奖金总数是一万元，单位里平均分配，按十元、五元、三元三个等级发下去，邓拿的是最高等级的奖励。邓去世后，国防科技成果办公室曾经追授奖金三千元给邓，邓的家属又把这些钱全部捐给了九院的科技奖励基金会。

○在邓稼先去世前不久，组织上为他个人配备了一辆专车。邓只是在家人搀扶下，坐进去并转了一小圈，表示已经享受了国家所给的待遇。

○ 1986年7月17日（邓稼先逝世前12天），时任国务院副总理李鹏以及罗干、朱光亚等到医院探望邓稼先，李鹏代表国务院授予邓全国劳动模范证书。邓提前拔掉输液管，准备发言稿，穿着整齐，等待领导的到来。他在发言的最后，离开稿子说："核武器事业是成千上万人的努力才取得成功的，我只不过做了一部分应该做的工作，只能作为一个代表而已。"

○ 1986年7月29日，邓稼先去世。在生命的最后时刻，邓对妻子许鹿希说："假如生命终结后可以再生，那么，我仍选择中国，选择核事业。"临终前仍然念念不忘希望国家在尖端武器方面继续努力，并殷切叮嘱："不要让人家把我们落得太远……"

○ 1928年，傅鹰的博士论文在美国宣读以后，得到好评。美国一家化学公司立即派人以优厚的待遇聘请他去工作，他和同在美国留学的女友张锦商量之后谢绝了，决心回到祖国去。他们认为："我们花了国家许多钱到外国留学，现在若是留下来为美国做事，对不起中国人。"1929年，他应东北大学之邀，先离美返国。当乘坐的轮船航行在太平洋上时，傅鹰填词一首，赠给仍在美国伊利诺伊大学攻读有机化学博士学位的张锦，其中有一句是"……待归来整理旧山河，同努力！"

○"文革"时期，军宣队命令傅鹰"批孔"，傅回答说："再过几年，现在这些批孔老二的文章就没人看了！我从小念孔夫子那一套，不觉得有什么错。"政治学习要求读报纸，傅指着报纸说："上面的数据都是假的，至少百分之八十是假的，假话不可信。"

○ 1958年的"大跃进"激发了北大半导体专业师生的创业豪情，在黄昆的领导下，他们雄心勃勃，计划建立半导体工厂。但苦于没有资金，师生们就在物理大楼的门口卖冰棍儿。黄昆一马当先，大声叫卖，毫无羞色。有一次正好碰上他要去科学院开会，他居然把自己的英国太太请来替他叫卖。

○“文革”时，黄昆是二级教授，每个月有二百八十五元钱的工资，他把二百元都交了党费。他在生活上要求很低，衣着极为普通，曾被看作是校园里最像工人的教授。但黄在学术上却要求很高。一次，一位副教授评教授职称，大多数学术委员同意，黄却直说，给他个副教授就不寒碜了。

○ 1955 年，北大生物系和中科院联合组团，一起前往山西吕梁地区进行科学考察。已经六十多岁的李继侗是北大的带队老师。当时野外工作、生活条件十分艰苦，出外考察的交通工具仅有一辆容纳二十个座位的汽车，而考察团共有六十多人。李自始至终都不坐车，徒步考察，并对北大师生说：“我们北大师生全部不坐车，这样别人也不会去抢座位，让出来给老先生和体弱的同学坐。”

○ 1975 年，王选为了掌握国外激光照排领域的研究现状和发展动向，常常挤公共汽车到科技情报所查阅外文资料，车费是二角五分。为了省五分钱，他就提前一站下车，走过去；常常靠手抄资料来节省复印费。当时他没有课题经费，每月工资只有四十多元，还是多年的老病号，条件艰苦，可想而知。经过几年的努力，在 1979 年 7 月，汉字激光照排系统的原理性样机终于研制成功。后来，王选说：“从 1975 年到 1993 年这十八年中，我一直有种‘逆潮流而上’的感觉，这个过程是九死一生的，哪怕松一口气都不会有今天的成功。”

○王选公私分明，从不多花单位一分钱，到外地出差，总是坐经济舱，住标准间。一次他去美国见客户，要住普通酒店。陪同人员说，“您在美国与大客户谈合作，住这种地方恐怕不利于形象”，他才同意住五星级酒店。项目谈成功后，他对陪同人员说：“还是你对，我们现在项目谈完了，可以搬出去了吧？”

○王选主持研发的汉字激光照排技术成功后，他的名气越来越大，被人们誉为“当代毕昇”。他很不同意，多次说：“‘当代毕昇’是一个集体！”1991 年年初，有出版社出版了一本《王选传》，出版前王选没有看到封面和内容提要。后来他在写给朋友的信里说：“这本书封面上和内容提要中的提法不妥，'中国激光照排之父''当代毕昇'等提法均把大家的功劳归于一人……"他常对夫人说，工作是大家一起做的，我已经得了不少荣誉，但好处不能只归我们。

○ 2000 年，王选身为两院院士、北大方正控股董事局主席，仍然居住在北大分配的七十平方米的单元房里，地上铺着地板革，最主要的家具是书柜，没有什么摆设。他始终不愿搬入院士楼，他说："我已退居二线，住这个房子就行了。若有可能，应尽量改善在一线工作的年轻人的居住条件，现在都是在靠他们出成果。"

○ 2003 年 3 月，王选担任了全国政协副主席，韩启德担任了全国人大常委会副委员长。两人相互叮嘱：现在我们担任了更高的领导职务，以后我们参加会议、活动等要遵守时间，如果我们晚一点，就会给人家整个系统造成很多麻烦，所以我们说好的时间就一定不要轻易改变。

○王选说，有的候选人为了评院士，就通过"公关"的方式去送礼，这是一种不正之风。面对这种情况，王选说他有自己的绝招："候选人和单位领导一起来家里，送来候选人材料和礼物。我对他们说：'今天我只能收一样东西，你们看留下哪样好呢？结果他们只有老老实实把礼物拿走，把材料留下。'"

○晚年的王选，从不以学术权威自居，始终以提携后进为己任。他常说，"伏枥老骥"，最好是用"扶植新秀、甘做人梯"的精神实现自己"志在千里"的雄心壮志，今后衡量自己贡献大小的一个重要指标，就是发现了多少年轻才俊。他担任全国政协副主席后，多次在同中共中央领导人的民主协商会议上提出建议，要给优秀青年科学家一个安定的环境，让他们安心去做研究。他说："计算机这类新兴学科，年轻人具有明显的优势，我们应该重点支持尚未成名的、有才华、有潜力的小人物，为他们创造平等、和谐、有利于他们发展的好环境。"

○王选刚过五十五岁时，就立刻给国家提了一个建议："国家的重大项目，'863'计划，学术带头人，要小于或等于五十五岁。——其中要把我排除在外。"五十六岁时，王选决定退出科研第一线，全力扶持年轻人。他说："我已退居二线，现在的任务就是扶植年轻人。""今后看我贡献的大小，主要看培养出多少年轻人。"他希望年轻人能"超越王选，走向世界"。他说："我扶植年轻人真心诚意。我们的中年教师，包括我们的博士生导师，都是靠自己奋斗过来的，都是苦出身，所以我们一贯倡导我们的年轻人做的成果，导师没有做什么工作，导师就不署名。……扶植年轻人我觉得是一种历史的潮流，当然我们要创造条件，就是把他们推到需求刺激的风口浪尖上。在这方面我们要创造一切条件让年轻人能够出成果，特别要反对马太效应。"

○ 2005 年岁末，患病多年的王选已经不能进食，靠鼻饲营养液维持生命。他想到不能出席北大计算机所每年一度的年终大会了，便在夫人的帮助下，艰难地录下一段话："我知道有不少同志在日夜加班，奋力拼搏，在此，我要说一声，你们辛苦了！向你们深深地鞠躬！今后我们还要坚持科研为应用、为社会服务的方向，我们要坚定不移地走产学研相结合的道路。"不到三分钟的讲话，他一遍一遍地录了二十多分钟！

○ 2000 年，王选患病以后，曾写下一份遗愿。其辞为：

人总有一死。这次患病，我将尽我最大努力，像当年攻克科研难关那样，顽强地与疾病斗争，争取恢复到轻度工作的水平，我还能为国家做一些力所能及的事情。

一旦病情不治，我坚决要求"安乐死"，我的妻子陈堃銶也支持这样做，我们两人都很想得开，我们不愿浪费国家和医生们的财力物力和精力，并且死了以后不要再麻烦人。

我对方正和计算机研究所的未来充满信心，年青一代务必"超越王选，走向世界"，希望一代代领导能够以身作则，以德、以才服人，团结奋斗，更要爱才如命，提拔比自己更强的人到重要岗位上。

我对国家的前途充满信心，21 世纪中叶中国必将成为世界强国，我能够在有生之年为此做一点贡献，已死而无憾了。

王　选　2000 年 10 月 6 日

○ 1946 年，侯仁之前往英国利物浦大学攻读历史地理学方向的博士学位。他在给夫人张玮瑛的信中这样描述他第一年的紧张生活："我现在每周换三个人：第一个'我'是大学一年级的 fresher，从星期一到星期五上午，到学校读书上课，做制图实习；第二个'我'是研究院的'博士待位生'，从星期一到星期五下午与晚间，在宿舍做个人的研究工作；第三个'我'是《益世报》的驻英通讯员，星期六读一周报纸杂志和做参考笔记，星期日用整天写通讯。"

○"文革"期间，因为曾为吴晗主编的历史小丛书写过《徐霞客》的传记，侯仁之成了"三家村干将"，饱受批判乃至殴打。虽然处境异常困难，但侯在"文革"期间始终没有乱供、错供过任何人。这让他的儿女至今为之骄傲。侯的长女侯馥兴评价其父说："他留下的是清白和正气！"

○侯仁之因为年迈，无法亲自上街去买扫院子用的大竹扫帚，遂托总务处的老师代为购买。一天，总务处的老师送来扫帚，道别后，侯又追出门去，向那位老师说："我眼睛患有白内障，视力衰退，以后见面不一定能认出您，请您见谅……"

○ 1960 年三年困难时期，徐光宪把《物质结构》一书的稿费五千多元全部捐给北大技术物理系工会，让工会用来补助困难教职工，而且还请求工会的同志"千万不要声张"。

○ 1988 年，在一次学术会议期间，福州大学校长黄金陵与徐光宪同住一室。会议闭幕的前一天晚上，徐写致辞写到很晚。因为怕打扰黄休息，徐特意搬了一张小凳子放在洗手间，借助微弱的灯光俯首疾书。黄半夜醒来看到此景，大为感动。

〇 2005 年，徐光宪获何梁何利科技成就奖。他在给民盟中央领导的回信中写道：“这次我意外获得何梁何利成就奖，考虑到部分学生家境比较困难，决定在化学学院设立霞光奖学金，把奖金的三分之二作为基金，每年以利息奖励八名大二大三的经济困难而品学优良的学生。2005 年已经颁发，特向民盟组织汇报，并感谢民盟组织多年来对我的教育与帮助。”

〇 2006 年，北大研干校邀请已经八十六岁高龄的徐光宪为北大学生做讲座，徐欣然应允，他在给研干校负责人写的回信中说：“我近来由于糖尿病引起的一些副作用，走路不稳，失眠、头晕。所以本月底在江西将召开稀土学会理事会和《稀土学报》编委会（我是学报主编），和下月中旬在上海召开钍核能利用的会议（我是建议人之一）都不去了。但对你的要求，我还是同意了。一方面，是教师的责任；另一方面，是我不愿使一个年轻人的希望落空，这会影响你们的大胆进取精神。”

〇徐光宪获得国家最高科技奖的奖金为五百万元。其中五十万元归个人所得，另外四百五十万元可由他用作自主选题的科研经费。对于如何支配这笔奖金，他非常认真地说：“我自己的钱已经够花了。”“我得的奖是集体的工作成果。我已经跟大家说好了，包括那五十万元在内，五百万元全部都拿出来。几个研究团队要好好商量，怎么分配使用这些经费。经费要以稀土为主，要全部放在几个课题组和国家重点实验室……”

〇彭瑞骢生于 20 世纪 20 年代，1940 年考入北京大学医学院。彭在青年时代就特别关注社会现实，关注民生疾苦。1947 年，他与方亮、王光超等人在北京公主坟附近的什坊院村办起了保健院，组织北医师生轮流为附近农民义诊。其间，彭目睹了农民饱受病痛之苦和贫困的折磨，坚定了为大多数人服务的理念。从医七十多年，无论身处顺境还是逆境，彭都坚定不移、勇往直前，他曾这样寄语北大医学生："'无德不医'。学校只能教育你认识是非，但是社会太复杂了。你要是想拿学医当敲门砖去赚钱的话，那就别来学医，此路不通。"

○刘默涵，女，北京大学历史系2003级本科生，河北省无极县人。刘十二岁时父亲去世，母亲忧劳成疾，带着她和妹妹靠最低生活保障金和亲戚朋友的接济度日。2003年，刘以优异成绩考入北大后，即开始了自济自立的生活，她充分利用课余时间做兼职，不仅为自己筹足学费和生活费，还支持家庭的开销。为帮助其他"寒门学子"，她于2005年假期在家乡举办学习讲座和辅导班，自筹资金一万余元，在家乡设立"默涵助学金"，资助了十四名贫困学生。刘后来又多方筹款，资助了数百名贫困学子。刘的这一举动在社会上引起了极大的反响，被认为是突出体现了当代北大学子的时代风貌。刘曾对采访她的记者说："一路走来，接受了太多的爱和帮助，这么多的感情难以回报，这么多爱也是压在心头的一块石头，当生活可以让我有喘口气的机会时，我极力寻找各种机会来回报社会，回报所有给我关爱的人。"

气节第三

解　题：气节者，骨气与节操也。士人之德，气节为本。正如刘文典先生所言，“读书人要爱惜自己的羽毛”。在关涉国家民族大义、学术真理、人格尊严等问题上，读书人来不得半点马虎，不容有丝毫的苟且与宽假。先贤曾云，“临大节而不可夺”。金无赤金，人无完人，诸位先生或许在细微之处尚有一二瑕疵，但在面临人生的重大抉择时，能够做到大节不失，实在不愧书生本色。在今日学人的学术生涯中，这样的问题依旧处处可见，时刻都在拷问着读书人的“底线原则”。在这一方面，先生们“岁寒然后知松柏之后凋”的凛然风骨，以及“小事糊涂，大事不糊涂”的人生智慧，为我们树立了标杆与典范，值得永远仰慕和追随。

○孙家鼐任京师大学堂管学大臣时，延聘美国人丁韪良为大学堂西学总教习。德、意两国大使知道后，强求大学堂也聘请两国人为教习，声称只有这样，才于中国大局，“实为幸甚”。孙知道后，严词驳斥说：“查中国开设大学堂，乃中国内政，与通商事体不同，岂能比较一律。德国、意国大臣，似不应干预。”

○袁世凯称帝前，请林纾写“劝进表”，并邀林当高级顾问。林严词拒绝：“将吾头去，吾足不能履中华门。”

○ 1915 年，袁世凯加紧推进复辟帝制活动，策动军阀官僚和御用文人拼凑各种各样的请愿团体，上书国会要求改变国体，拥戴他当皇帝。袁先封北大校长胡仁源为中大夫，又授给北大一些教授四等、五等“嘉禾奖”。其子袁克定派人游说胡率领北大教授上书劝进，遭到胡和北大教授的拒绝。史载其事曰：“仁源本诸教授之意持不可，谢使者。大学遂独未从贼。”

○ 1916 年，袁世凯称帝，时任北大文科教授的马叙伦愤然说：“是不可以久居矣。”即日离职而去，一时有“挂冠教授”之称。之后从事民主运动，马也是不惜身家性命。

○袁世凯称帝之前，黄侃之师刘师培位列“筹安会”六君子之一，为袁称帝积极奔走。刘曾借研究学术之名，在北京召集学术界知名人士开会，黄位列其中。会上，刘积极动员与会者拥戴袁氏称帝，话未讲完，黄便起立，怒目而视，愤然说，如此，就请先生“一身任之！”说完拂袖而去，其他与会者亦随之而散。

○袁世凯筹谋称帝，因黄侃名气甚大，并准备授予黄一等金质嘉禾勋章，授意黄侃为他写《劝进书》。黄卑视袁的为人，因而拒之，并作诗歌嘲讽此事，说“二十饼金真可惜，且招双妓醉春风”[①]。后章太炎因反对袁世凯复辟称帝，被袁世凯软禁。黄得知后，冒生命危险与老师同居，一面侍奉，一面与师日夜论学。

○黄侃处世尚气节，最厌趋炎附势。民国时，其同盟会故友多系显贵，黄耻与之往来。唯有居正当时受蒋介石软禁，形单影只，不胜苦楚，旁人躲之不及的时候，黄却常至居正囚地，与其谈心解闷。后来居正东山再起，复登高位之后，黄竟一次也未去过居正家中。居正念及旧情，亲赴黄家中，问其为何不再来家中交谈。黄正色答道：“君今非昔比，宾客盈门，权重位高，我岂能做攀附之徒！”

---

① 据言当时一枚嘉禾勋章值二十金。

○五四运动爆发后，蔡元培被迫辞职，当局欲找一些北大的旧派人物做些落井下石的文章。一向大骂新派的黄侃就成了当局拉拢的重点人物之一。孰料黄却毅然站在了挽留蔡的行列。他对人说："余与蔡孑民志不同，道不合；然蔡去余亦决不愿留。因环顾中国，除蔡孑民外，亦无能用余之人。"

○九一八事变发生，黄侃拍案作《勉国人歌》："四百兆人宁斗而死兮，不忍见华夏之为墟。"

○五四运动爆发后，蔡元培为抗议政府镇压爱国学生而辞职。在《不肯再任北大校长的宣言》中，蔡称："我绝对不能再做不自由的大学校长：思想自由，是世界大学的通例。德意志帝政时代，是世界著名开明专制的国，他的大学何等自由。那美、法等国，更不必说了。"

○蔡元培平日恬淡从容，无论对待达官贵人或引车卖浆之流，态度如一，但遇大事则刚强不肯苟同。蒋梦麟说蔡是"白刃可蹈之中庸，而非无举刺之中庸"。他任北大校长期间，因经费不足，就由校务会商定征收部分讲义费。部分学生不肯交讲义费，还聚集起来包围红楼，来势汹汹要求免费，还要寻找提出此项意见的事务主任沈士远算账。蔡闻声挺身而出，对学生解释说："收讲义费是校务会决议的，与沈先生无关，我是校长，有理由尽管对我说。"学生仍不让步，呼喊着要找沈，蔡也大声呼道："我是从手枪炸弹中历练出来的，你们如有手枪炸弹不妨拿出来对付我，我在维持校规的大前提下，绝对不会畏缩退步！"部分学生闻言仍不后退，于是蔡就站在红楼门口，怒目挥拳，大声喊道："你们这班懦夫！有胆的就站出来与我决斗。如果你们哪一个敢碰一碰教员，我就揍他。"包围蔡的学生看到平日性情温和的蔡发怒了，知道校长不会妥协，便纷纷后退散去。

○李大钊被捕后，受尽酷刑，经常昏死过去，但他每次醒过来，总是说一句话："我李大钊是共产党，别的一概不知。"临刑时，李毫无惧色，第一个走

北京大学俄文楼前的李大钊雕像

上绞架，发表著名的演说："不能因为你们今天绞死了我，就绞死了伟大的共产主义！我们已经培养了很多同志，如同红花的种子，撒遍各地！我们深信共产主义在世界、在中国，必然要得到光荣的胜利。"最后高呼："中国共产党万岁！"从容就义。

○ 1932 年，陈独秀被捕入狱，他在狱中书赠画家刘海粟条幅："行无愧怍心常坦，身处艰难气若虹。"当时的国民党军政部长何应钦曾请他写字，陈提笔写了"三军可夺帅也，匹夫不可夺志也"相赠。据陈当年的下属和朋友包惠僧回忆，陈还给一名侦缉队长写过字，内容为"还我河山"和"先天下忧"两条横幅。

○七七事变后，日本飞机轰炸南京，陈独秀所在的监狱被震塌。陈的学生陈钟凡得知后，同胡适、张伯苓等人联合保释陈，国民党政府的条件是，除了人保以外，还需本人提交"悔过书"。陈听后，勃然大怒，说："我宁可炸死狱中，实无过可悔"，并且拒绝人保，说："附有任何条件，皆非所愿。"

○抗战时期，胡适、汪孟邹建议陈独秀去美国写自传，不料生活极为困顿的陈拒绝了二人的好意，说："鄙人生活很简单，没有什么传奇的东西，不用去美国写自传，我是一个中国人，若是写自传，在中国也能写。"

○陈独秀晚年寓居四川江津一个小山村中，生活极为穷困。他在北大的很多朋友和学生如胡适、罗家伦、傅斯年等，到四川来时，必定专程去看望他。看到他家徒四壁，不免要想资助。陈反而气愤地说："你们把我当乞丐施舍吗？我挑明了说，即使我穷死饿死也不会收的。"陈的学生、国民党中央秘书长朱家骅赠他五千元，他当即拒绝。朱又托张国焘转赠，陈将钱原封退回，并写信斥责说："请你以后不要多事！"蒋介石得知陈的生活状况后，命国库局拨一笔钱给陈。国库局派大员亲自去办理，江津县银行办事处主任也陪同前往，希望落实此事。陈严词拒绝，照样将钱原封退回。

○邵飘萍撰文抨击张作霖，张又恨又怕，汇款三十万元收买邵。邵将银钱悉数退还，抨击张的火力不见减弱，反而增强。邵对家人说："张作霖出三十万元收买我，这种钱我不要，枪毙我也不要！"

○黎元洪任大总统期间，曾颁发给胡适勋章一枚。胡在报上刊登启事："4 月 5 日的《益世报》上登出新发表的大批勋章，内有'胡适给予三等嘉禾章'的一项，我是根本反对勋章、勋位的，如果这个胡适是我，还是请政府收了回去罢。"

○ 1907 年，钱玄同在日本师从章太炎，受反清排满思想的影响，加入同盟会，同时改名"夏"。因"夏"在《说文解字》中解释为"中国之人也"。后因研究今古文经而对古籍大胆质疑，遂启用"疑古"别名，著文题签，常署"疑古玄同"。后因痛恨日本侵华，又于 1938 年恢复旧名"钱夏"，改"疑古"为"逸古"，表示绝不为日本人做事，不做顺民。在与朋友谈话中涉及日本时，都以"我们的敌人"代指。

○九一八事变以后，钱玄同满腔孤愤，抑郁难语，拒绝参加一切宴会，还作《酒誓》，表示绝对戒酒。他说："缘国难如此严重，瞻念前途，忧心如捣，无论为国为家为身，一念忆及，便觉精神不安，实无赴宴之雅兴也。"抗战全面爆发后，钱因病未能南下避难，他托人给南下的旧友亲朋带话说："只有一句话，告诉他们说钱玄同绝不做汉奸就好了！"

○辜鸿铭学成归国初期，国学根基不能服众。一代鸿儒沈曾植还当众羞辱辜：你说的话我都懂，你要懂我的话，还须读二十年中国书。经此种种刺激后，辜鸿铭便发愤用功，自号“汉滨读易者”，沉潜于中国典籍，博综兼览，积有岁年，学以大成。十数年后辜再问沈曾植：“请教老前辈，哪一部书老前辈能背，我不能背；老前辈能懂，我不懂？”

○西南联大时，国民党当局要求担任一定行政职务的教授都入党，当时任法商学院院长的陈序经听罢脱口说道：“扯淡，我就不入。”

○ 1946 年，北平爆发抗议美军暴行运动，国民党特务公开在北大民主广场撕毁学生有关罢课斗争的布告和标语。向达看到后，立即上前制止，他愤怒地说：“你们就是反对罢课，也不能撕毁别人的……因为在北大，任何人有发表意见的自由。北大四十八年光荣历史被你们丢尽了。”暴徒们大吼：“你是什么人？有什么资格讲话？”向一字一顿地回答：“国立北平大学教授，姓向名达！”特务骂他，甚而要挥拳打他，向也无所畏惧。广场上的北大学生见状，便立即来保护他，并把他劝走。

○刘文典任安徽大学校长时，发生学生风潮。蒋介石来到安庆，召见刘文典。见面时，刘称蒋为“先生”而不称“主席”，蒋很是不满。蒋要刘交出在学生风潮中闹事的共产党员名单，并严惩罢课学生。刘当面顶撞说：“我不知道谁是共产党。你是总司令，就应该带好你的兵。我是大学校长，学校的事由我来管。”说到激烈处，两人互相拍桌大骂，一个骂“你是学阀”，一个骂“你是新军阀”。蒋介石恼羞成怒，当场打了刘文典两记耳光，并给他定了个“治学不严”的罪名，把他关进了监狱。

○据说，刘文典见蒋介石之前曾有豪言壮语：“我刘叔雅并非贩夫走卒，即是高官也不应对我呼之而来，挥手而去！我师承章太炎、刘师培、陈独秀，早年参加同盟会，曾任孙中山秘书，声讨过袁世凯，革命有功。蒋介石一介武夫耳！其奈我何！”

○卢沟桥事变后，刘文典未能及时撤离北平。日本人通过周作人多次请刘出任伪职，均被他严词拒绝，因此惹怒了日本当局，其住宅连遭日军搜查，刘毫无惧色。先是，刘文典曾两度赴日留学，日语颇为流利，但在日寇面前，竟“以发夷声为耻”。他说：“国家民族是大节，马虎不得，读书人要懂得爱惜自己的羽毛。”

○ 1938年，熊十力居重庆璧山，常对学生讲授民族历史，并以气节相勉励，说：“日本人决不能亡我国家，决不能亡我民族，决不能亡我文化。”

○ 20 世纪 40 年代，熊十力在重庆北碚郊区的勉仁书院任职，生活极为清苦。某日，熊的学生徐复观从重庆赶来看他，徐当时已在蒋介石侍从室任职，同时给熊带来了一张百万元的支票，并告诉他是蒋介石送的。熊闻言大怒，对着徐吼着说：“你给我快走！蒋介石是狗子，是王八蛋！我怎么能用他的钱！你快拿着走！”满脸怒气地将徐复观赶走了事。1946 年，蒋介石又先后两次赠巨款，资助熊筹办研究所，熊均辞而不受，称：“当局如为国家培元气，最好任我自安其素。”

○ 1937 年，北平沦陷后，“敌伪维持会”一再派人邀沈兼士为日方效力，均被沈逐出门外，并称，“我饿死也不给日本人工作”，并以“抗志斋”命名书房，表明心迹。与英千里、马衡、张伯驹、邓以蛰等人组织“炎社”，以明末顾炎武“天下兴亡，匹夫有责”相号召，从事秘密抗日活动。

博雅塔远景

○卢沟桥事变后，北大、清华、南开三校师生相继南下。马裕藻因年迈和患高血压未能转徙内地。北大指定马裕藻、董康和周作人三教授留守，保管校产。日本侵略者曾数次命马的旧交周作人前来请马出山任教，马让幼子马泰拒之门外不见。周来的次数多了，最后马让马泰对周说："我父亲说了，他不认识你。"从此，周没有再来过。

○抗战时期，马裕藻滞留北平。马的一位学生请其写些字，留作纪念。马沉吟了一会儿，不好意思地说："真对不起，现在国土沦陷，我忍辱偷生，绝不能写什么，将来国土光复，我一定报答你，叫我写什么我写什么，叫我写多少我写多少。"马的学生张中行说，马裕藻"爱国，有时爱到有近于宗教的感情。他相信中国最终一定胜利，而且时间不会很久"。学生每次去见马，他见面第一句话总是问："听到什么好消息吗？"1945 年初，日夜期盼抗战胜利的马在病榻上喃喃地说："天快亮了，天快亮了。"当年 4 月，马抱憾去世。

○ 1946 年春，北平的一些文教界的知名人士，曾上书国民政府，为周作人在抗战期间出任"伪职"说情。他们请郑天挺教授在请求书上签名，遭到拒绝。郑说："在周任敌伪北大文学院长时，也确实为学校图书馆弄来不少善本珍籍。但我觉得，一个教授应当有起码的民族气节。周曾任伪教育总署督办，这是不能原谅的。"

○ 1944 年，傅斯年就在参政会上向行政院院长孔祥熙发难，揭发其在发行美金公债中贪污舞弊。会后，蒋介石亲自请他吃饭，为孔说情。席间，蒋问："你信任我吗？"傅答曰："我绝对信任。"蒋于是说："你既然信任我，那么就应该信任我所任用的人。"傅立刻说："委员长我是信任的，至于说因为信任你也就该信任你所任用的人，那么，砍掉我的脑袋我也不能这样说。"

○抗战胜利后，傅斯年任北大代理校长，他认为"伪北大"[①] 教职员在国

---

① 平津沦陷时期，敌伪在北京大学旧址继续办学，为日本军国主义服务，国人以"伪北大"视之。

难当头之时为敌服务，于大节有亏，坚决不再任用。他认为：“专科以上学校，必须在礼义廉耻四字上，做一个榜样，给学生们下一代看。”当时的北平报纸评论说傅对伪职人员“有一种不共戴天的愤怒”。后来，一位伪教人员去拜访傅，想回北大继续任教。此人在北大时与傅交谊甚厚，又以研究甲骨文出名。傅毫不客气，见面后当面指斥说：“你这民族败类，无耻汉奸，快滚，不用见我。”此人只得退出，后来再次去拜访傅，表示要谢罪改过，傅接见了他，但仍坚持原来的立场。

○民国时期，金岳霖针对当时的国民党政治的腐败，对知识分子提出了“四大原则”：第一，希望知识分子可以经济独立。第二，希望知识分子不能把官当职业，更不能做政客。即使参加宪法修议的大事，做完后依旧应该独立。第三，希望知识分子不能贪图发财致富。因为以此为目的，知识分子就会变成机器。第四，希望知识分子有独立的环境，有志同道合者的团结。他认为有这样的人去监督政治和改造社会，国家或许才有希望。

○ 1946 年 5 月，爱国民主人士李公朴、闻一多相继在昆明被国民党特务暗杀。时为民盟秘书长的梁漱溟闻讯后勃然大怒，在接受媒体采访时说：“我要连喊一百声‘取消特务’，我们要看特务能不能把要求民主的人都杀完！我在这里等着他！”他表示：他本想退出现实政治，致力于文化工作，但现在却无法退出了。梁冒着吃“第三颗子弹”的危险，代表民盟，专程赴昆明调查李、闻惨案，他在群众大会上又痛斥国民党特务说，“民主知识分子是杀不绝的，你们有胆量就朝我开枪，我不怕死”。

○冯玉祥聘请吴组缃做自己的国文教员，吴钦佩冯的抗日主张，欣然应允，但与冯有言在先：“我拥护你抗日，就忠于你，忠于你就说真话，不说假话。说真话很难听，你要不高兴，就叫我卷铺盖走路。”

○ 1945 年 5 月国民党全国第六次代表大会上，冯友兰被选为大会主席成员，蒋介石宴请他吃饭，并亲自许诺已内定为中央委员，冯则以“一当了中委，就不好对青年人讲话了”为由，婉言谢绝。

○ 1946 年，冯友兰应邀到美国讲学。1947 年，人民解放军节节胜利，南京政权摇摇欲坠。共产党就要解放全中国。有些朋友就劝冯在美国长期居留下去。冯说：“俄国革命以后，有些俄国人跑到中国居留下去。称为白俄。我决不当白华。解放军越是胜利，我越是要赶快回去。怕的是全中国解放了，中美交通断绝。”于是他辞谢了当时有些地方的邀请，于 1948 年回国。

○ 1948 年，顾颉刚被推选为中央研究院人文组院士，同年 10 月，该院召开首届院士大会，邀请他参加。对当时的学者而言，这是一个极大的荣誉，但顾却拒绝出席，理由是：“所欲有大于此者。”

○曾昭抡自奉甚简，不修边幅，很有一副名士派头。在大学任教时常穿一件破破烂烂的蓝布大褂，脚拖两只已经破了跟的布鞋，不刮胡子，头发也很乱。据说，他在中央大学任化学系主任时，校长朱家骅有一次召集各系主任开会。曾来了以后，朱不认得，问他是哪一系的。曾答是化学系的。朱看他破破烂烂，就说：“去把你们系主任找来开会。”曾没有答话，扭头走了出来，回宿舍后，卷起铺盖就离开了中央大学，随后就去北大化学系做系主任了。

○ 1945 年 11 月 25 日晚，费孝通、钱端升、伍启元和潘大逵四位教授在西南联大的民主草坪一带参加六千余人与会的“反内战讲演”，当演讲轮到费孝通的时候，枪声响了。听到枪声后，费并没有退缩，而是对众人呼吁：“不但在黑暗中我们要呼吁和平，在枪声中我们还要呼吁和平！”“我们要用正义的呼声压倒枪声！”

○一次，蒋介石在南京召集全国大学生代表训话，命令全国所有大学都要派代表去参加。按照规定，北大应派三名同学参加，但学生大会却决议一个也不派。校长蒋梦麟没有办法，只好暗地里指定了三个人参加。学生知道后，便把那三个充代表的学生的行李书籍从宿舍扔到马路上，还举行了罢课。于是蒋召集全体同学开会，一再劝导学生复课，他对学生说："从前海上有一只船遭难了。船主镇静地指挥着让妇孺老弱们坐了救生船逃生，剩下的人和他自己无路可走，他却命船上的乐队奏着'近乎我主！'（Nearer My God to Thee）的赞美诗，随着这船慢慢地沉下去。现在如果我们所乘的这只船（中国）要沉了，那我们也应当如这位船主一样，在尽了自己的责任以后，站在岗位上从容就义。马上复课吧，先尽我们的责任！"但学生仍然拒绝了蒋"诚恳的建议"。

○马寅初有诗云："真理在胸笔在手，无私无畏即自由。"

○抗战时期，马寅初在重庆大学商学院任院长。在教学之余，马还连续发表文章抨击国民党的腐败现象，令国民党政府大为头疼。某日，蒋介石专为此事召见了重庆大学校长叶元龙，将其大骂一通，并叮嘱叶说："下周四你陪他（指马寅初）到我这儿来，我要当面跟他谈谈。他是我的长辈，又是同乡，总要以大局为重！"叶回校后，怕碰钉子，让侄儿去找马传达这个信息。马听后，火冒三丈，说："叫校长陪着我去见他，我不去！让宪兵来陪着我去吧！"又说："文职不去拜见军事长官。没有这个必要！见了面就要吵架，犯不着！再说，从前我给他讲过课，他是我的学生。学生应当来看老师，哪有老师去看学生的道理？他如果有话说，就叫他来看我！"蒋知道后，十分生气，但又无可奈何，只好对叶说："我是想同他谈谈经济问题。你回去告诉她，以后有时间，随时都可以来找我。"但马始终未去见蒋。

○抗战时期，马寅初多次抨击四大家族大发国难财，令蒋介石大为震怒，多次召见马，均被马拒绝。孔祥熙则以财政部次长一职利诱马。派人问马："可否屈就财政部次长？要不然担任全国禁烟总监也可。"马严词拒绝，说："你们想弄个官位把我的嘴封上，办不到！我在北京大学时就响应蔡元培校长的号召，参加过'进德会'，讲好不做官，不当议员！"此后，马依然我行我素，四处演讲，痛斥四大家族的劣迹。后来，特务警告马：“再行‘攻击’，当以手枪对待！”马则驳斥道：“所有指责，全系事实，有实据可查，非讲不可！”

○ 1940 年，马寅初在一次公开演讲中直接点名斥责孔祥熙、宋子文的贪污腐败行径，要求最高统治者蒋介石能够“大义灭亲”。马在演讲中说：“今天我将我的儿女都带来了，是要让他们知道我的主张是什么，今天我的演讲就是我留给他们的遗书，我马寅初不怕死，怕死就不来了。”

○ 1958 年，马寅初因其《新人口论》而广受批判，当年，全国主要报纸杂志发表了几十篇批判其《新人口论》的文章。面对疾风骤雨般的批判浪潮，马于 1959 年写成《重申我的请求》一文，他在文中说：“我接受《光明日报》开辟一个战场的挑战书。我说这个挑战是很合理的，我当敬谨拜受。我虽年近八十，明知寡不敌众，自当单身匹马，出来应战，直至战死为止，决不向专以力压服不以理说服的那种批判者们投降。”

○ 1959 年 12 月到 1960 年 1 月，北大批判马寅初“新人口论”之风甚嚣尘上。面对这种局面，马寅初一再声明：“我认为这不是一个政治问题，而是一个纯粹的学术问题。学术问题贵乎争辩，愈辩愈明，不宜一遇袭击，就抱‘明哲保身、退避三舍’的念头。相反，应知难而进，决不应向困难低头。我认为在研究工作中事前要有准备，没有把握，不要乱写文章。既写之后，要勇于更正错误，但要坚持真理，即于个人私利甚至于自己宝贵的性命，有所不利，亦应担当一切后果。”他还在一次批判会上对北大学生说：“同学们，我希望你们能够战胜我，但是要用科学，而不是用大棒。”

○一次，北大开大会批判马寅初，会议开始了很久，还不见马来。派人去“请”，马到会场后，搬张椅子坐在台前，泰然自若。台下有人开始喊口号，马很镇静地说：“我这个人每天洗冷水澡，不管多冷的天都不怕。现在天气并不冷，给我洗热水澡，我就更不在乎了。”

○全国上下猛批马寅初时，马拒不检讨，坚决不写检讨文章，照常笑眯眯地出入北大燕南园住所，“圆圆一张脸像弥陀”。北大有学生说：“马校长这块硬骨头实在难啃，让他屈服，没门；逼他自杀，妄想！”

○在全国上下批判马寅初《新人口论》时，马的几位好心的朋友劝马寅初“认一个错了事，不然的话，不免影响政治地位”。但马谢绝了朋友的好意，他说，“我对我的理论有相当的把握，不能不坚持，学术的尊严不能不维护”。因此，他“只得拒绝检讨”，决意“知难而行”。

○ 1960 年，马寅初先后参加政协北京东城区小组学习会十余次，在会上多次阐发他的人口理论，并表示要至死不渝地坚持这一观点。他说：“我提出人口问题，是为了国家的命运和人民的利益，所以，我什么都不怕，我是坐过蒋介石的监狱的，坐监狱我已经有些经验了，我不怕孤立，不怕坐牢，不怕油锅炸！”

○ 1959 年，蒋梦麟因在台湾提出节育人口的主张，遭立法委员及舆论的围剿，当时甚至有“杀蒋梦麟以谢国人”之口号。蒋并不畏惧，在记者招待会上公开表示：“我现在要积极地提倡节育运动，我已要求政府不要干涉我。如果一旦因我提倡节育而闯下乱子，我宁愿政府来杀我的头，那样在太多的人口中，至少可以减少我这一个人！”

○在全国“批林批孔”运动中，梁漱溟公开表示：“我的态度是不批孔，但批林。”他说，说林彪有什么路线，那是抬高了他。我不认为林彪是受害于孔子。因此，梁被指责为“孔孟之道的卫道士”“孔老二的孝子贤孙”，是在对抗“批林批孔”运动。此后半年多时间里，针对梁的批判会大大小小开了上百场。梁对猛烈的批判泰然处之，经常会在批判间隙休息的时候，找个地方打太极拳。后来，批判会主持人命令梁交代被批判的感想，梁的答复就一句话：“三军可夺帅也，匹夫不可夺志也。”在被勒令做出解释时，梁说：“‘匹夫’就是独人一个，无权无势。他的最后一着，只是坚信他自己的‘志’。什么都可以夺掉他，但这个‘志’没法夺掉，就是把他这个人消灭掉，也无法夺掉！”

○在举国上下开展“批孔”运动时，梁漱溟写信给香港友人说：“我以拒不批孔，政治上受到孤立，但我的态度是独立思考和表里如一，无所畏惧，一切听其自然发展。”

○1938年冬，国民党沅陵驻军司令传讯已经加入共产党的翦伯赞，问：“翦先生，我知道你很有学问。可是为什么要信仰共产主义呢？从你的年龄来说，即使共产主义能实现，恐怕你也看不到了！”翦笑道：“我信仰共产主义不是为了自己能够看到。即使看不到，我也信仰！”

○从1963年6月开始，国内开始兴起“批翦”之风，翦伯赞处境逐渐艰难。很多好心人劝告翦：“不要写纠偏文章，‘千万不要忘记阶级斗争’。”翦回答说：“我知道逆风而行必有灭顶之灾。但只要是对的，是符合马克思主义的，灭顶我也不怕。”翦给朋友写信说：“在真理的问题上不能让步，这是一个马克思主义者应有的态度。”1964年夏，“批翦”逐步升级。内部决定，除《红旗》杂志和《人民日报》外，其他报刊可以点名批判。有人将这一决定告知翦，翦坦言：“我的态度是‘坚持真理，修正错误’。”

北京大学办公楼前华表

○1965年11月，姚文元《评新编历史剧〈海瑞罢官〉》发表，翦伯赞读后大怒，说：“为什么要对吴晗同志那么粗暴？乱打棍子，乱扣帽子，这样搞，以后没有人敢写历史剧了！”随后，他又愤恨不平地说：“吴晗是我的老朋友，解放前他反蒋。他拥护党，拥护毛主席，连他都要整，所有进步的知识分子都会寒心。”

○在 1957 年的反右派斗争中，要求知识分子进行“思想改造”。北大化学系教授傅鹰在校内的座谈会上说：“我最讨厌‘思想改造’，‘改造’两字，和劳动改造联在一起。有了错才要改，我自信一生无大错，爱国不下于任何党员，有什么要改？现在所谓‘改造’，就是要人在什么场合，慷慨激昂说一通时髦话，引经据典，马恩列斯。何必用任何人都听不懂的话去说人人都懂的事？化学系就我一个人没上夜大学，受不了。”

○“文革”期间，陈翰笙受到迫害。有朋友劝他：“当年康生主持你入党，你去找他说句话，也许会免于一劫。”陈断然拒绝；造反派让陈在雪地里一跪就是几个钟头，逼他说出其他“叛徒”的名字，但陈选择了沉默。

○陈岱孙为人刚毅，一生坚持的观点没有原则性的反复，决不人云亦云，作违心之论。极左思潮泛滥时期，他用沉默来表达自己的立场。陈常说：“我是个教员，教员出口之言必须是真话，实话。”任继愈在《我钦敬的陈岱孙先生》一文中评价陈说：“陈先生屹立不摇，保持了二十年的沉默。陈先生写文章，发表著作和他不写文章，不发表著作，都显出爱国知识分子的风范。”

○“文革”时期，曹靖华等人被工宣队拉去参加考试，目的是通过“考教授”之举来刁难、凌辱权威学者，以证明知识越多越无用的理论。曹和俄文系的几位教授进入考场后，停留片刻，一字未看，一字未写，彼此相顾而笑，留下几张白卷，便傲然离去，让工宣队的人束手无策。

○20世纪60年代，冯定成为重点批判对象。有人劝他检讨，冯回绝说：“我不愿做检讨的英雄。”由于拒绝检讨，冯被定性为“假马克思主义”和“修正主义”，直到“四人帮”倒台后才平反。

○ 1958年“双反”运动中，文化教育界对知识分子大搞“插红旗，拔白旗”，王瑶成为被批判的对象。一些学生把王请到班上接受批斗，听完学生的言论后，王说，今天认真听取同学们的批判，我认为革命性还可以，科学性差点。此后，王虽然“老老实实去教书了，但他的言论仍然未尽合拍”。王的老同学杨述带领工作组去北大，中文系的工作人员在汇报中将王归入“难办的教授”之列，称其顽固不化。杨即与王个别谈话，问：“系里叫你检讨，你心里到底服气吗？”王笑了一声，说：“跟你说实话吧，我的嘴在检讨，我的脚在底下画‘不’字！”

○ 1989年11月21日，在肺病未愈的情形下，王瑶坚持抱病强参加在上海举行的巴金学术研讨会开幕式。会上发言未几，便无力支撑，迅即被人扶出，送入医院。五天后，不能再言语，思维意志仍旧清晰。他断断续续写下：“最近十年，巴金学术研究收获颇大，其作者多为我的学生一辈……观点虽深浅有别，但都是学术工作，不是大批判，这是迄今我引以自慰的。”

○“文革”开始后，王重民被关进“牛棚”接受改造，每天都要写思想汇报。有一天，在例行的晚间训话时，王被叫出队外，先是被狠狠打一耳光，接着就是拳打脚踢，一直把他打倒在地，跪在那里。原来，王竟用粗糙的手纸来写自己的思想汇报，递到“牢头禁子”手中。季羡林在《牛棚杂忆》中曾记述了王的这段遭遇，并大发感慨：“在当时那种阴森的环境中，我一点开心的事情都没有。这样一件事却真大大让我开心了一通。我不知道，这位教授是出于一时糊涂，手边没有别的纸，只有使用手纸呢？还是他吃了豹子心老虎胆，有意嘲弄这一帮趾高气扬、天上天下、唯我独尊的牢头禁子？如果是后者的话，他简直是视这一班手操生杀大权的丑类如草芥。可以载入在旧社会流行的笔记中去了。我替他捏一把汗，又暗暗地佩服。他是牛棚中的英雄，为我们这一批阶下囚出了一口气。”

○ 1974年，“批林批孔”“评法批儒”运动进入高潮，王重民的古籍目录、版本学知识突获青睐。此时，明代思想家李贽，成为被广为赞扬的“法家”人物代表。是年 6 月，江青在天津“儒法斗争史报告会”上宣布“发现了一部李卓吾（贽）的《史纲评要》，现在准备出版”。但学界对此书早有定论，认为是一部托名李贽的“伪书”。为了迎合江青，“四人帮”在北大的代表把这一政治任务交给王，要求其作出正面鉴定，证明此书不是伪书。没想到，王反而“不识时务”找出更多证据，证明这是一部伪书，这让上级领导气急败坏，指着王发火地问道：“你说这部书是伪书，对你有什么好处？”此后，学校召开批斗会，批判王以资产阶级思想腐蚀党员干部。王回家见到妻子，悲愤难抑，泪流不止。晚上，校方派人到他家中，强调要他对自己脑海中的资产阶级思想做检查，遭到王的拒绝。第二天清晨，王像往常一样，对亲人说出去散步，临走前在书桌上放下他常用的一只手表及一本《李卓吾评传》，之后便自尽在颐和园的长廊之上，以身殉学术。

○“文革”期间，徐光宪被打成“特务”，他的学生也受到无端牵连与迫害。在一次批斗会上，徐和他的学生被拉上主席台挨斗。“造反派”要徐老实交代问题，徐突然站起来大声说道：“我保证自己百分之百不是特务，也保证他们不是特务。”三十多年以后，亲身经历了此事的现北京大学教授高宏成说：“在当时险恶的环境里，这需要多大的勇气和毅力，使我第一次看到了徐先生刚强的性格和大无畏的精神，心中充满了敬佩。”

○ 1940 年，高小霞考入上海交通大学化学系。不久，父亲在贫病交迫中去世，家庭失去支柱，生活陷入困境之中。为了节省每一个铜板，她每天中午买点烤白薯充饥。下午放学，肚子饿得直叫唤，还得赶去为有钱人家的孩子辅导功课。对这一段生活，高回忆说：“生活艰苦点倒也算不了什么。最苦闷的莫过于当亡国奴。眼看日本帝国主义者侵占我国河山，到处奸淫烧杀，稍有点爱国心的正直青年，谁不感到屈辱、义愤？”当时交大化学系的同学，有的中途辍学，有的转学，但高小霞还是坚持下来了，是最后剩下的二十一名学生中唯一的女同学。她的考试成绩在全班前五名。

〇“文革”期间，时任“中央文革小组”组长陈伯达提出要组织批判爱因斯坦的“相对论”。他特地跑到北大找周培源，要他参加批判并要召开万人大会，“打倒爱因斯坦”。周回答说：“爱因斯坦的狭义相对论批不倒，爱因斯坦的广义相对论在学术上有争论。”一点不留情面，更无丝毫迎合之举。

〇张岱年终其一生，都保持其“直道而行”的个性。被打成“右派”后，面对形形色色的批判，张仍保有“由‘自知’而来的一份自信与傲骨”。据他的学生回忆，虽然张昔日的同事与学生写了很多文章批判他，但他不仅一篇也不读，连看一眼都不屑。北大的小报已经送到门口了，老伴已经读了，但他还是不读，一个字也不读！

〇“文革”结束后，张岱年恢复了名誉和待遇。他的一位弟子谈到经历了历次政治运动的冲洗，感觉自己就像河床上的鹅卵石，“取象于钱，内方外圆”。张听后久久不语，而后手书“直道而行”赠与学生。

〇邓广铭做学问如做人，耿介磊落。其学术商榷文章，总是直指根本，非常直接，甚至尖刻。家人劝他随和一点，他却斥之为“乡愿”。其女邓小南感叹：“他这是上世纪三四十年代的学界风气，那时的学者坦诚相见，大家习以为常。”

〇林庚曾对其弟子袁行霈说：“人走路要昂着头，我一生都是昂着头的。”

〇某年，胡乔木约季羡林到敦煌去参观，却被季婉谢了。季说他倒不是不乐意与老朋友做伴，只是一想到“下面对中央大员那种逢迎招待，曲尽恭谨之能事的情景”，便油然感到厌恶、腻味。

〇季羡林认为：中国知识分子所传承的文化中，其精髓有两个鲜明的特点：“一个是爱国主义”“一个就是讲骨气，讲气节，换句话说也就是在帝王将相的非正义的行为面前不低头；另一方面，在外敌的斧械前面不低头，‘威武不能屈’”。

○厉以宁的一位学生在接受一项研究任务时曾说：“我们接受课题，但不接受指定的观点，也就是不接受指定的结论。”

神采第四

解　题：先生之风，山高水长，风流儒雅真吾师。今人欲一睹其风貌神采，或借图片影像，或资文字记述。以文字描摹大师的神采风仪，而能惟妙惟肖，让人读后如亲见其面，颇为不易。虽说人的貌相千差万别，不能以貌取人，但先贤大师由于文化的长期浸润，遂多有一种“望之俨然，即之也温”的风流儒雅之气。有的大师穿着虽然异常简朴，相貌亦非出众，但读其文，听其言，与之相交，常有如坐春风之感，是为“土得很雅”。而有的人虽然外在修饰甚盛，然而与其交流往来，却有俗不可耐之感，此为“雅得很土”。理想的神采，应是内博外雅、文质彬彬的翩翩君子风度。如不可求，则取“土得很雅”而去“雅得很土”，这就是很多北大人的真实“做派”和“范儿”。

○蒋梦麟说，蔡元培晚年“表现了中国文人的一切优点，同时虚怀若谷，乐于接受西洋观念”。“他那从眼镜上面望出来的两只眼睛，机警而沉着；他的语调虽然平板，但是从容、清晰、流利而恳挚。他从来不疾言厉色对人，但是在气愤时，他的话也会变得非常快捷、严厉、扼要——像法官宣判一样的简单明了，也像绒布下面冒出来的匕首那样的尖锐。他的身材矮小，但是行动沉稳。他读书时，伸出纤细的手指迅速地翻看书页，似乎是一目十行地读，而且有过目不忘之称。他对自然和艺术的爱好使他的心境平静、思想崇高、趣味雅洁、态度恳切而平和、生活朴素而谦抑。他虚怀若谷，对于任何意见、批评或建议都欣然接纳。”

1927 年任大学院院长的蔡元培先生

○冯友兰回忆蔡元培说："我在北京大学的时候，没有听过蔡元培的讲话，也没有看见他和哪个学生有私人接触。他所以得到学生们的爱戴，完全是人格的感召。道学家们讲究'气象'，譬如说周敦颐的气象如'光风霁月'。又如程颐为程颢写的《行状》说程颢'纯粹如精金，温润如良玉，宽而有制，和而不流。……视其色，其接物也如春阳之温；听其言，其入人也如时雨之润。胸怀洞然，彻视无间，测其蕴，则浩乎若沧溟之无际，极其德，美言盖不足以形容。'这几句话对于蔡元培完全适用。这绝不是夸张，我在第一次进到北大校长室的时候，觉得满屋子都是这种气象。"

○蔡元培年轻时锋芒毕露。他在绍兴中西学堂当校长时，有一天晚上参加一个宴会，酒过三巡之后，推杯而起，高声批评康有为、梁启超维新运动的不彻底，因为他们主张保存满清皇室来领导维新。说到激烈时，蔡高举右臂大喊道："我蔡元培可不这样。除非你推翻满清，任何改革都不可能！"

○有人描述蒋梦麟校长："蒋先生那个瘦削的面孔上，戴着一副近视眼镜，看来真有点像一位和蔼的牧师。而说话时，那种缓慢的动作，轻细的空腔，不露锋芒的言辞，处处都在说明他是一位关心世道人心的温和的教育家。"蒋被称为北大的"老舵公"。他"'长北大'，竟然'长'了十多年，就不容易；而且，中间经过了多少回人世的风波，先生都能像一位老舵公似的，牢长着舵，让这只大船安然渡过，就更难得。"

○鲁迅描述李大钊的形象："他的模样是颇难形容的，有些儒雅，有些朴质，也有些凡俗。所以既像文士，也像官吏，又有些像商人。这样的商人，我在南边没有看见过，北京却有的，是旧书店或笔纸店的掌柜。"

〇李大钊被捕后，始终无所畏惧，坚贞不屈。据当时北京《晨报》报道，李大钊受审问时，态度十分从容，毫不惊慌，“著灰布棉袍，青布马褂。满脸髭须。精神甚为焕发，态度极为镇静。……俨然一共产党领袖之气概！”报道还称，李“在狱中二十余日，绝口不谈家事”。

〇“二次革命”期间，陈独秀在安徽积极参与讨袁斗争，失败后，陈被逮捕。当局宣布对陈执行枪决，陈毫不畏惧，反倒从容催促说：“要枪毙，就快点吧！”后经当地名流极力营救，才幸免于难。

〇陈独秀一生曾五次入狱，九死一生，每次都将生死视为等闲之事。陈第五次被捕从上海押送南京军法司，要军法从事时，神色怡然，略无戚容，上了沪宁火车，倒头便睡，一路上鼾声不绝，当火车到达南京时，陈犹大梦方酣。

〇邵飘萍临刑前，向监刑官拱手道别，说声：“诸位免送！”向天昂首大笑，从容就义。

〇周作人在《北大感旧录》中曾描述辜鸿铭及其车夫的形象说：“北大顶古怪的人物，恐怕众口一词的要推辜鸿铭了吧。他是福建闽南人，大概先代是华侨吧，所以他的母亲是西洋人，他生得一副深眼睛高鼻子的洋人相貌，头上一撮黄头毛，却编了一条小辫子，冬天穿枣红宁绸的大袖方马褂，上戴瓜皮小帽；不要说在民国十年前后的北京，就是在前清时代，马路上遇见这样一位小城市里的华装教士似的人物，大家也不免要张大了眼睛看得出神的吧。尤其妙的是那包车的车夫，不知是从哪里乡下去特地找了来的，或者是徐州辫子兵的余留亦未可知，也是一个背拖大辫子的汉子，正同课堂上的主人是好一对，他在红楼的大门外坐在车兜上等着，也不失为车夫队中一个特出的人物。”

〇梁实秋描绘在北大授教时期的辜鸿铭：“不修边幅，既垂长辫，而枣红袍与天青褂上之油腻，尤可鉴人，粲者立于其前，不须揽镜，即有顾影自怜之乐。”

○罗家伦接连上了三年辜鸿铭主讲的“英国诗歌”课程。他回忆说，那时的辜“拖了一条大辫子，是用红丝线夹在头发里辫起来的，戴了一顶红帽结黑缎子平顶的瓜皮帽，大摇大摆地上汉花园北大文学院的红楼，颇是一景。”

○据周作人回忆，北大开教授会时，会场较乱，各人纷纷发言，蔡元培也站起来预备说话，辜鸿铭一眼看见，首先大声说道：“现在请大家听校长的吩咐！”周作人说，这就是辜的语气，他的精神也充分地表现在里边。

○辜鸿铭学问贯通古今中西，可是中国字却写得极为怪异。梁实秋称，辜“之书法，极天真烂漫之致，别字虽不甚多，亦非极少”。罗家伦在北大听过辜讲英国诗的课，称辜“在黑板上写中国字”，“常常会缺一笔多一笔”。张中行也曾见到辜在《春秋大义》一书扉页上的题字，“十几个汉字，古怪丑陋且不说，笔画不对的竟多到五个”。陈昌华看到辜为别人写的“求己”二字，“初看时，我不相信是他写的，他自己署名的那个‘辜’字中，‘十’字和‘口’字相离约摸有二三公分阔，谁相信这是鼎鼎大名的辜鸿铭先生写的呢？”

辜鸿铭中年留影

○梁松生在与人闲谈中，戏称辜鸿铭好吹牛。辜闻听后很不满。某日，辜与梁同到凌淑华家，未等坐下，辜即把手中的一本英文书递与凌的堂兄，并对梁说：“我要你听听我背得出《失乐园》背不出。你说我吹牛。孔夫子说过‘当仁不让’，讲到学问，我是主张一分一厘都不该让的。”说完，辜就滔滔不绝地背起来，竟然把上千行的《失乐园》一字不差地完全背诵出来。凌说，那时的辜，眼睛“像猫儿眼宝石那样闪耀光彩，望着他，使人佩服得要给他磕一个头”。

○黄侃才华横溢，文思敏捷过人，书法亦有独到之处，凡领教过的人都为之佩服。有一次，有人请他代写一篇碑文，约好五六天以后来取。等一连过了四天，他都没有动笔。直到第五天，取碑文的人来了，他才让弟子研磨铺纸，并吩咐把纸打好格。格打好之后，他挥毫一蹴而就，连上下款带正文刚好写到最后一格，一字不差。

○学生曾形容在大学任教时的刘文典："记得那日国文班快要上课的时候，喜洋洋坐在三院七号教室里，满心想亲近这位渴慕多年的学术界名流的风采。可是铃声响后，走进来的却是一位憔悴得可怕的人物。看哪！四角式的平头罩上寸把长的黑发，消瘦的脸孔安着一对没有精神的眼睛，两颧高耸，双颊深入；长头高举兮如望空之孤鹤；肌肤黄瘦兮似辟谷之老衲；中等的身材羸瘠得虽尚不至于骨子在身里边打架，但背上两块高耸着的肩骨却大有接触的可能。状貌如此，声音呢？天哪！不听时犹可，一听时真叫我连打几个冷噤。既尖锐兮又无力，初如饥鼠兮终类寒猿……"

○ 1928 年，北伐军占领北京以后，北平市国民党部委员会特邀蒋介石及夫人到北大来演讲。当时的北大学生陶纯记述了蒋来北大演讲时的情形，颇具讽刺意味："讲演的地点是三院大礼堂，可坐一千多人。届时蒋来了，果然带着宋美龄。蒋介石穿着一身整齐的中山装，宋美龄穿长袍，一脸脂粉。学生们夹道观看而没有鼓掌。蒋进了礼堂之后，学生也跟着进来了，座位不够，后边有人站着。蒋在讲演台上，宋坐在一边。他说话，喉咙很尖窄，气脉短促，一句一句地，不会一下子说下去。首先自己夸功：率师北伐先取武汉，继取南京，现在是兵发北平，全国统一。还说共产党捣乱，也被他压下去了。学生们听了，站着的人逐渐散去。后路闪出，坐着的人也抽签似的走了。听众继续走，只剩下稀稀拉拉的半数人了。这些人回身一看，身后没人了，身边也没人了，坐不住也抽身走了。人越走越少，只剩下前头那些拥护他的百余人。他在台上看到人逐渐减少，声音越大越尖，下边也听不懂他说了些什么，偶尔听到骂汪精卫，也听到了骂北平市国民党委员，说市党部在他来的时候不组织群众迎接，又不按他的意旨行事，这样的党部，要它何用？本来预定讲两个小时，他对招待人员还说尽量缩短，超过两小时也不太合适，现在才一小时不到就没得说，不到一个半小时就气呼呼地停止了。下头还有稀疏的掌声，‘乒乓’有规律的拍掌拖到他出了礼堂门才停止。钻入汽车，招待人员送他，他招呼也不打，汽车就开动了。这时候在院子里的人才此起彼伏鼓起掌来给他送行。”

○温源宁评价在北大任教时期的胡适：“四十出头了，胡博士还显得很年轻。脸刮得挺像样，衣服穿得挺像样，他真是干干净净，整整齐齐。头发起黑，不见二毛；前额突出，跟奥古斯都大帝相似；一双坦率的大眼；两片灵活的嘴唇，显得能言善辩；面色红润，却不是由学者的‘生活朴素，思想高超’而来，也不是由俗人的“饮食丰美，生活放荡”而来，中等身材，十分匀称，一举一动，轻快自如。从外表看来，胡博士是俗人变为学者，而不是由学者变为俗人。”

胡适任驻美国大使（1938—1942 ）期间巡游演讲时的留影

○温源宁比较梁漱溟与胡适的不同之处：“梁漱溟多骨，胡适之多肉；梁漱溟庄严，胡适之豪迈；梁漱溟应入翰林，胡适之应入文苑。学者也好，文苑也好，但适之是决不能做隐士的。”

○吴锡泽回忆抗战时期的顾颉刚说：“顾先生长得相当地高，背微驼，那是因为经常伏案写作的关系。他鼻梁上架了一副白金边的眼镜，穿长袍，寡言笑。一有空便拿书看，即在吃饭的时候，一手才放下饭碗，另一手便拿起书来，真可以说是手不释卷。我曾亲眼看见他坐在床边看书，他的夫人则蹲在地上替他洗脚。但他虽不苟言笑，仍然予人以和蔼可亲之感。”

〇谢兴尧描述老北大时期的马叙伦说："叙伦字夷初，北大教授，讲诸子哲学，又长于诗文之国学家也。中等身材，留着两撇牛角胡子，貌似老儒，而思想激烈。每逢会议，必慷慨激昂；每请愿游行，必手执号筒，前队冲锋。与李石曾、顾孟余等，均能抓住群众，且具极浓厚之民党色彩者。与太炎为友，又与吴稚晖、李石曾为同道，盖学生运动中之老英雄。"

〇 20 世纪 30 年代，钱穆在北大上中国通史课时，特别受学生欢迎，前来听课的学生经常有二三百人，当时能与钱媲美的只有胡适。钱作为大师，在气质上也有不同人之处。余英时说钱："个子不高，但神定气中，尤其是双目炯炯，好像把你的心都照亮了。与人交往，他的尊严永远是在那里的，使你不可能有一刻忘记。这绝不是老师的架子，决不是知识学问的傲慢，更不是世俗的矜持。他一切都是自然而然的，这是经过人文教育浸润以后的那种自然。这也是中国传统所谓的'道尊'，或现代西方人所说的'人格尊严'。"

〇林语堂在北大任教时，定期和鲁迅、周作人、钱玄同、刘半农、郁达夫等北大同仁在中央公园的来今雨轩聚会。林比较周作人和鲁迅在聚会时的神采说："周作人总是经常出席。他，和他的文字笔调儿一样，声音迂缓，从容不迫，激动之下，也不会把声音提高。他哥哥周树人（鲁迅）可就不同了，每逢他攻击敌人的言辞锋利可喜之时，他会得意地哄然大笑。他身材矮小，尖尖的胡子，两腮干瘪，永远穿中国衣裳，看来像个抽鸦片烟的。没有人会猜想到他会以盟主般的威力写出辛辣的讽刺文字，而能针针见血的。"

〇周作人描述在北大任教时期的刘半农："状貌英特，头大，眼有芒角，生气勃勃，至中年不少衰。性果毅，耐劳苦，专治语音学，多所发明。又爱好文学、美术，以余力照相，写字、作诗文，皆精妙。与人交游，和易可爱，善诙谐，老友或与戏谑以为笑。"

〇周作人说马裕藻："性甚和易，对人很是谦恭，虽是熟识朋友，也总是称某某先生。这似乎是马氏兄弟的一种风气，因为他们都是如此的。与旧友谈天颇喜诙谐，唯自己不善剧谈，只是旁听微笑而已。……他又容易激怒，在评议会的会场上遇见不合理的评论，特别是后来‘正人君子’的一派，他便要大声叱咤，一点不留面子，与平常的态度截然不同。”

○ 1926 年金岳霖留学回国，先受聘于清华大学教授逻辑学，并受校方委托创办了清华大学哲学系，担任系主任。当时的哲学系只有金岳霖一名教师，也只招到沈有鼎一个学生，一师一生，号称一系。那时的金岳霖只有三十二岁。

○金岳霖的衣着很有特色，常年戴着一顶呢帽，进教室也不脱下。每一学年开始，给新的一班学生上课，他的第一句话总是：“我的眼睛有毛病，不能摘帽子，并不是对你们不尊重，请原谅。”金平常永远是腰板笔挺，西装革履，皮鞋擦得油光可鉴，上面绝对不会有灰尘。夏天穿短裤还一定要穿长筒袜，因为在当时看来，gentleman 穿短裤一定要穿长袜。

○一日，金岳霖登台演讲，讲到得意处时，忽然停下，对学生说：“对不起，我这里有个小动物。”然后把右手伸进后脖颈，捉出一个跳蚤，捏在手中细看，表情甚为得意。

○冯友兰在西南联大任教时，留有长髯，身穿长袍马褂，颇有道家气象，他本人经常提倡人生哲学的多重境界。一次，他在去上课的路上遇见金岳霖，金问他：“芝生，到什么境界啦？”冯答：“到了天地境界了。”两人大笑，擦身而过，各自去上课了。

○马嘶描述他眼中的冯友兰：“我最早遇到的是位蓄着长长胡须的长者。他戴着深度的近视眼镜，手中握着一根手杖，腰杆挺得很直，昂首阔步地前行。他神态自若，旁若无人，走得沉稳而快速。第一次与他相遇，我的心不由得怦然一动。我直觉地判断，这是一位杰出人物。……我不止一次地遇见他。他总是从容不迫、不急不缓地走着，不知他到哪里去，也不知他在思索什么。他常是从美丽的燕南园那边走过来，走在未名湖畔的石径上。那根手杖只是在他手中握着，并不拄在地上，有时又扬得老高。他的筋骨是健壮的，透出一种仙风道骨的飘逸之气。因而我猜想那手杖只是他舍不得丢弃的心爱之物。……后来我才知道，他是冯友兰先生。”

○在北大任教时的陈垣，经常穿着一件黑马褂，长袍，“不长不矮，胖胖的典型神采，方方大大的脸，高高阔阔的前额，一副黑边老花眼镜，平常是不大戴的，每次讲课时，总是临时从怀里掏出来戴上，而最引人注意的是那两撇浓浓的八字胡，这八字胡带来了无限威棱。”

○傅斯年体胖，被朋友称为“傅胖子”。有人描写其形，说傅是“一个肥头胖耳的大块头，他有一头蓬松的头发，一副玳瑁的罗克式的大眼镜。他经常穿着那时最流行的大翻领 ABC 衬衫，不打领带，外面罩上一套哔叽西装，那副形容，说起来就是那类不修边幅的典型，但却显示了与众不同的风度。他似乎永远是那么满头大汗，跟你说不上三句话，便要掏出一方洁白的手巾，揩抹他的汗珠。”

○ 1949 年盟军统帅麦克阿瑟访问台湾，当时国民党政府刚退守台湾，迫切需要美军的保护，因此视麦克阿瑟为太上皇。麦克阿瑟专机到达台湾时，蒋介石亲率五院院长、三军总司令等政要到机场迎接，并通知傅斯年到场，傅虽然去了机场，但表现出与众不同的风格。第二天重要报纸刊登的照片，当天在机场贵宾室就座的仅三人，蒋介石、麦克阿瑟和傅，其他五院院长及政要垂手恭候，三军总司令立正挺立，傅则坐在沙发上，口叼烟斗，跷着右腿，潇洒自若。当时报纸新闻说：“在机场贵宾室，敢与总统及麦帅平坐者，唯傅斯年一人。”

○熊十力生活十分俭朴，房间除床板、旧床褥、书架和书外，余物不多，吃穿用总在凑合之度。熊对外表不甚重视，打扮起来也是超凡脱俗，衣着像是定做的，样子在僧俗之间，袜子是白布高筒的，十足的僧式。平时喜立不喜坐，冬不御裘，御裘则病。炎夏时节，常穿一条中式布裤，光着上身。见客也是如此，无论来什么客人，年轻的女弟子，学界名人，政界要人，他都这样，毫无局促之态。

○牟宗三记叙他与恩师熊十力的初见情形：1932年冬，熊“胡须飘飘，面带病容，头戴瓜皮帽，好像一位走方郎中，在寒风瑟肃中，刚解完小手走进来”。言谈中，他忽一拍桌子，大喊：“当今之世，讲晚周诸子，只有我熊某能讲，其余都是混扯。”再看熊，眼睛瞪起，“目光清而且锐，前额饱满，口方大，颧骨端正，笑声震屋宇，直从丹田发”。面对此情此景此人，牟直以“真人”二字评之。

○汤用彤是享誉国内外的国学大师，但他平日除读书、写作、讲课外，几乎无他嗜好，琴棋书画全不通，不听戏，不饮酒，不喜美食，不听西洋音乐，也不看电影，更不跳舞。生活非常节俭，常常穿着一件布大褂、一双布鞋，提着夫人为他做的一个布书包去上课。钱穆称赞他“奉长慈幼，家庭雍睦，饮食起居，进退作息”，俨然一位“纯儒之典型”。

○季羡林形容老北大时期的汤用彤：“他面容端严慈祥，不苟言笑，却是即之也温，观之也诚，真蔼然仁者也。先生虽留美多年，学贯中西，可是身着灰布长衫，脚踏圆口布鞋，望之似老农老圃，没有半点‘洋气’，没有丝毫教授架子和大师威风，我心中不由自主地油然而生幸福之感，浑身感到一阵温暖。”

○作家马嘶描述他在北大读书时期的汤用彤：“汤先生矮胖身材，一头短而亮的白发，戴一副黑框眼镜。开会时，他在主席台上正襟危坐，远远望去，那白雪似的短发亮得耀眼，配着那红润的圆脸和黑框眼镜，像是一尊良善的普救众生的佛。刘绍棠在《想起老校长》一文中形容汤先生时写道：‘这位哲学界的老前辈，很像鲁迅先生笔下的《出关》中的老子。’比喻可谓贴切。”

○柳鸣九回忆朱光潜说：“我见到朱光潜的时候，他已经六十多岁，虽然瘦小单薄，白发苍苍，但精干灵便，神情烁烁，他宽而高的前额下一对深陷的眼睛炯炯有神，老是专注地注视着甚至是逼视着眼前的对象，手里则握着一支烟斗，不时吸上一口，那态式、那神情似乎面前的你就是他观察分析的对象，研究揣摸的对象。……坐在他面前，你似乎感到自己大脑的每一个皱褶处都被他看透了，说实话，开始并不感到舒服自在。”

○有人描述晚年的宗白华：“他常常从朗润园那边踽踽独行地走来，沿着湖边弯曲的小径，慢慢地消失在绿树丛中。他那身穿旧布衣、肩挎绿书袋的身影，看上去是再平凡不过了，而他那恬淡宁静得如超尘出世般的仪态，却流溢出大智者的独特心境和风采。我常觉得，他犹如未名湖水那样的纯净明澈，没有浑浊的泥沙，没有炫目的漩流，有着永恒的美。而他那些独辟蹊径、隽永明洁的美学著述，也是这种人格的体现。”

○张翼星在《大师的风范》一文中描写张岱年：“人们常说，北大老一辈教授的故事多。所谓‘故事’，就是由于个性鲜明，流传着不少超凡脱俗的轶闻趣事，往往让人忍俊不禁，回味不止。不过，张先生的生活举止，却显得比较平常，这类故事似乎不多。常见他身着布衣、脚踏布鞋，说起话来节奏较快，还带点口吃。遇见熟人，总是满脸慈祥、憨厚的笑容。仔细一点看，他的脑门比较宽，显出一种哲人的睿智。”

○张岱年的弟子宋定国回忆张：“张先生一年四季，穿着都非常俭朴，夏天就是那么一身极普通的单衣，而其他三季，外面总是套着那一身褪色越来越严重的上世纪 60 年代流行的便装，胳膊肘和袖口都磨损得泛出白色或绽开了边，即使在过年时，衣着依然如常。虽不修边幅，却总是干干净净。而书房内的摆设则一直保持老样子。至于谈吐，虽然算不上利索，但朴实得简直能让你感触到他一颗赤诚的心的跳动……哦，在同老先生的接触中，我才真正地感触和体察到了什么叫‘淡泊’，什么叫‘宁静’，什么叫‘大智若愚’，什么叫‘大道无形’！”

○何兆武回忆西南联大时期的汪曾祺说：“我同宿舍里有位同学，是后来有了名的作家，叫汪曾祺。他和我同级，年纪差不多，都十八九岁，只能算是小青年，可那时候他头发留得很长，穿一件破的蓝布长衫，扣子只扣两个，趿拉着一双布鞋不提后跟，经常说笑话，还抽烟，很颓废的那种样子，完全是中国旧知识分子的派头。”

○周祖谟穿西装，有时配皮鞋，有时却穿便鞋（包括脚趾处很爱顶破的缎儿鞋）。学生白化文看后，十分纳闷：周先生不是没有皮鞋，也不是不懂搭配方式，可为什么还这样穿？后向其师吴小如请教。吴答：“那是‘派’！北大就兴这个‘派’！”

○ 20 世纪 60 年代初，文艺界在北京崇文门新侨饭店召开“文艺座谈会”，周扬主持，鼓励大家畅所欲言。吴组缃发言，三句不离本行：言李逵虽忠勇可嘉，然不宜做领导；而宋江文不过县衙小吏，武不能上阵拼搏，却会团结人，得坐头把交椅。唐僧亦然，百无一用，然取经仍是领衔云云。众闻之皆惴惴，而周扬评曰：“教授风度！”

○王瑶嗜烟，据其学生郑立水回忆，王最引人注目的就是他常年不离口的烟斗：“他的烟斗不仅不离手，说他不离口也不夸张，清晨醒来一睁眼，先生便将烟斗含在嘴里。洗脸时，先是将烟斗推向嘴角的一侧，将打好肥皂的毛巾擦洗另一侧，然后再将烟斗推向擦洗过的一侧，再擦洗这一侧。及至全擦洗完，再一只手使劲握住烟斗连吸几口，这才完成了洗脸的全过程……谈王先生的烟斗不能不说他吸的烟丝。他说他的烟丝是很一般的，但必须经由自己喷洒上从非洲桑给巴尔进口的香料。我平生不吸烟就是腻烦苦涩的烟味，但我却喜嗅从他口中弥漫出的一种高贵的芬芳。对此，别人也有同感，因而王先生说，我吸烟是让别人来享受的。”

○郭麟阁学问精深，人品高雅，被誉为一代名师，但他却没有“闪光的外表”。他的学生回忆说：“在见到他之前，他对我们来说，是‘如雷贯耳’，但一见却多少令人有点失望，他与我们在低年级见过的那种戴金丝眼镜、西装穿得一丝不苟的教授很是不同，看起来显得很有些土气，全然没有他留学法国多年的痕迹。他的外观像一个憨厚的农民，一口河南乡音，常穿一身再普通不过的卡其布中山服，剪裁缝制得甚不讲究，看上去也不那么整洁，甚至胸前还有个把小污渍。他身材高大、满脸通红、精神充沛、声音洪亮。他常以自己‘身体好’而骄傲。有时，他不无得意地说，‘我满可以工作到九十岁，一百岁，没问题’，说到最后一个片语，头沉醉地摆动一下，用手轻轻地由上往下，再由下往上一扬，做了个动作，就像一个老师满意地在学生的作业上画上一个钩。”

○黄昆的同事姚学吾回忆黄昆说：“黄先生是名教授、英国留学归来的博士，世界著名物理学家，一直以来都享受到较高的物资待遇。但是他的生活却非常俭朴。他夏天总是穿一件白衬衫和一条褪了颜色的蓝布裤子，冬天也就是一套蓝布棉袄。如有外事活动，也还是这身布衣打扮。偶尔穿上一套西装，也是当年在国外时的衣着，显得老旧且不太合体。黄先生家吃饭也很随便，每个人捧着一个粗瓷大海碗，饭菜混在一起，每个人找个座位甚至蹲着吃，吃完还要自己洗自己的碗。”

○季羡林衣着极为平常，常年穿一身洗得发白的蓝色卡其布中山装，一双黑色圆口布鞋，出门时提一个 20 世纪 50 年代生产的人造革旧书包，形象颇似乡下老农。后来要买中山装，只能到郊区才能买到，以致有时被人认为是校内工友。季曾对人说：“我有一点逆反心理，我就不穿（西装），到哪儿就是这一套中山装。你愿意看就看，不愿意看就算了。”

雅量第五

解　题：泰山不让土壤，故能成其大；河海不择细流，故能就其深。厚德方能载物之重，量宽足以得人之敬。大学乃网罗大典、兼容并包之地，“专己守残，党同门，忌道真”原与大学本质格格不入。大学者亦当有博雅宽厚、兼收并蓄之量，厚此而不薄彼，如此才能成就大学问、大境界。在北大的大师身上，我们既能看到先生们的学问之大，更能看到他们的胸怀之大，其学问格局与道德境界让人敬仰不已。正如张中行先生所言，“坚持己见，也容许别人坚持己见”，这是北大红楼的传统。仅此一端便造就了这所学校万紫千红、云蒸霞蔚的博大气象，传承至今，此风犹盛。唯其如此，小小的一方未名湖水，才能蕴含大海一般的气象。校园民谣中深情吟唱的“未名湖是个海洋”，诚非虚言浮词。

北京大学未名湖春景

○八国联军入侵北京，大肆烧杀掳掠。事后，编修官刘廷琛上疏参劾礼部尚书孙家鼐失职，孙坦然受之。以后，光绪皇帝下诏令大臣举荐御史，孙独保刘，并称:“往日他以大义责我，故知他忠鲠必不负国。”

○张百熙任京师大学堂管学大臣时，十分注意延揽人才，经多方寻觅，决定聘任桐城派领袖人物吴汝纶为大学堂总教习。张称吴“学问纯粹，时事洞明，淹贯古今，详悉中外，足当大学堂总教习之任”。向朝廷专折举荐，加五品卿衔。但吴却不愿受命。张便着大礼服，匍匐跪请于吴前，说:“吾为全国求人师，当为全国生徒拜请也。”并答应了吴先往日本考察学制三个月，再归以报命的请求。吴才答应接受聘任。

张百熙便服像

○ 1904 年 2 月，日、俄两国在中国辽东半岛爆发战争，清政府竟宣布中立。京师大学堂学生义愤填膺，爆发拒俄运动。慈禧太后勃然大怒，认为这是大逆不道的行为，遂令京师大学堂官学大臣张百熙，严惩带头闹事的学生。张却认为学生的行为实属爱国，便对学生网开一面，不予追究，并在学生上管学大臣的信函中批示道:“本大臣视诸生如子弟;方爱惜之不暇，何忍阻遏生气，责为罪言！”还建议学生以后讨论国家大事，如果确有见地，可以随时写成论文，呈交他批答，以增长学识。

○严复任安徽高等学堂监督时，主持预备班学生的淘汰考试，在复查学生的试卷时，发现一篇佳作被汉文教习斥为“悖谬”，只给了 40 分。严对此文十分欣赏，动笔为之稍加润色，便成上乘之作;又自己出钱，奖赏该生 10 元，以资鼓励。甚至还遗憾自己的女儿太小，不能许配给该生。

○蔡元培追述他在北大的治校经验时说："我对于各家学说，依各国大学通例，循思想自由原则，兼容并包。无论何种学派，苟其言之成理，持之有故，尚不达自然淘汰之命运，即使彼此相反，也听他们自由发展。"

○蔡元培说："近代思想自由之公例，既被公认，能完全实现之者，厥惟大学。大学教员所发表之思想，不但不受任何宗教或政党之拘束，亦不受任何著名学者之牵掣。苟其确有所见，而言之成理，则虽在一校中，两相反对之学说，不妨并行，而一任学生之比较而选择，此大学之所以为大也。"

○蔡元培认为，思想自由，就是在学术问题上，"一己之学说，不得束缚他人；而他人之学说，亦不束缚一己。诚如是，则科学、社会学等，将均任吾人自由讨论矣。"

○ 1917 年，蔡元培从欧洲访问归来，出任北大校长。梁漱溟拿着自己的论文《穷元决疑论》登门求教。蔡告知："我在上海时已在《东方杂志》上看过了，很好。"让梁没有想到的是，蔡接着提出请他到北大任教并担任印度哲学一门课程。梁大吃一惊，谦虚地表示，自己何曾懂得什么印度哲学呢？印度宗派那么多，只领会一点佛家思想而已，"要我教，我是没得教哇！"蔡回答说："你说你不懂印度哲学，但又有哪一个人真懂得呢？谁亦不过知道一星半点，横竖都差不多。我们寻不到人，就是你来吧！"梁总不敢冒昧承当。蔡又申说："你不是喜好哲学吗？我自己喜好哲学，我们还有一些喜好的朋友，我此番到北大，就想把这些朋友乃至未知中的朋友，都引来一起共同研究，彼此切磋。你怎可不来呢？你不要是当老师来教人，你当是来共同学习好了。"蔡的这几句话深深打动了梁，他便应承下来。

○ 1919 年 3 月 18 日，针对林纾等人对北京大学新文化、新思潮的指责问难，蔡元培特撰《致〈公言报〉函并答林琴南函》以辩驳，蔡在文中重申"思想自由、兼容并包"的办学理念，他选择教员，是以学问为主。教员在校讲授，以无背于“思想自由、兼容并包”的主张为界限。而教员在校外之言行，悉听自由，学校从不过问，亦不能代负责任。教员中有不同政治主见，“喜作侧艳之诗词，以纳妾、押妓为韵事，以赌为消遣者，苟其功课不荒，并不诱学生而与之堕落，则姑听之。夫人才至为难得，若求全责备，则学校殆难成立”。

○朱海涛曾如此描述老北大时期的自由风气：“你爱住在学校里，可以（只要你有办法弄到房子）；你爱住在家里，也可以；你爱和你的爱人同住在公寓里，更可以；你爱包饭，可以；你爱零吃，也可以；你爱吃一顿面，再吃一顿大米加包子，更可以；推而至于：你爱上课，可以；你不爱上课，也可以；你爱上你爱上的课而不爱上你不爱上的课，更是天经地义的准可以！总之，一切随意。”

○老北大时期，北大课堂极为开放。朱海涛就说当时最痛快的事情就是到北大来求师。他说：“北大的学术之门是开给任何一个愿意进来的人的。在这一点上，我觉得全国只有北大无忝于‘国立’两个字。只要你愿意，你可以去听任何一位先生的课，绝不会有人来查问你是不是北大的学生，更不会市侩也似的来向你要几块钱一个学分的旁听费。最妙的是所有北大的教授都有着同样博大的风度，绝不小家子气地盘查你的来历，以防拆他的台。因此你不但可以听，而且听完了，可以追上去向教授质疑问难，甚至长篇大论地提出论文来请他指正；他一定很实在地带回去，很虚心地看一遍（也许还不止一遍），到第二堂带来还你，告诉你他的意见。甚至因此赏识你，到处为你揄扬。这种学生是北大极欢迎的。虽然给了个不大好听的名称：‘偷听生。’”因此，在沙滩红楼一带，就形成了一种“浓厚而不计功利的学术风气”。

○五四运动过后，无政府主义在北大盛行，1920年创刊的《北京大学学生周刊》便出一期“教育革命专号”，主张北大既为学术，则不必考试。所登文章主张“把考试的‘笔’抛去”，认为“考试是一种最坏的制度，等于摧花的风，啮果的虫”。在校内产生极大影响。蔡元培则答复：承认考试有甚多坏处，但合理的考试还是必要的。解决的办法是：考试废除与否，“则以要不要证书为准，不要证书者废止试验，要证书者仍须试验”。当时的学生朱之谦、缪金源等十七人接受这一办法，自由听课不要文凭。后来《北京大学日刊》公布了这十七人的名单，当时同学戏称他们是北大的“自绝生”。这一公文是由蒋梦麟代校长签署的，在上面还称朱谦之为“谦之先生”。梁漱溟称：“这位校长未免太客气了吧！”

○有一年，北大招生考试阅卷完毕。胡适在招生委员会上说：“我看了一篇作文，给了满分，希望能录取这名有文学天才的考生。”校长蔡元培和其他委员都同意了。最后翻阅这名考生的成绩，发现数学是零分，其他各科的成绩都很一般。但蔡、胡等人都无反悔之意。事后才知，这名被破格录取的学生就是罗家伦。

○老北大时期，课堂上一直遵循“来者不拒，去者不留”的传统。当时在北大旁听和“偷听”课的学生很多，旁听生是指没有选这门课的北大学生，偷听生则根本就不是北大学生。有一次，胡适在课堂上问：“你们哪位是偷听生？没关系，能来偷听更是好学之士。听我的课，就是我的学生。我希望你们给我个名字，是我班上的学生。”胡的一番言语让所有的偷听生都大受感动。胡对偷听生的态度和做法很能反映北大当时的“兼容并包”的学风。

○一日，胡适上课，提到某小说，说“可惜向来没有人说过作者是谁”。有一学生马上站起来，说：“不对。有人说在什么丛书里的什么书中见过。”胡又惊又喜，以后上课，逢人便说：“北大真不愧为大。”

○据邓嗣禹回忆，胡适任北大校长时，校长办公室就几乎等于教职工的俱乐部，全校教授，皆可进见校长，不必预先约定时间。有一次，邓去造访胡，“一进室内，工友照例倒茶，其中已有数人在坐，彼此随便谈天，开玩笑，胡适亦参加闲谈，并略言及徐志摩跟陆小曼的恋爱故事。”邓看到此番场景后，莫名其妙，觉得校长办公室就好像“香港广东饮茶的地方”，然后深叹胡适作风之平和民主。

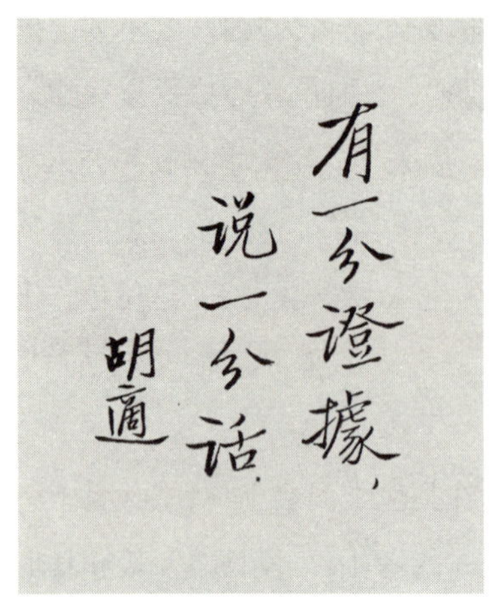

胡适论学名言

○曾就读于北大的潘静远因与胡适政见不同，就以北大学生兼《文汇报》记者的身份跑到校长办公室找胡论辩，二人意见自然不合。谈话结束以前，潘摸出一张花笺来，说我想请胡博士题字。胡听后笑了笑，爽快地打开墨盒从容地写下了“有一分证据，说一分话”九个大字，题了款并签了名。

胡适六十九岁像

○胡适有坚持写日记的习惯。有一天，梁实秋、徐志摩和罗努生去家中访胡，胡恰巧接待别的客人。三人便去胡的书房等候，徐在书房率先发现了胡的日记。三人便毫无顾忌地阅读起来。胡送客后来到书房，看到此番情景，并未恼怒，而是笑容满面地说：“你们怎可偷看我的日记？”随后半严肃半风趣地告诉三人：“我生平不治资产，这一部日记将是我留给我的儿子们唯一的遗赠，当然是要在若干年后才能发表。”

○据张中行回忆，老北大时期，有一次师生汇聚一堂，就佛学专题展开讨论。胡适发言很长，正在讲得津津有味的时候，一个姓韩的学生气冲冲地站起来，不客气地说：“胡先生，你不要讲了，你说的都是外行话。”胡答道：“我这方面确是很不行。不过，叫我讲完了可以吗？”在场的人都说，当然要讲完。张中行分析说：“因为这是红楼的传统，坚持己见，也容许别人坚持己见。根究起来，韩君的主张是外道，所以被否决。”

○有一次，北大学生因为学校派代表去南京聆听蒋介石的训话而罢课。蒋梦麟校长召集全体学生开会，劝学生复课。胡适继蒋之后发言，苦口婆心地劝导学生，遭到了很多学生的反对，在台下起哄，要给胡难堪，但胡丝毫不以为忤，让北大学生充分认识到了胡的“能容”。当时的学生朱海涛记下了这一幕：“就在蒋校长那次召集的学生大会上，我们见到适之先生的气度和他那种民主精神。当时他继孟邻先生（即蒋梦麟）之后上台训话，一开口，台下就起了哄。反对他的（多半是左倾学生），踏脚、嘶叫，用喧闹来盖住他的演讲。拥护他的（多半是右派）用更高的声音来维持秩序，来压制反对者的喧哗。顿时会场上紧张起来，形成了对垒的两派，他的声浪也就在这两派的叫嚣中起伏着，断断续续地送入我们的耳鼓。这是篇苦口婆心的劝导，但反对他的那些年轻人却红着脸，直着脖子，几乎是跳起来地迎面大声喊道：‘汉奸！’他也大声，正直而仍不失其苦口婆心地答道：‘这屋子里没有汉奸！’终其演讲，这些年轻人一直在给他当面难堪，而他始终保持着热心诚恳、恺悌慈祥的声音态度。”朱海涛感慨地说：“这天给我的印象极深，我看到了一个教育家的气度，应当是多么大！我也看到了适之先生的‘能容’。”

○中文系有一讲师，姓缪名金源，极怪异，因受胡适赏识而留校教授大一国文。缪第一节课给学生介绍参考书说：第一，《胡适文存一集》；第二，《胡适文存二集》；第三，《胡适文存三集》；第四，《胡适文存四集》。他虽讲课不错，但如此开列参考书，学生自然不满，于是派代表面见胡适：“缪先生教的不行，思想太落后了，还留在五四时代。”胡闻言大怒，拍起桌子说：“什么是五四时代？你们懂什么？太狂妄了！缪先生是好老师，不能换！”学生只好败兴而归。

○沈从文在北大课堂上说：“胡适之先生的最大的尝试并不是他的新诗《尝试集》。他把我这位没有上过学的无名小卒聘请到大学里来教书，这才是他最大胆的尝试！”

○五四时期，胡适提倡白话文，章士钊则坚持文言文，观点针锋相对。

1923年，章发表《评新文化运动》，批驳白话文，引起新文学界的强烈反对，鲁迅、周作人、郁达夫、成仿吾等纷纷著文反驳。其时胡适正在杭州养病，潘大道去看望，章让潘带口信说他给胡出了一个新题目，务必请胡著文应答。胡毫不客气地告诉潘："请你告诉行严（章士钊的字），这个题目我只好交白卷了，因为行严那篇文章不值得一驳。"潘问："'不值一驳'，这四个字可以老实告诉他吗？"胡说："请务必达到。"不久，胡回到上海，受邀同时和章在一位朋友家聚餐，席间，胡方知潘碍于情面，并未将自己的话向章如实转告。于是，胡便当众宣称章的《评新文化运动》"不值一驳"。章闻言，毫不在意，照样谈笑风生。散客后，朋友对胡说："行严真有点雅量，你那样说，他居然没有生气。"

○ 1932年8月，国民党当局以"危害民国"罪逮捕了陈独秀。第二年3月，苏州高等法院对陈进行公开审判。陈的好友、全国知名大律师章士钊知道陈请不起律师，便自告奋勇出庭免费为陈辩护。此前，因章参与"三一八"案，陈已与章断交。但章的一片热心让两人重新和好。当日在法庭上，陈慷慨陈词，发表了自撰的辩诉状，洋洋数千言，引经据典，文言与白话并用，证明自己无罪。陈讲完后，章以律师身份为陈辩护，其词五千余言，侧重法理，逻辑性很强。条条针对审判长的讯词，逐一辩驳。最后认为从为国家保存读书种子的角度出发，法院应该宣判陈无罪。章的陈述，在情在理，但与陈的政治主张有所出入，让陈很是不满。章刚一讲完，陈就站起来声明："章律师的辩护，只代表他自己的意见。我的政治主张，要以我的辩护词为准。"章未曾料到，自己绞尽脑汁所做的辩护，竟然被陈一口否决，这让他感到十分尴尬，但又能够理解。有人事后问起此事，章却并无多少怨言，只是笑言："我弱冠以来交友遍天下，唯有三人难交，陈仲甫便是其中之一。但是，大家相知有素，朋友关系始终如初，故而从无诟谇。"陈原被判处有期徒刑十三年，后又改判为八年。章的出庭辩护在其中起到了一定的作用。

○ 20世纪20年代，北大有两位教授——古文家刘师培和今文家崔适，两位在校内的住所恰好对门，自然朝夕相见，每次见面后都是恭敬客气，互称某先生，同时伴以一鞠躬。可是上课之后就完全变了样，总要攻击对方荒谬，毫不留情。两位都是著作颇丰，忠于自己所信，当仁不让。学术与人情截然分开。

〇钱玄同与黄侃都是章太炎的弟子，曾一度同在北大国文系任教。钱一切求新，黄则一贯守旧。黄素来瞧不起钱，说钱是野狐禅，有辱太炎门风。黄还说自己一个晚上的发现，为钱赚得一辈子活路。大意是：黄在一个晚上发现了古音二十八部，并记有笔记。某日，钱到黄住处闲谈。黄因小便离开片刻，回来之后，发现笔记不见了。于是他猜测是钱趁其不备拿走了。黄认为钱在北大讲授的文字学，就是他那一夜的成果。但钱一直否认此事，对于黄的讽刺也总是一笑了之，有时还会为黄“圆谎”。后来两人同在北大讲授文字学，观点针锋相对，大有唱对台戏的样子。黄常借题发挥，大骂钱，但钱却颇有雅量，从不计较。一次钱在讲课，对面教室里的黄也在讲课。黄大骂钱的观点如何如何荒谬，不合古训；而钱则毫不在乎这些，你讲你的“之乎者也”，我讲我的“的了吗呢”。

〇钱玄同在北大讲授文字音韵学。有一次，钱在课堂上讲到广东音韵，课后一位广东籍学生李锡予给他写了一封长信，对他所讲的广东音韵提出了不同意见。下一次上课时，钱上台后面带笑容，客气地问：“哪一位是李锡予同学？”李站起来回答说：“我就是。”钱说：“请坐！我见到你的信了。你对广东音韵的解释是正确的。我不是广东人，对广东音韵是一知半解。很感谢你纠正了我的纰漏。”接着，钱在课堂读了李的信，还希望其他同学对讲课中纰漏之处提出意见。

〇据张中行回忆，梁思成从 20 世纪 30 年代起便在北大讲“中国建筑史”，每次都放幻灯片，课讲得十分有趣，听讲的人也很多。有一年，讲完最后一讲，梁说：“课讲完了，为了应酬公事，还得考一考吧？诸位说说怎么考好？”听课的有近二十人，却无人答话。梁又说：“反正是应酬公事，怎么样都可以，说说吧。”还是无人答话。梁这时像是恍然大悟，说：“那就先看看有几位是选课的吧。请选课的举手。”还是没人举手。梁大笑，说“原来诸位都是旁听的，谢谢诸位捧场。”说完，向台下作一大揖。众人报以微笑而散。

〇熊十力曾指斥佛家，说佛家谈空，使人流荡失守。1919年，梁漱溟在《究元决疑论》中评议古今中外诸子百家，却独推崇佛法，还指名道姓地指出：“此土凡夫熊升恒（即熊十力）……愚昧无知。”熊见到梁文后，并不生气，还给梁寄去一名信片，说，你在《东方杂志》上发表的《究元决疑论》一文，我见到了，其中骂我的话却不错；希望有机会晤面仔细谈谈。后来熊到京，借居广济寺内，遂得与梁会面畅谈，争论佛教。由此二人结交，并成为终生不渝的好友。

〇顾颉刚的史学名著《古史辨》是学术争论的直接产物。他在《读书杂志》上发表致钱玄同的长信后，刘、胡二人反驳他，他十分高兴，来函照登，并在致胡适的信中说：“我最喜欢有人驳我，因为驳了我才可逼得我一层层地剥进，有更坚强的理由可得。”顾主编的《古史辨》七大册从头到尾都以讨论集形式出现，又尽量辑入反驳和批评自己古史学说的文字，他说自己这样做是“想改变学术界的不动思想和‘暧暧姝姝于一先生之说’的旧习惯，另造成一个讨论学术的风气，造成学者们的容受商榷的度量，更造成学者们的自己感到烦闷而要求解决的欲望。”

〇 1929年，顾颉刚回苏州养病时，偶然读到钱穆的《先秦诸子系年》书稿，大为欣赏，当即对钱说，你不合适在中学教书，你应该到大学教历史。随后即推荐钱到燕京大学，并请他为《燕京学报》撰文。他明知钱的《刘向、歆父子年谱》与自己的观点对立，依然将此文发表在自己主编的《燕京学报》上，后又收入《古史辨》。不久，顾又力荐钱到北大任教。他在致胡适的信中说：“我想，他如到北大，则我即可不来，因为我所能教之功课他无不能教也，且他为学比我笃实，我们虽方向有些不同，但我尊重他，希望他常对我补偏救弊。”数十年后，钱回忆起这件事，仍然充满感激之情：“颉刚不介意，既刊余文，又特推荐余至燕京任教。此种胸怀，尤为余特所欣赏。固非专为余私人之感知遇而已。”

○顾颉刚在燕京大学讲《尚书》，认为《尧典》的十二州是受汉武帝十三州的影响。顾的学生谭其骧对在查阅了大量史料后，认为顾的说法不能成立。顾就鼓励谭写出自己的意见。然后将两人讨论的信札刻印发给学生，并说明他已经认可了谭的观点。顾还在日记中说：“其骧熟于史事，余自顾不如，此次争论汉武十三州问题，余当屈服矣。”

○新中国成立前，童书业在北平时曾寄住在顾颉刚家。童素来不修边幅，不谙人情世故，顾的子女会把其言行作为笑谈。顾发现后严肃批评孩子：“人不可貌相，童先生很有学问，你们应当好好向他请教，能及他一半就不错了。”

○朱家骅任中央研究院院长时，计划成立民族学研究所，他托当时的史语所所长傅斯年出面请语言学家李方桂任所长，谁知李坚辞不就。傅一再催促，李最后很不耐烦，就说：“我认为，研究人员是一等人才；教学人员是二等人才；当所长做官的是三等人才。”傅听后躬身作了一个长揖，退出说：“谢谢先生，我是三等人才。”

○鲁迅逝世后，侨居美国的林语堂发表《悼鲁迅》一文，认为“鲁迅与其称为文人，无如称为战士”。又说：“鲁迅与我相得者二次，疏离者二次，其即其离，皆出自然，非吾于鲁迅有轩轾于其间也。吾始终敬鲁迅。鲁迅顾我，我喜其相知；鲁迅弃我，我亦无悔。”

○鲁迅生前与“新月派”不合。1936 年 10 月，鲁迅在上海逝世，当时“新月派”的干将之一叶公超正在北大任教，听说鲁迅逝世，就特别把鲁迅所有的作品都搜集来，不眠不休地花了好几天时间把它们一口气全读完，并专门撰写文章高度称赞了鲁迅在小说史研究、小说创作及文字能力三方面的成就。他说：

“我有时读他的杂感文字，一方面感到他的文字好，同时又感到他所‘瞄准’（鲁迅最爱用各种军事名词）的对象实在不值得一粒子弹。骂他的人和被他骂的人实在没有一个在任何方面是与他同等的。”叶还认为“五四之后，国内最受欢迎的作者无疑的是鲁迅”，称赞“鲁迅最成功的还是他的杂感文……他的情感的真挚、性情的倔强、智识的广博都在他的杂感中表现得最明显……”胡适读了这样的评论以后，对叶说：“鲁迅生前吐痰都不会吐在你头上，你为什么写那样长的文章捧他？”叶却答道：“人归人，文章归文章，不能因人而否定其文学的成就。”

○叶公超在台湾时，有一次打电话给台北“中国日报”社，找该报的发行人余梦燕。接电话的人说：“她不在。请问您贵姓？”叶答：“我是叶公超。”对方以为叶在寻开心，冒充叶公超，就毫不客气地说：“你要是叶公超，我就是叶公超的老子。”没想到，叶心平气和地说：“好。那么，爸爸，请你告诉我在哪里能找到余梦燕。”对方一听，才发觉玩笑开大了，赶紧挂掉电话。

○陈独秀任北大文科学长期间，大力整顿上课纪律。英文系有个学生是黎元洪的侄子，经常旷课，并叫人代他签到。陈误听人言，把这件事记在同班的许德珩身上，在布告牌上公布许经常旷课，记大过一次。许整天都在教室和图书馆用功读书，从未无故缺课。见到布告牌后，异常愤怒，一气之下，就砸碎了布告牌。陈知道后，大怒，对许砸布告牌的行为又记一过。许又将第二个布告牌砸掉，并站在陈的办公室门前，要陈出来和他理论。校长蔡元培马上就知道了此事，经过调查，才知道是陈弄错了。陈知道事实真相后，马上收回了成命，并向许道歉，劝慰一番。此事遂告平息。随后，陈与许竟结成了很好的朋友。

○ 1927 年 6 月和翌年 2 月，陈延年、陈乔年先后在被捕后不屈就义，陈独秀终生伤感。抗战爆发后，国民党想拉陈独秀出来任职，得到的回答是：“蒋介石杀了我那么多同志，还杀了我两个儿子，我与他不共戴天。现在全国抗战，我不反对他就是了！”

○据殷海光回忆，在一次聚会时，有人提起果德尔（注：又译海德格尔）工作的重要，金岳霖说要买一本书看看，他的学生沈有鼎对金说："老实说，你看不懂的。"金闻言，先是"哦、哦"了两声，然后说："那就算了。"两人都是神情自若。殷海光在看到他们师生两人的对话后惊叹不已。

○ 1938 年，西南联大第一学期开学时，殷海光选修了郑昕的"哲学概论"，郑昕发现殷海光也来听他的课，凭着以前对殷的了解，就对他说："你不用上我的课，下去自己看书好了。"于是，殷就不再来上课，期终却得了这门课的最高分。这学期，殷还选了他的恩师金岳霖的逻辑课，金也对他说："我的课你不必上了，王宪钧刚刚从奥国回来，他的课讲得一定比我好，你去听他的吧！"殷于是就去听王教授的课去了。

○ 20 世纪 50 年代初，金岳霖任清华大学哲学系教授，系里请来艾思奇做马克思主义辩证法的报告，由金主持。金对形式逻辑造诣很深。艾报告开始即称，我们讲辩证法，就必须反对形式逻辑；形式逻辑是形而上学，必须与之做坚决斗争。报告结束后，金总结发言道："听报告之前，我就晓得艾思奇同志反对形式逻辑，是要与之做坚决斗争的。我本想和他斗一斗、争一争，但听了他的报告后，我完全赞同他所讲的话。他讲的完全符合形式逻辑，我也就用不着和他斗，和他争了。"随着交往的增多，金对艾有了更为深刻的认识，他晚年回忆说："艾思奇同志是最好的榜样。他实事求是，公正，和蔼可亲，好像根本没有一丝一毫的先进于马列的感觉。"

○汤用彤待人宽厚，脾气极好。他喜欢喝排骨莲藕汤，每次至少要喝上两碗。但是有一次家人端上汤后，他只喝了一碗便起身走了。家人觉得有些异常，盛汤一尝，马上就吐了出来。原来做汤的人没留神把一块肥皂掉进锅里却没有发现。汤用彤已经察觉到汤的味道不对，但是为了不致影响别人的情绪，居然一声不响地把一碗汤全都喝了下去。

○俞平伯在北大讲古诗，讲到蔡邕《饮马长城窟行》，其中有“枯桑知天风，海水知天寒”两句，俞说：“知就是不知。”某同学站起来质疑：“俞先生，你这样讲有根据吗？”俞说：“古书这种反训不少。”随手拿起粉笔写出六七种来，提问的同学说“对”，然后坐下。

○朱光潜治学为人，从来不勉强别人勉强接受自己的观点。他在《谈美·开场白》中以对话的语气说：“我所说的话都是你所能了解的，但是我不敢勉强要你全盘接受。这是一条思路，你应该趁着这条路自己去想。一切事物都有几种看法，我所说的只是一种看法，你不妨有你自己的看法。”

○朱光潜的某些美学观点跟蔡仪针锋相对，二者是有名的“论敌”，但这丝毫没有影响朱对于“对手”的尊重。一次，朱帮邓伟敲定拍摄名单，他翻看着纸上的人名，问：“你应该拍摄美学家蔡仪先生，有他的名字吧？”朱的另外一个“论敌”李泽厚撰文回忆，当年朱曾在给友人的信中评价李泽厚的文章是所有批评他的文章中最好的。在“文革”中，这两位“论敌”还曾偷偷小聚，把酒畅叙。朱曾说，人活在世上，不要看风行事，应该实事求是，说公道话，做老实人。

○朱光潜的《谈美》一书，副标题为“给青年的第十三封信”。此书出版后，上海书摊上出现一本署名“朱光濳”的书，书名叫《给青年的十三封信》。朱光潜看后哭笑不得，给这位“朱光濳”写了一封公开信，含蓄地说了做人要坦诚的意思，署名曰“几乎和你同姓同名的朋友”。此信后来发表在《申报》上。

○冯友兰自奉甚简，家中饭食一贯简单甚至粗糙，而冯从不挑剔，也从无不悦，总是兴致勃勃地进餐，无论好吃与否，都似乎滋味无穷。其女宗璞分析原因说，这一方面是因为他得天独厚，一直胃口好，对此冯常自嘲：“还有当饭桶的资格。”另一方面，他是以为能做出饭来已经很不容易，再挑剔好坏，岂不让管饭的人为难。

○在新中国成立后的历次政治运动中，冯友兰都首当其冲，却在“批林批孔”运动中意外地“从旧营垒里冲杀出来，给了孔丘一个回马枪！”结果为天下学人所诟病。1985 年 12 月 4 日，北大哲学系为冯举办九十寿辰庆祝会，冯提出邀请梁漱溟参加。冯的女儿电请梁，梁答不能来。数日后，梁致冯一信，大意是北大旧人现唯我二人存矣，应当会晤，只因足下曾谄媚江青，故我不愿来参加寿筵。如到我处来谈，则当以礼相待，倾吐衷怀。冯读后无愠色，说这样直言，十分难得，并命其女寄梁一册《三松堂自序》。之后又致信给梁，谈及自己在《三松堂自序》里解释了所谓谄媚江青时间的来龙去脉，希望梁看后可以谅解。当年年底，两位世纪哲学老人终于友好地会晤了。

○在“文革”中，周一良受到了不公正的待遇。回首往事，他说：“‘风物长宜放眼量’，事情放在较长的一段时光中来考察，就能较为超然，就能较为公正，就能实事求是，就能通情达理得多。”他还说：“‘文革’这场灾难开始以后，几乎人人受害，我信了‘神’，上当受骗。年轻的孩子们也同样信‘神’，上当受骗……我没有什么理由坚持对他们的行动采取不谅解的态度。”

○ 1978 年，王瑶准备招收六名研究生，报考者却达八百余人。中文系的领导也很着急，要求王在初试时就出一道“绝题”，把考分拉开差距。王提出，北大中文系招生，不能考外语。他找到中文系党委书记，问：“你想不想要人才？”书记说：“当然想要。”王说：“想要人才，就别考外语。你想，这些人才在‘文革’当中，外语肯定是不行的，若是考外语，就把最有才华的人挡在外面了。”书记采纳了王的意见，决定免试外语。

○邓广铭在主持《光明日报》史学专刊编辑工作时，非常重视对后辈的提携和帮助，由此激励和培养了不少青年新秀。他曾欣慰地谈到这点：“我们决不以投稿人知名度之高低决定稿件之采用与否。因此，有好几位青年史学工作者，他们的第一篇论文是在史学专刊上刊出的，而且是在史学专刊上先后发表了几篇论文之后受到鼓舞，奋力前进，成为史学研究领域的骨干力量。这类事，也常常被我们引以自慰。”

○ 1986 年，叶永烈采访原北大校长陆平时问：“你在‘文化大革命’中首当其冲，受尽折磨，是怎么过来的？不论在你的外表，或者在你的心灵，几乎看不出‘伤痕’！”陆爽朗地回答说：“第一，我相信自己。自己最了解自己。我平生无愧于党和人民。面对种种不实之词，我坦然。我从来没有悲观。第二，我相信党，相信人民。我深信，有朝一日会水落石出的。我对党、对人民、对社会主义前途是坚定不移的，是充满信心的。有了这两条，再大的困难也能度过。我是一个乐观的人。”

○汪曾祺和查良铮都是西南联大的学生，而且都是校文艺社团“冬青社”的成员，一个写小说；一个写诗。汪曾祺成名后，有个报社记者想去采访他，他连连摆手：“你们应该去采访查良铮，诗人是寂寞的。”

○在北大的一次报告会上，季羡林讲到英国牛津大学实行自由式教学，师生一起吸烟讲学，烟浓时连屋里人的上半身都看不清，可谓真正的“熏陶”。说完他话锋一转，向身旁的校党委副书记建议，北大在教学改革时也可考虑这种自由对话式的教学方式。顿时全场数百名学生一起大笑鼓掌。

○王选常说，名人和普通人不应该有什么区别，名人要保持普通人的心态，别人尊重你，无非是自己过去有点贡献，仅此而已。在方正和北大计算机研究所，大家都随意地叫他“王老师”。后来他担任全国政协副主席，若听到别人叫自己“主席”，王选会很认真地说：“不要叫我主席！”他住院期间常同医生、护士聊天、开玩笑。有人称他首长，他会笑着伸出手说：“我这是手掌！”他最常用的名片，印着“北京大学计算机科学技术研究所，教授，王选”。他说：“这张名片是永恒的。”

○ 2008 年，徐光宪获得国家最高科技奖，发表获奖感言时，特别提出“北大有许多优秀的学生，我获奖的工作都是我的学生和研究团队完成的，我只是这个集体的代表。”他说。“我一生在科研上三次转向，在四个方向上开展研究。在这四个方向上，我的学生已大大超过了我。”他还对其他科学家充满了由衷的敬佩之情。他说：“以前获奖的，拿袁隆平来说吧，我就比不上。他不但解决了中国的粮食问题，对世界粮食问题也有很大贡献。”“我比不上他们，真的！”

○朱德熙曾撰文《北大的校风与学风》谈到北大的学术空气和学术民主：“北大老中青各代学者各有所长。很少有学术上的压制与干涉。所以有的中年教员才敢说：老先生的文章功力深厚，我写不出；年轻人的文章敏锐新颖，我也写不出；不过，我的文章，他们也写不出。”

真趣第六

解　题：清人张潮云："情必近于痴而始真，才必兼乎趣而始化。"为学做人，亦不可缺少真纯与趣味。大学中人，并非都是道貌岸然、法相庄严的学究夫子，其中并不乏懂情趣、识幽默的率真之士。正因其有真性情、真趣味，才使其形象增添了几分可爱可亲的色彩。读其遗闻轶事，往往让人忍俊不禁，以为重见《世说新语》中人。然而却常能在会心一笑之余，体悟到其率性而为、天真烂漫的"真人"风度。掩卷深思，除了可爱可亲之外，更多的，是感到了"难得"与"可敬"。学人的真趣，也使大学的形象平添了几分摇曳生姿、丰富多彩的天然魅力。

林纾像

○林纾平生任狭尚气，性情刚毅，除长于文学撰述之外，还精于武术，尤擅舞剑，曾著笔记小说《技击述闻》，记载平日耳闻目睹的武林实事。在京师大学堂任教时，在课堂上经常向学生讲授武林故事。言谈之间，眉飞色舞，津津有味，让学生向往不已。

○蔡元培入翰林院时，主考官看到他的试卷大喜，对其文章称赞不已；评价其书法则曰："牛鬼蛇神。"后来，钱玄同问蔡："蔡先生，前清考翰林，都要字写得很好的才能考中。先生的字写得这样蹩脚，怎样能够考得翰林？"蔡不慌不忙，笑嘻嘻地回答说：“我也不知道，大概因为那时正风行黄山谷字体的缘故吧！”

○ 1927 年，北伐军何应钦部攻克福建，蔡元培、马叙伦等浙江名流代表浙江民众欢迎北伐军早日进浙。何设宴款待蔡、马等人，并介绍苏联顾问蔡列班诺夫与他们相见。苏联顾问当即送上自己的中国式名片：“蔡列班诺夫。”蔡元培接过名片后，笑道：“原来是本家。”

○五四运动以后，每逢 5 月 4 日，北大必有一群校友聚会，指点江山，畅谈国事，借以纪念五四运动，名之曰“五四”聚餐会。这个惯例坚持了好几年，而且每年都要邀请老校长蔡元培参加。在某年的聚餐会上，蔡感慨地说：“我们这帮人真是吃‘五四’的饭哪！”

○白化文回忆说：沙滩红楼时期的老北大，文化氛围独具一格。甚至周围的乞丐叫声也很特别，不喊“升官发财”老一套。见了男生就喊：“您行行好吧，您准能当校长！”对女生则喊：“小姐行行好吧，您准能坐大火轮留洋！”校门口卖豆腐脑的也有老北大书卷气，常对青年人灌输：“老年间儿，我爸摆摊儿那会子，鲁迅跟给他拉洋车的肩并肩坐在咱这摊子上，一起吃喝，吃完了，您猜怎么着，鲁迅进红楼上课，拉洋车的叫我爸给他看着车，也进去听课去啦。蔡校长的主意：敞开校门，谁爱听就听，不爱听拍拍屁股走人，谁也管不着谁，那才叫民主，那才叫自由啊！”

○民国初年，辜鸿铭任教于北大，当时大学开始招收女生。辜见校内女生甚多，便问工友：“这些堂客是哪里来的？”当时北平饭馆的习惯：女客称堂客，男客称官客。工友告诉他，以后学校将有女生来上课。辜摇头叹息，以为从此风化将成问题。辜虽保守顽固，但论中国事情，常有标新立异之说，如论新旧婚姻之不同：“中国旧式婚姻，譬诸置水于炉火之上而徐俟其沸，则过程中之温度有增无减；近代之自由婚姻制度，则譬诸已沸之水自炉而委地，未有不冷者。”

○黄侃喜爱美食，在北大任教时，京城饭肆酒楼处处吃遍，在家里吃也是一点马虎不得。据其学生陆宗达回忆，当时黄的“一顿中饭，可以从日头正午吃到太阳偏西；一顿晚饭，能从月出东山吃到子夜乌啼。他吃饭并不多，这中间最主要的就是谈。”他经常对陆说：“要学我这学问，光靠课堂上那点不行，必得到这饭桌上来听，才是真的！”

○陈独秀曾与章士钊共同创办《国民日日报》。二十多年后，章士钊在忆及与陈独秀共事的情景时，兴趣盎然地写道：“吾两人蛰居昌寿里之偏楼，对掌辞笔，足不出户，兴居无节，头面不洗，衣敝无以易，并亦不浣。一日晨起，愚见其黑色袒衣，白物星星，密不可计。愚骇然曰：‘仲甫，是何物耶？’独秀徐徐自视，平然答曰：‘虱耳。’其苦行类如此。”

○据许德珩回忆：1919年下半年，也就是陈独秀尚在北京大学任文科学长的时候，陈延年和陈乔年两兄弟来京看望父亲。他们并不直接去陈独秀家里，而是准备了一张名片投递，上面写“拜访陈独秀先生”，下面写着延年、乔年两兄弟的名字。此事一时传为笑谈，人们说陈独秀提倡民主，民主真的到了他的家里。

○抗战期间，日军在云南狂轰滥炸，西南联大师生每每苦于“跑警报”、钻防空洞。在昆明郊区，很多人为图方便，便在院子里挖一个坑，上面盖上一块厚木板，敌机来时，则钻入坑中。陈寅恪于是作一对联：“见机而作，入土为安”，因其对仗工整，又切于实情，遂在师生中广泛流传。

○胡适提倡白话文，于课堂上令学生拟一拒聘电报，其中有一最简者为：“才疏学浅，恐难胜任，不堪从命。”而胡的白话稿为：“干不了，谢谢。”胡论曰：“文之优劣，原不在文白，在于修辞得当也。”

○季羡林评胡适，“毕竟是一个书生，说不好听一点，就是一个书呆子。”

据季回忆，他曾与胡一同在北京图书馆开评议会，胡匆匆赶到，声明他要提早退席去赶开另一个重要会议。期间，一位与会者发言跑题，谈到《水经注》。一听到《水经注》，胡便浑身是劲，立即精神抖擞，接着发言者的话茬，眉飞色舞，口若悬河地发表已见，一直到散会，他也没有退席，而且兴致极高，大有挑灯夜战之势。早把那个“重要会议”忘到爪哇国去了。

○ 1935—1937 年，任鸿隽任四川大学校长，两年中，任“用全副精力建立了一个簇新的四川大学”，后因受上层势力排挤，被迫要辞去校长一职。胡适知道此事后，给任写了一封一千六百字长的信，力劝他不要辞去四川大学校长。写成以后，胡自己将信带给任，并和他长谈两个小时。

○有一段时间，蒋介石提议让胡适当总统，自己任行政院长。胡听说后，跟朋友开玩笑说：“蒋介石如一定让我做总统的话，我就去做好了，反正国家大事有他蒋介石管，与我有什么关系。到那时，我到南京，把总统府大门一关，还作我的《水经注》考证，总统府门禁森严，我便可以安心搞学问。”

○胡适因创作和提倡白话诗，被称为“新诗的老祖宗”。海内作新诗者均以能得胡适的评论而荣幸，以致后来以《女神》名噪诗坛的郭沫若，以一直得不到胡的评论为憾。1923 年，两人在一次欢宴上见面，当胡在酒酣耳热中说起他曾想要评《女神》，并取《女神》读了五日时，郭大喜，竟抱住胡，和他接吻。

○胡适因提倡白话文而名满天下，“我的朋友胡适之”曾经是当时许多人的口头禅，无论相识与否，文人雅士、社会贤达多引以为荣。有一年，胡和马君武、丁文江等朋友作桂林之游，所至之处，辄为人包围。胡无奈地说：“他们是来看猴子！”胡说他实在是为名所累。

○周作人说：“我们于日用必需的东西以外，必须还有一点无用的游戏与享乐，生活才觉得有意思。我们看夕阳，看秋河，看花，听雨，闻香，喝不求解渴的酒，吃不求饱的点心，都是生活上必要的——虽然是无用的装点，而且是愈精练愈好。”

〇傅斯年身高体胖，朋友称其为“傅胖子”。抗战期间，傅在重庆，与李济、裘善元赴宴。宴毕，主人替他们雇好三乘“滑竿”。六个抬“滑竿”的工人守在门前。裘第一个出来，抬夫见他胖，都不愿抬，于是互相推让。第二个走出来的是李，比前一个更胖，剩下的四个抬夫又互相推让一番。等到傅走出来，剩下的两位抬夫一看，吓了一跳，扛起“滑竿”拔腿就跑，弄得主人分外尴尬。

〇傅斯年是五四运动的风云人物。他曾自豪地说：“五四那天上午我做主席，下午扛着大旗到赵家楼。打进曹汝霖的住宅。”

〇傅斯年的旧学功底十分扎实，早年最喜欢唐代李商隐的诗，后来又痛骂李商隐是妖。罗家伦就问他：“当时你喜欢李商隐的时候怎么不说他是妖哇？”傅回答说：“那个时候我自己也是妖！”

傅斯年

〇傅斯年一贯反对提倡中医。有一次，在国民参政会上，参政员、孔子后裔孔庚提出一个有关中医问题的议案，傅当场表示反对。两人因此展开激烈的争辩。孔辩不过，气急败坏，就在座位上用污言秽语辱骂傅。傅十分生气，大声说：“你侮辱我，会散之后我和你决斗！”散会之后，傅在会场门口拦住孔，孔此时已年过古稀，身体非常瘦弱。傅见此，怒气就去了大半，把两手垂下来说：“你这样老，这样瘦，不和你决斗了，让你骂了吧。”

○毛子水精于古籍鉴定，好收藏古书。任老北大图书馆馆长期间，每年都把绝大部分购书经费用于购买善本古籍，因而无法满足青年学生订阅新报刊的要求。一次，一些同学在图书馆内的大厅遇到了毛，就订阅新报刊问题向毛提出质问，同学越聚越多，质问发展成了斥责。毛异常生气，但又理屈词穷，只倔强地说了一句："就是不订！"个别同学一时激动，大喊一声"打"（其实并未动手），就把毛吓得楼上楼下乱跑一阵。事后，"学生追打毛子水"的新闻很快就传遍校园。

○ 1930 年，钱玄同四十三岁时，曾与朋友商谈自编文集，名为"疑古废话"。从四十四岁起每十一年出一本集子，四十四岁那年编的一本叫《四四自思辞》；五十五岁那年编的一本叫《五五吾悟书》；六十六岁时出一本《六六碌碌录》；七十七岁时出一本《七七戚戚集》。书名都巧妙地运用了双声叠韵。书虽未编成，却很能见钱氏的性格。

○在北大同仁中，刘半农与钱玄同最为友好，但两人一说话就要抬杠。刘说他和钱"我们两个宝贝是一见面就要抬杠的，真是有生之年，即抬杠之日"，并以半农体作"抬杠诗"一首："闻说杠堪抬，无人不抬杠。有杠必须抬，不抬何用杠。抬自由他抬，杠还是我杠。请看抬杠人，人亦抬其杠。"

钱玄同

○刘半农生性幽默诙谐，才气横溢。有一次，好友周作人向刘借俄国小说集《争自由的波浪》和一本瑞典戏剧作品，刘的回信却令周吃了一惊：信无笺牍，但以二纸粘合如奏册，封面题签"昭代名伶院本残卷"，信文竟然是一场"戏"：

"（生）咳，方六爷（按：指周作人）呀，方六爷呀，（唱西皮慢板）你所要，借的书，我今奉上。这其间，一本是，俄国文章。那一本，瑞典国，小摊黄。只恨我，有了他，一年以上，都未曾，打开来，看个端详。（白）如今你提到了他，（唱）不由得，小半农，眼泪汪汪。（白）咳，半农呀，半农呀，你真不用功也。（唱）但愿你，将他去，莫辜负了他。拜一拜，手儿呵，你就借去了罢。”

○刘半农在法国巴黎大学攻读博士学位时，学校要求极为严格。一些“汉学大师”在博士答辩时，喜欢以偏题难倒中国学生，以炫其学。刘半农博士论文答辩时，气氛十分紧张，总共进行了七个钟头。结束时，刘已筋疲力尽，无力走路，只好由朋友搀扶出场。

○有一位青年非常喜欢刘半农作词、赵元任作曲的《教我如何不想她》，便去赵家，请赵介绍他认识刘。恰巧刘来赵家，赵当即对青年介绍说：“这就是你要认识的刘半农先生。”青年原以为刘是个风度翩翩的美男子，一见之下，竟是一位身着半旧长袍，形同乡巴佬的老头儿，顿感失望，情不自禁地说了一句：“原来是这个老头儿哇！”刘闻言，甚为失意，作打油诗以自嘲：“教我如何不想他，请进门来喝杯茶。原来如此一老叟，教我如何再想他！”

○马寅初在北大演讲，常对学生自称“兄弟我”。七十三岁那年，他讲话的第一句话经常是：“兄弟今年七十三岁……”他在学校的大会上经常夸北大，竖起大拇指，说“北大顶顶好”，说“北大 number one”。

○ 1951 年，已过古稀之年的马寅初就任北京大学校长。在北大师生欢迎马寅初的大会上，马对北大师生说：“兄弟很荣幸来到北大做校长。兄弟要和大家提出三个挑战：第一，兄弟要学俄文。……第二，兄弟要骑马、爬山。……第三，兄弟冬天洗凉水澡。”

○有一次李富春副总理来北大讲话，马寅初一会儿称他为李先生、李副总理，一会儿又冒出个“李副总统”。让很多学生想起了李宗仁。康生来校讲话，马一会儿称其为“康先生”“康生先生”，一会儿又称“康生同志”，到了最后，同志、先生称号全免，直呼其名：“现在请康生讲话！”

○顾颉刚担任高考典试委员时，所出历史试题中有“中国交通始于何时，盛于何时”和“诸葛亮治蜀”两题。答案竟有“始于元，盛于唐”和“始于18世纪，盛于28世纪”者。最离谱的，一份试卷中竟有“诸葛亮枪毙马谡”之句。

○熊十力是20世纪中国著名的哲学家。20世纪30年代初期，他在北京大学讲佛学。一个人住在沙滩银闸路西一座小院子里，门总是关着，为免闲人打扰，门上贴一张大白纸，上写：“近来常常有人来此找某某人，某某人以前确是在此院住，现在确是不在此院住。我确是不知道某某人在何处住，请不要再敲门。”看到的人都不禁失笑。

○ 1926年到1927年间，梁漱溟在北京西郊大有庄租了几间平房，和熊十力以及十几个青年学生同住一起。当时梁、熊两人都没有固定收入，靠发表文章、出版书的稿费维持十几个人的简单生活，大家基本上都跟梁一起吃素，可是熊爱吃肉，学生薄蓬山管理伙食。有一天，熊问薄：“给我买了多少肉？”“半斤。”当时是十六两一斤，熊一听是半斤，骂薄：“王八蛋！给我买那么点儿！”过了两三天，熊又问：“今天给我买了多少肉？”“今天买了八两。”熊一听高兴得哈哈大笑说：“这还差不多！”此事在学生中间传为笑话。

○ 1934年，熊十力住在其弟子徐复观家中。徐有小女均琴，刚三岁，颇逗人喜爱。有一次，熊问她：“你喜欢不喜欢我住在你家？”“不喜欢。”“为什么？”“你把我家的好东西都吃掉了。”熊听后大笑，用胡子刺她的鼻孔说，这个小女将来一定有出息。

○冯友兰口吃，1948年归国后，曾在清华大学为学生做题为“古代哲人的人生修养方法”的系列讲座，第一周听讲者有四五百人；第二周减至百余人；第三周只剩二三十人；四五周后只剩四五人听讲，以其口吃，词不达意之故也。叶公超每次碰见冯，都喜欢戏谑一番，谎称自己遗忘，郑重询问冯家的门牌，冯必郑重答曰：“二二二……二号”，必道七八个“二”而后止。冯讲课提到顾颉刚名，常“咕叽咕叽”良久而不出“刚”字，念墨索里尼，亦必“摸索摸索摸索”许久。

○有人向冯友兰请教长寿秘诀，对中国传统哲学有精深研究的他只用三个字作答：“不……着……急。”

○林语堂游西湖，看见博览会塔，心中大为不满，以为好似美人脸上的一点烂疮。他说：“我由是立志，何时率领军队打入杭州，必先对准其放炮，先把这西子脸上的烂疮，击个粉碎，后人必定有诗为证云：西湖千树影苍苍，独有丑碑陋难当；林子将军气不过，扶来大炮击烂疮。”

○ 1925 年 11 月 28 日、29 日，北平学界举行大规模示威游行，反对段祺瑞执政府。时在北大任教的林语堂也走上街头，拿着竹竿和砖石，与学生一起，直接和军警搏斗。林曾为圣约翰大学的垒球投掷手，在搏斗中，林的投掷技术发挥了极大的作用，投出去的石块命中率极高，好几个军警都被打得头破血流。林也被别人打中眉头，流血不止，从此留下了终生的伤疤。林每当提及此事时，总是眉飞色舞，自豪不已：“我也加入学生的示威运动，用旗杆和砖石与警察相斗。……我于是也有机会以施用我的掷球技术了。”

○孟孔武撰《幽默诗人》，其中有一节杜撰林语堂死后与孔子之间的对话。孔子说：“我是《论语》主编，你也不过曾为《论语》主编；我周游列国，你也周游列国；何以我一贫如洗，而足下能豪富至此？其术可闻欤？”林莞尔而笑：“此无他，我不过出卖了一些《吾国与吾民》。”

○有一次，郁达夫和一位朋友到饭馆吃饭。饭毕，侍者过来收费，郁从鞋垫底下抽出几张钞票交给他。朋友非常诧异，问郁："为何钱藏在鞋子里呀？"郁笑答："这东西过去一直压迫我，现在我也要压迫一下它！"

○赵迺抟在西南联大讲授"经济思想史"，第一堂课会宣布："本学期打算点名三次：第一次不到，假定你去了重庆；第二次不到，假定你去了桂林；三次不到，便假定你已到了滇缅公路。"

○金岳霖终身未娶，无儿无女，但是过得怡然自乐。家中有一男佣，专门给金做饭。金养了一群大公鸡，没有一只母鸡。其中有一只很大的斗鸡能把脖子伸上来，和金在一个桌子吃饭。金还喜蟋蟀，斗蛐蛐，家里的蛐蛐罐有一大箩，老王经常被他叫去抓蛐蛐。金还说：斗蛐蛐"这游戏涉及高度的技术、艺术、科学。要把蛐蛐养好、斗好，都需要有相当的科学。"

○金岳霖年轻时视力不佳，他举例说："比如前面来个汽车，因为我左眼近视 800 度，右眼远视 700 度，结果来一个汽车，我看到七八个，然后我就不知道该躲哪一个了，可能七八个哪一个都不是真的。"

○金岳霖满身童趣。在西南联大任教时，闲暇时间便到处搜罗大梨、大石榴，拿去和别的教授的孩子比赛。比输了，就把梨或石榴送给他的小朋友，他再去买。

○金岳霖在清华教书时，与陈岱孙都住在清华学务处。一次，梅贻琦校长外出，委托陈代理校事。一天，金准备上厕所，发现没了手纸，他并不赶紧去找，反而坐下来向陈写了一张讨手纸的条子："伏以台端坐镇，校长无北顾之忧，留守得人，同事感追随之便。兹有求者，我没有黄草纸了，请赐一张，交由刘顺带到厕所，鄙人到那里坐殿去也。"

○据杨步伟回忆，金岳霖在清华教书时，有一天突然给杨打电话说有十分要紧的事，请她赶紧到自己家里一趟。而杨问他发生什么事时，金却无论如何不肯说，只催着杨赶紧来一趟，还说越快越好，并承诺事情办好了就请她吃烤鸭。杨是医生，担心金家出了什么紧要事，便和赵元任将信将疑地到了金家。进门后才知道是金养的鸡出了问题：金经常喂鱼肝油给鸡吃，所以鸡有十八磅之重，一个蛋生了三天还不下来。杨知道后哭笑不得。由于鸡蛋已有一半悬在外面，杨一下就掏出来了。金对此却赞叹不已。为了表示庆贺，金欣然请他们一起去吃了烤鸭。

○据金岳霖自己回忆，日本人占领北平前夕，金有一次碰见清华大学图书馆长钱稻孙。两人谈及国事，金表示非抗日不可，钱说万万抗不得，抗，不只是亡国，还要灭种。金听了以后，异常气愤，很想打钱。但是金受了“不能打”这一教训的影响，最终还是强忍着没有动手。

○ 1949 年，金岳霖受邀参加政治协商会议，当他听到毛泽东以他熟悉的家乡话宣布“中国人民站起来了”时，兴奋得几乎跳了起来。

○金岳霖晚年深居简出。有一次，毛泽东主席对他说：“你要多接触接触社会。”金其时已近八十岁，认为要接触社会就得到人多的地方去，自己又生活在北京。于是就和一个蹬平板三轮车的师傅约好，每天带着他到王府井一带转一大圈。于是在 20 世纪 60 年代末，在北京的王府井大街上，就有了一道奇特的风景线：一位身穿长袍模样奇特的老人，坐在一辆平板三轮车上，饶有兴致东张西望地看着热闹繁华的商店和熙熙攘攘的人流。

○一次，金岳霖在王府井一时兴起，花几百元买了一顶高级皮帽，事后竟诚惶诚恐了好一阵，虽无人指责，他却多次在小组会上主动忏悔，说是过去资产阶级生活方式的余毒未清。阶级性主宰了他的思维逻辑。金的侄女从美国回来去看他，当他得知侄女加入了美国籍后，竟二话没说把她赶了出去。

○ 1955 年，金岳霖离开北大，调任中国科学院哲学研究所副所长。另一位副所长说他应该坐在办公室办公。金在办公室待了一上午，也没弄明白如何“办公”。他说：“他们说我应该坐办公室办公。我不知‘公’是如何办的，可是办公室我总可以坐。我恭而敬之地坐在办公室，坐了整个上午，而‘公’不来，根本没有人找我。我只是浪费了一个早晨而已。如果我是一个知识分子的话，我这个知识分子确实不能办事。”

○一次中国科学院哲学研究所的领导去看望金岳霖，并请他提要求。谁知金不假思索就说：“我要钱。”然后掰着指头说，我的《逻辑》不要钱，《论道》也没要钱，但《知识论》一定给钱。领导才知道金指的是稿费，不免有点尴尬。但金似乎还没搞明白，仍旧傻乎乎地说：“还是钱那个东西。”

○新中国成立后，经过学习，金岳霖说：“知识分子头等重要的问题是为谁服务的问题。在政治上我追随毛主席接受了革命的哲学，实际上是接收了历史唯物主义。”“对于政治，我是一个辩证的矛盾。我一方面对政治毫无兴趣；另一方面对政治的兴趣非常之大。”

○全国开展知识分子“上山下乡”运动时，金岳霖已经七十多岁，但却主动要求“下放”。为准备“下放”后有所作为，他有一段时间专门看养鱼的书。他对别人说，“我要是‘下放’了，农林牧副渔五业中，农业我现在干不了；林，我干不了；牧，我也干不了；副业，我也没有技术，就剩下养养鱼。”

○粉碎“四人帮”后，金岳霖的学生一起去看望老师。金见到自己的学生后，异常高兴，对学生发议论说：“现在可好啦，中国再也不会被瓜分了。”让学生感到分外吃惊。

○ 1982 年，八十七岁的金岳霖身体每况愈下，他每天还按规定的时间听新闻广播，看报纸。他埋怨保姆说：“我今天不高兴。你为什么不按时叫我，我跟不上时间了。”他还自慰地说：“这几天我能从沙发走到屋门了，又进了一步。看来短时间死不了，我要看到‘四化’。”

○金岳霖晚年回忆自己与章士钊的一段过往：有一次金在故宫午门前碰见章，对章说：“你只比我大十三岁，可是，我曾经把你看成大人物，背过你的文章。”说着就原原本本地背出了那篇文章的开头。章解释说：“这很简单。我比你大十三岁，但是，在你一岁的时候，我比你大十三倍。你十五岁的时候，我已经二十八了，正是写文章的时候。要是我一直比你大十三倍，那还得了，那我已经成为明朝的人了。”金回忆说，章解释的道理的确简单而有理。

○西南联大时，金岳霖教的研究生中，出了一位别出心裁运用逻辑推理的有趣人物。当时日本人常轰炸昆明，人们便要常常“跑警报”。这位研究生便预先做了一番逻辑推理：跑警报时，人们便会把最值钱的东西带在身边；而当时最方便携带又最值钱的要算金子了。那么，有人带金子，就会有人丢金子；有人丢金子，就会有人捡到金子；我是人，所以我可以捡到金子。根据这个逻辑推理，在每次跑警报结束后，这位研究生便很留心地巡视人们走过的地方。结果，他真的两次捡到了金戒指！

○ 1934 年，范文澜被国民党宪兵逮捕，押往南京，关了近一年，经蔡元培营救才获释。当他被捕后，北平大学校长徐诵明向南京国民党政府说情，说范生活俭朴，平时连人力车都不坐，常常步行到学校上班，并且把薪金的一部分捐给女子文理学院图书馆买图书。陈立夫听了之后说，这不正好证明范文澜是共党分子吗？不是共产党，哪有这样的傻子呀？范出狱后，对熟悉他的千家驹说，原来生活俭朴是共产党的证据，我今后生活也要“腐化腐化”了。千问他怎么个“腐化”法？他说：“我要做件皮袍子穿穿，也要逛逛中山公园。”千说：“这怎么算‘腐化’呢！这腐化得太不够了。”他笑笑说：“别的我不会呀！”抗战时期，范又一次在河南被胡宗南逮捕，经多方营救才出狱，然后先去了游击区，再到了延安，参加“五一”游行时，他还来不及换装，穿的是长袍。事后有人说，昨天“五一”游行，连“地主老财”也参加了。所谓“地主老财”指的就是范，那个时候延安是没有人穿长袍的。

○范文澜常给人说起他年轻时期的“荒唐”事，比如一次能喝五斤老酒，在北大读书时，把宿舍的钥匙丢了，他就爬窗子进去，前后有两年之久。1936 年，在一次吃饭时，范说自己生平没有看过一次电影，不知道电影院是什么样子。胡适听了大为惊讶，说电影是现代文明的结晶，怎么可以不看电影呢?

○据范文澜回忆，当年他在北大做学生时，住在景山东街北大西斋宿舍，一排排的平房，中间隔成小间，彼此不隔音。他经常读书到深夜，隔壁的同学却常在夜间打麻将，使他不胜干扰。他有时忍耐不住，便敲敲墙壁，说：“喂！喂！天不早了，该睡了。”对方却回答说：“快了，快了，再有四圈就完了。”

○杨晦是老北大哲学系毕业生。五四运动中，火烧赵家楼时，他是第三个爬墙进去的。他后来与学生白化文闲谈时，说：“我念北大，采取三‘yang’政策：看洋书，吃羊肉，听杨小楼！”

○ 1960 年冬天，冯至响应中央“上山下乡”的号召，去十三陵农村待了半年之久。回校后对学生说“这次下去好比‘减肥运动’，我的裤腰带松了三个扣眼，我的体重减轻了二十斤。”

○“文革”中，俞平伯被抄家，红卫兵翻来翻去，也没找到家中的现金。后见俞夫人紧抱一匣。红卫兵抢去打开后发现里面有现金和存折数万元，遂攫之而去。俞见状，追上去大喊：“你们拿去，可有利息？”

○“文革”开始后，俞平伯就被抄了家，被赶到一个小房子里蜗居，工资也遭扣发，只给少许生活费。1972 年美国总统尼克松访华之后，来国内访问的外国学者、华裔学者逐渐增多，不少人打听俞的消息，有的人甚至要求拜访俞。在周总理的关怀下，单位给俞调整了住房，补发了工资。一天，俞所在单位的人去给他送补发的工资。俞点完钱后不慌不忙地问：“这只是本钱，利息在哪里？”来人很惊愕，说：“没有利息。”俞说：“工资是国家给我的，扣这么多年就是错误的。今天你们来送就是很好的证明。还本付息是个常识。”来人更是无言答对。其时，“文化大革命”还远没有结束，对《红楼梦研究》的批判也没有停止。

○俞平伯精于词曲和音律，尤嗜昆曲。其夫人许宝钏亦工丝管弹唱，二人堪称琴瑟和谐。俞平日喜欢自唱昆曲，但因嗓音欠佳，难以令闻者悦耳。有人听过他唱昆曲后，大发慨叹：“谁若第一回听昆曲是平老唱的，管保一辈子不想再听昆曲！”

○俞平伯生性天真开朗。“文革”期间，俞被戴上了“资产阶级反动学术权威”的帽子。红卫兵到北京“大串联”时，俞是一大目标，许多来社科院的红卫兵都要面见一下俞才肯走，同时不免要对他“批斗”一番。而俞心胸开阔，不卑不亢，应付自如，“批斗”往往以申斥开始，而以哄笑结束。召开九大之前，全面皆唱“迎九大歌”，俞也与大家一道引吭高歌。有人起哄叫俞独唱，他便一人唱起来，边唱边用手指打节拍。不过他的歌声无论怎样听，也都有浓厚的昆曲味道。

○俞平伯被下放到“干校”时，因为爱吃虾，一次去赶集，问卖虾人：“这虾怎么卖？”卖虾人告诉他一毛五一斤。他不懂行情，还以为是一毛五一对，就买了十对，却付了十斤的钱。此事也就不胫而走，流传开来。后来老乡们渐渐知道，俞是毛泽东主席点名批判的大知识分子，出于好奇，于是不断有人去他住的房子前面探头探脑，想看看毛主席批判的人是什么样子。为了减少打搅，俞买了好多秫秸，用绳子在房子周围筑成篱笆。不料第二天一早，篱笆消失了，地上却渣滓狼藉。原来他买的是甜玉米秆。又有一次，干校因老乡经常偷粪，派俞去看守厕所。他便端了只凳子，坐在厕所对面的墙角下，一边晒着太阳，一边远远地看着。眼见老乡们在他眼皮底下公然进厕所，一担担地往外挑粪，而他则睁一只眼，闭一只眼，装作没有看见。

○俞平伯晚年记忆力有所下降，有一次上课的时候跟学生说，我昨天看到一副对联，好极了。学生问上联是什么？俞答：上联，忘了。学生又问：下联呢？俞再答：下联是什么什么春，就记住这么一个字。

○“文革”期间，张申府在一篇自我批判的文章中说自己一生有“三好”：“好名，好书，好女人”。

○ 1952 年全国高校院系调整后，孙楷第从北大调至中国社会科学院文学所任研究员。孙当时住北大校园内，身体欠佳，因此长期蛰居在家，埋头学问，极少到单位上班，也很少接触社会。“文革”中，工军宣队勒令他必须到文学所参加运动。孙第一次去研究所，见到工军宣队负责人，就要下跪。工作人员大吃一惊，手忙脚乱将孙拉起，教育一通，要他“抓紧思想改造，批判封、资、修”云云，然后要他表明对“文化大革命”的态度。孙当即说：“我拥护毛主席，毛主席是圣人，是几千年来的大圣人哪！”引得在场的人忍俊不禁。工军宣队看孙“书呆子气十足”，随即让他回家去。不料孙离开后十余分钟又返回。大家问他还有什么事？他却反问：“出去的大门在哪儿啊？”原来他在并不很大的研究所院内转晕了方向，不得其门而出，工军宣队随即派人将他礼送出大门，并引导他登上回家的公交汽车。

○ 1957 年 10 月 4 日，苏联成功发射了世界上第一颗人造地球卫星。消息传到中国，沈从文对人发感慨说：“啊呀！真了不起呀！那么大的一个东西都能搞上天……嗯，嗯，说老实话，为这喜事，我都想入个党做个纪念。”

○邓广铭天性幽默，讲课异常渊博而生动，提起一个话头，就能讲出一串逸闻和掌故。他在课堂上提及宋太祖、宋太宗，必须加上“宋”字，反对直呼“太祖”“太宗”。别人问他为什么，他回答说：“他们又不是我的太祖、太宗，我不愿错认祖宗。”引来笑声一片。

○邓广铭在临终前的病榻上，对女儿说：“我死了以后，给我写评语，不要写那些套话，‘治学严谨、为人正派’，用在什么人身上都可以，没有特点。”

○沈有鼎不会做饭，偶尔与夫人动口角，沈夫人就不做饭，沈无法，只好找领导，气急败坏地说自己的夫人是反革命分子，领导问是何故，沈则说：“她不给我做饭。”

○冯定是北大的第一位马克思主义哲学教授，学识渊博，遇事也极为镇定。据传，曾有一个小偷潜入冯家行窃，没有找到任何值钱的东西，正在懊恼，却突然听见有人说话。原来冯就坐在屋子里，一言不发，冷眼相看，见小偷要空手而返了，才突然开口：“下回请你从门里进来！”小偷何曾见过如此场面，吓得拔腿就逃。

○金克木与张中行曾同住北大朗润园。金很少为人在自己的书上签名。有一次几位读书人买了金和张的书，想求签名，先到张家，张签了，但几位拿了签名本却说还想请金签名，只怕金不答应。张一听，说：“我带你们去。”率先下楼，后面跟着几个手捧小本本的人，敲开了金家的门。说明来意后，金果然摇头：“不签不签。”张不吃这套：“人家买我们的书，是对我们的抬举呀。谁带钢笔，拿来。”把笔塞到金手里：签！“金虽然不情愿，但只好签了。事后，张说：“我在金先生面前还是有面子的。”

○张中行平日爱酒，尤好“二锅头”。曾有晚辈因景仰他而送其一瓶“人头马”，想不到张只认“二锅头”，于是就将这瓶“贵客”很随意地丢在了屋角。

后来张从报纸得知这样一瓶酒竟要一千八百元，便端详那酒，烦恼起来：想喝了吧，但一想到喝上一两就相当于喝掉了一百八十块钱，实在下不了口；送人吧，又怕背上巴结他人之嫌；卖了吧，拿晚辈的人情换钱，怕日后见面时不好交代。

○“文革”期间，周一良给妻子写信吟打油诗，赞美“干校”的露天厕所：“凉风飕屁股，冷气入膀胱。”吟毕问：“你不觉得雄浑，豪放吗？”

○周一良在20世纪五六十年代“改造思想”得法，比同辈更受信用，数次被派出国。一次他回国路经缅甸，在使馆过夜，使馆厨师的父亲以前曾在周家做过饭，对他以“大少爷”相称，他应对得当：“现在都是同志啦。”回家后他对家人讲到此事，颇有“改造有成，已被当作自己人”的自得。

○1994年，报刊时兴“展望21世纪”之类的话题，纷纷约请著名学者撰稿畅论。有编辑约周一良撰文，周婉拒之，答曰：“以一千字推算下世纪，每年才合十字，这文章如何写法？”

○陈岱孙言出必行，绝不轻易改动。担任行政职务时，坚持一条原则：办公室外不谈公事。某日，有学生到陈家看望，闲谈之中，偶及公事，陈便立即制止，说：“明日到办公室再讲。”

○西南联大时期，陈岱孙任经济学系系主任。一次，陈在审批学生选课单时，有个学生填了一门“国济贸易”，他用铅笔指一指“济”字，说“改一改”，学生马上改为“暨”字。陈便用红笔把这门功课从学生的选课单上划掉，替该生填上一门三学分的“大一国文”课程。

○傅鹰生性耿直，不畏权贵，敢讲真话，连毛泽东都十分赞赏，称他的讲话“尖锐”而又是“善意”的。也正因为他敢说真话，在北大成为历次政治运动冲击的对象，尤其是“文革”。他被斗得死去活来，依然直言不讳。在周恩来总理去世时，“上头”派人了解傅的动向。傅对来人说：“总理的逝世，损失不亚于斯大林。我担心总理死后，会天下大乱！”傅的话，被飞快地汇报上去。“上头”问：“傅鹰所讲‘天下大乱’是什么意思？”那人又跑到傅家中，傅直截了当答曰：“天下大乱，这还不明白？邓小平旁边有了张春桥，张是要闯乱子的！”……

○著名的生物学家葛明德在北大讲授“生物学”课程，期末考试时，把一名学生的试卷弄丢了。学生没有成绩，前去问葛，葛说：“实在抱歉，你的卷子我怎么也找不见了！”又问答得怎样，学生答：“还可以吧！”葛就爽朗地说：“那就给你 4 分吧！”（注：满分是 5 分。）

○丁石孙说自己是一个历史乐观主义，“从人类看，我们的后代总比我们强。从长期看，我们的日子也会更好，需要的，是做好自己眼前的事”。他对采访他的记者说：“我还在‘五七干校’做过饭。那时我天天挑着担子去买菜，要是哪一天能买到豆腐或是好吃一点的东西，我会非常高兴。因为做饭本身与我遭受的不公平是两回事。所以，只要让我做一点事，我就要认真地把它做好，并且能够从事务本身当中寻找到乐趣。”

○ 20 世纪 60 年代初，金开诚在食不果腹的情况下还经常去看戏。有一次去北京吉祥戏院看戏，饥饿难耐，路过一家药铺，灵机一动，进去问：“哪种药丸子个大？捡个大的来几丸。”卖药的说：“您得说有什么病啊！”金答：“就是饿。先填饱了再说。”

○王瑶讲课，山西口音很重。解放初上课时，有的学生把“向科学进军”误听为“向河水进军”。

○季羡林酷好藏书、读书，藏书有几万册之多，共有六个房间分类储藏。

平时他喜欢交替着做几件事情，在这个房间做学术文章觉得累了，就到另一个房间写散文……他戏称这种活动为“散步”。他坐拥书城，经常入神。在季八十五岁高龄时，一天他早早起床进了书房看书，等到看完书想出门时才发现把自己倒锁起来了，钥匙不在身边，他又不愿麻烦别人，索性打开窗户，从窗台上跳了下去，幸而安然无恙。

○季羡林经常要参加一些冗长而无实际内容的会议，为了不浪费大好时光，他就挖空心思利用起时间的“边角废料”，经常在开会期间构思或动笔写文章，居然养成了边听、发言边写作的习惯。他风趣地说：开会时，“我往往只用一个耳朵或半个耳朵去听，就能兜住发言的全部信息量，而把剩下的一个耳朵或一个半耳朵全部关闭，把精力集中到脑海里，构思，写文章。”“积之既久，养成‘恶’习，只要在会场一坐，一闻会味，心花怒放，奇思妙想，联翩飞来；‘天才火花’，闪烁不停；此时文思如万斛泉涌，在鼓掌声中，一篇短文即可写成，还耽误不了鼓掌。倘多日不开会，则脑海活动，似将停止，‘江郎’仿佛‘才尽’。此时我反而期望开会了。这真叫作没有法子。”

○许渊冲以古稀之年参与翻译普鲁斯特的巨著《追忆似水年华》，独自翻译了福楼拜的《包法利夫人》，司汤达的《红与黑》，到七十八岁时还出版了罗曼·罗兰篇幅浩繁的长篇巨著《约翰·克利斯朵夫》。有人问他为什么要从事如此繁重的劳动，他说是湖南文艺出版社说他译得好，他是士为知己者用。

○老北大时期，学校对学生的住宿管理十分宽松。学生既可住学校宿舍，也可出外租房。在租房过程中，经常会出现一些趣闻。有一位从南方考来的北大新生，要出外租房，看到招租贴之后就去看房，看后很满意，三言两语就和房东谈妥。最后房东为谨慎起见，多问了一句：“您有家眷吗？”因为两地口音不同，学生以为问的是“家具”，于是答：“家具不是你们供应吗？”房东大怒，大有动武的势头。最后，租约也就糊里糊涂地破裂了。

○新文化运动前期，北大学生自发成立了“北京大学平民教育讲演团”，目的在于用露天讲演和出版刊物的方式，向市民和郊区的农民与工人宣传新文化、新思想，达到平民教育的普及，补助学校教育之不足。刚成立时，因为经验不足，收效甚微，经常闹笑话。当时的团员之一朱务善如此描述他们初期宣讲时的情形：“有一次我们到乡村去演讲，随身带有话匣子和乐器，到了某乡村，开始放话匣子，接着我和李骏吹起笛子来，吹的是苏武牧羊歌，其余几位同学则高声和唱。不一会儿来了一大堆小孩儿，后来几个老头子和老大娘也慢慢地跟上来了，只有几位年轻的姑娘躲在屋子里看热闹，不敢出门。我们讲演了好几个题目，其中有“女子缠足之害”一题，当我们说到‘女子裹了小脚，走路做事都不方便，而且城里缠小脚姑娘，都找不到小女婿……’的时候，那些躲在门里面的姑娘，都羞羞答答地关上大门跑开了。”

○西南联大时，每天正午12时都要放午炮记时。有一次，联大举行足球大赛，时间是正午12点，同学们都成群结队地去看比赛。有位专管放午炮的同学也去了。同学们问他“你怎么有空来啦？”他说：“我要来看足球，就把午炮提前放了。”

○ 1958年，北大全校“火烧”个人主义，有一教授在课堂上作自我批评说：很少和同学接触，失去向同学学习的机会。至今所有同学均不认识，只叫得出贵班班长张某某同学。全场轰笑。教授问所笑为何，答曰：班长姓吴。

狂狷第七

解　题：狂狷者，狂放不羁之谓也。古往今来，人们对狂放之士褒贬不一。但我们却认为，一般的疏狂、轻狂固然不好，但如果狂而不妄，狂得有底气、有性情、有成绩，这种狂狷之气就值得称赞和期许。魏晋名士高唱“礼法岂为我辈而设”，却留下了千古传颂的“魏晋风度”。诗仙李太白“痛饮狂歌空度日，飞扬跋扈为谁雄”，留下的是后代无法企及的“盛唐气象”。学界大师“天下其大，舍我其谁”的狂放之气，体现的是对自身能力的高度自信、对本性的任意挥洒，对世俗规则的鄙夷不屑，虽狂而不讨人嫌。用“世人皆欲杀，吾意独怜才”的眼光欣赏这种狂狷之气，反而觉得他们的言行举止中都透露着几分可爱，几分真实，因此而有一种别样的大家风度。遗憾的是，今日这样有好本领的狂狷之士，不是太多，而是太少。

○林纾为近代古文大家，善诗文，精书画，好自矜夸，有狂生之谓。其《畏庐文集》，于闲漫细琐之处，曲曲传情，与明代归有光文风相近。林自己也说：“六百年中，震川（归有光）外无一人敢当我者。”

陈独秀

○陈独秀曾创办过多份有影响力的报刊，《新青年》就是其中最著名的一份。陈对自己的办报业绩也非常自信。他曾说：“我办报十年，中国局面全改观。”

〇陈独秀主张思想解放，常言：“我有口舌，自陈好恶；我有心思，自崇所信，绝不认他人之越俎。”

〇抗战时期，陈独秀辗转流落到四川江津，生活穷困，深居简出，潜心著述。他将以前写成的文字学方面的学术文章加以整理，汇集成书，定名为《小学识字教本》。陈对此书颇为自信，他说：“学者以文立身，《小学识字教本》是学理研究，对中国文字学意义大，可以流传下去。”他将书稿送到教育部的一个出版机构，出版社答应出版，并预支他五千元的稿费。接到稿费后，陈得意地对好友邓燮康说：“夫子曰，耕者，食在其中；学也，禄在其中。像我这样的人，随便写本书都不饿饭。”《小学识字教本》正式出版之前，出版社将其送到教育部审批。教育部长陈立夫阅后认为内容无碍，只是“小学”两字不妥，容易和小学校混淆，希望陈能将书名改一下。陈接到陈立夫的批复后，极为不满，说：“陈立夫懂得什么？‘小学’指声音训诂、说文考据，古来有之。我写的书，一字也不能改。”因陈不同意改动，此书就始终未能出版。

〇黄侃一身傲骨，满腹牢骚。睥睨学界二三十年，目空一切。走起路来，不是仰首窥天，就是俯首察地，绝少平视。甚至对其师章太炎的经学，有时也要批评一句：“粗！”有一次，马寅初去看黄，谈到《说文解字》之学，黄一概不理。马再问，黄便不客气地说：“你还是弄你的经济吧，小学谈何容易，说了你也不懂！”

〇黄侃去访王闿运，王是当时的文坛领袖，他对黄的诗文激赏有加，不禁夸赞道：“你年方弱冠就已文采斐然，我儿子与你年纪相当，却还一窍不通，真是钝犬啊！”黄听罢，直言道：“您老先生尚且不通，更何况您的儿子。”

〇据周作人回忆，1908 年前后，陈独秀往东京民报社与章太炎晤谈。闲谈中间，陈无意说起湖北没有出过像样的大学者，章敷衍赞同。不料，这番议论被隔壁的黄侃听见，便大声说：“湖北固然没有学者，然而这不就是在下区区，安徽固多有学者，然而也未必就是足下。”致使陈索然扫兴而去。

○黄侃曾经在中央大学任教。学校规定师生进出校门须佩戴校徽，而黄偏偏不戴。门卫见此公不戴校徽，便索要名片，黄竟说：“我本人就是名片，你把我拿去吧！”争执中，校长出来调解、道歉才算了事。

黄侃日记

○黄侃在中央大学兼课时，同事中的名流颇多，一般都是西装革履，汽车进出，最起码也有黄包车。黄侃则天天步行，卓尔不群。一日下雨，其他教授穿胶鞋赴校，而黄侃却穿一双钉鞋（即木屐）。黄侃上完课后天放晴，就将钉鞋用报纸包上夹着出校门。新来的门卫不识黄，见此公土气不说还携带一包东西，就上前盘问，并要检查纸包。黄侃二话没说，放下纸包就一走了之。系主任见黄几天都不曾来校授课，以为生病，便登门探望。黄则闭口不言，系主任不知何故，回去赶快报告校长。校长亲自登门，再三询问，黄侃才说：学校贵在尊师，连教师的一双钉鞋也要检查，形同搜身，成何体统？荒唐！荒唐！是可忍，孰不可忍！校长再三道歉，后又托众多名流去劝说，也无济于事。黄侃从此就与中央大学脱离关系。

○林损在北大上课时，异常自负。有一次学生问林：“现在写文章最好的人是谁？”林答：“第一，没有；第二，就是我了！”

○熊十力，湖北黄冈人，现代著名国学大师。自幼家贫，只读过半年私塾，全靠勤奋苦学，终成一代哲学大家。熊幼年即有佛学的“天上地下，唯我独尊”

意识，曾对父兄口出“狂言”：“举头天外望，无我这般人。”

○ 1911 年，武昌起义后，熊十力任湖北都督府参谋。当年 12 月，熊与吴昆、刘子通、李四光聚会武昌雄楚楼，庆贺光复，时称“黄冈四杰”。聚会期间，李曾书“雄视三楚”四字，熊则书“天上地下，唯我独尊”。

○熊十力的《新唯识论》出版时，署名为“黄冈熊十力造”，跟佛经的署名“某某菩萨造”一样，颇引起一些议论，因为在印度只有被尊为菩萨的人才可以用这说法。据传熊也曾经自称“熊十力菩萨”。

○张申府一生推崇罗素，也对自己的学问十分自信，他说：“我相信我了解罗素；我可能是全中国唯一了解罗素的人……罗素本人不认识孔子，但他的思想事实上十分接近孔子。其他人看不到这点，但我看到了。就算罗素不承认他的学说接近孔子，但我的哲学能把他俩拉在一起。我是他们的桥梁。”

○鲁迅在北大兼课时，有人指责他为“北大派”，鲁迅怡然受之，并说：“我虽然不知道北大可真有特别的派，但也就以此自居了。北大派吗？就是北大派！怎么样呢？”

○沈尹默是海内外公认的大书法家。有一次，他以前在北大的学生傅振伦对他说：“你写的字恐怕是中国第一了。”沈答曰：“我是世界第一。因为欧美非等洲的人全不会写中国字；如果我是中国第一，当然就是世界第一了。”

○北伐胜利后，傅斯年异常兴奋，就约上几个北大旧同学去找蔡元培喝酒。大家兴致很高，都多喝了几杯。傅喝醉后，就信口畅谈他的国家理想：“我们国家整理好了，不但要灭了日本小鬼，就是西洋鬼子也要把他赶出苏伊士运河以西，从北冰洋到南冰洋（南极洲），除印度、波斯、土耳其以外都要‘郡县之’。”蔡元培笑着说：“这除非你做大将！”

○钱玄同自己规定，在北大讲课，考试可以，但绝不判卷。考试次数完全按学校规定，到了考试时间，发下试卷后，便坐下来干自己的事。到时间收卷交到教务室，便忙其他事去了。为此，北大专门给他刻了一个木戳，上写“及格”二字，收到考卷，盖上木戳，照封面姓名登记入学分册，完事。钱在燕大代课时仍用这个办法，考卷不看，交与学校。燕大便把试卷退回，钱仍不看，再交上。学校便说，如不判卷，将扣发薪金。钱回信，并附薪金一包，说：“薪金全数奉还，判卷恕不从命。”

○丁文江对他不喜欢的人，总是斜着头，从眼镜里看他，眼里露出白珠多，黑珠少，十分怪异。胡适对他说：“史书说阮籍能作青白眼，我从来没有懂得，自从认识了你，我才明白了‘白眼待人’是个什么样子。”丁听了大笑。

○刘文典在西南联大任教时，常常对人说：“联大只有三个教授，陈寅恪是一个，冯友兰是一个，唐兰算半个，我算半个。”

○刘文典对庄子研究颇深，每次登堂讲授《庄子》，开头第一句必是：“《庄子》嘛，我是不懂的喽，也没有人懂！”有人问刘古今治庄子者的得失，刘大发感慨道：“古今以来，真懂《庄子》者，两个半人而已。第一个是我刘文典；第二个是庄周；另外半个吗……还不晓得！”

○刘文典曾讲元好问、吴梅村诗，讲完称：“这两位诗人，尤其是梅村的诗，比我高不了几分。”

○刘文典一意钻研古典文学，很瞧不起搞新文学创作的人，认为“文学创作的能力不能代替真正的学问”。一日，有人偶尔问及当时以《激流三部曲》名噪一时的巴金。他沉思片刻后，喃喃地说：“我没有听说过他，我没有听说过他。”

○刘文典在西南联大中文系当教授时，对讲授语体文写作的作家教师沈从文甚有偏见。当他获悉联大当局要提升沈为教授时，勃然大怒，说："陈寅恪才是真正的教授，他该拿四百块钱，我该拿四十块钱，朱自清该拿四块钱。可我不给沈从文四毛钱！他要是教授，那我是什么？"在讨论将沈提升为正教授的教务会议上，大家都举手同意，唯有刘表示不满，他说："沈从文是我的学生。他都要做教授，我岂不是要做太上教授了吗？"

○西南联大时，有一次跑警报，沈从文碰巧从刘文典身边擦肩而过。刘面露不悦之色，说："我跑是为了保存国粹，学生跑是为了保留下一代的希望，可是该死的，你干吗跑哇？"

○ 1941 年圣诞节，日本袭击香港，滞留香港的梁漱溟装成渔夫，九死一生脱离虎口，但他若无其事，心地坦然。他说："我相信我的安危自有天命。"安全抵达广西后，他在给两个儿子的信中写道："孔孟之学，现在晦塞不明。或许有人能明白其旨趣，却无人能深见其系基于人类生命的认识而来，并为之先建立他的心理学而后乃阐明其伦理思想。此事唯我能做。又必于人类生命有认识，乃有眼光可以判明中国文化在人类文化史上的位置，而指证其得失。此除我外，当世亦无人能做。"又说：'为往圣继绝学，为万世开太平'，此正我一生的使命。《人心与人生》第三本书要写成，我乃可以死得。现在则不能死。又今后的中国大局以至建国工作，亦正需要我，我不能死。我若死，天地将为之变色，历史将为之改辙，那是不可想象的、万不会有的事！我有我的自喻和自信，极明且强，虽泰山崩于前，亦可泰然不动，区区日寇，不足以扰我也！"很多友人都认为梁的这一番话疯狂至极，梁则回答友人："狂则有之，疯则未也。"

梁漱溟 1942 年自香港脱险后回到桂林时留影

○梁漱溟在《东西文化及哲学》的自序中说："今天的中国人，西学有人提倡，佛学有人提倡，只有谈到孔子羞涩不能出口，也是一样无从为人晓得。孔子之真，若非我出头倡导，可有哪个出头？"

○梁漱溟曾题词明志："我生有涯愿无尽，心期填海力移山。"1966 年，他在风雨飘摇中写信给朋友说："我自信从来不为一身一家之谋，所关心而致力者不是国家危难，即是人类文化问题。我的遭际自有天命在焉，不是我一个人的事情。古人说：'不怨天，不尤人'，颇觉自己衷怀亦能如此。"他还对自己的外甥说："我的生命正在此。我在危难中所以不怕死，就是觉得我不会死。特别是像香港脱险之时，那时《中国文化要义》还没有写出来，万无就死之理的。现在虽然不同那时，然而亦还有没有完的事（非我做不可的事）。"

○ 1975 年，梁漱溟完成了《人心与人生》之后，觉得自己使命已经完成，已无所留恋，可以去矣。他的学生以为梁过于消极，写信劝说。梁从容解释说，吾自是一"非常人物"，莫以俗人看我。我从来自己认为负有历史使命——沟通古今中外学术文化的使命。相信我的著作将为世界文化开新纪元，其期不在远，不出数十年也。"我虽身体精神俱佳……然是再活几年一任自然，只估量不远耳。其主要点即在我使命完毕，可以去矣"。

○顾颉刚 12 岁时曾作一册自述，题为"恨不能"：其一是"恨不能战死沙场，马革裹尸"；其二是"恨不能游尽天下名山大川"；其三是"恨不能读尽天下图书"。

○顾颉刚说："我的心目中没有一个偶像，由得我用了活泼的理性作公平的裁断，这是使我极高兴的。我固然有许多佩服的人，但我所以佩服他们，原为他们有许多长处，我的理性指导我去效法，并不是愿把我的灵魂送给他们，随他们去摆布。对今人如此，对古人亦然。"

○汤用彤对自己学问颇为自信，1942 年，当他得知其所撰《汉魏两晋南北朝佛教史》被教育部授予最高学术奖时，很不高兴，对同事说："多少年来都是我给学生打分数，我的书要谁来评奖。"

○ 1914 年，金岳霖赴美留学前曾就专业问题征询家人意见，他五哥建议金学习簿计学。到美后，金先是读商业科。后来因提不起兴趣，而改学政治学。他在给五哥的信中说："簿计者，小技耳，俺长长七尺之躯，何必学此雕虫之策。昔项羽之不学剑，盖剑乃一人敌，不足学也。"

○废名曾在北大为大一学生讲授国文课，听过此课的汤一介曾回忆说："废名先生教我们大一国文。第一堂课讲鲁迅的《狂人日记》，废名先生一开头就说：'我对鲁迅的《狂人日记》的理解比鲁迅自己深刻得多。'这话使我大吃一惊，于是不得不仔细听他讲了。"

○废名在北大给学生讲自己的作品《桥》，每每提到其中精彩的语句，总会扬扬得意地说："你们看，我这句写得多么妙不可言哪！无人能超过！"有一位女同学的作文写得很好，他对学生评价说："你们看，她文章的风格多么像我的呀！"

○孙大雨以韵文翻译莎士比亚的《李尔王》而闻名，也擅写新诗，且自视颇高，对别的诗人嗤之以鼻。他在大学讲课时，经常会心血来潮，先在黑板上抄一节闻一多的诗，连呼"狗屁"，或者再抄一段徐志摩的诗，也是连呼"狗屁"。接下来又抄一节自己的诗，顾盼自得，击节叹赏。如此一番宣泄之后，才开始正式讲课。

○西南联大时，黄昆和杨振宁都是物理系有名的才子，两人经常在一起高谈阔论。一次，黄问杨："爱因斯坦最近又发表了一篇文章，你看了没有？"杨说看了。黄又问以为如何，杨把手一摆，一副很不屑的样子，说："毫无

originality（创新），他是老糊涂了吧！”

○ 1919 年 2 月，胡适的《中国哲学史大纲》上册出版，引起极大轰动。蔡元培在此书的序言中大力褒赞，称此书有四大特长：证明的方法、扼要的手段、平等的眼光、系统的研究，“一样样都是超越古人，开出风气的”。后来，胡对此书历史地位颇为自负，他说：“我自信，治中国哲学史，我是开山的人，这一件事要算是中国一件大幸事。这一部书的功用能使中国哲学史变色。以后无论国内国外研究这一门学科的人都躲不了这一部书的影响。凡不能用这种方法和态度的，我可以断言，休想站得住。”

○千家驹从北大经济系毕业后，经胡适介绍，到社会调查所去工作。千用了一年多工夫，就写出了他的第一部著作：《中国的内债》。此书出版后，在当时影响极大，还被译介到国外，千因此而成名。此书出版时，千不过二十四五岁。他非常自负地说：“据我所知道，最近凡是研究中国财政问题的人，鲜有不受拙著的影响，他要是看过我那小册，则谈内债问题时一定征引过它，如未看过，则往往不免于错误。”

○许渊冲被称为将中国古典诗词译成英、法韵文的唯一专家。2014 年获国际译联杰出文学翻译奖，系首位获此殊荣亚洲翻译家。他的人生格言是“自信使人进步，自卑使人落后”。他的名片非常特别，上面印了这样两行小字：“书销中外六十本，诗译英法唯一人。”“不是院士胜院士，遗欧赠美千首诗。”有人说许狂妄，他说自己是狂而不妄；有人说他自负，他说自己是自信：“我不是自负，我是自信。自负是指出了十本书，偏要说成一百本，我是出了六十本书，实际地说我出了六十本，其实现在何止六十本？”“说我是‘王婆卖瓜自卖自夸’，那要看我的瓜甜不甜，如果瓜甜就不能说我是自吹自擂。”他还多次对人说：“我们中国人，就应该自信，就应该有点狂的精神。”

○北大某系曾在整理系友资料时，单列出一张副部级以上系友名录，共二十多人。在系方看，自是引以自豪，但师生听闻后皆不屑一顾，认为这称不上“光荣”。

○ 20 世纪 90 年代，美国普林斯顿大学的一位教授在北大大讲堂作关于基因和克隆方面的演讲，慕名前来听讲的学生甚众。教授讲到一半时，坐在前排的一位学生突然站起来，对教授说：“我必须打扰您的演讲，如果我记忆里没有出现问题的话，您刚才演讲的内容，其中有一半来自英国作家约翰·琼的一部作品中的东西，而且还有三分之一来自瑞典国家生物研究室三年前的学术论文。同学们可以到图书馆去查这些内容，如果教授需要我说出那个作品的名称，和那个学术论文的标题，我愿意为您效劳。”学生讲完后，讲堂内一片哗然，教授呆愣在讲台上，一句话也说不出来。讲座就在一片轰然声中不了了之。

乖僻第八

解　题：明人张岱云：“人无癖不可与交，以其无深情也；人无疵不可与交，以其无真气也。”这是为“乖僻”之人正名的绝世名言。怪癖乖异之人，其言不可以常理听之，其行不可以常规度之，其人也不可以常人视之。刻意为之的矫情之举，表面上奇奇怪怪，实际不过哗众取宠，当然不足为道。但若是本性的自然流露，甚至是情不自禁、欲罢不能的奇行怪举，却往往蕴含着“怪人”的“深情”与“真气”。比起那些中规中矩、八面玲珑的常人，这样的乖僻之士，或许更值得深交。即便不与之深交，只要其言行举止不违反法律制度与社会公德，也似乎可以容忍和接受，这样令人解颐的掌故，起码可以为芸芸众生提供不少的饭后谈资和值得深思的话题。

○林纾年轻时七应会试，均落第而归，两次叩阙上书也被挡回，清廷对其甚为冷落。但入民国后，林却以清朝“遗老”自居，数次拜谒光绪的崇陵，极尽“恋主”忠心。1922年底，溥仪大婚，七十一岁的林纾不顾病后体乏，特绘四镜屏呈进。溥仪感其诚，亲书“贞不绝俗”匾额赐赠。林大为感激，撰成《御书记》，内云：“呜呼！布衣之荣，至此云极。一日不死，一日不忘大清。死必表于道曰：‘清处士林纾墓’，示臣之死生，固与吾清相终始也。”

○新文化运动时期，林纾发表文言小说《荆生》和《妖梦》，以拟想的人物，影射北大陈独秀、胡适、钱玄同等人，攻击《新青年》“伤天害理”，为“禽兽之言”，欲借“伟丈夫”之手，将北大新派人物一网打尽。《妖梦》描绘的“白话学堂”，直接影射北京大学，称学堂外书一大联：“白话神通，红楼梦，水浒，真不可思议；古文讨厌，欧阳修，韩愈，是甚么东西。”

○ 1912 年 10 月 18 日，袁世凯任命马相伯代理北大校长，北大大多数学生反对此项任命。11 月初，北大学生与马发生冲突，学生“破口叫其滚蛋，且有欲动武者”。

○陈汉章，浙江宁波象山人，晚清举人，近代著名历史学家、经学考古家，以博学闻于世。京师大学堂恭请他做教习，陈到校后，得知大学堂毕业可以授进士、奖励翰林头衔，便想取一翰林以慰平生，于是甘愿做学生而不做教习。陈在大学堂苦读六年，学问大进，眼看就要毕业时，却爆发了辛亥革命，翰林顿成泡影。北大也未食言，仍然请他去做教授。

○黄侃师事国学大师章太炎，擅长音韵训诂，兼通文学，历任北京大学、东南大学、武昌高等师范、金陵大学等校教授。他与因性格落拓不羁、被黄兴骂为“害了神经病”而得“章疯子”之名的章太炎，以及因经常不修边幅、衣履不整、不洗脸、不理发、活像一个疯子的刘师培，被时人称为“三疯子”。

○周作人曾说，要讲北大名人的故事，黄侃是断不可缺少的一个人，“因为他不但是章太炎门下的大弟子，乃是我们的大师兄，他的国学是数一数二的；可是他的脾气乖僻，和他的学问成正比例，说起有些事情来，着实令人不能恭维”。

○黄侃平生有三怕：一怕兵，二怕狗，三怕雷。

○ 1908 年春，光绪帝与慈禧太后先后病逝，清廷下令各地举行“国丧”。当时，高等学堂学生，同盟会会员田桓在“哭临”（指追悼皇帝的仪式）时，流落不满情绪。堂长杨子绪高悬虎头牌警吓，并欲开除田学籍。黄侃获悉，大怒，闯入学堂，砸烂虎头牌，大骂一顿而去。又过几天，田带头剪辫以示反清，杨恼怒异常，又悬挂虎头牌。黄闻讯，手持木棒冲进学堂，先砸烂虎头牌，又要痛打杨。

○黄侃事母至孝，不管他母亲是从北京回老家蕲春，还是由蕲春来到北京，他都要陪伴同行。而他母亲又离不开一具寿材，他便不厌其烦地千里迢迢带着寿材旅行。后来，他母亲死了，他悲痛欲绝，按照古礼服丧，才了结此事。随后，黄又请苏曼殊给他画了一幅《梦谒母坟图》，他自己写了记，请章太炎写了题跋。这幅画也成了他的随身宝物，片刻不离。黄还专门在日记中撰写了慈母生平事略。文末云："孤苦苍天，哀痛苍天！孤黄侃泣血谨述。"每逢其母生日、忌日，黄必率家人设供祭祀，伤恸不已。

○黄侃孝母异常，少年时，每天晚上吃过晚饭后，便弄头驴，让他母亲横坐在上头，他牵着，在他家的那个大花园里遛，称为"孝顺"。直到有一天他母亲实在受不了了，跟他说"儿啊，你别'孝顺'我了，你把我'孝顺'得受不了了。"

黄侃

○黄侃曾对其弟子陆宗达说，他有一回去丈人家，不知是什么事把他惹翻了，对方大概有人不礼遇他，他一气，蹲到丈人家的紫檀木椅上解大便。

○黄侃在北京时，借住在吴承仕（简斋）的一所房子中，二人本来都是章太炎的学生，相交甚厚。后来不知何故而生矛盾，吴承仕便叫黄搬家。黄在搬家的时候，爬到房梁上写了一行大字："天下第一凶宅”，然后掷笔而去。又云，黄在搬走之时，用毛笔蘸浓墨在房间的墙壁上写满了带鬼字旁的大字。众人见满壁皆“鬼”字，黄才得意而去。

○黄侃在北大课堂上经常谩骂讽刺新派人物，如钱玄同、胡适就是黄经常痛骂的对象。他曾在北大课堂上大骂胡适说：“胡适之说做白话文痛快，世界上哪里有痛快的事，金圣叹说过世界上最痛的事，莫过于砍头；世界上最快的事，莫过于饮酒。胡适之如果要痛快，可以去喝了酒再仰起颈子来给人砍掉。”

○黄侃好美食，如果得知有某物自己未曾品尝，必千方百计得到，以饱口福。黄曾为同盟会会员，某日，听说一些相识的同盟会会员在某处聚会，席间美食极多，但没有请他。黄也知是因为自己骂过其中一些人，怎奈嘴馋难忍，于是便决定不请自去。进门后，那些人见来人是黄，都极为惊讶，随后又装得十分热情，邀他入座。黄心知肚明，也不推辞，脱鞋坐下，一句话也不说，就捡好吃的狼吞虎咽起来。吃饱之后，也不告辞，就一边提鞋，一边往门外走，还不忘回头冲其他人说：“好你们一群王八蛋！”说完，拔腿就跑。

○黄侃在北京大学讲授《说文解字》，言辞古雅，内容深奥，学生颇不易懂，每次学期考试，总有几个不及格的学生。后来学生渐知黄好美食，便集资大设酒宴，让黄饱餐一顿，于是凡来考试者都及格。蔡元培知道此事后，责问黄，黄答：“彼等尚知尊师重道，故我不欲苛求也。“

○黄侃在北大任教时，学生每届毕业，照例要印制精美的同学录，将师生的写真、履历汇为一集。印刷费用不低，通常都由教授捐助资金。唯独黄对这种常例不以为然，他既不照相，又不捐钱，待到学谱印出，学校一视同仁，照样送给黄一册，留作纪念。黄收下册子，却将它丢入河中，愤然骂道：“一帮蠢货，请饮臭水。”

〇黄侃在北大当教授时，主讲小学。其时陈焕章也在北大讲授小学，因学术观点不尽一致，黄扬言要与陈“刀杖相决”。后来在同事们的劝说下，才结束了这场因学术之争而引起的决斗。

〇黄侃珍视图书，胜过他物。某日整理书籍，发现《古书丛刊》第二函不见，便怀疑是某人所取。便在当天日记中记道：“此儿取书，从不见告，可恨可恨！”并写一贴条，粘于书架之上。其辞曰：“血汗换来，衣食减去。买此陈编，只供蟫蠹。昼夜于斯，妻孥怨怒。不借而偷，理不可恕。”第二天，《古书丛刊》第二函在别的书架上找到了，黄才怒气全消。

〇黄侃晚年喜好《周易》，尤精于爻卦卜算之辞，自诩别有会通，可借此致富。一日，卜得三上上，便去购买彩票，竟然得中头彩。黄异常得意，逢人便说：“今日所获，稽古之力也。”后用彩票收入购置了新屋一座。

〇辜鸿铭之前，中国人讲演从来没有卖票的，可辜在六国饭店用英文讲演《中国人的精神》时，却公开卖票，而且票价极高。当时梅兰芳的戏，最高票价不过一元二角，而辜之讲演门票则售两元。

〇辜鸿铭在北大任教时，曾在课堂上对学生说：“现在中国只有两个好人：一个是蔡元培先生，一个是我。因为蔡先生点了翰林之后不肯做官就去革命，到现在还是革命。我呢？自从跟张文襄（之洞）做了前清的官之后，到现在还是保皇。”

〇某年，北大某毕业班的班长求见辜鸿铭，请辜赐赠一张照片，说是要放在毕业的同学录中，作为纪念。不料，辜听后，火冒三丈，说：“我又不是娼妓，用照片干什么？如果真的肯花钱，为什么不做个铜像作为纪念呢？”辜的反应让学生莫名其妙，只好败兴而归。

○英国作家毛姆来中国，想见辜鸿铭。毛姆的朋友就给辜写了一封信，请他来。可是等了好长时间也不见辜来。毛姆没办法，自己找到了辜的小院。一进屋，辜就不客气地说："你的同胞以为，中国人不是苦力就是买办，只要一招手，我们非来不可。"一句话，让毛姆极为尴尬，不知所对。临别之时，辜送毛姆汉诗一首。毛姆回去请人翻译成英文，才发现是辜写的一首狎妓诗。

○辜鸿铭某次在伦敦电车上阅读洋报，却是双手倒执报纸，引得洋人讥笑他不懂装懂假充斯文，辜立即回敬："英文这东西太简单，须倒着读才有点意思。"

○ 1918 年，安福国会选举时，有一政客来拉辜鸿铭的票。普通人一张选票卖二百块大洋，辜张口就是五百块。经过讨价还价，最后四百块成交，一个都不能少。选举前一天，政客派人将钱和选票送来，并嘱咐辜届时务必到场。结果，来人前脚刚走，辜后脚就跟上，一车坐到天津，用这四百块与津门名妓"一枝花"玩了两天。回到北京后，政客找上门来，大骂辜不讲信义。辜二话不说，举起手杖，指着政客一顿臭骂："你瞎了眼睛，竟敢拿钱来买我！你也配讲信义！你给我滚出去！从今以后，不要再上我门来！"辜氏行事，大抵如此。

○辜鸿铭酷好女人小脚，而且还有一套奇特的"小脚理论"（即"七字妙语"）在当时文人圈子里流传甚广。他说："小脚女士，神秘美妙，讲究的是瘦、小、尖、弯、香、软、正。妇人肉香，脚唯一也。前代缠足，实非虚政。"此外，奇臭更是辜的偏爱，也是小脚美的最佳境界。辜称："女人之美，美在小足；小足之美，美在其臭。食品中有臭豆腐和臭蛋等，这种风味才可勉强和臭小脚比拟。"

○辜鸿铭对袁世凯极为不满，当袁当政时，辜即公开说："人家说袁世凯是豪杰，我偏说袁世凯是贱种。"1916 年，袁称帝不成，气绝身亡，北洋政府下令全国举哀，在三天内停止一切娱乐活动。身在北京的辜鸿铭却请来戏班，在家中大办堂会，邀请中外好友数十人同乐，锣鼓喧天，大闹了三天三夜。

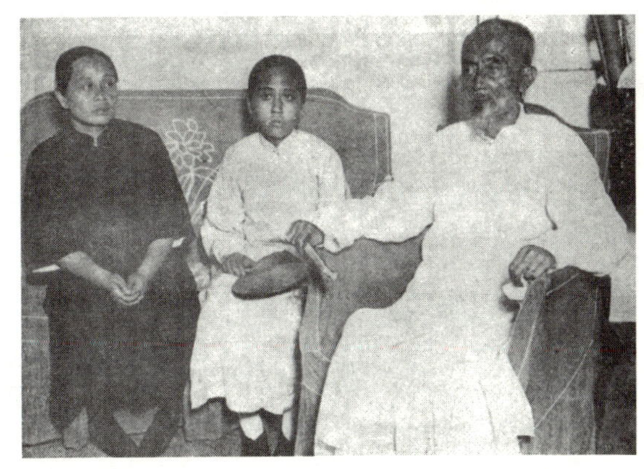
辜鸿铭一家三口

○辜鸿铭性格孤傲，好诋时贤。一日赴宴，严复、林纾都在座。众人正在闲话之际，辜忽然口出大言说："恨不能杀严、林二人以谢天下。"林纾闻言不快，严复则置若罔闻。有人问辜为何要杀此二人。辜答曰："自严复译《天演论》出，国人知有物竞而不知有公理，于是兵连祸结。自林纾译《茶花女》出，学子知有男女而不知有礼仪，于是而人欲横流。以学术杀天下者非严、林而何？"

○某日，上海《时务报》上刊出一篇批评朝廷"君权太重"的文章，辜鸿铭看后怒发冲冠，拍桌大骂道："秦始皇焚书坑儒，所要焚的书，即今日之烂报纸；所要坑的儒，即今日出烂报纸的主编！势有不得不焚，不得不坑耳！"

○刘师培的字写得很丑很怪，在老北大文科教员中，要数第一。周作人说，刘的字"写得实在可怕，几乎像小孩描红相似，而且不讲笔顺。——北方书房里学童写字，辄叫口号，例如'永'字，叫'点、横、竖、钩、挑、劈、剔、捺'。他却是全不管这些个，只看方便有可以连写之处，就一直连起来，所以简直不成字样。当时北大文科教员里，以恶札而论，申叔（刘师培的字）要算第一。"刘却认为自己的字写得很美，有时他的夫人讥笑他，他还不服，说："我书之佳趣，唯章太炎知之。"刘一度还有卖字的想法，征询于黄侃，黄想笑而不敢笑，只得说："你只要写刘师培三个字去卖就够了。"

○林损为老北大旧派教授之一，主张保存国故，反对白话文，与胡适、钱玄同等新派人物多有冲突。有一学期，林故意问钱玄同："你现在教什么科目？"钱答："音韵学。"林便说："狗屁！"钱大怒，质问道："音韵学与狗屁有什么关系？”林笑着说：“狗屁也有音韵！”

○刘文典生性善食猪肉，一次见钱玄同在餐馆索要素食，便绕到钱跟前辩说吃素如何如何不好，庄谐杂出，惹人注目，弄得钱只有逃走了事。

○熊十力脾气大，喜欢骂人，打人。一次，熊与梁漱溟因学问之事发生争论。争完之后，熊乘转身的机会，跑上去打梁三拳，口里还骂梁是“笨蛋”。梁竟然没有理会就走了。

○熊十力好吃鳖，喜静，曾应上海复旦大学之聘，提出的要求是只接触教授，不接触学生，每饭须备一鳖。

○一日，熊十力的弟子李渊庭看到熊正在写的书稿中引用王夫之的话，不符合原意，有点生拉硬套，就到熊的书房告诉他再看看王夫之讲这句话的上下文，并把自己的理解告诉了熊。熊听后大怒，骂李是“王八蛋”。李无奈，离开熊的书房回家，熊又追到李家，李进门走几步站住，一转身正面对熊，熊又骂道：“王八蛋！难道是我错啦？”李答道：“我只是请先生再仔细看看您引的那段话的上下文，您就会明白的，您讲的不符合原意！”李话音未落，熊举拳打向李左肩，李不躲避，却说：“您打我我也是这么说。”这个场面把李的三个孩子吓得大哭。谁知第二天一早，熊又来到李家，笑嘻嘻喊着：“渊庭，你对了，我错了！我晚上拿出书来仔细看了上下文，是你说的那意思。哈哈，冤枉你了！”他还摸了摸三个孩子的头说：“熊爷爷吓着你们了！”然后哈哈一笑就走了。

○ 1944 年，熊十力的弟子李耀先去拜见熊，在熊家住了三天。师生交谈治学为人之道，甚为融洽。第三天早晨用早点，熊的夫人为李做了一碗汤圆，其中共计十个。李一口气吃了九个，感到胃受不了，但感觉碗中有残留，很不礼貌，就勉强再吃了半个，剩下半个实在吃不下去了。正在为难之际，坐在旁边的熊勃然大怒，在桌子上猛击一掌，说："你连这点儿东西都消化不了，还谈得上做学问，图事功！"李听后猛然大惊，竟然汗流浃背，心底豁然开朗，顿生一股勇气，将最后半个汤圆吞下。事后，李认为，其师的这一做法与禅宗"棒喝教人"实属同类。

○熊十力与陈明枢曾为同学好友。后陈任广东省政府主席，其时熊正贫病交困。陈请熊去广东，熊不去；送钱，熊不受。陈实在要送，熊说，我每月生活费大洋三十元，陈按月寄送，熊受之。后来省政府出纳一时疏忽，将此事忘掉，一连仨月没有给熊邮钱。于是熊写了一份陈亲启的信。陈拆开一看，信中没有别的，一张纸满满地写满了一百个"王八蛋"。吓得陈赶忙把出纳开除，并继续按月给熊寄钱。

○"一·二八事变"前夕，陈铭枢有事去杭州，顺便看望熊十力；刚进屋，熊就劈头打陈两个耳光，责备陈不在上海打日本侵略者，跑到杭州游山玩水。

熊十力

○熊十力与冯文炳（废名）同为湖北人，二人经常争论佛学异同之事，二人观点不同，又都相信自己最正确。熊经常说自己的意见最对，凡是不同的都是错误的。冯则答以："我的意见正确，是代表佛，你不同意就是反对佛。"争论之间，始则面红耳赤，大叫大嚷，继则扭成一团、拳脚相加，最后是不欢而散，然过一二日再聚时，则又谈笑风生，和好如初，继续争论别的问题。汤一介《"真人"废名》一文对二人的争论情况有所记述："他们的每次辩论都是声音越辩越高，前院的人员都可以听到，有时甚至动手动脚。这日两人均穿单衣裤，又大辩起来，声音也是越来越大，可忽然万籁俱静，一点声音都没有了，前院人感到奇怪，忙去后院看。一看，原来熊冯二人互相卡住对方的脖子，都发不出声音了。”

○新文化运动兴起后，邓之诚颇不以为然，因而被视为典型的“旧派”人物之一。据说邓对白话文很是不满，因此凡学生试卷中有用“的”字处，邓一律改成“之”。邓经常在课堂上“骂”新文化运动的领袖人物之一胡适：“城里面有个姓胡的，他叫胡适，他是专门地胡说。”

○ 1893 年，十七岁的陈独秀参加院试，考题是从《孟子》中选出的“鱼鳖不可胜食也树木”，题目本已不通，陈就用不通的文章来对付，“把《文选》上所有鸟兽草木的难字和《康熙字典》上荒谬的古文，不管三七二十一，牛头不对马嘴，上文不接下文地填满了一篇皇皇大文。”想不到这片七拼八凑的文章居然得到了主考官的青睐，将陈定为第一名秀才。这让陈大为惊讶，从此愈加鄙薄科举考试。

○陈独秀每于作文时，常右手执笔，左手摸脚，然后将左手放于鼻前，闻其恶臭，而文思则滔滔不绝，因此佳作不断。这一习惯终生不改，论者谓其有奇癖。

○ 1948 年 10 月 23 日，张申府在《观察》周刊上发表《呼吁和平》一文，主张用“协议恢复和平”，公开承认蒋介石政府的“宪政”，拥护其“戡乱政策”，因此被民盟开除，被斥为“人民的叛徒、敌人”，张也因此结束了自己的政治生涯。后来，张对人提及此事时说：“我写这篇文章，赚了三千元。您要知道，当时这是一笔不少的收入。教授们那时都断粮断饷，吃饭是一个问题。……我一交稿就有稿费。我大概是他稿酬最高的作者之一。……我需要那笔钱。”

○马裕藻任北大国文系主任时，他家的某个亲戚报考北大。有一次，不知是出于有意还是无意，这位亲戚在马面前自言自语地说：“不知道今年国文会出哪类题。”马闻言大怒，骂道：“你是浑蛋！想叫我告诉你考题吗？”

○钱玄同是著名的声韵训诂大家。五四时期，为批驳孔学，他提出的主张是："欲废孔学，不可不先废汉字"，"欲使中国不亡，欲使中国民族为 20 世纪文明之民族，必以废孔学、灭道教为根本之解决；而废记载孔门学说及道教妖言之汉文，尤为根本解决之根本解决"。

○诗人梁宗岱才华横溢，性情率真刚烈，稍遇不合即出言不逊。在北大任教时，十分喜欢与人辩论。他与朱光潜"差不多没有一次见面不吵架"；他毫不客气地指责李健吾"滥用名词"；还挖苦他的朋友梁实秋："我不相信世界还有第二个国家——除了日本，或者还有美国——能够容忍一个最高学府的外国文学系的主任这般厚颜无耻地高谈阔论他所不懂的东西。"由于他的尖刻犀利，沈从文把他的作风比作"江北娘姨街头相骂"。

○古希腊研究专家罗念生回忆他与梁宗岱的争辩情形说："1935 年我和宗岱在北京第二次见面，两人曾就新诗的节奏问题进行过一场辩论，因各不相让竟打了起来，他把我按在地上，我又翻过来压倒他，终使他动弹不得。"

○林语堂在杭州玉泉购买一铜雀瓦，付款后对摊主说这是假的。摊主严词诘问："你为什么要买假古董？"林回答："我就是专门收藏假古董的。"

○叶公超是在美国读完中学才进大学的，美国孩子们骂人的话他都学会了。他经常对人说，学一种语言，一定要把整套的咒骂人的话学会，才算彻底。叶回国在某校任教时，邻居为一美国人家。其家顽童时常翻墙过来骚扰，叶不胜其烦，出面制止。顽童不听，反以恶言相向，于是双方就大骂起来，秽语尽出。其家长闻声出视，叶正在厉声大骂："I'll crown you with a pot of shit!"（我要把一桶粪便浇在你的头上！）谁知那位家长并无怒容，慢步走了过来，问叶："你这一句话是从哪里学来的？我有好久好久没有听见过这样的话了。你使得我想起我的家乡。"两人因此而交谈起来，从此竟然成为好友。

〇丁文江生活十分规律：睡眠必须8小时，起居饮食最讲究卫生，在外吃饭必须用开水洗碗筷；不喝酒，但常用酒来洗筷子；夏天在家中吃无外皮的水果，必须先在滚水里浸泡20分钟。所以朋友说丁“是一个欧化最深的中国人，是一个科学化最深的中国人”。

〇谭平山在北大求学期间，与朱谦之、许德珩同住在西斋宿舍。据说，谭每天非12点不起床，一起床，就用广东官话大喊，让听差打水。

〇沈有鼎是我国早期著名的逻辑学家，曾先后在清华大学和北京大学任教。他是西南联大时期校园里公认的有名“怪人”之一：“戴着一副近视眼镜，头发和胡子总是邋邋遢遢，总穿着一件洗得发白的蓝布长衫，几个扣子没有扣上，一边走路，一边微笑或喃喃自语。不管是教师和学生，只要向他提个问题，他就拉着你讨论不休”。他经常提着一只小小的破旧箱子，里面装上书和钱，出现在联大附近的茶馆或小饭馆里。到了茶馆后，就坐下来高声朗读希腊文，顾盼自如，旁若无人。他“可以出钱请你喝茶，但只有当他觉得你的意见有意思时，才肯让你吃他买的那碟花生或者瓜子”。不管是哪一个系的教授开的课，只要他感兴趣，他就会去旁听，有时还起来发问，甚至插嘴说，你讲错了，使得教授下不来台。唐兰给中文系学生讲授“说文解字”课时，沈和物理系的王竹溪教授每堂必到，整整听了一个学期的课。据当时的学生朱德熙回忆，沈还经常光顾他们的宿舍，目的有二：“一是跟同屋的李荣君讨论等韵问题；二是顺便刮刮胡子（他大概没有剃刀，而胡子又长得极快）。他来找李荣君讨论等韵是带点求教的味道的。”朱德熙感慨地说：“须知当时沈先生是名教授，而李荣君是刚考上研究院的学生。从这件事可以想见沈先生的为人，也可以看出联大的风气。”

〇蒙文通，四川盐亭人，原名尔达，著名历史学家，曾任北京大学教授。抗战时期，蒙在四川大学历史系任教。有一次，他和学校产生了纠纷，学年结束，学校不再聘他。但到了下学期，他还照样去川大上课。人问其故，他答：

“你不聘我是你四川大学的事情，我是四川人，我不能不教四川弟子。”学生也照样去上课，学校也拿蒙没有办法。

○ 20 世纪 30 年代初，主办《世界日报》的成舍我对刘半农说：“怎么老不给我们写文章？”刘说：“我写文章就骂人，你敢登吗？”成说：“你敢写我就敢登。”刘就写了一篇名为“阿弥陀佛戴传贤”的文章，其中有这么一段：

赫赫院长，婆卢羯帝！

胡说八道，上天下地！

疯头疯脑，不可一世！

那顾旁人，皱眉谈气！

南无古老世尊戴传贤菩萨！

南无不断世尊戴传贤菩萨！

南无宝贝世尊戴传贤菩萨！

讽刺考试院长戴传贤只念佛不干事。《世界日报》收到此文后，就在第一版正中发表了。因此而惹怒戴，于是将《世界日报》封门数天。但对刘却毫无办法。

○新文化运动时期，刘半农大力提倡“俗文学”，特在《晨报》刊登启事，征求各地的“国骂”，要汇集全国骂人的语词编集。赵元任看到启事后，当天就到刘家，拍着桌子，用湖南、安徽、四川等地的方言大骂一通；随后，周作人又用绍兴话骂他；在上课时学生又用广东、宁波等话相继咒骂。骂来骂去，让刘啼笑皆非。

○曾昭抡被誉为中国化学界的“一代宗师”，1926 年获麻省理工学院科学博士学位，后任北京大学化学系主任。曾学问渊博，却不事修饰，平日行为也非常怪异。他惜时如金，总在思考问题。走路时有时疾走如飞，有时自言自语，埋头走路，目不旁视，路遇熟人，也不打招呼，对方打招呼也不理睬，却经常对着电线杆又点头，又说笑，所谈均是化学问题。曾的怪异在整个北京城都很有名。1937 年 1 月 22 日的《北平晨报》载：“北京大学化学系主人曾昭抡，行路时疾走如飞，且喜沿墙根而行，时见其夹西书数册，沿墙疾走于大学夹道，足下尘土飞扬，俨如涉水……”因此，常有路人误以为曾为神经病患者。

○ 20 世纪 50 年代，北大经济系樊弘教授经常鼓励学生要有勇气，大胆写文章。他的名言是：“文从放屁始，诗从胡说来。”

○张中行、金克木、季羡林曾同住北大朗润园，人称“朗润三老”。金与季住同一幢楼，但早上散步他见季却不打招呼。金的理论是：打招呼是说废话。

绰号第九

解　题：雅称别号，处处皆有，诙谐幽默，雅俗共赏。描摹人物特征，记述风物掌故，三言两字，便可穷形尽相，得其神髓，真可谓点睛之笔，“以少少许胜多多许者也”。名家大师，因其学识渊博，雅望非常，个性鲜明，每每有人奉上绰号美誉，往往能为其形象平添几分亲切与趣味。晚生后学以此为锁钥，读先生之书，当能想见其为人之一二，了解其风采之大概。

〇民国时期，受北大学风的影响，沙滩附近的四合院和小公寓中，常年四季都住着很多知名和不知名的学者与学生。虽然这里物质条件十分简陋，但学习知识，研讨学术，追求真知的风气极为浓厚。因此，沙滩附近被人称为“中国之拉丁区”。

〇新文化运动兴起后，旧派人物对新派人物多有不满，有些甚至还会谩骂新派人物。黄侃骂一般新教员附和蔡元培，说他们“曲学阿世”。后来就有人给蔡起了一个绰号叫“世”，如去校长室一趟，自称去“阿世”去。这个典故在北大教员中广为流传，马幼渔、钱玄同、刘半农、鲁迅往往会在书信中提到。如“五四”之后，蔡元培辞职，不久又回京主校。鲁迅对此，甚为关切，在给友人写的一封信中写道：“听说‘世’有可来消息，真的吗？”

〇五四运动以后，蔡元培校长经常离校，校务多委托胡适办理。在对外活动上，蔡也经常请胡作为他或北大的代表，“代蔡先生主席”“代蔡先生做主人”。这让反对胡的守旧者大感不满。林纾称胡是“左右校长而出”的“秦二世”。黄侃更讥胡为绕蔡上下翻飞的“黄蝴蝶”。其原因是胡曾写过一首题为《朋友》的白话小诗：“两个黄蝴蝶，双双飞上天。不知为什么，一个忽飞还。剩下那一个，孤单怪可怜。也无心上天，天上太孤单。”

○章太炎一生门生无数，但最得意的弟子也仅几人。据章门弟子吴承仕回忆，章晚年在苏州时，一日闲话，说道：“余门下当赐四王”，即“天王”黄侃、“东王”汪东、“北王”吴承仕、“翼王”钱玄同。半年后又封朱希祖为“西王”，合称“五大天王”。其中，“天王”黄侃、“翼王”钱玄同、“西王”朱希祖均曾授教于北大，且享一时之盛誉。

○黄侃为章太炎门生，学术深得其师三昧，后人有“章黄之学”的美誉；其禀性一如其师，嬉笑怒骂，恃才傲物，任性而为，故时人有“章病”“黄疯”之说。

○黄侃在北大中文系讲《文选》和《文心雕龙》，十分精彩，吸引了很多其他系的学生前来旁听。黄善于吟诵诗文，抑扬顿挫，讲课给人一种身临其境的美感，所以，学生们都情不自禁地唱和，竟然在校园里吟唱一时，被师生们戏称为“黄调”。

○黄侃在北大任教时，慕其名，从其学者甚多。人称黄门子弟为“黄门侍郎”。傅斯年在结识胡适之前，曾为“黄门侍郎”中的健将之一。

○黄侃和钱玄同曾同受业于章太炎门下，但黄素来轻视钱，常戏呼钱为“钱二疯子”。据说，有一次两人相遇于章太炎住处，与其他人一起在客厅等待章出来。黄忽大呼：“二疯！”钱一贯尊重黄，但在大庭广众下被黄如此戏弄，先已不悦。黄继续说：“二疯！你来前！我告你！你可怜哪！先生也来了，你近来怎么不把音韵学的书好好地读，要弄什么注音字母，什么白话文……”钱忍无可忍，拍案厉声道："我就是要弄注音字！要弄白话文！混账！"两人就大吵起来，章闻声赶快出来，调解一番，两人才算作罢。

○熊十力的弟子徐复观这样描述其师："熊老师年轻时穷得要死，在某山寨教蒙馆，没有裤子换，只有一条裤子，夜晚洗了就挂在菩萨头上，晾干接着穿。在内学院时，也是长年只有一条裤子，有时没得换，就光着腿，外面套一件长衫，因此人送绰号'空空道人'。"

○刘文典性滑稽，善谈笑，尝自称"狸豆乌"；因"狸""刘"古读通；"叔"者豆子也；"乌"则为"鸦"，乃"雅"之异体（刘文典字"叔雅"）。因刘喜自谑，与道貌岸然者有别，故"学生们就敢于跟他开点善意的玩笑"。

○刘文典在西南联大时染上了抽鸦片的恶习，还赞美"云土"为鸦片中上品，又因他喜云南火腿，故有"二云居士""二云先生"的称号。后深受其苦，不能解脱。谁知解放后，刘竟彻底戒掉鸦片，思想改造也顺利过关，逢人便称："处于反动统治的旧社会，走投无路，逼我抽上了鸦片，解放后，在共产党领导下，社会主义国家蒸蒸日上，心情舒畅，活不够的好日子，谁愿吸毒自杀呢！"

○鲁迅、许寿裳、钱玄同诸位同学，在东京听章太炎先生讲《说文解字》。钱好动，常仆行不已，鲁迅戏称其为"爬来爬去"，通信时，谑号其为"爬翁"。而钱因鲁迅不修边幅，毛发蓬然，常凝然冷坐，称其为"猫头鹰"。

鲁迅

○ 20 世纪 20 年代初，鲁迅被聘为北大兼职讲师，主讲"中国小说史"课程。任教期间，鲁迅与北大哲学系教员章廷谦（笔名川岛）来往甚密。1923 年冬，鲁迅的《中国小说史略》一书出版后，特地送给章一本。当时章正在热恋之中。鲁迅便在书的扉页上写了几句赠语：

请你
从“情人的拥抱里”，
暂时抽出一只手来，
接收这干燥无味的
《中国小说史略》。
我所敬爱的
一撮毛哥哥呀！

“一撮毛哥哥”是章的学友给他起的绰号，自从鲁迅写了这几句赠言以后，才广为流传起来。

○某年夏天，钱玄同夜访周作人，留宿周家。半夜有青蛙入室而鸣叫不止，钱甚为惊骇，以为有鬼，连连大呼：“岂明救我！”周闻声连忙赶来，见状大笑，顺口作打油诗两句以讽钱：“相看两不厌，玄同与蛤蟆。”后常以“蛤蟆”呼钱。

○新文化运动时期，林纾写文言小说丑化、谩骂北大新派人物，鲁迅颇为反感，曾写《敬告遗老》一文予以回击。同时还在一封信中称林为“林禽男”（因林纾字琴南）。

○胡适的名作《中国哲学史大纲》《白话文学史》都只有上卷，人送雅号“半卷博士”。

○胡适应邀到某大学演讲。他引用孔子、孟子、孙中山的话，在黑板上写：“孔说”“孟说”“孙说”。最后，他发表自己意见时，引得哄堂大笑。原来他写的是“胡说”。

○胡适、傅斯年和叶公超三人关系密切，同为中国近代史的风云人物。在北大时，曾被称为“三驾马车”。有人打比方说，凡事以胡为领袖，傅、叶则是哼哈二将。

○丁文江早年有脚痒病，医生说治疗此病赤脚最有效，丁就终年穿多孔皮鞋，在家常赤脚，到朋友家中也常脱掉袜子，赤脚谈话，怡然自得。因此，朋友称其为“赤脚大仙”。

○章士钊任段祺瑞临时执政府教育总长时，鼓吹尊孔读经，压迫进步学生，遭到鲁迅等各界进步人士的激烈反对。当时，章所办刊物复古杂志《甲寅》封面绘有一虎，故当时人送外号“老虎总长”。

○朱希祖是老北大的名教授，在北大教授里，他的绰号算是比较多的一个。《北京大学日刊》曾经误将他的姓名刊为“米遇光”，所以有一段时间朋友便叫他作“米遇光”。由于他长着一把胡子，所以人们都称他“朱胡子”。又因《说文解字》上说，“而，颊毛也”，所以北大同人多称他为“而翁”，算是“朱胡子”的文言雅称。朱多收藏古书，听见人说珍本旧抄，便擅袖攘臂，连说“吾要”，非要得之而后快。所以朋友们有时也叫他“吾要”。

○老北大的名教授中有“三沈五马”之说。“三沈”即有名的沈家三兄弟沈尹默、沈兼士、沈士远；“五马”是指马裕藻、马衡、马鉴、马准和马廉五位北大教授，他们也是五位亲兄弟。“三沈”之中，以沈尹默最为有名。他进北大很早，所以资格较老，但有改革思想。陈独秀任北大文科学长，有沈的推荐之功。他办事沉着，有思虑，又很讲究方法，因此虽凡事退后，实在都很起带头作用。1917 年，北大改革，马裕藻是校评议会成员，积极参加校务管理。他坚持原则，鼎力协助蔡元培在北大实行教育改革。于是北大的朋友送他一个徽号，叫“鬼谷子”，他也欣然接受。

○沈士远虽为南方人，但为人十分豪爽，有北方人的性格，与人交谈也很有特色。钱玄同曾形容他说：“譬如有几个朋友聚在一起谈天，渐渐地由正经事谈到不很雅训的事，这是凡在聚谈的时候常有的现象，他却在这时特别表示一种紧张的神色，仿佛在声明道，现在我们要开始说笑话了！”沈在北大有一绰号叫“沈天下”，原因是他最初在北大教预科国文时，讲解十分仔细，仅《庄子·天下篇》，就讲了整整一个学期才讲完，于是北大同学们便送他这一雅号。

〇马廉，字隅卿，为老北大时期著名“五马”中的九先生。马廉自幼家境清贫，习商谋生无成，二十四岁始发奋读书，嗜于藏书，专事搜罗研读各种小说、戏文、俚曲、弹词、鼓词、宝卷，前朝所禁行的所谓“淫书”更是在所不辞，因此而名扬海内。至其去世前，藏书已达九百二十八种，五千三百八十六册。他因有感于封建时代通俗文学长期受到正统文坛与学术界的轻视，遂将自己的藏书戏称为“不登大雅文库”，将自己的书室戏称为“不登大雅之堂”。又因藏有明刻孤本《三遂平妖传》，遂将书屋取名“平妖堂”。后来孙楷第写《中国通俗小说书目》，曾经“尽读平妖堂藏书”。

〇老北大时期，文科有浙江“五马”之说，均为有名教授。同时又有名师马叙伦，几人在北大很受尊敬，也极有势力。因而被人称为老北大时期文科的“拐子马”。

〇汤用彤为人平和忠厚，处事稳重持平，平日寡言少语。20世纪30年代，汤用彤与熊十力、蒙文通、钱穆、梁漱溟、陈寅恪等常在一起聚会。熊和蒙二人常就佛学、力学争论不休，梁和熊常谈起政事，也有争论，唯独汤“每沉默不发一语”。当时一些朋友称汤为“汤菩萨”。钱穆称其“一团和气，读其书不易知其人，交其人亦难知

中央人民政府任命通知書　府字第3984號

茲經中央人民政府委員會
第十二次會議通過任命湯用彤爲
北京大學副校長

特此通知

主席

一九五一年九月[illegible]日

中華人民共和國中央人民政府之印

1951年，中华人民共和国中央人民政府任命汤用彤为北京大学副校长的任命通知书。

其学，斯诚柳下惠之流矣”。

〇梁漱溟上中学时，便常以伟人自居，“傲视群小孩”。在顺天中学时，仅佩服一名叫郭晓峰的同学，最后因崇拜至极，干脆尊之为师，平时与郭谈话，梁均作记录，并题为“郭师语录”，其他同学将梁郭二人称为“梁贤人，郭圣人”。

〇许守白（之衡）曾在老北大教戏曲。许对人异常地客气，在公共场合，他就一个一个找人鞠躬，有时那边不看见，还要重新鞠躬。其穿着打扮也比较特别：穿了一套西服，推光和尚头，脑门上留下手掌大的一片头发，状如桃子，长约四五分，不知是何取义，有好挖苦的人便送给他一个绰号，叫作“余桃公”。

〇北大国文系教授马裕藻有一个极聪明漂亮的女儿，名叫马珏，30 年代在北大政治系读书，被公推为北大“校花”。一些对马珏有意的男生便在背后将马裕藻称为“老丈人”。

〇据谢兴尧回忆，20 世纪 20 年代，北大教育系有一褚姓美女，身材不高不矮，而风韵绝佳，虽非豆蔻年华，而曲线美毕露，尤其在夏日炎炎似火烧时，常着黑纱旗袍，颇有风致，常惹男生流连观看。后男生送其雅号：“墨牡丹。”

〇有一段时期，国民政府要求联大建立训导制度，联大也有规有矩地建立起来了，训导主任是教育家查良钊。国民政府确立此制度本为整肃控制学校，而在查的主持下，反把这制度变为进一步有利于关心培养学生的制度。查丝毫没有国民党训导长惯常的习气，反倒对学生极为关心，在学生中极受尊敬，因而被称为“查菩萨”“查婆婆”“查妈妈”。

〇 1931 年，贺麟从国外学成归国，在北大哲学系任教，同时在清华兼课。1947 年担任训导长，在任期间，多次压下朱家骅（时任国民政府教育部长）通过胡适转过来的要求开除进步学生的信，对于特务学生报告的黑名单也锁进抽屉了事。他还保释了许多学生和青年，后来甚至师大、清华的学生失踪了，也托他和郑天挺打听。北大五十周年纪念时，北大学生会送给他一面上绣“学生的保姆”的锦旗。

〇毛子水出身于安徽的一个读书世家，精于文史之学，读书甚多，学识渊博，被誉为五四时代“百科全书式学者”。吴大猷称“毛公乃罕有的读书读‘通’了的人，有广博的视野，有深邃而公允的见解”。胡适更称誉毛为“东方图书馆”。

毛子水

〇毛子水深受胡适赏识，在学生时代就经常出入胡适家。在北大任教后，仍是胡家中的座上嘉宾。因此有人把毛戏称为“胡宅行走”。

〇据汪子嵩回忆，西南联大时期，冯友兰和汤用彤都是哲学系教授，南开的冯文潜是外文系的教授，但也在哲学系开课。冯当时任联大文学院院长，汤和冯分别担任哲学系和外文系的系主任。这三位担任院长和系主任职务的老师各具特色。“汤用彤先生矮矮胖胖，一头极短的银发，是佛学专家；冯友兰先生留着一头浓黑的头发，大胡子，长袍马褂，手上包书的是一块印有太极八卦的蓝布；冯文潜先生瘦瘦小小，留着垂到脑后的灰发，很像一位慈祥的老太太。当他们三个人走在一起时，我们做学生的，就戏称他们是一僧、一道、一尼”。

〇向达潜心学术，关心时事，业余爱好踢足球，而且踢球水平不凡，后有“铁脚”之称。

〇 20 世纪 30 年代，宗白华逛南京夫子庙时，以高价购得一尊隋唐石佛头，爱不释手，终日把玩，兴趣盎然。友人见之，遂称宗为“佛头宗”。此后数十年间，宗一直将这尊佛头置于案头，朝夕相处。

○唐兰因其头发带卷之故，人送外号“卷毛狮子”。白化文回忆唐在北大中文系授课时的情形曰：“唐先生口才极佳，如蹲狮一样坐着讲，虽带着讲义、参考书等，可是从来不看讲稿，就那么一句一句地接着说。他讲课逻辑性特强，一点废话没有，而且引人入胜。”

○罗常培秉性爽直，爱憎分明，同辈中人都称其为“文直公”。他十分关爱学生，提携后进不遗余力。袁家骅说罗“对于培养青年，鼓励后进，那是百分之百坦率地亲切，肯呕心沥血地加以指点的”。在西南联大时，经他推荐去大学、研究所和中学任职的学生甚多。久而久之，学生就尊称罗为“罗长官”，或简称“长官”。

○唐作藩为北京大学著名教授，曾为王力助手。在中文系时，人们取其谐音，送其外号“糖做饭”。

○阴法鲁文史兼通，一生致力于古文献学与中国古代文化史的研究，在古代音乐舞蹈艺术及敦煌学等方面也颇有建树。阴因身材瘦高，神采飘逸，被学生称为“一炷香”。袁行霈曾用杜甫的诗句“润物细无声”来形容阴的为师为人。阴的学生熊国祯曾用一副对联形容乃师讲课的情形：“字斟句酌，循循善诱，阐发经典本意；语缓音明，娓娓动听，涵养民族精神。”

○赵迺抟在哥伦比亚攻读硕士学位时，白天在图书馆苦读，直到闭馆。晚上回到所住的暮吟山仍苦读不已。还在书桌上写一字条：“会谈以十分钟为限。”极少参加娱乐活动，三年间只看过一次电影。因此，同学称其为“暮山隐士”。

○新中国成立后，季羡林被评为国家一级教授。后来季就听说，与他在一个餐厅里吃饭的几位教授，“出于善意的又介乎可理解与不可理解之间的心理”，给季起了一个诨名，曰“一级”。只要季一走进食堂，有人就窃窃私语，会心而笑：“‘一级’来了！”

○邓稼先在西南联大读书时，年龄很小，所以老师和同学都习惯叫邓“小孩”。邓二十六岁时便在美国拿到了博士学位，人称“娃娃博士”。

○西南联大时，周培源的住所离联大甚远，两个女儿每天还要去十二里以外的小学上学。于是，周便买了一匹枣红色的名马，用以代步。每逢一、三、五上课之日，他5点多钟便起床，喂马备鞍，先送女儿上学，然后独自骑马去西南联大。每周二、四、六不上课，送过女儿，便驱马到山上吃草，当起马倌。周本人英俊潇洒，骑在马上，驰驱往来于乡村与学校之间，更添几分威武之气。因此，联大师生戏称他为“周大将军”。周大将军“单骑走联大”，被誉为当年昆明“一景”，在联大师生中传为美谈。

○在“文革”时期的北大，周培源因与当时的风云人物聂元梓观点不同而被对方猛烈攻击，满头白发的周因此在大字报和各种会议上被人称作“周白毛”。红卫兵的大字报“打倒周白毛！”一直从海淀贴到西直门，周对“周白毛”一名欣然受之。

○许渊冲在西南联大读书时，以“很活跃、闲不住”，“好论战”而闻名，他心底坦荡，口无遮拦，敢言人之所不言，加上说话嗓门大，自信满满，因此便有“许大炮”之誉。许对此绰号并不以为然，“我倒觉得这是提醒我不要乱说话，但敢说话还是好的。”

○严家炎给中文系学生讲授基础写作课，严格要求“文从字顺”，强调写文章必须“丝丝入扣”，让众多的学生受益匪浅。学生因此称他为“丝丝入扣先生”。

风雅第十

解　题：古人云："圣人忘情，最下不及情；情之所钟，正在我辈。"琴瑟好合，风雅情深，真是人生之大雅事、大圆满事。古往今来，这是最能长盛不衰、广受关注的美好话题之一。文人学士，向来多风雅之事。本章所收，多涉婚姻恋情，由此可见大学中人的情感世界与真实生活。此事虽小，却可喻大，折射的是人性与人品，区别的是高尚与卑俗。阅读此类典故，在让人解颐之余，真切的感受可以归结为一句话："一种真情深似海。"斯人斯情，最是让人感佩、向往不已。

○ 1900 年 6 月，蔡元培夫人王昭病逝，很多人关心蔡的婚事，为之做媒。蔡提出了五项择偶条件，在当时被视为惊世骇俗之举：女子须不缠足者；须识字者；男子不娶妾；男死后，女子可改嫁；夫妻若不合，可离婚。这一择婚标准被时人视为"离经叛道"，因而颇受非议。但蔡依旧我行我素。一年后，有人向他介绍江西的黄仲玉女士。此人一双天足，知书识字，工书画，孝顺父母，符合蔡的标准。蔡甚为满意，很快就与黄订婚。行婚礼那天，治新学的蔡出人意料地挂出大书"孔子"二字的红幛子。他还别出心裁地进行结婚演说，说是代替闹洞房的陋俗。

○钱玄同极力反对包办婚姻，主张自由恋爱。但他自己恪守夫妻伦理，与由兄长包办的妻子关系非常和谐。妻子生病多年，钱关心体贴，照顾周到。有人以他妻子身体不好，家境又允许为由劝他纳妾，他严词拒绝，说："《新青年》

主张一夫一妻，岂有自己打自己嘴巴之理？”旧社会文人嫖娼类同家常便饭，但钱从不嫖娼，说“如此便对学生不起”。黎锦熙评钱玄同说：“钱先生自己一生在纲常名教中，可真算得一个‘完人’。”

○黄侃幼时早慧，人呼为圣童。当时，其父黄云鹄应江宁尊经书院山长之聘讲学，黄侃居家读书。某日，家中资用匮乏，母亲命他写信。黄侃于信中告知家事后，在书末作一诗，云：“父作盐梅令，家存淡泊风。调和天下计，杼轴任其空。”黄云鹄曾署四川茶道，故诗中称此。黄云鹄得书后置于案头。一日，黄云鹄密友原山西布政使王鼎丞过访，见诗，惊为奇才，便以其女许之，即黄侃原配夫人。

○黄侃一生风雅，好饮酒，善谈笑。除小学外，还精通诗词古文。有人评黄之古文，胜过章士钊，小学则远在钱玄同之上。其词则多缠绵悱恻、写情寄意之作。其代表作《采桑子》一阕为人称道，其词曰：“今生未必重相见，遥计他生，谁信他生？缥缈缠绵一种情。当时留恋成何济？知有飘零，毕竟飘零，便是飘零也感卿。”

○黄侃在武昌高师任教时，原配夫人王氏去世，黄绍兰女士继配。二人虽经山盟海誓而结合，但因小事而反目，以至分居。武昌高师学生黄菊英和他大女儿同级，常到他家来玩，以父师之礼事黄侃，黄侃对这个女学生也很好。日子一久，竟生爱恋，不数月，二人突然宣布结婚。朋友们都以“人言可畏”劝他，他坦然地说：“这怕什么？”婚后不多时，他转到南京中央大学任教，在九华村自己建了一所房子，题曰“量守庐”，藏书满屋，怡然自乐。他和校方有下雨不来、降雪不来、刮风不来之约，因此人称他为“三不来教授”。

○辜鸿铭说自己一生只有两个嗜好：一是忠君，二是风流。辜虽风流成性，常栖身于花街柳巷，但与两位夫人感情倒是极好。他曾戏言道：“吾妻淑姑，是我的‘兴奋剂’；爱妾贞子，乃是我的‘安眠药’。此两佳人，一可助我写作，一可催我入眠，皆吾须臾不可离也。”十八年后，贞子病故，辜失了“安眠药”，每日辗转难眠，后来想出办法，置死者一缕青丝于枕畔才勉强入梦。他作诗悼亡妻曰：“此恨人人有，百年能有几？痛哉长江水，同渡不同归。”

○陈独秀与苏曼殊交谊颇深，两人平日无所不谈。陈与高君曼同居后，曾非常得意地给苏写信说，自从和苏分别后，“胸中感愤极多，作诗亦不少……虽用度不丰，然‘侵晨不报当关客，新得佳人字莫愁’，公其有诗赞我乎？”他还不忘问苏，近来“有奇遇否？有丽遇否”？

○ 1906 年，鲁迅在母亲的催促下，由日本返回绍兴，与出身富家的朱安结婚，朱是年二十八岁。鲁迅对母亲包办的婚姻甚不满意，曾对许寿裳说：“这是母亲送给的礼物，只能好好供养她。爱情是我所不知道的。”鲁迅婚后只四天即返回东京。1919 年鲁母到北京，朱安侍奉在侧，掌管家务，直到鲁母 1943 年去世。鲁迅称朱安为“妇”“内子”，仅为名义夫妻。

○ 1933 年，鲁迅到中山大学任教后，许广平任鲁迅助教。许时常给鲁迅馈赠食物，鲁迅对此颇感不安。许则戏言：“这不要紧，我家的钱，原取之浙江（许的祖父曾任清代浙江巡抚），现用之于浙江人，恰得其所。”

○沈从文任教中国公学时，对其学生张兆和一见钟情。沈虽倾倒，而张并不加以青眼。沈遂发起“情书攻势”，张不堪其扰，乃携信谒校长胡适之，意欲请胡制止其所为。及张诉罢，胡蔼然笑曰：“拒之何如纳之！”张始瞠目，后默然而去。

○据舒展回忆，胡适当年担任北大校长时，曾经对学生发表过一番“怕老婆”的“宏论”：“一个国家，怕老婆的故事多，则容易民主；反之则否。德国文学极少怕老婆的故事，故不易民主；中国怕老婆的故事特多，故将来必能民主。”

○胡适在北平时，饮酒甚暴。在他四十岁生日时，其妻江冬秀送他一枚戒指，上镌“止酒”二字。以后朋友再劝胡适吃酒时，胡便把手指一抬，说：“太太的命令！”朋友们就不再劝他了。

○胡适属兔，其妻江冬秀属虎。胡适常开玩笑说：“兔子怕老虎。”有一次，巴黎的朋友寄给胡十几个法国的古铜币，因钱有“PTT”三个字母，读起来谐音正巧为“怕太太”。胡与几个怕太太的朋友开玩笑说：“如果成立一个‘怕太太协会’，这些铜币正好用来做会员的证章。”后来，他去台湾后，又根据自己的实际生活创作了一首“新三从四德”诗：“太太出门要跟从，太太命令要服从，太太说错要盲从；太太化妆要等得，太太生日要记得，太太打骂要忍得，太太花钱要舍得。”

○抗战时期，胡适的“小脚太太”江冬秀随胡远涉重洋，来到美国，成为“大使夫人”，此后她长期陪伴胡适寓居海外。于是时人戏言：“胡适大名垂宇宙，夫人小脚也随之。”

○据梁实秋回忆，某日，他们在胡适家中聚餐时，“徐志摩像一阵风似的冲了进来，抱着一本精装的厚厚的大书，是德文的色情书，图文并茂，大家争着看。胡先生说，这种东西，包括改七芗仇十洲的画在内，都一览无遗，不够趣味。我看过一张画，不记得是谁的手笔，一张床，垂下了芙蓉帐，地上一双男鞋，一双红绣鞋，床前一只猫蹲着抬头看帐钩。还算有一点含蓄。”大家听了为之粲然。梁实秋说，这件小事说明：“胡先生尽管是圣人，也有他的轻松活泼的一面。”

○抗战胜利后，梁实秋、李长之同在北师大执教，同住一院。一日，李妻买菜归来，把菜筐往桌上一抛，买来的菜正抛在李的稿纸上面，湿污淋漓，一塌糊涂。伏案为文的李大怒，遂启争端。梁闻声后，赶来对李说：“太太冒暑热买菜是辛苦事，你若陪她上菜市，回来一同洗弄菜蔬，便是人生难得的快乐事。做学问要专心致志，夫妻间也需一分体贴。”李默然良久，以后就很少对太太发火了。

○林语堂描述他心中的理想生活说：“世界大同的理想生活，就是住在英国的乡村，屋子里安装有美国的水电煤气等管子，有个中国厨子，娶个日本太太，再有个法国的情妇。”

○林语堂很崇拜明末清初的李香君。李以弱女子之身，怒斥阉党余孽，林称她为奇女子。他托友人重金求得一幅李的画像，终日带在身边，并题了一首“歪诗”：

香君一个娘子，血染桃花扇子。义气照耀千古，羞杀须眉男子。
香君一个娘子，性格是个蛮子。悬在斋中壁上，叫我知所观止。
如今这个天下，谁复是个蛮子？大家朝秦暮楚，成个什么样子？
当今这个天下，都是贩子骗子。我思古代美人，不至出甚乱子。

○辜鸿铭曾到处宣扬他的“一个茶壶配若干个茶杯”的多妻主义，以致“茶壶主义”在当时流传甚广。陆小曼与徐志摩热恋时，要求徐改奉“牙刷主义”，她说：“志摩！你不能拿辜先生茶壶的比喻来作风流的借口，你要知道，你不是我的茶壶，而是我的牙刷，茶壶是可以公开用的，牙刷却不能。”

○章士钊在日本办《甲寅》时，竟和一位日本军人大佐的夫人相爱，大佐侦知后，怒火中烧，写信给章约定时间、地点，要和章比武决斗。章一介书生，怎敌得寒气逼人的锐利刀剑。情急中只得与陈独秀和苏曼殊商量。他们都一致劝说章快快回国，以避锋芒。

○杨丙辰是老北大时期著名的德文教授。据张中行回忆，杨平日喜欢接济生活穷困的朋友，但又怕夫人知道后生气，因此，他每月领到薪金以后，就“端端正正地坐在休息室的一个书桌前，面前摆一张纸片，一面写数字一面把钱分成几份。有人问他这是做什么，他说，怕报假账露了马脚，所以必须先算清楚。问他为什么要报假账，他说，每月要给穷朋友一点钱，夫人知道恐怕不高兴，所以要找些理由瞒哄过去，目的是不惹她生气。他这样解释，郑重其事，听的人禁不住转过身暗笑”。

○郁达夫只身寓居福州，暂住南台青年会宿舍，妻子王映霞仍在杭州家中。青年会有规定，楼上男宿舍谢绝女性进入，且在楼梯边立一木牌为示。一日，郁特意取木牌所示戒律为背景拍照一张，同事不解其意，问之，郁笑答：“寄回杭州给女人看，好叫她放心。”

○张竞生留法多年，深受法国上层习气的熏染。回国后，见女性极为礼貌，若戴帽出行，见女性则必脱帽行礼。朋友相聚，如有人见女性不脱帽，张便厉声训斥。

○ 1943 年，梁漱溟在桂林的时候，与正在中学当教员的陈淑棻相识，很快就坠入爱河，并于次年 1 月结婚。婚礼的场面颇大，桂林各界名流欢聚一堂，据说梁仅礼金就收了五万多元。在新婚之日，一向严肃拘谨、不苟言笑的梁表现得十分活跃，不仅妙语连珠，还给来宾放声高唱了一段“黄天霸”。然后便挽着新娘，对来宾说了句道白“我去也”，就兴冲冲地走了。

○罗家伦在北大时，曾给蔡元培校长写信，请求和蔡的女儿订婚。蔡复信一封，大意是：婚姻之事，男女自主，我无权包办。况小女未至婚龄，你之所求未免过分。此事在北大传为笑谈。

○ 1932 年，梁宗岱在北大任法语系主任。当时罗大冈正在北平中法大学上学，罗为了准备毕业论文，就与卞之琳一起去向梁求教。见面后，梁开口就问罗：“你们中法大学的女生谁最漂亮？”罗为之一愣，结结巴巴竟然没有回答上来。

○ 1935年，梁宗岱与女作家沉樱结婚。1941年春，梁回广西百色处理家务，偶然看了一出粤剧《午夜盗香妃》后，对饰女主角的花旦甘少苏一见钟情。次年即与沉樱分手而与甘少苏同居。梁因此而频遭世人非议。但他却为甘少苏写了一本享誉中外的词集《芦笛风》，其中有词云："世情我亦深尝惯，笑俗人吠声射影，频翻白眼。荣辱等闲事，但得心魂相伴。"

○ "文革"时期，梁宗岱是整肃的对象之一。但梁却依旧异常乐观自负，组织上曾派几个女学生"帮助"他的思想，做他的工作。事后他竟对人说："她们的声音像鸟一样，很好听。"

○徐志摩苦恋林徽因。林与梁思成陷入热恋以后，常常结伴到北海公园内的松坡图书馆"静静地读书"。徐知道后，也追踪蹑迹而至，稳稳地做着电灯泡。梁与林不胜其扰，梁后来就在门口贴了一张字条，上写"Lovers want to be left alone"（情人要单独相处）。徐看到时，茫然若失，怅然而返，从此再未去打扰。

徐志摩

○有一次林徽因哭丧着脸对梁思成说，她为自己同时爱上了两个人（指梁思成和金岳霖）而非常苦恼，不知怎么办才好。梁闻言十分矛盾，痛苦至极，苦思一夜，比较了金优于自己的地方，最后表态说林是自由的，如果她选择金，自己将祝他们永远幸福。林把一切原原本本告诉金后，没想到金的回答更加率直坦诚："看来思成是真正爱你的。我不能去伤害一个真正爱你的人。我应该退出。"金说到做到，自那以后他们三人毫无芥蒂，长期以来一直是毗邻而居。连梁夫妇吵架，都是金为他们仲裁。金后来回忆说："梁思成、林徽因是我最亲密的朋友。"

○金岳霖对林徽因的爱恋之情，终身不渝。但因林徽因与梁思成的结合，金只能将这一真情隐藏心中，并与梁、林二人结为终身挚友。梁说：“我们三个人始终是好朋友。我自己在工作中遇到难题也常去请教老金，甚至连我和徽因吵架也常要老金来‘仲裁’，因为他总是那么理性，把我们因为情绪激动而搞糊涂的问题分析得一清二楚。”

○ 1955 年，林徽因去世，金岳霖异常痛苦，适逢他的一个学生到办公室看他。他的学生回忆当时的情景说：“他先不说话，后来突然说：‘林徽因走了！’他一边说，一边就号啕大哭。他两支胳膊靠在办公桌上。我静静地站在他身边，不知说什么好。几分钟后，他慢慢地停止哭泣。他擦干眼泪，静静地坐在椅子上，目光呆滞，一言不发。我又陪他默默地坐了一阵，才伴送他回燕东园。”

金岳霖

○在林徽因的葬礼上，金岳霖和一个朋友送上一副挽联：“一身诗意千寻瀑，万古人间四月天。”“四月天”来自林徽因一首诗中的名句：“你是人间四月天”。

○林徽因去世后，有一年，金岳霖要在北京饭店请客，邀请许多老朋友参加。朋友们接到通知，都不知老金为何要请客。到了之后，宾主入座，金才宣布：“今天是徽因的生日。”

○ 1928 年 9 月 10 日，魏建功与王碧书在中山公园来今雨轩订婚。前来祝贺者有北大国学门的导师钱玄同、刘半农、马裕藻、沈兼士、陈垣、周作人、沈尹默以及魏的朋友台静农、常惠、容庚、庄尚严等。来者均为才子佳人题词留念。台静农的题词是一首淮南情歌：“郎有心，姐有心，不怕山高水路深……”

刘半农写了首北京童谣："小小子儿，坐门墩儿，哭哭啼啼要媳妇儿"，写到"要媳妇儿干吗？……"便戛然而止。

○常维钧是老北大法文系毕业生，曾任北大《歌谣》周刊编辑，与北大的新派师生交往甚多。1924 年，常与葛孚英结婚，请胡适做证婚人。胡将一首歌谣作为新婚祝词送给两位新人。歌云：

新娘笑眯眯，新郎笑嘻嘻。

大家甜蜜蜜，一对好夫妇。

○高君宇苦恋石评梅，在给石的信中说："我是有两个世界的，一个世界一切都属于你，我是连灵魂都永禁的俘虏；为了你死，亦可以为了你生。""在另一个世界里，我不属于你，更不属于我自己，我只是历史使命的走卒。不如意的世界，要靠我们双手来打倒！""你的所愿，我愿赴汤蹈火以求之；你的所不愿，我愿赴汤蹈火以阻之。"他还说："评梅，我是飞入你手中的雪花，在你面前我没有我自己。"

○高君宇病逝后，石评梅悲痛万分。她在高的墓碑上刻上了高生前的自题诗："我是宝剑，我是火花。我愿生如闪电之耀亮，我愿死如彗星之迅忽。"还在墓碑上写道："君宇！我无力挽住你迅忽如彗星之生命，我只有把剩下的泪流到你坟头，直到我不能来看你的时候。评梅。"三年后，石去世，根据她的遗愿，被葬在高的墓旁，实现了她和高"生不能成宗室亲，死但求为同穴鬼"的心愿。

钱穆与夫人胡美琦女士合影

○钱穆好吹箫，曾自述："好吹箫，遇孤寂，辄以箫自遣，其声乌乌然，如别有一境，离躯壳游霄壤间，实为生平一大乐事。”其夫人胡美琦回忆说：“我最爱听他吹箫。我们住在（香港）九龙沙田的那一段日子，每逢有月亮的晚上，我喜欢关掉家中所有的灯，让月光照进我们整条的长廊，我盘膝坐在廊上，静听他在月光下吹箫，四周寂静，只听箫声在空中回荡，令人尘念顿消，满心舒畅……”

〇 1918 年，冯友兰与任载坤喜结连理，此后任一直陪在冯身边，荣辱与共，风雨同舟，为了冯的学术事业奉献了自己的一生。“文革”期间，冯被打成“反动学术权威”，任既要自己完成劳动改造，还要照顾冯的生活起居，承受巨大的政治压力。当时无论开什么样的批斗会，任都要陪着冯去接受教育，经常要开到深夜才结束。期间，任总是一直守在门外，不时很有礼貌地敲门和蔼地问别人：“你们批完了吗？”冯被关进牛棚接受隔离审查后，夜里不能回家，任不放心，每天上午就提前吃过午饭，到学校的办公楼前，坐在台阶上，望着外文楼，看见冯跟着队伍出来吃饭，便知冯又平安度过一夜，也就放心而归。第二天照样再去等。那里有几块石头，冯因此将那几块石头称为“望夫石”。1977 年，任去世后，冯忍痛作挽联曰：

在昔相追随，同荣辱，共安危，出入相扶持，黄泉碧落君先去；
从今无牵挂，断名缰，破利锁，俯仰无愧怍，海阔天空我自飞。

〇 1935 年，张岱年与冯让兰结为伉俪，此后的七十年里，二人恩爱如初，琴瑟和谐，一直是别人眼里艳羡的才子佳人。张岱年曾谈到自己的爱情观说：“我认为爱情首先是专一，你不能同时去爱两个人，否则要闹矛盾。一个人一生的主要精力应放在学问和事业上。”“老伴对我帮助很大，我写起文章来什么也不管，生活全靠老伴来维持。她毕业于北师大中文系，完全可以写文章和做学问。可她却为我放弃了，为我牺牲了一切。”

〇据张岱年的学生回忆，有一次，张参加一次宴会，最后上的面点是红薯饼。张舍不得自己吃，夹起一块，用餐巾纸小心包好放到上衣口袋。有学生好奇地看着他，不知老师要做什么。张见状，淡淡地解释说："带回家让你师母也尝尝。"

○ 1990 年 2 月，吴组缃自撰自己与夫人的合葬碑文，文曰：

竟解中华百年之恨，

得蒙人民一世之恩。

炉边北国寒冬暖，

枕上东川暑夏凉。

愿生生世世为夫妇。

○周一良之妻邓懿去世后，周曾撰挽联曰："自古文史本不殊途，同学同事同衾同穴，相依为命数十载，悲欢难忘；对外汉语虽非显学，教师教生教书教人，鞠躬尽瘁多少国，桃李芬芳。"

○张中行与其妻李芝銮相濡以沫，厮守大半生。李为世家独女，清秀温婉，长张一个半月，两人都属猴，张称李为姐。张曾把婚姻分为四个等级：可意、可过、可忍、不可忍。关于自己的婚恋，张说大部分是"可过"加一点点"可忍"。张曾吟咏诗句："添衣问老妻。"张解释道："吃饭我不知饥饱，老妻不给盛饭，必是饱了。穿衣不知冷暖，老妻不让添衣，必是暖了。"

○据唐师曾回忆，有一次张中行考他，说根据联合国统计，女人的平均寿命比男人多五岁，为什么？唐答不出来，张就自曝谜底，"为了让男人死在自己女人的怀里"。

○张中行说："人与人不一样。皇帝当然最留恋的是他的天下。而我舍不得的是生命，当然如果我有情人，最舍不得的是情人，人的一生中爱情、友情、亲情中我想还是异性之间的男女情感最让人留恋。这是人的自然要求使然。"

○费孝通在追忆他与王同惠温馨的恋爱时，曾写道："1934 年至 1935 年，在她发现我'不平常'之后，也就是我们两人从各不相让、不怕争论的同学关系逐步进入了穿梭往来、红门立雪、认同知己、合作翻译的亲密关系。穿梭往来和红门立雪是指我每逢休闲时刻，老是骑车到未名湖畔姐妹楼南的女生宿舍去找她相叙，即使在下雪天也愿意在女生宿舍的红色门前不觉寒冷地等候她。她每逢假日就带了作业来清华园我的工作室和我做伴。这时候我独占着清华生物楼二楼东边的实验室作为我个人的工作室，特别幽静，可供我们边工作边谈笑。有时一起去清华园附近的圆明园废墟或颐和园遨游。回想起来，这确是我一生中难得的一段心情最平服，工作最舒畅，生活最优裕，学业最有劲的时期。"

○刘修业生前为北京图书馆研究员、中国社会科学院历史研究所资料研究员，著名的吴承恩研究专家。1937 年，刘与王重民在巴黎喜结良缘，从此成为王终生的学术伴侣，王的学术成绩中，莫不闪耀着刘的身影。1966 年，刘退休后致力于襄助王，整理两人合作而尚未出版的图书资料。王受迫害去世后，刘在困苦中抚孤成立，使之均成为专擅一门业务的有用人才。她独立承担起王遗著的整理与出版工作。为编纂王遗著，撰写其生平及学术活动编年，她备尝艰辛，终于将王的《中国古籍善本书提要》及其补编、《敦煌遗书论文集》《冷庐文薮》等绝大部分专著编纂出版。王的著作中有大量她的成果，但发表时她从不署自己的名字。白化文在《王有三（重民）先生百年祭》中赞叹说："在我的心目中，她的形象比王先生还要高大。"

○晚年的周培源右耳失聪，说话时习惯放大嗓门，据说他每天都要到老伴屋里"请安"，大声宣泄"爱心"："六十多年我只爱过你一个人。你对我最好，我只爱你！"日日如此，持之经年。

○吴大猷与阮冠世相恋多年，阮体弱多病，不能生育，二人准备结婚之前，很多人劝吴，说他前程远大，要慎重对待婚姻大事，吴回答说："我爱她不是一朝一夕了。我所憧憬的未来都是和她在一起的未来。生活里如果没有她，再大的功名对我来说又有什么幸福可言？我要好好照顾她，而结婚是我今生能够照顾她的唯一方式。”

○徐光宪与夫人高小霞相濡以沫五十余载，事业比翼齐飞。晚年时候，当高因骨折而坐上轮椅后，每天，在夕照下的未名湖边，都能看到徐推着她悠然漫步的身影。在高患癌症病情加重的日子里，徐衣不解带地守在病榻前，任谁来“换班”都不肯离开。追悼会上，徐最后一次深情拥住高小霞，泣不成声。他说：“我一生中，最满意的，是和高小霞相濡以沫度过的五十二年；我最遗憾的，是没有照顾好她，使她先我而去。”

○ 2013 年 10 月 22 日，侯仁之在北京逝世，享年一〇二岁。其时，陪伴侯七十余年、已经高寿一〇三岁的夫人张玮瑛尚在住院，特撰一副挽联，字里行间，渗透着对侯的深情：

不思量自难忘，忆在昔七十载燕园执手，期颐齐眉，曾共晚晴；

穷碧落下黄泉，别而今百余岁人生爱侣，蓬山此去，难再步芳。

○顾颉刚年老时，行动不便，家人便经常搬把藤椅放在房前的小花园里，让他坐在那里赏花。诸花之中，顾最喜月季，他对家人说：“等我死后，骨灰分给你们一人一份，埋在花盆里种月季花吧。月季花每个月都要开一次，你们也就月月能见到我了。”

○朱光潜好酒，友人、学生来访，都会问：“喝点酒消消疲劳吧！中国白酒，外国白兰地、威士忌都有，一起喝点！”酒菜常是一碟水煮的五香花生米。朱常开玩笑说：“酒是我一生最长久的伴侣，一天也离不开它。”他对一位学生说：“你什么时候见我不提喝酒，也就快回老家了。”

○周旺生平素温文尔雅，颇有谦谦君子之风。但有一次与学生在宿舍里共进新年夜宴，逸兴勃发，席间慨然说道：“待诸君毕业之日，请你们喝茅台。一碗酒、一碗肉、一碗干饭！”学生闻言大喜，轰然称快，争向周狂灌二锅头，不多时便将周麻翻在桌案上。学生们这才想起无人知道周的住址。于是只好将他背起，在学生宿舍里转了一遭，最后放在了一位学生的床铺上。而那位学生则终夜未睡，恭坐一旁，还不时能听到周在醉梦里发几句中国立法的牢骚。

○老北大图书馆的古本线装图书十分丰富，其中最受文、理、法三院学生欢迎的，要算馆藏的两部古本《金瓶梅词话》。这两部书都附有木刻插图，绘影绘声，惟妙惟肖，因而读者终日不绝，十分抢手。据说，新生到校后，早晚都要去借来一读。没过几年，两部书就被读得破烂不堪，只好被归入“概不出借”的禁书之列，让后来的新生遗憾不已。

○ 1958 年，北大学生轮流下乡劳动，一漂亮女同学与一匈牙利男留学生恋爱；劳动期间躲入匈牙利留学生宿舍。一夜之间，大字报直贴至留学生宿舍。该女同学以留学生宿舍为城堡，坚守不出。多日后，匈牙利大使馆通知中国外交部，该女士与匈牙利公民结婚，按匈国国籍法，已成为匈牙利公民，现派该女公民至中国北京大学留学。万千大字报先为风雨冲刷，后为学校工友细心洗去。

○ 20 世纪 50 年代，北大宿舍走廊上有女工摆摊儿，为学生洗衣。中文系一位男同学，对其中一名女工颇有好感，就在自己的衣物中夹一字条“请于某时至未名湖一谈”，然后将衣物送给女工。当其欣然到达湖边，静候女工时，不料从土坡后跳出一彪形大汉，自称女工的丈夫，将该同学扭送至校卫队，为公安局“传讯”七日。回校后，团支部开会，批判其道德堕落。全体女同学义愤填膺，莫不面红耳赤。最后支部一致决议，开除团籍。学校方面还做出勒令该生退学的决定。

师友第十一

解　题：良师栽培子弟，提携后进，往往不遗余力，不仅传授知识，教其做人，更重要的还有关心呵护之情。数年师生缘，一世父子情，师道尊严，情同父子，煦煦春阳的师教，将让每一位受教者终生难忘。与此同时，人之相交，贵在知心同道，鲁迅先生赠瞿秋白联云："人生得一知己足矣，斯世当以同怀视之"，最是知音之论。知己好友，彼此砥砺，相扶相携，取善辅仁，可共进于真善美之境。大学校园中，这种师生情、知己情最纯洁，最真挚，因此也最感人。如能合其两美，亦师亦友，岂不更妙？由此而知，"平生风义兼师友"，是亘古不变的动人期许。

○章士钊曾为陈独秀的密友，20世纪初，两人携手合办过《国民日报》，在日本办过《甲寅》杂志。陈不止一次对人说："从事政治活动，我与章士钊属于黄金搭档！"后来章就任段祺瑞政府的司法总长和教育总长，参与"三一八"惨案，对学生进行血腥镇压。惨案发生后，时在上海的陈来到亚东图书馆，气恼地自言自语："秋桐啊，你怎么如此堕落，竟然向学生开枪。我俩从小一道革命，你现在怎么这样的糊涂，我和你绝交。"他把写好的绝交信交汪原放快速寄出，信中写道："你与残暴为伍，我与你绝交！"

○陈独秀性格奇特，为人豪爽，直言不讳，说话往往不留情面，与人争执也不知缓和，即使对待朋友也是如此，因而常常得罪人。与陈很亲密的苏曼殊称陈为"畏友陈仲子"。陈的另一至交章士钊谓陈为遍天下之交游中最难交者之首。

○陈独秀的朋友沈尹默是著名书法家。在清光绪末叶，陈独秀在杭州陆军小学教书，与同校教员刘三（季平）友善，一日在刘房间看见沈的题诗后，隔日便到沈寓所来访。据沈在《我与陈独秀》一文回忆：陈“一进门，大声说：‘我叫陈仲甫，昨天在刘三家看到你写的诗，诗作得很好，字其俗入骨。’当时，我听了颇觉刺耳，而转念一想，我的字确实不好，受南京仇涞之老先生的影响，用长锋羊毫，又不能提腕，所以写不好，有俗气。也许是受陈独秀当头一棒的刺激吧，从此我就发愤钻研书法了。”此后，陈始与沈订交，沈也因陈的一番批评，而成为一代书法名家。

○ 1919 年，五四运动期间，陈独秀因散发《北京市民宣言》传单，被捕入狱。后经北大师生多方营救才被释放。陈出狱后，李大钊赋白话诗《欢迎独秀出狱》一首，表达其欣悦之情，诗云：

欢迎独秀出狱

（一）

你今出狱了，
我们很欢喜！
他们的强权和威力，
终竟战不胜真理。
什么监狱什么死，
都不能屈服了你；
因为你拥护真理，
所以真理拥护你。

（二）

你今出狱了，

我们很欢喜！

相别才有几十日

这里有了许多更易：

从前我们的“双眼”忽然丧失，

我们的报便缺了光明，减了价值；

如今“双眼”的光明复启，

却不见了你和我们手创的报纸！

可是你不必感慨，也不必叹惜，

我们现在有了很多的化身，同时奋起：

好像花草的种子，

被风吹散在遍地。

（三）

你今出狱了，

我们很欢喜！

有许多的好青年，

已经实行了你那句言语：

“出了研究室便入监狱，

出了监狱便入研究室。”

他们都入了监狱，

监狱便成了研究室；

你便久住在监狱里，

也不须愁着孤寂没有伴侣。

○ 20 世纪 30 年代初，陈独秀在上海被捕，被判刑十三年。后减为八年。来狱中看望陈的人很多。胡适和他政见不一，时有争论，但感情深厚，多次从北京来，送来衣食和书籍。一次，胡路过南京，来信告诉陈：“不及看望。”陈大发脾气，大有绝交的样子。后来胡关怀甚多，陈又非常内疚。

○熊十力与董必武是湖北老乡，也是辛亥老同志，年纪相仿，相处融洽。新中国成立后，熊有事必找董，董便跟他开玩笑说：“我简直成了你熊十力一个人的副主席了！”熊也不介意，一笑了之，有事照找不误。

○ 20 世纪 50 年代，陈毅去看望熊十力，熊竟伤心地号啕大哭。陈问：“您老为何这么伤心？”答道：“我的学问没有人传哪！”熊晚年居上海时，愈加凄冷寂寞，曾对人说：“现在鬼都没有上门的了。”陈深受震动，后来有一次在给上海高校的教师做报告时，他建议大家多向熊请教，“近在眼前的贤师，你们就去拜门，有人批评，就说是陈毅叫你们去的！佛学是世界哲学里的组成部分，一定要学。共产党讲辩证法，事物都要了解其正反面，不懂唯心论，又怎能精通唯物论呢？”

○黄侃二十岁时留学日本，恰与章太炎同住一寓，他住楼上，章太炎住楼下。一天夜晚，黄内急，来不及去厕所，便忙不迭地从楼窗口往外撒尿。这时，楼下的章夜读正酣，蓦地一股腥臊的尿水像瀑布般往下飞溅，禁不住怒骂起来。黄不但不认错，还不甘示弱，也报之以骂。他是贵公子出身，年轻性躁，盛气凌人。章生性好骂人，两人本都有疯子之称，真是章疯子遇到黄疯子，一场好骂，而且越骂越起劲。然而“不骂不相识”，通名报姓之后，话锋转到学问上面，一谈之下，才知道章是国学大师，黄便折节称弟子。

○章太炎平生清高孤傲，对黄侃却颇多嘉许，他劝黄侃著书，黄却谓须待五十岁后再从事纸笔。1935 年，黄侃五十岁生日，章亲赠他一副对联云：韦编三绝今知命，黄绢初成好著书。众人皆对这一对联称赞不已，黄则一阵愕然，原来他发现对联内无意中藏了“绝命书”三个字。当年 10 月 8 日，黄因饮酒过量，吐血而死。章因联句竟成谶语，悔痛不已。

○黄侃与刘师培同为北大教授中的“怪杰”，黄小刘一年零三个月，二人在当时学术界的名声不相上下。一日，黄在刘家，见刘正与一北大学生谈话，对学生所提问题敷衍搪塞，随意应对。学生离开后，黄便问刘何以如此对待这个学生。刘答："此子不可教也。"并大发感慨，说他对不起列祖列宗，他家"四世传经，不意及身而斩。"语多伤感。黄便问："那您想要收怎样的学生才算如意呢？"刘拍拍黄的肩膀说："像你这样足矣！"黄当即答应，第二天便对刘行磕头礼，正式拜刘为师，执弟子礼。消息传开，立成北大一大新闻。

○黄侃与人交往，并不因人废言，刘师培名节不好，但学问好，故仍为其谋北京大学之教职。二人本在师友之间，学问各有所精。黄自觉经学不如刘，即屈己而拜师。在黄生前所批点的《尔雅义疏》中，曾夹有一手写字条，所书内容为某字之注释，最后两句为"忆昔申叔师（指刘师培）亦未明此义，以之问侃，侃未能解。今此字义虽明，而师殁已数年，不觉泫然。"

○黄侃认为普天之下拜师必磕头，不磕头便不能得真本领。所以他要求拜他为师的人都要磕头，磕过头才能算正式进入师门。1932 年，黄收杨伯峻为弟子，待杨磕完头，黄便说："从这时起，你就是我的门生了。"并解释为什么要弟子磕头的原因："我和刘申叔，本在师友之间，若和太炎在一起，三人无所不谈。但一谈到经学，有我在，申叔便不开口。他和太炎师能谈经学，为什么不愿和我谈呢？我猜想到了，他要我拜他为师，才能传授经学给我。因此，在一次申叔和我的时候，我便拿了拜师贽敬，向他磕头拜师。这样一来，他便把他的经学一一传授给我。……我的学问是磕头来的，所以我收弟子，一定要他们一一行拜师礼节。"

○某年月日，黄侃过生日，几位北大中国文学门的学生登门拜寿。进门后，几位学生毕恭毕敬地给黄侃行了三鞠躬礼。不料黄却勃然大怒，说："我是太炎先生的学生。我给太炎先生拜寿都是磕头。你们却鞠躬吗？"吓得这几位同学只好磕头。黄才欣然受之。

○黄侃在北大授教时，颇喜一名叫郑奠的学生。黄出门，郑常常为黄拿皮包。郑毕业后，留在北大任教。一日，一位北大教授在家里请客吃饭，黄和郑二人都去赴席。见面后，黄见郑穿一件皮袍，便大为不悦，说："我还没有穿皮袍，你就穿皮袍啦？"郑答："我穿的皮袍，你管不着我。"黄听了很是生气，从此便不与郑交一语。

○黄侃有一学生，平日对黄执弟子礼甚恭。该生曾在"同和居"请人吃饭。主宾落座以后，他忽然听见其师黄侃在隔壁一个房间说话（原来黄侃也在请客），就赶紧过去问好。不料黄竟然对他大加训斥，而且似有不尽之意。时间长了，该生心生一计，把饭馆的人叫来，当着黄的面交代说："今天黄先生在这里请客，无论花多少钱都记在我的账上。"黄一听，立即停止训斥，对该生说："好了，你走吧。"

○陆宗达年轻时对训诂学产生了兴趣，便兴致满怀去拜访黄侃，希望黄能收下他这个弟子。黄知其来意后，二话没说，叫他先买一部白文本的《说文解字》点完再说。陆花了一年半的时间点完，捧着书再去见黄。黄叫他把书留下，再买一部，重点一遍。过了半年，第二部又点完，再去见黄。黄又叫他买第三部……最后，黄才将陆收在门下，后来陆成了著名的训诂学专家。据说，随你问《说文解字》里的哪一个字，陆不仅能当场讲出这个字的字义来，而且连在哪一页都知道。

○程千帆是黄侃的弟子。程临终前老泪纵横，拍着病床的栏杆喃喃道："我对不起老师！"程所谓的"对不起老师"，是指他始终未能将其老师黄侃的日记设法出版。

○程千帆发现，《黄侃日记》中对人的称呼有着截然不同的区别，"季刚先生对门下从学之士或称弟某某，或只谓学生若干人，不知是何缘故。后反复思忖，方恍然有悟：凡称弟某某者，必定是正式行过拜师礼节的，而仅称学生者，则没有行过这种礼节，虽然他们也同在课堂上听先生讲授，在课下向先生请益，甚或时相侍从、叨陪末座。”

○刘文典自称“十二万分”佩服陈寅恪，二人曾在西南联大共事。一日，刘跑警报时，忽然想起他“十二万分”佩服的陈身体羸弱，视力不佳，行动更为不便。便匆匆率领几个学生赶赴陈的寓所，一同搀扶陈往城外躲避。同学要搀刘，刘不让，大声叫嚷：“保存国粹要紧！保存国粹要紧！”让学生搀扶陈先走。

○西南联大青年教师陶光是刘文典的得意门生，经常为学问之事登门请教。但有一段时间陶因课务繁忙，没有去看望恩师，心存愧疚。后专门抽出时间拜望恩师。不料，两人甫一见面，刘就劈头大骂陶，骂其是“懒虫”“没出息”“把老师的话当耳旁风”，等等。陶一时莫名其妙。他虽一向尊重恩师，但刘如此辱骂。他也忍无可忍，正要怒目反击时，忽见刘用力一拍桌子，更加大着声音说：“我就靠你成名成家，作为吹牛本钱，你不理解我的苦心，你忍心叫我绝望吗？”刘的口气又由硬变软，从愤怒之声到可怜之语。陶听到老师把自己当成“吹牛的本钱”，很受感动，于是改怒为笑，向恩师倒茶赔罪。自此以后，两人的师生情谊更见深笃。

○ 1922 年，二十八岁的容庚带着自己所著的《金文编》稿本，专程去天津拜见大名鼎鼎的罗振玉。罗看到《金文编》后，对这后辈十分赏识，认为是研究古金文的可造之才。罗随后主动向北大金石学教授马衡写信推荐容。信中有“容庚新从广东来，治古金文，可造就也”之语。马看过《金文编》后，决定不予考试，破格录取容为北大研究所国学门研究生。此前容毕业于东莞中学，并没有读过大学，他晚年常以一介中学生而入读北大研究生为自豪。1925 年，《金文编》初版问世，也是罗出资帮助印行。1926 年，容从北大毕业后，任教于燕京大学，次年即破格转为教授。正是由于罗的推荐与提携，容后来在古文字领域建树卓著，成为蜚声海内外的学者。容因此对罗终身感激，后来《金文编》每次再版，容都要寄一份稿费给罗的家人。1940 年罗在旅顺去世时，容致挽联“探殷墟之瑰奇，精鉴远过刘原父；睠楚国而憔悴，孤忠高似屈灵均”，对其评价极高。

○容庚在北大研究所国学门攻读研究生时，王国维正在担任北大国学门的通信导师，他对容十分赏识，对其学术研究帮助也很大。1923年王为商承祚《殷墟文字类编》作序时，称他所见当今治古文字的青年仅四人：唐兰、容庚、柯昌济、商承祚。此后两人过从甚密，时相切磋。容追忆王写道：“先生沉默寡言，问非所知，每不置答。喜吸纸烟，可尽数支；当宾主默对时，唯见烟袅袅出口鼻间。其治学甚劬，而所学甚博。”1927年6月2日，王自沉颐和园昆明湖，容是第一批到达现场者，随后又为其操办丧事而奔走，他还一直保留着王遗书的石印件。

○林白水是20世纪初与邵飘萍齐名的著名报人。容庚在北大读研究生时，曾任林女的家庭教师。林家车夫看不起容，有一次作梗将容抛在半途，容愤怒地写信给林，要辞去家教职务。林立即辞退车夫，并叫女儿向容磕头请罪。容因此重回林家讲课，林见到容后又亲自向他下跪谢罪，容十分感动，两人遂成莫逆之交。林在《社会日报》揭露北洋政府黑幕，被直系军阀张宗昌杀害，容集林生前文章成《生春红室金石述记》一书，并作跋颂扬他“视权贵蔑如也”。

○李大钊年轻时对章士钊十分仰慕。1914年，章在日本东京创刊《甲寅》杂志。当时正在早稻田大学就读的李看到《甲寅》即将出版的广告后，非常高兴，马上作了一篇题为“风俗”的文章，并以自己的字“守常”为名写了一封信给章。章读后，“惊其温文醇懿，神似欧公，察其自署，则赫然李守常也。”遂按照信上附的地址写信约李见面。见面后，章问李：“你向《甲寅》投稿，为什么不署本名而用号？”李微笑着回答：“先生名钊，我何敢名钊！”二人因此而订交。后来，二人在政治道路上南辕北辙，截然不同。但章对李却多方支持，李也对章敬佩有加。可谓道不相同情谊深，生死如一。在李去世后，章深有感触地说：“吾二人交谊，以士相见之礼意而开始，以迄守常见危致命于北京，亘十有四年，从无间断。两人政见，初若相合，卒乃相去弥远，而从不以公害私，始终情同昆季，递晚尤笃。”

1916 年李大钊（前排中坐者）与宪法公言社同仁合影。

○李大钊被害后，灵柩停放在北京宣武门外妙光阁浙寺内，历时六年，无法安葬。1933 年 4 月初，已经病危的李妻赵纫兰带着女儿来到北平，请北大代办安葬。蒋梦麟校长很快就答应了此事，并与胡适、沈尹默、周作人、傅斯年、刘半农、钱玄同、马裕藻、马衡、沈兼士、何基鸿、王烈、樊际昌等十三名北大教授自愿发起公葬，每人捐二十元。北大教授李四光等人捐十元，马寅初等人捐二十元，梁漱溟等人捐五十元，外地有鲁迅捐五十元。刘半农专为李撰写碑文，赞李“温良长厚，处己以约，接物以诚，为学不疲，诲人不倦。”公葬之际，北大学生献挽联：“南陈[①]已囚，空教前贤笑后死；北李如在，哪用吾辈哭先生？”

○在共同编辑《新青年》杂志的过程中，周作人与李大钊结下了深厚情谊。其时周常在老北大红楼讲课以后，拐去校图书馆主任室与李聊天。事后周回忆道：“在第一院的只有图书馆主任，而且他又勤快，在办公时间必定在那里，所以找他最适宜，还有一层，他顶没有架子，觉得很可亲……”1927 年 4 月 28 日，李被张作霖军政府杀害后，周极为悲愤，写下《偶感》《日本人的好意》等文章，回忆李的高风亮节，捍卫李的名誉，称李是“以身殉主义”。同时，周还冒着极大的风险，将李的儿子李葆华带到自己家中，藏了一个多月，然后和沈尹默一起，将李葆华转送日本留学。此后，周对李的其他

① “南陈”指陈独秀，当时正在狱中。

家属也照顾甚多。周在有生之年，还为李大钊文稿的保存、整理和出版倾注了极大的心血。

○ 1918 年，毛泽东经杨昌济的介绍，李大钊的引荐，由蔡元培校长批准，到北大图书馆任助理员，职责为登记来图书馆读报刊者的姓名，每月只有八块钱的工资。但这份工作，不仅解决了他的生活难题，而且通过管理和阅读报刊，使毛泽东获得许多有益的知识，并由此结识了许多名流学者，对其五四前后的思想转变产生了重大影响。对此，毛泽东一直十分感念李大钊的引荐之恩。1936 年，他在延安的窑洞里向美国记者斯诺说："我在李大钊手下在国立北京大学当图书馆助理员的时候，就迅速地朝着马克思主义的方向发展。"

○ 1949 年 3 月，在中共中央领导机关自河北省建屏县西柏坡迁入北平时，毛泽东感慨万端地说："三十年了，三十年前我为了寻求救国救民的真理而奔波。还不错，吃了不少苦头，在北平遇到了一个大好人，就是李大钊同志。在他的帮助下我才成了一个马列主义者。他是我真正的老师，没有他的指点和教导，我今天还不知道在哪里呢！"

○周作人有三大弟子：朱自清、俞平伯、废名（冯文炳），三人号称"京兆布衣三大弟子"，均以散文小品文著名。朱的《背影》名闻全国，俞以《红楼梦》研究成家，冯是小说《桃园》的作者。三弟子为文处世均极像其师。

○解放前夕，陈寅恪生活窘迫，时任北大校长的胡适想赠其一大笔美元，陈拒不接受。后来，陈决定将自己的藏书卖与胡，来换胡的美元。于是，胡派专车到清华，从陈家里装了一车十分珍贵的关于佛教和中亚古代语言的西文书，而陈只收两千美元。在这些书中，仅一部《圣彼得堡梵德大词典》的市价，就远远不止两千美元。

○胡适成名后，每日登门拜访的人络绎不绝。后因求见的人太多，胡便宣布了“胡适之礼拜”制度：“每星期日上午 9 点至 12 点，为公开见客时间，无论什么客来都见。”后来每个星期天都来人不断，上午时间不够，又延长至下午，通常一天有五十多位客人，成为名副其实的“礼拜日”。如此盛况一致持续到七七事变，胡适离开北京为止。

○胡适在小说考证领域的“抛砖”工作，引来了无数“美玉”，他曾不无得意地说：“我考《红楼梦》，得顾颉刚与俞平伯；考《西游记》，得董作宾；考《水浒传》，得李玄伯；考《镜花缘》，得孙佳讯。”

○五四时期，胡适积极提倡白话文，与主张文言文的章士钊多有争论。但这并不影响两人的正常交往。1925 年 2 月，胡、章二人在一宴席上碰面，席间交谈甚多。饭后章拉胡到附近一家照相馆拍了一张合照。相片洗印出来后，从来不作白话文的章随照题了一首白话诗给胡：

你姓胡，我姓章；
你讲什么新文学；
我开口还是我的老腔。
你不攻来我不驳，
双双并坐，各有各的心肠。
将来三五十年后，
这个相片好作文学纪念看，
哈，哈，我写白话歪词送把你，
总算是老章投了降。

以示和好之意。并附上一封信，内云：“适之吾兄左右：相片四张奉上，账已算过，请勿烦心。唯其中二人合拍一张，弟有题词。兄阅之后毋捧腹。兄如作一旧体诗相酬，则真赏脸之至也。”胡收到后即作一旧体诗“七绝”奉答：

但开风气不为师，
龚生此言吾最喜。
同是曾开风气人，

愿长相亲不相鄙。

章、胡二人虽然并未因此而放弃自己的观点，但两人分别作为新派和旧派的领军人物，竟然有如此唱和之作，确实让人耳目一新。

○ 1938 年，日本占领整个华北地区。北大师生被迫南迁昆明，与清华、南开组成西南联合大学。在南迁过程中，周作人滞留北平，无意南下，在燕京大学当客座教授。后来又出席了由日本人组织召开的“更生中国文化建设座谈会”，令国内文化界舆论哗然，一致谴责周的附逆行为。北大同仁更为他担心。当时正在英国伦敦的胡适得知后，甚感不安，特意写了一首白话诗寄给周，奉劝他尽快离开北平，并希望他认清是非，不要一失足造成千古恨。诗云：

寄给在北平的一个朋友

藏晖先生[①]昨夜做一梦，

梦见苦雨庵中吃茶的老僧[②]，

忽然放下茶盅出门去，

飘然一杖天南行。

天南万里岂不太辛苦？

只为智者识得重与轻。——

醒来我自披衣开窗坐，

谁人知我此时一点相思情！

一九三八·八·四·伦敦

周接到信后，也做了一首白话诗答胡，以明心迹。周诗共有十六行：

老僧假装好吃苦茶，

实在的情形还是苦雨，

近来屋漏地上又浸水，

结果只好改号苦住。

---

① 藏晖先生隐指胡适自己。

② 老僧隐指周作人。

晚间拚好蒲团想睡觉，
忽然接到一封远方的信，
海天万里八行诗，
多谢藏晖居士的问讯。
我谢谢你很厚的情意，
可惜我行脚却不能做到，
并不是出了家特地忙，
因为庵里住的好些老小。
我还只能关门敲木鱼念经，
出门托钵募化些米面——
老僧始终是个老僧，
希望将来见得居士的面。

周在诗中向胡倾诉自己的苦衷，解释不能南下是因为有家庭拖累。但他也申明自己留在北平也只是“关门敲木鱼念经”，不会出问题。但后来随着时势的变化，周未能坚持自己的立场，相继担任了“伪北大”图书馆馆长，伪华北教育总署督办等职务，成为令国人不齿的汉奸，辜负了以胡为代表的北大同仁的殷切期望。

○ 20 世纪 20 年代末，杨振声任青岛大学校长。某日，闻听胡适要来青岛，遂邀胡顺便到青岛大学讲演。不料轮船抵达后，因风浪太大无法靠岸，胡只好给杨发一电报，电文曰：“宛在水中央。”杨接到电报后，回电曰：“盈盈一水间，脉脉不得语。”

○ 1931 年秋天，而立之岁的罗尔纲在其师胡适家里做文字事情，受到胡适无微不至的关怀。胡给罗曾写有一封信：“尔纲弟，我看了你的长信我很高兴。你觉得家乡环境不适宜做研究，我也赞成你出来住几年。你若肯留在我家中我十分欢迎。但我不能不向你提出几个条件：（1）你不可再向家中取钱来供你费用。（2）我每月送你四十元零用，你不可再辩。（3）你何时再来，我寄一百元给你做旅费，你不可辞。你这一年来为我做的工作，我的感谢，自不用我细说。我只能说，你的工作没有一件不是超过我的期望的。”

○吴晗在中国公学读一年级时就得校长胡适的赏识。后经人介绍，由罗尔纲带他去拜访胡适。吴见胡的第一件事，就请胡让他免试转入北京大学二年级。胡对他说：“入学考试，是国家抡取人才的大典，不得徇私。你考入北大后，费用我可以帮助。”后来吴考北大，数学得零分，没有录取。又考清华大学，清华不考数学，便被录取。罗告知胡以后，胡当即取出八十元让罗送给吴交学膳费用。并给清华的负责人翁文灏、张子高写信介绍、推荐吴，请给予吴一个“半工半读”的机会。结果，吴在清华得到了一份每天整理两小时清代资料、每月二十五元的职位。胡还亲书一副对联送给吴：“大处着眼，小处着手；多谈问题，少谈主义。”在胡的指导下，吴埋首历史，取得了可喜的成绩，最终成为著名的明史专家。

老北大的史学系教师和毕业生

○千家驹在北大经济系上学时，发表了一篇题为“抵制日货之史的考察和中国的工业化问题”的文章。胡适看到以后，大为赞赏，就向人打听千家驹是谁的笔名。知情人告诉胡这不是笔名，他本姓千。胡又问千在哪儿工作。

对方回答说，千是个北大学生，大学还没毕业。胡大为惊讶，认为一个大学生能写出如此高水平的文章，实在了不起。后来经吴晗引荐，千与胡见面。闲谈中，胡问千毕业后准备去哪里工作，千答工作还没有着落。胡便自告奋勇，介绍千去陶孟和主持的社会调查所工作。陶一打听，了解到千是北大著名的“捣乱分子”，很可能是共产党员，就有些犹豫。陶将了解的情况告诉胡后，胡却回答：“捣乱与研究工作是两码事，会捣乱的人不一定做不好研究工作，况且一个研究机关，你怕他捣什么乱？”陶无话可说，千的工作就这样定了下来。后来又经胡的大力推介，千又到北大担任讲师。千对胡的知遇之恩一直不忘，20 世纪 50 年代，国内掀起声势浩大的批胡运动。千此时虽担任很多重要职务，但却不出来随声附和：“如果把胡臭骂一通，又难免言不由衷。所以只有效金人之三缄其口，因此在数百万字批胡论文中，你们找不到我的片言只字。”

○梁漱溟在香港办《光明报》时，自任社长，萨空了任经理。梁给自己定的工资是月薪一百元，给萨定的却是二百元。原因是他生活节俭，独自在港，花销小；而萨全家在港，负担重。后来梁并又把自己一百元工资的一半补贴给了萨。

○鲁迅去世后，北大师生无限伤悼。在北大法商学院召开的追悼会上，北大学生会敬献挽联：“民族正艰危，剧怜睡狮未醒，振聋犹须作呐喊；世途多荆棘，太息哲人竟去，枕戈那许尚彷徨。”

○ 1918 年 10 月 8 日，《北京大学日刊》刊登了尚为学生身份的傅斯年给蔡元培校长的投书：《论哲学门隶属文科之流弊》。文中认为，哲学研究的材料来源于自然科学，“凡自然科学作一大进步，即哲学发一异彩之日”，主张哲学应入理科。此文引起蔡元培的注意。他对这位高才生寄予厚望，题词赠曰：“山平水远苍茫外，地辟天开指顾中。”

○傅斯年与陈寅恪关系甚密，彼此都很感佩对方，陈赠傅诗中称“天下英雄独使君”，傅则赞陈在汉学上素养不下清代钱大昕。在西南联大时，二人同住一楼，陈住三楼，傅住一楼。每次警报一响，其他人都“闻机而动，入土为安”，往楼下防空洞跑。而傅却直上三楼，把患眼疾的陈搀扶下楼，一起躲入防空洞。

○傅斯年在认识丁文江之前，痛恨其政治立场，甚至当着胡适大骂丁，说：“我若见了丁文江，一定要杀了他！”后来胡介绍两人认识，他们却迅速成为莫逆之交。丁在长沙病危，正是傅第一个从北京赶去看护。

○傅斯年对何兹全有知遇栽培之恩，何对此终生不忘，晚年回忆傅时，还充满感激之情：“傅斯年是我的老师，这老师还不是泛泛的老师而是恩师。1935 年我北大毕业，他邀我去史语所，我没有去，而去日本读书。抗日战争爆发后，我编杂志，写社论，在机关里混。是他收留我到史语所，使我在社会上鬼混了几年之后，重新又走上做学问的道路。不然，真不知我今日能在何方。潦倒，悲伤，活得不像个人，也可能死掉了！”

○顾颉刚多次在书信和日记中称：“在当代的学者中，我最敬佩的是王国维先生。”甚至做梦都梦到王国维，“数十年来，大家都只知道我和胡适的来往甚密，受胡适的影响很大，而不知我内心对王国维的钦敬，治学上所受的影响尤为深刻。”“总以为他是最博而又最富于创造性的。”顾颉刚曾专门给王国维写信，表示愿“追随杖履，为始终受学之一人”。

○顾颉刚在八十七岁离世之前写就的《我是怎样编写古史辨的》当中，记有这样一段文字：“胡适从 1929 年起不疑古了，从这时起我和他在思想上已有不同了。九一八事变以后，我为了反抗日本帝国主义的侵略，编刊通俗读物，宣传抗日主张，唤起全民族奋起抗日，他却以为‘民众’是惹不得的，放了火是收不住的，劝我不要引火烧身。他的这种无视国家民族生死存亡的麻木不仁的态度，引起我的极大的反感。看法不同，关系也就疏远了。”

○ 1922 年，俞平伯出版其《红楼梦辨》一书，在此书的引论中，俞特别提及好友顾颉刚对此书的贡献，并对此感念不已。他说：“我在那年（1921）四月间给颉刚一信，开始作讨论文字。从四月到七月这个夏季，我们俩的来往信札不断，是兴会最好的时候。颉刚启发我的地方极多，这是不用说的了。这书有一半材料，大半是从那些信稿中采来的。换句话说，这不是我一人做的，是我和颉刚两人合做的。我给颉刚的信，都承他为我保存，使我草这书的时候，可以参看。他又在这书印行以前，且在万忙之际，分出工夫来做了一篇恳切的序。我对于颉刚，似乎不得仅仅说声感谢。因为说了感谢，心中的情感就被文字限制住了，使我感到一种彷徨着的不安。颉刚兄！你许我不说什么吗？我蠢极了，说不出什么来！”

○有人比较顾颉刚与陈垣教导学生之不同说：顾颉刚对后学，经常是“你这篇文章好，我给你发表。”陈垣教学生则是：“你不要胡乱写呀，小时候乱作，老了要后悔的。不能乱写文章啊！”

○一日，彤云飞雪，漫天皆白，天气甚冷。郁达夫来到“窄而霉小斋”访沈从文。沈正在穿着夹衣，身裹棉被，伏案写作；风雪入户，环堵萧然。两人促膝而谈，谈毕，郁知沈尚未吃饭，便邀沈同往饭馆用餐。餐毕，郁付完钱后，将剩余的钱全部送给沈；又拿下自己围巾，为沈披于肩上。道别之际，郁殷切嘱沈：“好好写下去……”两人道别后，沈回到房中，不禁潸然泣下。

○汪曾祺在西南联大读书时，生活困顿，经常上顿不接下顿，有时日高不起，拥被而卧。其友朱德熙看汪 11 点钟还不露面，便知汪午饭尚无着落，便携一本英文字典，走到汪的床边，推推汪：“起来起来，去吃饭！”两人便先去昆明的文明街，将字典卖掉，然后去街上饱餐一顿。

○ 1946 年，汪曾祺到上海后，一时找不到合适的职业，情绪异常悲观，竟然有自杀的冲动。其师沈从文知道后，一改往日平和的态度，写信把汪大骂了一顿，说：“为了一时的困难，就这样哭哭啼啼的，甚至想到要自杀，真是没出息！你手中有一支笔，怕什么！”沈还在信中提到了他当年初到北京时的情形，并以此来勉励正处于困境中的汪。

○徐志摩与陆小曼的结合，遭到了很多人的反对，徐的老师梁启超就是其中一位。1926 年 8 月 14 日，徐与陆在北海公园举行订婚仪式，10 月 3 日正式结婚，婚礼由胡适主持，梁启超碍不过胡的面子，万般不情愿地做了证婚人。梁在陈述证婚词时，对徐和陆引经据典地大训大骂：“徐志摩，你这个人性情浮躁，所以在学问方面没有成就，你这个人用情不专，以致离婚再娶……以后务要痛改前非，重新做人！”“徐志摩、陆小曼，你们听着！你们都是离过婚，又重结婚的，都是过来人了！这全是由于用情不专，以后要痛自悔悟……希望你们不要再一次成为过来人。我作为你徐志摩的先生——假如你还认我做先生的话——又作为今天这场婚礼的证婚人，我送你们一句话，祝你们这次是最后的一次结婚！……”在场的人都觉得梁说话未免有些过火。徐听得面红耳赤，十分尴尬，只好忍着惭怍，亲自向前，向老师服罪，说：“请老师不要再讲下去了，顾全弟子一点面子吧。”梁听了这话，大概也自觉讲得过于不堪，也就此收住。

○ 1948 年，邓嗣禹辞别北大之前，其友傅乐素、严倚云请客为其饯别。邓指导写论文的学生，闻讯后均来参加。其时北大师生生活已经非常困顿。但饭桌上仍有好几盘菜，而且都不离鸡蛋，如炒鸡蛋、炸鸡蛋、蒸鸡蛋加虾米、木须肉、西红柿鸡蛋汤，等等。邓问众人，为何有这么多的鸡蛋？师生回答说：“每人每周有三个鸡子儿，作为营养料。现在全都拿出来，为先生送行，以报答您的辛苦教育之恩。”邓闻言，大受感动。

○朱自清逝世后，许德珩写挽联：“教书三十年，一面教，一面学，向时代学，向青年学，生能如斯，君诚健者；存留五一载，愈艰苦，愈奋斗，与丑恶斗，与暴力斗，死而后已，我哭斯人。”

○梁实秋和冰心曾结下深厚的友谊，而且在平日交往中喜欢谐谑打趣。1949 年之前，两人之间常有书信字画往来，有一次梁实秋给冰心画了一幅梅花，冰心回信说：“画梅花有什么了不起，狗也会画。”20 世纪 80 年代当梁的遗孀韩菁清到北京拜访冰心时，冰心在悲痛中说：“实秋是我的一生知己。”

○ 1919 年，宗白华在上海主编《时事新报》副刊《学灯》，发现了郭沫若，将郭的新诗大量在《学灯》上发表，成为《女神》的“催产婆”。因此，郭称宗为他的“钟子期”。

○范文澜在北大求学时期，先后师从黄侃（季刚）、陈汉章（伯弢）、刘师培（申叔），倾心向他们学习经史之学。他当时的志趣就是“追踪乾嘉”“笃守师法”。所谓“师法”即黄、陈、刘诸师传授的汉学家法。范的系列著作，大多受益于在北大学习和执教时的学术积累。在他的著作中经常把北大师长的讲论引录到书中，并要注明出自某师。最负盛名的《文心雕龙注》不时在注释中引录黄侃、陈汉章的论述，并称为“黄先生曰”“陈先生曰”。他在书前的例言中申明：“愚陋之质，幸为师友不弃，教诱殷勤。注中所称黄先生即蕲春季刚师，陈先生即象山伯弢师。其余友人则称某君，前辈则称某先生，著其姓字，以识不忘。”

○“文革”之初，范文澜受到康生和陈伯达的批评后，他在给刘大年的一封信中说：“请你助黎澍同志加强批评。愈过头愈好，不过头，别人会来补的，那就麻烦了。”同时在另一封给刘大年和黎谢的信中又说：“请毫不容情地加上自我批评的文字，愈过头愈好。请你站在敌对者的方面，尽量抨击，不大大抨击，将来自有人出来抨击，那就被动了。这一点务请采纳为幸！”

○马寅初就任北大校长后，有一次在中南海见到了毛泽东主席。毛问他当北大校长有什么困难，马说："只希望主席能够批准：兄弟点名邀请谁到北大讲演的，就请不要拒绝。"毛风趣地说："这个好办，我批准了。马老校长，我给你这个'尚方宝剑'！以后你想请谁，我就保证他随叫随到。"此后，马点名邀请了一大批著名的专家学者和周恩来、陈毅、李富春、胡耀邦等党政领导来北大作报告，极大地支持和充实了北大的教学活动。陈毅在北大演讲时，第一句话便是"今天是马寅老掐着我的脖子让我来的"。

○马寅初与周恩来总理私交甚厚。周总理病逝后，已经九十五岁的马寅初听到噩耗后不禁失声恸哭，不顾亲友的劝阻，一定要去吊唁，并向周总理遗体告别。他激动地说："我死了也要去！""1939 年在重庆第一个引导我认识怎样救中国的是周总理；蒋介石逮捕我，营救我最出力的是周总理；我在狱中，重庆举行庆祝六十寿辰大会，周恩来、董必武和邓颖超同志送对联鼓励我支持我；安排我离开国民党狼窝虎口经香港去解放区的是周总理；这次'文化大革命'指示保护我的又是周总理；1972年患直肠溃疡[①]，正是在周总理的直接关怀照顾之下，手术才得以成功。他自己已身患重病，还特地派医生来看望我。我一定要去吊唁，万一吊唁而死了，我也心甘情愿。"后来，马坐着轮椅去向周总理遗体鞠三个躬，绕遗体一周后，还不肯告退，坚决要求再绕一周。最后，又让家属把他勉强扶起来，站着向周总理遗体行了三个鞠躬礼。

○陈翰笙曾对学生说："我的三个烈士朋友，特点不同，李大钊（我的入党介绍人），在军阀统治下建党的人，注意党的组织发展；蔡和森，搞政治的，每次见面都大谈阶级斗争；邓演达，最关心教育，在黄埔军校、武汉政府都注重教育，不光注意军事教育，也注意各方面教育。我和邓演达是 1927 年在莫斯科第一次见面，1930 年到上海经常见面，成了好朋友。三个人死得也不同，都很惨。李大钊是被绞死的；蔡和森是被钉成十字，一刀一刀割死的；邓演达

① 当时马寅初所患乃是直肠癌，家人不敢将实情告诉他，一直谎称是直肠溃疡。

是被暗杀的。今天有的人只顾自己做官，这些人怎么对得起这些烈士呀！”

○邓伟回忆其师朱光潜说：“那时，逢到周末，朱先生爱去校外的海淀浴池洗澡，过了八十岁还是去。有一回我去看他，他得意地‘透露’自己顺便在海淀镇买了上好的带鱼，一定要留我吃饭，犒劳我被学院里一星期的清汤寡水亏待的肚子。还有一次，朱先生特地要家里的保姆为我做一顿土豆烧牛肉。夜晚告辞的时候，朱先生看见小柜上摆着几个橘子，他抓起来执意往我书包里塞。我着急地推搪着，终于拗不过先生。走在回家的路上，我想起《背影》中父亲送站的场景，那情形我曾无数次地想象过。摸摸书包里圆鼓鼓的橘子，我感到似曾相识的殷望与实实在在的温暖。”

○邓广铭在考入北京大学历史系之前，曾就读于辅仁大学，其时恰逢周作人来校讲新文学。周自称“既未编讲义，也没有写出纲领来，只信口开河地说下去就完了”，谁知讲完之后，邓广铭“却拿了一本笔记的草稿来叫我校阅，所记录的不但绝少错误，而且把我所乱说的话整理得略有次序，这尤其使我佩服”。后来这本笔记就以《中国新文学的源流》为名出版了。周将稿费送给邓，邓用这笔钱买了一部线装《二十四史》。邓的老友张中行后来感叹，周讲课北调掺和南腔，其中又有不少专业知识，颇不易记，邓却像是轻而易举，不只记了，且接着就印成书，“一个初进大学之门的学生，才竟如此之高，学竟如此之富，简直不可理解”。

名师好友郊游留影。左起：周培源抱周如玲、陈岱孙、王蒂澂、金岳霖扶周如雁、朱自清、李济侗扶周如枚。

○“文革”后期，已经将近八十多岁的陈岱孙对即将毕业的学生不无遗憾地说：“以前每届学生毕业，我要请吃鱼的，而今亏了你们了！”

○ 1995 年 10 月 21 日，北

京大学为陈岱孙举办“九十五年寿辰庆祝大会”，当时的国务院总理朱镕基亲自写信祝贺说：“先生年高德劭，学贯中西，授业育人，六十八年如一日，一代宗师，堪称桃李满天下。”

○陈岱孙九十岁寿辰时，其弟子厉以宁填《秋波媚》词一首，以作贺礼，其词曰：

忧国少年越重洋，回首几沧桑，人间早换，武夷更秀，闽水流长。
弦歌不绝风骚在，道德并文章。最堪欣慰，三春桃李，辉映门墙。

○吴大猷在回忆抗战时期的教学生涯时，非常欣慰地说：“抗战的一段时期，应是我的研究工作有所成长的阶段，但这段可贵的光阴，很快地一晃而过，个人成就寥寥，限于能力，更限于环境。这些对于我都没有什么可以后悔的，幸运的是适逢遇上了一批卓越的学生，系杨振宁、黄昆、黄授书、张守廉等，再加发现了李政道的奇才。”他还说：“遇见了这样的‘群英会’，是使教师最快乐的事。”

○ 1989 年夏，出国研修七年的王诗宬回到北大。其师江泽涵听说王回来了，就亲自去王的暂住处看望，但去了两次都未曾遇见。王因刚回国，忙于手续等事，还未及去看望导师，听到八十七岁的导师两次上楼来看自己，心中很不安，马上赶到老师寓所，问江有什么事，江说：“我没有什么事。我只是想告诉你，你出去学习，又回来了，我实在是很高兴。”

○ 1978 年，姜伯驹被选派出国研修，当时其师江泽涵的工作正需要姜做助手。但是年近八旬的江登上四楼，找到当时的系主任丁石孙，恳切地说：“你们千万不要考虑我的工作，你们一定要把姜伯驹送出国。”1980 年江得知姜当选为中国科学院学部委员时高兴得不得了，一位目睹者说，当江听到这一消息时，“那高兴劲儿可以说是死而无憾”。

○张岱年说："我早年从北师大刚毕业，经冯友兰先生和金岳霖先生推荐，到清华当助教。这是很幸运的事，这也是我一生学术生涯的开始。所以，我很感谢冯先生和金先生。"

○马坚是我国著名的阿拉伯语教育家、翻译家和伊斯兰宗教学家，长期在北大东语系任教，他为东语系培养青年教师投入了极大的精力。马曾对一位青年教师说："我们这些人年纪越来越大了，真希望你们能成长得更快一些。我们当初的知识是一点一滴用小戥子称进来的，现在真恨不得成斗成升地全倒给你们。"

○据金克木的学生郭良回忆：郭在北大上二年级时，因病休学两个月。病愈后回校复习功课，准备补考。一天去老师金克木家询问请教学业问题。回答完问题后，金关心地问郭："三年级是关键的一年，如果三年级跟不上，以后四、五年级念更难的作品，就会无法念下去。到五年级还要加巴利语，学习量很重，你的身体吃得消吗？"郭因身体和学习的矛盾，感情十分脆弱，禁不住这一问，眼泪就簌簌掉了下来，竟不辞而别，回到宿舍，蒙头大哭一场。冷静之后，郭对自己的任性感到后悔，准备第二天再去金家当面解释。傍晚时分，有人敲门，郭开门一看，竟然是金。金见到郭就说："我不放心你，来看看，是不是我言重了，你受不了？不要误会，情绪不好会影响功课复习的。"郭忙说："金先生，对不起，我刚才不礼貌，主要是自己心情不好，太任性了。"金又对郭劝慰一番，才走回自己家中。郭感慨地说："金先生回去时，我送他到二十七斋门口，望着他瘦小的身影消失在匆匆忙忙去食堂的学生人流之中，心中好生感动。从蔚秀园到二十七斋，等于从北大西校门到中关村南校门，横穿半个北大。暑气蒸人时，年过半百的金先生，一位有名望的北大教授竟亲自来到宿舍安慰一个不懂世事的学生，使我心里深感歉疚。"

○晚年的侯仁之一旦提到自己的老师顾颉刚和洪业，总会感慨地说两句话："顾颉刚老师好极了！洪业老师好极了！"

○1941年12月，日美太平洋大战爆发，燕京大学被日寇查封，这时在燕大任教并兼任学生生活辅导委员会副主席的侯仁之遭日寇宪兵逮捕，因“以心传心，抗日反日”的罪名，被日寇军事法庭判处徒刑一年，缓刑三年，取保开释，直到抗战胜利。期间，侯曾考虑过到成都避难，其师洪业教授告诉他：“如果不走，即使再次被捕，燕京人也会知道侯仁之是为什么而判刑的，拿起笔，做学问。”正是这句“拿起笔，做学问”，开启了侯终生的研究事业。后来，侯以历史地理学为安身立命之所在，孜孜不倦，坚毅卓绝，在北京旧城改造、沙区治理等诸多方面做出了巨大的贡献。

○抗战时期，侯仁之与其师邓之诚被日本人关入同一间大牢中。牢中共有十一人，按照囚号排列，每人一块地方，白天席地而坐，晚上就地而卧。排号为“503”的邓，冻饿致病，晚上辗转反侧，难以入睡。排号“511”的侯冒着被看守处罚的危险，偷换了铺位，移到邓身旁，把自己的衣服给邓盖上御寒，晚上则紧紧贴在邓身边，用自己的体温温暖邓。邓对此甚为感动，后来在文章中写道：“予病甚……侯君，予门人也，服事尤谨。”

○丁石孙曾长期在北大讲述数学基础课，他说教书有两点好处：一是可以接触学生，也就是要接触年轻人。“年轻人虽然不成熟，但他们好学，经常要提不少问题，为了回答他们的问题，就促使我必须把一些问题想清楚，有时也就要把问题想得更深入些。与学生讨论的过程中我常常可以学到不少东西，这些往往不是自己学习时能得到的。以前有些老师对我说过，要念一本书，一个好办法就是对学生讲一遍，在工作中我进一步体会这一点。与学生相处更大的好处是他们的朝气对自己的感染，使我也年轻起来，常常忘掉自己的年龄。”二是可以慢慢看到学生的成长。他说：“我经常出差，全国各地，几乎到处都可以碰得到我的学生。有的我早已忘记了他们的名字，但他们说，我什么时候听过你讲的课，什么时候你讲过的一句话对我有很大的好处，影响了我的一生。这是一种非常好的回报。”“见到学生有一种格外的亲切感，我想这也许就是当教师的最大的回报。如果看到自己的学生在工作中取得成绩，更感到高兴。”

○陈寅恪与季羡林有师生之谊。“文革”开始后，众人皆批陈，但季不愿落井下石，虽经再三动员，晓以大义，他仍效金人三缄其口。季晚年回忆：“我不愿意厚着面皮，充当事后的诸葛亮，我当时的认识也是十分模糊的。但是，我毕竟没有行动。现在时过境迁，在四十年之后，想到我没有出卖我的良心，差堪自慰，能够对得起老师在天之灵了。”

○季羡林曾回忆说：当年张中行住在北大朗润园时，他与张“虽然来往不多；但是早晨散步时，有时会不期而遇，双方相向拱手合十，聊上几句，就各奔前程了。这一早晨我心中就暖融融的，其乐无穷”。有时候，他们也会站下来谈一谈学术界的情况，谈一谈读了什么有趣的书。季说：“有一次……我们早晨散步，走到一起了，就站在小土山下，荷塘边上，谈了相当长的时间。此时，垂柳浓绿，微风乍起，鸟语花香，四周寂静。谈话的内容已经记不清楚。但是此情此景，时时如在眼前，亦人生一乐也。”后来张迁出朗润园，季顿感惆怅，他动情地说：“对他（指张中行）来说，也许是件喜事。但是，对我来说，却是无限惆怅。朗润园辉煌如故，青松翠柳，‘依然烟笼一里堤’。北大文星依然荟萃。我却觉得人去园空。每天早晨，独缺一个耄耋而却健壮的老人，荷塘为之减色，碧草为之憔悴。‘此情可待成追忆，只是当时已惘然。’”

○季羡林走在北大校园里，经常会碰到这样的事情：一辆自行车突然停在他面前，一个学生模样的年轻人从车上下来，问道：“你是季羡林教授吗？”季答是。年轻人便说：“季先生，我没有什么事，我只想当面向您说一句：我很敬佩您。”说完，年轻人向季鞠躬，转身上车，飞驰而去。甚至有些正开着车的年轻人，认出了迎面走来的是季，便立刻停下来，打开车门，走出汽车，双手合十，向季深深鞠躬。

○林焘和朱德熙都喜欢吹箫，两人在北大中文系任教时，经常在一起吹曲子，彼此视为知音。但是自从朱去世后，林就不再吹了。有人解释说：“不吹，是为了悼念自己最亲密的朋友。”

○陈佳洱曾对采访他的记者动情地说："真正把我领进科学大门的是学校和许多教过我的老师。特别在大学时期，我有幸跟随了王大珩、朱光亚、吴式枢、余瑞璜等一批名师。当时任系主任的王大珩先生，不仅学术精湛，在教学上的一丝不苟的严格和严厉都是出了名的。他带实验特别强调自己动手，不合格的作业必退，我们都有几分怕他。谁在他那里得一个 5 分，要请大家吃花生米，我曾因连请吃三次花生米而骄傲。朱光亚先生的课总是要先提一堆问题，然后由浅入深，引人入胜，听了要出神的，他带我做的毕业论文内容是研制国内第一只薄窗型杯的 β 射线计数管。吴式枢先生讲课没有半句废话，逻辑严谨得不得了。老师们言传身教，所传递的不仅是知识，还有思维方式；不仅教会了我们怎样去思考，更重要的是教会了我们怎样去做人，每一个眼神都是一种启发，这种教益是任何现代的信息网络手段所不能代替的。"

○袁行霈与孟二冬相识相知二十五年，在孟重病期间，袁曾满怀深情地对孟说："我一向以道德和文章的统一要求学生，你把二者很好地结合起来了。你为人清正刚毅，治学勤勉踏实，我为你而骄傲。"孟去世后，袁为他写下挽联："细柳春风，此日护君归后土；明窗朗月，何人伴我话唐诗。"

○李泽厚经常对人说，我每次回国，别的地方可以不去，但一定要去看望任继愈先生。我上大学时是个穷学生，身体也不大好，任先生每个月都资助我一些钱。

忠诲第十二

解　题：夫子授业，诲人不倦，刘向传经，斯文不坠。颜之推云："同言而信，信其所亲；同命而行，行其所服。"世间大概有两种教诲可以毫不犹豫地遵循：一是严父慈母的庭训之言，一是良师大儒的诲教之言。因为这二者一无保留，二无虚伪，几乎句句皆经验之谈，肺腑之言。为人师者，都愿倾其胸中所有，将自己的治学之道与人生经验毫无保留地传授给门生弟子，期望每一位学生都能后来居上，青出于蓝而胜于蓝。本章所收，皆为良师或父兄教诲晚生后学的金玉良言，既教为人，又教为学，或耳提面命，或寄寓微言，诲教谆谆，用心良苦，几乎条条可遵。尤其可贵者，其中多有道及家国情怀者，颇与北大师者的身份相符。后来之人，虽非文中诸先生的及门学生，但也不妨做一名读其书，行其言的私淑弟子。

○ 1905 年，张亨嘉出任京师大学堂第一任监督。就职仪式上，张与学生均朝衣朝冠，先向孔子的神位行三跪九叩首之礼，然后学生向张作三个大揖，行谒见礼。礼毕，张对学生说："诸生听训：诸生为国求学，努力自爱。"全部仪式就告结束。据考证，这是北大历史上最简短的校长演说词。

○ 1912 年 10 月 18 日，中华民国临时大总统孙中山任命马良代理北京大学校长。马在就任演讲词中对北大学生提到：大学者，"非校舍之大之谓，非学生年龄之大之谓，亦非教员薪水之大之谓，系道德高尚，学问渊深之谓也。诸君在此校肄业，须尊重道德，专心学业，庶不辜负大学生三字"。

○ 1912 年 10 月 31 日，梁启超在北大发表演说，对北大学生提出三点期望：一、服从："学生以德之未修，学之未成，始入学校求学，则在学校之中，自当服从校长教师之训导；不然，又安名为学生？"二、朴素："最堪痛心者，则莫如求学之青年，奢侈放纵，既伤其德性，复害其学业。设此风不革，则中国教育之前途，尚堪问乎？"三、静穆："天下唯有学问有修养之士，乃能真有发扬蹈厉之精神；无学问无修养者，仅能谓之狂躁，谓之轻率，以之办事，无一事可成也。故学生若不于学生时代，以静穆之风，善养其发扬蹈厉之精神，则他日必成狂躁之士、轻率之士，终身将不能成一事。可不勉乎哉！"

○ 1921 年 10 月 27 日，北大首任校长严复在福州病逝，临终前曾手书遗言"六须"："须知中国不灭，旧法可损益，必不可叛；须知人要乐生，以身体健康为第一要义；须勤于所业，知光阴时日机会之不复更来；须勤思，而加条理；须学问，增知能，知做人分量，不易圆满；事遇群己对待之时，须念己轻群重，更切毋造孽。"

○蔡元培以为至少具备三个基本条件，才配称作现代学生：狮子样的体力、猴子样的敏捷、骆驼样的精神。他认为中国要摆脱贫穷落后的现状，学生的责任重大，包括对于学术的责任、对于国家的责任和对于社会的责任，所以中国的学生尤其需要有"骆驼的精神"，才能任重致远。除此之外，再加以"崇好美术的素养"，和"自爱""爱人"的美德，便配称作现代学生而无愧了。

○ 1917 年 1 月 9 日，蔡元培在北大发表校长就职演说，他在演说中对北大学生提出三项要求：即"抱定宗旨""砥砺德行""敬爱师友"。他希望学生树立正大的宗旨，"抱定宗旨，为求学而来。入法科者，非为做官；入商科者，非为致富。"要求学生"不唯思所以感己，更必有以励人。……故品行不可以不谨严。"对教师"自应以诚相待，敬礼有加。至于同学共处一室，尤应互相亲爱，庶可收切磋之效。"

○蔡元培担任北大校长后，在第一次演说中就告诉北大学生："大学者，研究高深学问者也。……大学学生，当以研究学术为天职，不当以大学为升官发财之阶梯。"1918 年，在北大开学式演说中，他又说："大学为纯粹研究学问之机关，不可视为养成资格之所，亦不可视为贩卖知识之所。学者当有研究学问之兴趣，尤当养成学问家之人格。"

○ 1919 年 9 月 20 日，蔡元培在《北大第二十二年开学式演说词》中对北大学生说："诸君须知，大学并不是贩卖毕业证书的机关，也不是灌输固定知识的机关，而是研究学理的机关。所以，大学的学生并不是熬资格，也不是硬记教员讲义，是在教员指导下自动地研究学问的。"1921 年 10 月 11 日，在北大开学典礼上，他又说："至于大学学生，本为研究学问而来，不要误认这学问机关，为职业教育机关，但能图得生活上便利，即为已足。"

○蔡元培教导北大学生："在学校内，既要有活泼进取的精神，又要有坚实耐烦的精神。有第一种精神，所以有发明，有创造。有第二种精神，利害不为动，牵制有不受，专心一志，为发明创造的预备。"

○蔡元培殷切希望北大师生集中精力进行学术研究，鼓励学生专注学业，改变"奔竞及游荡的旧习"，但又不赞成死读书、读死书。他说："研究学理，必要有一种活泼的精神，不是学古人'三年不窥园'的死法能做到的。"

○蔡元培给北大毕业生的赠言是："各勉日新志，共证岁寒心。"

○蔡元培对出国留学的同学说：不要失去"我"性，作为中国人的个性，不要被同化。

○ 1918 年 11 月 16 日，北京大学在中央公园（今中山公园）举行演讲会，蔡元培在演讲中说："我们不要羡慕那凭借遗产的纨绔儿！不要羡慕那卖国营私的官吏！不要羡慕那克扣军饷的军官！不要羡慕那操纵票价的商人！不要羡慕那领干脩的顾问谘议！不要羡慕那出售选票的议员！他们虽然奢侈点，但是良心上不及我们的平安多了！我们要认清我们的价值！劳工神圣！”

○蔡元培任校长时，长期聘任留长辫、穿红马褂的辜鸿铭和“筹安会”罪人刘师培为北大教授。北大的一些学生对此不满。蔡教导他们说：“我希望你们学辜先生的英文和刘先生的国学，并不要你们也去拥护复辟或君主立宪。”

○ 1929 年 12 月 17 日，为纪念北大创建三十一周年，蔡元培特撰文忠告北大师生应注意两点：一要去尽虚荣心，而发起自信心。——有一部分的人，好引过去的历史，北大的光荣，尤以“五四”一役为口头禅；不知北大过去差强人意之事，半由于人才之集中，半亦由于地位置特别，盖当时首都仅有此唯一之国立大学。……如今北大不过许多大学中的一校，决不宜拘于以往的光荣，妄自尊大。要有日进无疆的自信心。二要以学术为唯一之目的，而不要想包办一切。——以前，在腐败政府之下，服务社会者又不可多得，自命为知识阶级的大学，不得不事事引为己任。今则正好乘党政重任尚未加肩的时候，多做点学术上的预备。所以应守分工之例，不想包办一切，而专治学术。

○黄侃 9 岁时，即每日读经过千字，异常聪明，人呼为“圣童”。当时，其父黄云鹄在外讲学，得知乡里人呼其为“圣童”后，即作书诫之曰：“尔负圣童之誉，须时时策励自己，古人爱惜分阴，勿谓年少，转瞬即老矣。读经之外，或借诗文以治天趣，亦不可忽。”

○黄侃说，人之生世，实为勤苦而生，不为逸乐而生，能于苦中求乐，方是真乐。并对学生说：“汝见有辛勤治学如我者否？人言我天资高，徒恃天资无益也。”

○黄侃经常教育学生，中国学问犹如仰山铸铜，煮海为盐，终无止境，作为一个学者，当日日有所知，也当日日有所不知，不可动辄曰我今天有所发明，沾沾自喜，其实那所谓发明，未必是发明。

〇黄侃曾教诲其弟子殷孟伦，学习以打好基本功为第一要义，一不骛外；二要耐于久坐，下苦功夫。他劝勉殷在三十岁以前一定读完唐以前的典籍，因为唐以前流传下来的典籍为数不多，容易读完，又是非读不可的书。有了这样的基本功，往后研究任何门类的中国学，就都好办多了。

〇黄侃虽然反对白话文，提倡文言文，但同时也看到了白话文替代文言文乃是时代潮流，所以要求他的学生不能完全学他，而要去适应新形势。他曾十分恳切地教导学生陆宗达："你要学习白话文，将来白话文要成为主要形式，不会作是不行的。我只能作文言，决不改变，但你一定要作白话文。"

〇熊十力教导学生说："为人之道，志必欲高，而脚必欲低，两者不可任失其一。"

〇 1916 年，李大钊在《青春》一书中勉励中国青年"冲决历史之桎梏，涤荡历史之积秽，新造民族之生命，挽回民族之青春"。他说，中国青年应该"本其理性，加以努力，进前而勿顾后，背黑暗而向光明，为世界进文明，为人类造幸福，以青春之我，创建青春之家庭，青春之国家，青春之民族，青春之人类，青春之地球，青春之宇宙，资以乐其无涯之生。"

李大钊先生手书条幅

〇李大钊说："凡事都要脚踏实地去做，不驰于空想，不骛于虚声，而唯以求真的态度作塌实的工夫。以此态度求学，则真理可明，以此态度做事，则功业可就。"

○李大钊在《青年与农村》中对青年说："我们中国是一个农国，大多数的劳工阶级就是那些农民。他们若是不解放，就是我们国民全体不解放；他们的苦痛，就是我们国民全体的苦痛；他们的愚暗，就是我们国民全体的愚暗；他们生活的利病，就是我们政治全体的利病。去开发他们，使他们知道要求解放、陈说苦痛、脱去愚暗、自己打算自己生活的利病的人，除去我们几个青年，举国昏昏，还有那个？"

○ 1918 年 10 月，北大成立新闻研究学会，蔡元培聘邵飘萍为导师。邵在北大讲授新闻采写课程，他在课堂上勉励学生做记者要"探究事实，不欺阅者"；要"尽自己的天职"，"平社会之不平"，"主持公道，不怕牺牲"；品性要完全独立，有操守人格，做到"贫贱不能移，富贵不能淫，威武不能屈"，"泰山崩于前而不变色，麋鹿兴于左而目不瞬"。当时来听课的学生有毛泽东、高君宇、谭平山、罗章龙、杨晦、谭植棠、区声白等人。学员中的许多人成为中国新闻事业的中坚。后来，毛泽东回忆自己在北大的学习生活时说："特别是邵飘萍，对我帮助很大。他是新闻学会的讲师，是一个自由主义者，一个具有热烈理想和优秀品质的人。"

○五四运动以后，蒋梦麟勉励青年学生说："青年青年，你们自己的能力就是水。运用千百万青年的能力，就是决百川之水。集合千百万青年的能力，一致做文化的运动，就是汇百川之水到一条江里，一泻千里，便成怒潮——就是新文化的怒潮，就能把中国腐败社会洗得干干净净，成一个光明的世界？"

○ 1919 年 7 月，蒋梦麟在北大发表演说，勉励北大学生："深望诸君，本自治之能力，研究学术，发挥一切，以期增高文化。又须养成强健之体魄，团结之精神，以备将来改良社会，创造文化，与负各种重大责任。总期造成一颗光明灿烂的宝星，照耀全国，照耀亚东，照耀世界，照耀千百年而无穷。"

○ 1920 年 9 月，蒋梦麟在北京大学开学典礼上发表演说，他殷切地勉励北大学生说："北大这么大的一个学校，研究学问，注重品行的件件都有，就是缺少团体的生活。所以我希望大家，一方各谋个人的发达，一方也须兼谋团体的发达。"

○ 1931 年，北京大学校长蒋梦麟在写给即将毕业的北大同学的《临别赠言》中说："诸君离学校而去了。在社会上立身的困难，恐怕比在学校里求学还要加甚。若非立志奋斗，则以前所受的教育，反足以增加人生的苦恼，或转为堕落的工具。这是诸君所当特别注意的。事业的成功，须经过长时间的辛苦艰难——成功的代价，走过了许多荆棘的路，方才能寻获康庄大道。立志是砍荆棘斧斤，奋斗是劳力。万不可希望以最少的劳力，获最大的成功。"

○ 1916 年 7 月，丁文江忠告即将毕业的弟子：第一，不可染留学生习气，做事、做学问要考虑本国国情，不计较个人薪水和办事条件；第二，不可染官僚习气，要勤俭自励。

○丁文江在一次演讲中对北大学生说："现在有许多人，出了学校门，就想要独立工作，不愿意做人家的助手，受人的指导，这是很大的错误。"

○沈尹默是著名的书法家、诗人、学者，有人说沈的人品、书品、诗品是三位一体的。据沈的弟子戴自中回忆，沈经常教导他"学习书法首先要学为人。书法技巧固然要下功夫钻研，文学艺术的陶冶也不可少，但道德品格的修养更为重要。宋朝大诗人陆游说过'功夫在诗外'。学书法何尚不如此！"

○ 1929 年，胡适送给中国公学毕业生一句话：离开母校以后，永远都"不要抛弃学问"。他说，"学问便是铸器的工具。抛弃了学问便是毁了你自己"。

○ 1931 年，胡适给北京大学哲学系毕业生赠言说："你们应该努力做个不受人惑的人。”“必须自己能够不受人惑，方才可以希望指引别人不受人诱。”为了做到这一点，胡送给所有毕业生四个字：“拿证据来！”作为一件防身的法宝。这个法宝的用法是：“没有证据，只可悬而不断；证据不够，只可假设，不可武断；必须等到证实之后，方才可以算作定论。”

○ 1932 年，胡适对当年毕业的大学生说，大学毕业以后，无论走什么路，都存在两种堕落的危险：一是容易抛弃学生时代求知识的欲望；二是容易抛弃学生时代理想的人生的追求。为了避免这样的堕落，胡送给毕业生三种防身的药方：一是“总得时时寻一两个值得研究的问题”；二是“总得多发展一点非职业的兴趣”；三是“得有一点信心”。这就是所谓的“问题丹”“兴趣散”“信心汤”。胡真切地勉励大家：“朋友们，在你最悲观失望的时候，那正是你必须鼓起坚强的信心的时候。你要深信：天下没有白费的努力。成功不必在我，而功力必不唐捐。”

○罗尔纲一入胡适师门，胡就以“不苟且”三字教诲他。有一段时间，罗为了补贴家用，偶尔为报刊撰写一些“急就章”以赚取稿费。1936 年，罗在“中央日报”上发表了《清代士大夫好利风气的由来》一文。胡读到此文后，非常生气，写了一封很严厉的信责备罗，说：“这种文章是做不得的，这个题目根本就不成立。……我们做新式史学的人，切不可这样胡乱做概括论断。”“你常做文章，固是好训练，但文字不可轻作，太轻易了就流为‘滑’，流为‘苟且’”。“我近年教人，只有一句话：‘有几分证据，说几分话。’有一分证据只可说一分话。有三分证据，然后可说三分话。治史者可以做大胆的假设，然而绝不可做无证据的概论也。”

○胡适告诫学生：“凡是要等到有了图书馆方才读书的，有了图书馆也不肯读书。凡是要等到有了实验室方才做研究的，有了实验室也不肯做研究。”

○胡适很推崇王安石，认为“他的政治思想主要是用‘有为’来替代‘无为’”。王安石的诗，“不畏浮云遮望眼，只缘身在最高层”，是他最爱题赠给别人的诗句。

○胡适说：“凡是有大成功的人，都是有绝顶聪明而肯作笨功夫的人，才有大成就。”

○胡适曾于1925年写《劝善歌》一首，其词曰：“少花几个钱，多卖两亩田，千万买部好字典！它跟你到天边，只要你常常请教它，包管你可以少丢几次脸！”

○ 1930年，胡适在给夏蕴兰的信中说：“在青年时代，当尽力做‘增加求学的能力’和‘发展向来不曾发现的兴趣’两项工作。”

○胡适奉劝学生：“故纸堆里翻筋斗，乃是死路，不是少年人应该走的。”

○胡适曾问道：“我们买一亩田，卖二间屋，尚且要一张契据；关于人生的最高希望的根据，岂可没有证据就胡乱信仰吗？”

○胡适说：“凡是自己说不出‘为什么这样做’的事，都是没有意思的生活。反过来说，凡是自己说得出‘为什么这样做’的事，都可以说是有意思的生活。生活的‘为什么’，就是生活的意思。”

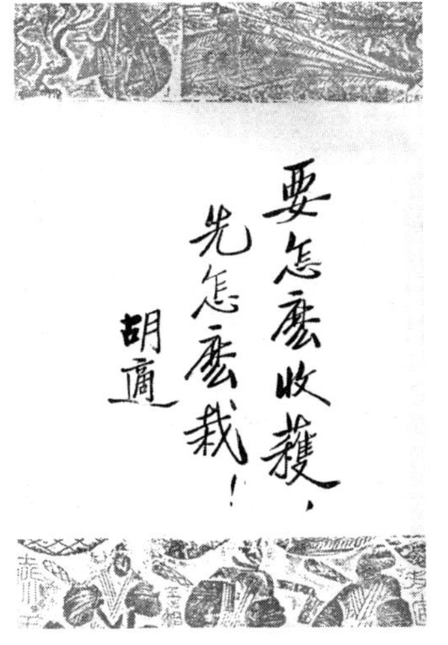

胡适题字

○胡适说：“生命本没有意义，你要能给他什么意义，他就有什么意义。”

○胡适年轻时就认识到，“应该早点预备下

一些‘精神不老丹’方才可望做一个白头的新人物。”他的“精神不老丹”是两条路径：“一、养成一种欢迎新思想的习惯，使新知识新思潮可以源源进来；二、努力提倡思想自由和言论自由，养成一种自由的空气，布下新思潮的种子，预备我们到了七八十岁时，也还有许多簇新的知识思想可以收获来做我们的精神培养品。”

○胡适说：“争你们个人的自由，便是为国家争自由！争你们自己的人格，便是为国家争人格！自由平等的国家不是一群奴才建造得起来的！”

○顾颉刚曾赠其弟子史念海一句勉言：“宁可劳而不获，不可不劳而获，以此存心，然后才有事业可言。”

○钱穆晚年授教于台北素书楼，每次讲完最后一课后，都要送弟子们一句话：“你是中国人，不要忘记了中国！”

○毛子水多次对学生说，青年学生“除了勤求学问以外，须注意培养真正的爱国心”。毛说自己最大的希望就是“我们的优秀青年，多能埋头苦干，修养自己的真才实学”，“为我们民族和国家争取荣誉”。

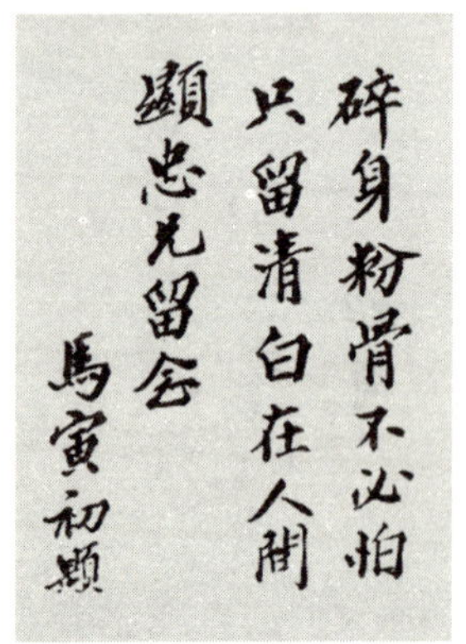

1946 年马寅初为重庆大学学生许显忠题词

○ 1958 年，马寅初因发表“新人口论”而屡遭批判，在一次全校批判大会上，马高声大喊：“我没有在课堂里上课，但我要用自己的文章来教育北大学生坚持真理。”后来，马又在一篇文章中写道：“我平日不教书，与学生没有直接的接触，总想以行动来教育学生，我总希望北大的一万零四百名学生在他们求学的时候和将来在实际工作中要知难而进，不要一遇困难便低头。”

○翦伯赞经常对北大历史系的学生说：“你们学习历史，既要学会使用显微镜，又要学会使用望远镜。前者培养过细功夫，使你们认识历史事实，洞察细微；后者训练远大眼光，使你们纵览全局，把握要害。所以两者必须结合使用，缺一不可。”

○傅振伦对青年学生说：“从事科研工作是一项很苦的差事。要有恒心、毅力，不要浅尝辄止，不要半途而废。治学既要有广博而雄厚的基础，更要由博返约，能精专一门，则对社会贡献之大必能超越前人。”

○ 1935 年，冯友兰在北平成达师范给学生讲演“青年的修养问题”时说：“要忘却成败。我们无论做什么事，如果把成败看得太真，就要感到许多痛苦。譬如，比赛足球，胜利了就愉快，失败了就不高兴，把胜败看得太真，就没有意思了。我们在一生中，所想做的事不一定都能成功，而尤其是新兴的事业，那更没有把握了……我们无论做什么事，一方面应该忘去成败，但一方面也不要希望太切，往往天才越高的人，希望成功的心也就越切。一旦不成功，就垂头丧气，什么也不想做了……这种代表人物，是汉朝的贾谊，贾谊虽然很有才华，但是缺少修养，所以也是不成的。”

○冯友兰教导学生说：“我们身为现代的人，一方面要有文明人的知识，而另一方面还要有野蛮人的身体，然后才能担当社会的大事。因为仅有文明人的知识，没有野蛮人的身体，遇到事情，是没有力量应付的……希望大家在这一点上，能够特别努力才好。”

○朱光潜曾批评他的一位爱“开夜车”的学生时说：“文人的生活一定要有规律，早睡早起，万不可养成开夜车的习惯。下半夜写作很伤神！写作主要是能做到每天坚持，哪怕一天写一千字，几百字，一年下来几十万字，就很可观了，一辈子至少留下几百万字，也就对得起历史了。”

〇朱光潜将现代青年的毛病概括为："太贪容易，太浮浅粗疏，太不能深入，太不能耐苦。"

〇朱光潜曾说，人活在世上，不要看风行事，应该实事求是，说公道话，做老实人。

〇陈翰笙教导学生："我们活着要有价值，不要投机，投机是为了升官发财，我们要有点抵抗力，不要跟着一道跑。"

〇陈翰笙教学生写论文要通俗易懂，写短句，不用生涩的词。他告诉学生：没学问的人，才用怪词。凡使用老百姓不懂的词，要么是想吓唬读者，要么就是没读懂外文原文。

〇冯至在他的遗嘱中，告诫后代：希望他们"老实做人，认真工作，不欺世盗名，不伤天害理，努力做中华民族的好儿女"。

〇费孝通教导他的学生说："一个年轻人，要心中装着国家，装着民众，不是为个人名利，而是为国家富强、民族兴盛去奋斗。我们要牢记先贤名句：先天下之忧而忧，后天下之乐而乐。我们要立志为国，立志为民，了解社会，服务社会，做一个对社会有用的人，高尚的人。"

〇据吴志攀回忆，其师芮沐的四点教诲对他影响甚大：一是告诫学生"不要与别人争论，有时间就自己做自己的学问"。芮对商榷一类的文章都不太感兴趣，他也不赞成学生写与别人商榷的文章。他说，如果要做学问，就自己做，老老实实做，和人家商榷什么？二是在阅读文献时，"要多看原著，不要多看解释文章"，因为"语言能够翻译，但文化不容易翻译"。三是"研究问题，要结合实际"，"不要空洞地就概念而研究概念"，因为学问要经世致用，空谈没用。四是建议学生"如有时间，可多学一门外国语"。

○北大中文系原系主任杨晦曾语重心长地教导即将毕业的学生："毕业后，三年是一小关，不出成绩容易放弃努力；五年是一大关，再不出成就就容易消沉。不要这样，要有韧性……还有，要有应付恶劣环境的思想准备，举最简单的，比如说臭虫咬，你们要学会有臭虫咬也能睡觉的本事！"

○钱理群考上王瑶的研究生时，已经三十八岁了。王找钱第一次个别谈话，就给钱当头棒喝，他说："钱理群，我很理解你的心情，你是很迫切地希望能在学术界有所作为，你很希望能有空间，因为你已经准备得相当好了——但是我劝你，你要沉住气。"接着王语重心长地说："我们北大的传统，是厚积薄发。学者有两种：一种是出山很早，一举成名，但是后续无力；还有一种，就是大器晚成，出来慢，准备充分，一出来发力，就源源不断，不会停止。你现在还不要轻易出来，要苦读，把你的功夫练好了，再发出自己的声音，冷板凳要坐十年。"

○钱理群追随王瑶读研究生时，一次闲聊中，王突然对钱说："我跟你算一笔账，你说人的一天有几个小时？"钱随口回答说："二十四个小时。"王接着说："记住哇，你一天只有二十四个小时。你怎么支配这二十四个小时，是个大问题，你这方面花时间多了，一定意味着另一方面花时间就少了，有所得就必定有所失，不可能样样求全。"

○王瑶去世前曾语重心长地对青年学者说："你们不要瞻前顾后，受风吹草动的影响，要沉下来做自己的学问。"当时很多年轻人都问："我们下一步应该怎么办？"王说："不要问别人你该怎么办，一切自己决定，一切自己选择。"王去世不久，其弟子钱理群说："一棵大树倒了，以前我们可以在大树的保护之下做自己的事情，现在一切就得靠我们自己了。"

○任继愈经常对人说："无论是作为一个普通公民，还是作为一名学者，第一位的是要爱国。"

○任继愈经常勉励年轻人说："年轻人要有一点理想，甚至有一点幻想都不怕，不要太现实了，一个青年太现实了，没有出息。只顾眼前，缺乏理想，就没有发展前途。这个地方工资待遇一千元，那个地方待遇一千二百元，就奔了去，另有待遇更多的，再换工作岗位，不考虑工作性质，缺乏敬业精神，这很不好。小到个人，大到国家，都要有远大理想。"他还感慨说："有的年轻人不愿意开荒，只愿意收获。如果大家都这样对于集体只讲索取，不讲回报，或者索取得多回报得少，集体就没有发展。"

○金开诚曾对学生说，德育不用讲大道理，也不必花很多时间，"逢事不要只想到自己，不要太任性、太极端，彼此都能为对方着想这就是德。你每天临睡前花五分钟反省一下自己的行为，这就是德育。"还说："与人相处是大学问，想到自己之外还有别人，社会就和谐了。""己所不欲，勿施于人。这是成功的黄金法则。""敬人者人敬之，爱人者人爱之。对人常怀爱心和尊重，他的德就差不多了。"

○田余庆经常告诫学生，学者真正的价值要以自己的作品体现出来。写作文章不能追求发表数量，而贵在求精，青年学者要努力提高自己的学术境界。他曾在北大讲授秦汉史专题课程，常在课上谆谆教导诸生："若有上好的茶叶，宁可沏出一杯浓茶，而不要冲淡为一壶茶水。"

○一位学生向叶企孙请教书中的问题，用手很重地翻着书页。叶颇为生气，批评学生："像你这样翻书，用不了多久图书馆的书就全烂了！国家花钱买一本原文书不容易！"然后又向学生示范了正确的翻书动作。

○许宝騄告诫青年教师，必须认真下功夫钻研学问，切不可买空卖空。他说："要做一个好的教师，很不容易，必须自己有相当的根底，才能讲好。应该做到以十当一，自己会十，但讲出来的是一；而现在有些教师是以一当十，这怎么教得好呢？"他又说："一个教师在台上讲课，就像一个举重运动员，应该是举重若轻，很重的东西，一下就举起来了，让人看，感到非常舒服；而不应该是举轻若重，一个很轻的分量，举也举不起，两腿颤抖，让人感到难受。"

○ 1955 年，傅鹰发表了《高等学校的化学研究——一个三部曲》一文，他在文中，深情地教导学生："你们应当认清你们的责任。我们的祖国能不能成为一个独立的、现代化的国家和我们的科学水平有极重要的关系，其中最重要的一种就是化学水平，而提高化学水平的责任主要是在你们的肩上。这不是恭维你们的话，因为你们是我的学生或学生的学生一辈的人，我若是对你们讲任何虚伪的恭维话，就失掉人民教师的身份了。……我们一生的最宝贵的光阴是在反动政府下混过去的，而你们正赶上光明的开始。时间和机会全是站在你们的方面。我们年青时也全有一番抱负和一些理想，现在我们将这些抱负和理想寄托在你们的身上。我们不能允许你们使我们失望，因为这也是全国人民的希望。"

○傅鹰经常教导学生："无论什么事情也不能建筑在虚伪和吹牛皮的基础上，化学研究更不能例外。"他的名言是："不要剽窃！否则一辈子也翻不过身来！"

○李汝祺是我国生物学界的前辈，遗传学界的一代宗师。他经常教诲他的学生说："一个科学工作者，首先要尊重事实和科学实验结果，绝不能弄虚作假，离开科学实践去进行推论，这是一个科学工作者的品质问题，也是对国家对人民的负责精神。"他还经常对学生说："是科学规律的东西谁也扼杀不了，不是科学事实的虚假面目最终必会垮台。"

○生物学家李继侗指导年轻教师和研究生翻译外国著作，要求译文准确，文字优美，经常对他们说："你们应该多看些 20 至 30 年代的文学作品，有文言文的功底，又有白话文的通俗性，可以提高译文写作水平。"

○周培源经常勉励学生说："你们在前辈人的基础上往前走，应该超过你们的老师。如果学生总是不及老师，那就会变成一代不如一代，最后人类只好退步成穴居野人。"

○有人问王选："你在从事激光照排研制过程中，最大的苦恼是什么？"王立刻回答说："最大的苦恼就是大多数人不相信中国的系统能超过外国产品，不相信淘汰铅字的历史变革能由中国人独立完成。"他教导学生："要有超过外国人的决心和信心。"

○王选对北大的学生说："赶潮流往往不行，一个人最可贵的是把一个冷门的东西搞成热门。我们千万不要跟潮流，要预见到社会的需要，来锻炼和培养自己。所以正确的名利观就是我们不要去追求科学以外的东西，应该把自己的未来，把自己的能力培养跟社会需要结合在一起。我很赞赏北大博士生的一句话：'在大学、研究生期间，不要致力于满口袋，而要致力于满脑袋。'满脑袋的人最终也会满口袋，我是相信这点的。"

○王选寄语青年科技工作者说："青年科技工作者正处于创造的高峰期，千万不要学而优则仕！组织上不要给他们过早地压上行政的重担，让他们当院长、所长、校长。所谓的当官，好像是提拔他们、重用他们，实际上剥夺了他们自由的空间，使他们没能在创造的高峰期多做点贡献。这非常糟糕。可以年龄大了再当官，五十岁再当，当到六十岁。""同时，有才华的青年科技工作者自己不要把做官当成一种奋斗目标，甚至也不要把当上院士作为奋斗目标。如果老想着当院士，就不可能全心全意做好事业。要出大的成绩，必须心无旁骛，全身心地投入到他所热爱的科学与技术领域！"

○王选对学生说："一心想得诺贝尔奖的，得不到诺贝尔奖。不要急于满口袋，先要满脑袋，满脑袋的人最终也会满口袋。要善于'延迟满足'。"并鼓励他们说："当人们对一个新的构思说'Can't do'（做不成）时，最好的回答是‘Do it yourself’（自己动手做）。”

○据侯仁之回忆，历史学家洪业在燕京大学讲授“高级历史方法”，对学生提出三个要求：一是言必有据，引证的资料要详注出处，引证的重要来源必须是原始资料；二是详尽地收集资料，并分析鉴别出其内在关系，然后合乎逻辑地组织，按照科学论文的格式进行写作；三是要“道前人所未道，言前人所未言”。

○侯仁之在1944年给天津工商学院的学生们写过如下一段寄语：“在中国，一个大学毕业生的出路，似乎不成问题，但是人生的究竟，当不尽在衣食起居，而一个深受高等教育的青年，尤不应以个人的丰衣美食为满足。他应该抓住一件足以安身立命的工作，这件工作就是他的事业，就是他生活的重心。为这件工作，他可以忍饥、可以耐寒、可以吃苦、可以受折磨。而忍饥耐寒吃苦和受折磨的结果，却愈发使他觉得自己工作之可贵、可爱，可以寄托性命，这就是所谓‘献身’，这就是中国读书人所最重视的坚忍不拔的‘士节’。一个青年能在三十岁以前抓住了他值得献身的事业，努力培养他的‘士节’，这是他一生最大的幸福，国家和社会都要因此而蒙受他的利益。愿诸君有坚定的事业，愿诸君有不拔的士节，愿诸君有光荣的献身。”

○高小霞曾勉励学生说：“认识自然，改造自然，为人民造福，是人生最大的快乐！我们认为在科学的不平坦道路上，人的智慧，指数、理、化基础占三分；机遇也占三分，指当前科技兴国的盛世机遇；而自己的勤奋努力，不畏困难的献身精神却占四分，因此，寄希望于我们年轻同学和青年科技工作者，刻苦学习，抓住机遇，不断攀登，作出学术上有国际领先水平，应用中起重要作用的优秀成果来，为建设科学繁荣的伟大社会主义祖国而努力奋进！”

○徐光宪对学生说：“音乐家、艺术家、体育运动员对天分依靠比较大，而成为一名科学家，最重要的是勤奋。我的智力在同学中是一般的水平，我自己还是很勤奋的，而且一辈子勤奋。同学们只要勤奋一定可以成为科学家，一定会取得很大的成就。这是我的经验，也是我的希望。”

○徐光宪对北大青年说：“5000 年前，世界上只有三门学科：语言、图腾、技艺；2000 年，已经增加到五千门；预计到本世纪中叶，应该有两万门学科，其中一万五千门是等待新创的。中国人至少要创造五分之一。你们年轻人要在 2050 年前担负起创造这三千门新学科的使命，要考虑在哪些领域能够创新。我认为，创新将是在学科交叉的领域里。我对咱们的年轻人很有信心。”

○徐光宪在一次讲座中对北大学生说：“在你们每个人的未来的道路上，一定也会碰到各种各样的机遇或赏识你的才华或勤奋或志向的老师或知己。但机遇总是青睐‘有准备的人们’。在科学史上，很多伟大的发现，如 X 射线、放射性、细菌、青霉素、富勒烯等都是偶然的机遇，但只有观察细致、目光敏锐、功基扎实的科学家，才能抓住这个机遇，使之发展成为重大的发明创造。大学本科和研究生学习阶段，是人的一生中最宝贵的青春年华，也是脑子最好使、记忆和理解力最强、最富有创造力的时候。同学们要万分珍惜你们这个最宝贵的时期，扎扎实实地为你们一辈子的成功打好基础。这是我贡献给同学们的一个重要经验。”

○ 2003 年北京“非典”时期，徐光宪在北大新闻网上发表《致北大离校和在校同学们的一封信》一文，向同学们介绍自己在求学阶段做习题的经验。他说：“我对离校的理科同学的第一个建议是‘提高自学能力，多做习题’。如果你是化学学院三年级的学生，就可在家中做物理化学的习题，千万不要看习题解答之类的书。只有自己多做习题才能真正掌握物理化学。……我不嫌其繁地讲这些，只是想说明‘做习题’的重要性。”后来，徐再次致信北大学生说：“人的一生总会遇到许多困难的，学会这种使矛盾的一方（困难）向对立面（有利）转化的辩证法，你会终身受益的。”

○诺贝尔奖获得者李政道博士曾以校友的身份谆谆告诫北大学子：“作为北大人，应感到骄傲，更应有一种责任感。我希望北大在以后的一百年，乃至几百年，为中国文化事业的更大发展奠定一个基础。”

○北京大学国学研究院每一届学生开学典礼时，院长袁行霈在讲话中都要提到：这里的学生要提交两篇论文，一篇是学术的论文；一篇是个人品德的“论文”。他要求学生一定要做到学问与道德的统一。

○谢冕曾对即将毕业的北大中文系 2001 级学生说：“要是人生的顺境和逆境让我们选择，我们都会选择前者。但生活本身往往并非如此。雨果说过，‘人在逆境里比在顺境里更能坚持不屈，遭厄运时比交好运时更容易保全身心’。我很喜欢这句话……幸运岁月成长的一代人，我为你们祝福。我真诚地祝愿大家学问精进，事业成功，爱情美满，家庭幸福。但是我更希望你们在面对不期而遇的艰难险阻时勇敢乐观、从容不迫、沉着坚定、充满自信，做一个既会享受生活又会创造生活的强者。”

○在 1999 年北大新生开学典礼上，叶朗以“胸襟要宽，格局要大”为题寄语新生。他对新生们说：“我自己当了将近四十年的教师，有时会看到这样的同学，他学习很努力，人也聪明，但是他追求的东西很小，就是格局太小。在这种时候，我就感到非常惋惜。因为历史经验告诉我们，格局小的人，绝对做不了大的学问，也绝对成不了大的事业。”“今天在座的同学刚刚跨入北大的校门，我也想用这八个字赠给你们：胸襟要宽，格局要大。”“这八个字可以说是我当了四十年教师，特别是指导过近百名研究生而得到的一种体验。”

○林毅夫对学生说：“一个人一定要有一个为国家、为社会的大目标。有了大的目标，才不会在意一时的成败，才不会迷失生活的方向。”

○钱理群在给北大新生开设的讲座中说，在北大，第一要学会的就是做人，第二是交朋友和谈恋爱，第三才是学知识。

○俞敏洪在北大最后一年，选修罗经国教授的“英国文学史”课程，但由于心情不好，导致考试不及格。俞找到罗说：“这门课如果我不及格就毕不了业。”罗答曰：“我可以给你一个及格的分数，但是请你记住了，未来你一定要做出值得我给你分数的事业。”

○某年，在北大的一场随堂测验上，老教授教导试图翻书的学生说：“我可以把你的行为当成作弊，但我不能这么做。大家都像是我自己的孩子，我希望你们以后无论从事什么行业，无论做什么事情，都要诚实、严谨，这样才能无愧于自己。”

○老北大时期，很多教授对于来听课的学生，从来不分校内校外，对正式生和旁听生一视同仁。据说某教授讲课中间提出一个问题考问学生，恰好问到了一位自由听讲的学生。学生答不上来，还解释说：“我是校外来听讲的，不是正式学生。”这位教授马上严肃地说：“我不管你是校内校外，只要来听课，就应当学习好。”

读书第十三

解　题：“数百年旧家无非积德，第一等好事还是读书。”读书之益，古往今来，论者甚多。多读书、善读书，不仅可以修养心性、变化气质，还可以明理识道、经世济用，用力少而获益多，天下好事，孰过于此？对于学者而言，读书是一门最基本的功课，天下没有不读书的学者，但凡学界名师大家，均系善读书之人。所以他们谈论读书的言论也最深刻有理，亲切有味。本章所收，多为大师的读书典故、基本经验和指导意见。涉及问题主要有三：一是为何要读书，二是该读哪些书，三是该如何读，均能给人很多有益的启发。不过，读书原是个性极强之时，不同人有不同人的兴趣爱好与方法技巧，并非只有一条路径法则。大师所言，未必条条都契合普通读者的个性需求，因此也不必迷信盲从。以学习借鉴的态度，择其善者而从之，最终摸索出一条自己的读书门径，这才是最靠得住的读书诀窍。

○林纾幼时家贫，嗜书如命，无钱买书，只好向人借抄。为督促自己一心读书，林曾画一具棺材，贴于墙上，并题字云：“读书则生，不则入棺。”苦读多年，终成一代古文翻译大家。

○蔡元培说：“我自十余岁起，就开始读书，读到现在，将满六十年了，中间除大病或其他特别原因外，几乎没有一日不读点书的，然而我也没有什么成就，这是读书不得法的缘故。”他将自己读书的不得法归结为两点：一是不能专心，二是不能动笔。因此，他说：“我的读书的短处，我已经经验了许多的不方便，特地写出来，望读者鉴于我的短处，第一能专心，第二能动笔，这一定有许多成效。”

○黄侃读书必正襟危坐、一丝不苟，白天不管如何劳累，晚上照常坚持鸡鸣始就寝，从不因人事、贫困或疾病而改变。有时朋友来访，与之纵谈至深夜，客人走后，黄仍要坐在灯下校读，读毕才就寝。1913 年，黄旅居上海时，异常穷困。除夕之夜，街上爆竹之声通宵达旦，而他却独坐室内，精心研读，不知困倦，直到晚年临终前，仍一面吐血，一面坚持将《唐文粹补遗》圈点批校完。

○黄侃论读书曰：“读书人当以四海为量，以千载为心。”又云：“读天下书，至死不能遍，择其要而已矣。”“读书贵专不贵博，未毕一书，不阅他书。二十岁以上，三十岁以下，须有相当成就；否则，性懦者流为颓废，强梁者化为妄诞。用功之法，每人至少应圈点书籍五部。”

○黄侃读书，主张对基本书要十分精熟，所治经、史、语言文字诸书皆反复精读十余次。其熟悉程度至能举其篇、页、行数。黄曾自述其读书经历云：“余观书之捷，不让先师刘君（刘师培）。平生手加点识书，如《文选》盖已十过，《汉书》亦三过。注疏圈识，丹黄灿然。《新唐书》先读，后以朱点，复以墨点，亦是三过。《说文》《尔雅》《广韵》三书，殆不能计遍数。”黄虽博览群籍，但持论却异常谦虚谨慎，尝言：“读古人书，自视欿然，如不识一字人”，而自己“记忆绝艰，每寻一事，非细检不敢辄用。”

○黄侃对于随随便便翻阅读书、点读数篇中途而废的读书方法很不赞同，讥讽其为“杀书头”。他自己读书，绝不“杀书头”，不论何书，只要开卷，必定要从头到尾点读批注完，绝不中途辍弃，也从不跳跃式地选读。一书阅毕，方读他书。

○黄侃有一次闲聊时问其学生陆宗达："一个人什么时候最高兴？"陆回答说这个最高兴，又说那个最高兴。黄说，这也不是，那也不是。那什么是呢？"是一本书圈点到最后一卷还剩末一篇儿的时候最高兴！"

○黄侃指示青年研究国学，应读二十五本书，其中：经学十五书，为十三经加《大戴礼记》《国语》；史学四书：《史记》《汉书》《资治通鉴》《通典》；子书二书：《庄子》《荀子》；集部二书：《文选》《文心雕龙》；小学二书：《说文解字》《广韵》。以上二十五书，包括四部中最重要的典籍，可以囊括一切，也是治各门学问的根底。

○黄侃尝谓小学各书，为读一切国学经典的基础，所以必须先治。又谓治小学须读十书，依时代为次序：《尔雅》《小尔雅》《方言》《说文解字》《释名》《广雅》《玉篇》《广韵》《集韵》《类篇》。十书中以前六种为小学必要之书，昔人诠释，皆可用为研读之资。

○熊十力论读书之法云："凡读书，不可求快。而读佛家书，尤须沉潜往复，从容含玩，否则必难悟入。吾常言，学人所以少深造者，即由读书喜为涉猎，不务精探之故。"

○熊十力曾经给弟子张中行写了一个关于读书的座右铭："每日于百忙中，须取古今大著读之。至少数页，毋间断。寻玩义理，须向多方体究，更须钻入深处，勿以浮泛知解为实悟也。"

○有一次，徐复观拜谒熊十力，请教应该读什么书。熊教他读王夫之的《读通鉴论》。过了些时候，徐再去时，说《读通鉴论》已经读完了。熊问："有什么心得？"徐接着说了他许多不同意王夫之的地方，熊未听完便怒声斥骂说，"你这个东西，怎么会读得进书！……这样读书，就是读了百部千部，你会受到书的什么益处？读书是要先看出它的好处，再批评它的坏处，这才像吃东西一样，经过消化而摄取了营养。譬如《读通鉴论》，某一段该是什么意义，又如某一段理解是如何深刻。你记得吗？你懂得吗？你这样读书，真太没有出息！”

○邓之诚常对学生说：“做学问要老老实实，要脚踏实地地去做，不要弄虚作假，自欺欺人。要熟读几本最基本的书，每读一本，要从头到尾地读，不要半途而废；读完一本，再读第二本。先求懂，再求记。不但要写读书心得，更要写下不懂和疑难的问题，以便随时向师友请教。”

○陈寅恪 1912 年第一次由欧洲回国，往见他父亲（散原老人）的老友夏曾佑。夏对他说：“你是我老友之子。我很高兴你懂得很多种文字，有很多书可看。我只能看中国书，但可惜都看完了，现已无书可看了。”陈告别出来，心想此老真是荒唐。中国书籍浩如烟海，哪能都看完了。陈七十岁左右，俞大维见到他。陈谈到读书时说：“现在我老了，也与夏先生同感。中国书虽多，不过基本几十种而已，其他不过翻来覆去，东抄西抄。”俞说，他很懊悔当时没有问陈到底是哪几十种书。

○梁漱溟说，读书“第一是要带着问题学，不要泛泛地读书，要为解决一个什么问题而读书。这样读书就读得进去，读得入，就不会书是书，你是你。就会在你的世界观起影响。”梁说自己“从来不是为求学问当一个学者而读书。只为自己有两大问题在逼迫我，才找书来看的，看书是为解答自己的问题。自己的问题除了一个人生问题引我进入哲学之门外，中国的衰亡快灭亡则引我去留心政治经济这一类社会科学各书”。

○梁漱溟说，做学问“最初的一点主见”，是“成为以后大学问的萌芽”。“从这点萌芽，你才可以吸收养料，才可以向上生枝发叶，向下入土生根。待得上边枝叶扶疏，下边根深蒂固，学问便成了。”他由此提出，读书必须有自己的主见，这才是读书“唯一正确的方法，不然读书也没用处。会读书的人说话时，说他自己的话，不堆砌名词，不旁征博引；反之，引书越多的人越不会读书”。

○20世纪40年代，梁漱溟曾告诫自己的两个儿子：“功课不过增进人知识。但吸收此知识而运用者则在吾人有健全之身体与活泼之头脑。身体不健全，头脑不活泼，勉强用功，吸收不进来。勉强吸收，亦不记得，或不会运用，徒劳无益。”

○梁漱溟精于佛学，经常在睡前诵经。他还劝说朋友诵经：“病中宜勤诵《金刚经》文，如不能全背诵之，则背诵其一二章节亦好。如此则杂念可减，而心境可净可静。生死犹昼夜耳，不必在心。”他还说：诵经可减少烦恼而开朗智慧，但“要不求甚解，追求理解便是错误，所贵在诵中不知不觉扫除执著”，进入静的境界。

○20世纪30年代，顾颉刚曾对蔡尚思说：“你有机会在南京国学图书馆，大读一次书，把历代文集翻光，真是幸福的一件事。尤其难能可贵的是你学习古人所说，只要能爱惜光阴，便可使百年变成千年。我很羡慕你，很想向你学习，但自知是不可能有此种良好机会了。”蔡回答说：“我是由于失业，才不得不入住图书馆读书的，你要像我学习，可太倒霉了。”顾则不以为然，说：“不是的，你在职业上失业，在学业上得业，一个学者有大读书的机会，就是再幸福也不过了。我正相反。”

○顾颉刚认为读书一定要有主见，不能人云亦云。他年轻时曾在《读书记》第一册中说：“余读书最恶附会；更恶胸无所见，作吠声之犬。……吾今有宏愿，在他日读书通博，必举一切附会影响之谈，悉揭破之，使无遁形。”后来，他又说：“我们的读书，是要借了书本子上的记载寻出一条求知的路，并不是要请书本子来管束我们的思想。读书的时候要随处会疑。换句话说，要随处会用自己的思想去批评它。我们只要敢于批评，就可分出它哪一句话是对的，哪一句话是错的，哪一句话是可以留待商量的。”

○顾颉刚认为，读书应该注意五件事：一是要养成特殊方面的兴趣；二是要分别书籍缓急轻重，知道哪几部书是必须细读的，哪几部书是只要翻翻的，哪几部书只要放在架上不必动，等到我们用得着它的时候才去查考的；三是要运用自己的判断力。只要有了判断力，书本就是给我们使用的一种东西了；四是不可以有成见，不可以有用和无用的标准来判定学问的好坏；五是应该多赏识。要研究一种学问，一定要对别种学问有些赏识，使得逢到关联的地方可以提出问题，请求这方面的专家解决，或者把这些材料送给这方面的专家。

○ 1925 年，顾颉刚为青年开列“有志研究中国史的青年可备闲览书”的书目，推荐图书十四本：《山海经》《世说新语》《大唐西域记》《宋元戏曲史》《马可·波罗游记》《徐霞客游记》《西秦旅行记》《梁武石室画像》《洛阳伽蓝记》《唐人说荟》《蒙古秘史》《陶庵梦忆》《桃花扇》《南洋旅行记》。

○钱穆说，读书应先定旨趣，“旨趣未立，且莫谈方法门径书籍选材以及其他等等”。而读书旨趣，又可分为两种：“一是为自己谋职业，寻出路，求身家温饱，乃至近而鬻名声，攫权位，皆从个人私利的立场出发”；“一是纯粹从一种求知的兴趣和热忱而读书”。这两种旨趣，有时虽然未尝不可相通，但到底还有绝大的不同。

○ 20 世纪 40 年代后期，钱穆给他的研究生曾开列文史书目举要，荐书二十四种：《周易》《尚书》《诗经》《左传》《小戴礼》《论语》《孟子》《墨子》《庄子》《老子》《荀子》《史记》《汉书》《资治通鉴》《通典》《楚辞》《文选》《陶渊明集》《杜工部集》《韩昌黎集》《苏东坡集》《古文辞类纂》《说文解字》《近思录》。

○ 1978 年，钱穆在一次文化讲座中提出，有七部书最能代表中国文化精神，是中国人的总纲，也是中国人必读之书，它们是《论语》《孟子》《老子》《庄子》《六祖坛经》《近思录》《传习录》。

○朱谦之终生以读书著书为乐。从入小学起，每日清晨5时必起床。每天有读书写作计划，事不毕不成眠。就学北大时，终日埋头图书馆，饱览群书。当时的图书馆主任李大钊曾对人说："北大图书馆的书，被朱谦之看过三分之二了，再过一个月，将被他看完，他若再来借书，用什么方法应付呢？"一时传为佳话。

李大钊在沙滩红楼的图书馆主任办公室

○鲁迅说："嗜好的读书，该如爱打牌的一样，天天打，夜夜打，连续地去打，有时被公安局捉去了，放出来之后还是打。诸君要知道真打牌的人的目的并不在赢钱，而在有趣。牌有怎样的有趣呢，我是外行，不大明白。但听得爱赌的人说，它妙在一张一张地摸起来，永远变化无穷。我想，凡嗜好的读书，能够手不释卷的原因也就是这样。他在每一叶每一叶里，都得着深厚的趣味。自然，也可以扩大精神，增加智识的，但这些倒都不计及，一计及，便等于意在赢钱的博徒了，这在博徒之中，也算是下品。"

○鲁迅说："我们自动的读书，即嗜好的读书，请教别人是大抵无用，只好先行泛览，然后抉择而入于自己所爱的较专的一门或几门；但专读书也有弊病，所以必须和现实社会接触，使所读的书活起来。"

○鲁迅说："爱看书的青年，大可以看看本分以外的书，即课外的书，不要只将课内的书抱住。但请不要误解，我并非说，譬如在国文讲堂上，应该在抽屉里暗看《红楼梦》之类；乃是说，应做的功课已完而有余暇，大可以看看各样的书，即使和本业毫不相干的，也要泛览。譬如学理科的，偏看看文学书，学文学的，偏看看科学书，看看别个在那里研究的，究竟是怎么一回事。这样子，对于别人、别事，可以有更深的了解。”

○鲁迅说他自小就养成“随便翻翻”的读书习惯：“书在手头，不管它是什么，总要拿来翻一下，或者看一遍序目，或者读几叶内容，到得现在，还是如此，不用心，不费力，往往在作文或看非看不可的书籍之后，觉得疲劳的时候，也拿这玩意儿来作消遣了，而且它也的确能够恢复疲劳。”所以他建议读书人：“讲扶乩的书，讲婊子的书，倘有机会遇见，不要皱起眉头，显示憎厌之状，也可以翻一翻；明知道和自己意见相反的书，已经过时的书，也用一样的办法。……这也有一点危险，也就是怕被它诱过去。治法是多翻，翻来翻去，一多翻，就有比较，比较是医治受骗的好方子。”

○ 1927 年前后，鲁迅老友许寿裳的儿子许世瑛攻读中国文学，向鲁迅请教应该看些什么书。鲁迅随手给他开了一个书目。共计十二部：《唐诗纪事》《唐才子传》《全上古三代秦汉三国六朝文》《全汉三国晋南北朝诗》《历代名人谱》《少室山房笔丛》《四库全书简明目录》《世说新语》《唐摭言》《抱朴子外篇》《论衡》《今世说》。

○鲁迅曾对朋友谈自己读中国古书的感受：“一个人处在沉闷的时代，是容易喜欢看古书的，作为研究，看看也不要紧，不过深入之后，就容易受其浸润，和现代离开。”又曾对青年说“我看中国书时，总觉得就沉静下去，与实人生离开；读外国书——但除了印度——时，往往就与人生接触，想做点事。”因此，“我以为要少——或者竟不——看中国书，多看外国书”。

○周作人谈自己的读书经验说：“消遣世虑大概以读书为最适宜，可是结果还是不大好，大有越读越懊恼之慨。盖据我多年杂览的经验，从书里看出来的结论只是这两句话，好思想写在书本上，一点都未实现过，坏事情在人世间全已做了，书本上记着一小部分。”

○ 1923 年，胡适应《清华周刊》记者之约，根据《一个最低限度的国学书目》，拟定《实在的最低限度的书目》，认为欲了解国学，必须读三十九种书：《书目答问》《中国人名大辞典》《九种纪事本末》《中国哲学史大纲》《老子》《四书》《墨子闲诂》《荀子集注》《韩非子》《淮南鸿烈集解》《周礼》《论衡》《佛遗教经》《法华经》《阿弥陀经》《坛经》《宋元学案》《明儒学案》《王临川集》《朱子年谱》《王文成公全书》《清代学术概论》《章实斋年谱》《崔东壁遗书》《新学伪经考》《诗集传》《左传》《文选》《乐府诗集》《全唐诗》《宋诗钞》《宋六十家词》《元曲选一百种》《宋元戏曲史》《缀白裘》《水浒传》《西游记》《儒林外史》《红楼梦》。

○朱自清在《经典常谈》一书的序言中说：“在中等以上的教育里，经典训练应该是一个必要的项目。经典训练的价值不在实用，而在文化。有一位外国教授说过，阅读经典的用处，就在教人见识经典一番。这是很明达的议论。再说做一个有相当教育的国民，至少对于本国的经典，也有接触的义务。”

○徐志摩论古今读书之不同说：“从前的书是手印手装手订的，出书不容易，得书不容易，看书人也就不肯随便看过；现在不同了，书也是机器造的，一分钟可以印几千，一年出的书可以拿万来计数，还只嫌出版界迟钝，著作界沉闷哪！您看我们念书的人可不着了大忙？眼睛还只是一双，脑筋还只是一副，同时这世界加快了几十倍，事情加多了几十倍，我们除了‘混’还有什么办法！”

○徐志摩不主张给年轻人开列书目，他说：“婚姻是大事，读书也是大事情。要我充老前辈定下一大幅体面的书目单吩咐后辈去念，我就怕年轻人回头骂我不该做成了筋斗叫他去栽。介绍——谈何容易！介绍一个朋友，介绍一部书，介绍一件喜事——一样的负责任，一样的不容易讨好；比较的做媒老爷的责任还算是顶轻的。老太爷替你定了亲要你结婚你不愿意；不错，难道前辈替你定下了书你就愿意看了吗？”

○徐志摩说，读书时应该把一句话记在心里：“舌头是你自己的，肚子也是你自己的，点菜有时不妨让人，尝味辨味是不能替代的；你的口味还得你自己去发现（比如胡适先生说《九命奇冤》是一部名著你就跟着说《九命奇冤》是一部名著，其实你自己并不曾看出他名在哪里，那我就得怪你），不要借人家的口味来充你自己的口味，自骗自决不是一条通道。”

○林语堂说，自由的读书，可以“开茅塞，除鄙见，得新知，增学问，广识见，养性灵”。“一人的落伍、迂腐、冬烘，就是不肯时时读书所致。所以读书的意义，是使人较虚心，较通达，不固陋，不偏执。”

○林语堂说：“读书读出味来，语言自然有味，语言有味，做出文章亦必有味。有人读书读了半世，亦读不出什么味儿来，都是因为读不合的书，及不得其读法。”又说：“口之于味，不可强同，不能因我的所嗜好以强人。先生不能以其所好强学生去读。父亲亦不得以其所好强儿子去读。所以书不可强读，强读必无效，反而有害，这是读书之第一义。”

○林语堂说：“世上无人人必读之书，只有在某时某地某种心境不得不读之书。有你所应读，我所万不可读，有此时可读，彼时不可读，即使有必读之书，亦决非此时此刻所必读。见解未到，必不可读，思想发育程度未到，亦不可读。”

○林语堂说：“读书须有胆识，有眼光，有毅力。……胆识二字拆不开，要有识，必敢有自己意见，即使一时与前人不同亦不妨。前人能说得我服，是前人是，前人不能服我，是前人非。人心之不同如其面，要脚踏实地，不可舍己耘人。……如此读书，处处有我的真知灼见，得一分见解是一分学问，除一种俗见，算一分进步，才不会落入圈套，满口滥调，一知半解，似是而非。”

○林语堂说：“学者每为‘苦学’或‘困学’二字所误。读书成名的人，只有乐，没有苦。据说古人读书有追月法、刺股法、又丫头监读法。其实都是很笨。读书无兴味，昏昏欲睡，始拿锥子在股上刺一下，这是愚不可当。一人书本摆在面前，有中外贤人向你说极精彩的话，尚且想睡觉，便应当去睡觉，刺股亦无益。叫丫头陪读，等打盹儿时唤醒你，已是下流，亦应去睡觉，不应读书。而且此法极不卫生，不睡觉，只有读坏身体，不会读出书的精彩来。若已读出书的精彩来，便不想睡觉，故无丫头唤醒之必要。刻苦耐劳，淬励奋勉是应该的，但不应视读书为苦。视读书为苦，第一着已走了错路。”

○梁实秋说：“今之读书人所面临之一大问题乃图书之选择。开卷有益，实未必然，即有益之书其价值亦大有差别。……我们的时间有限，读书当有选择。各人志趣不同，当读之书自然亦异，唯有一共同标准可使用于我们全体国人。凡是中国人皆应熟读我国之经典，如《诗》《书》《礼》，以及《论语》《孟子》，再如《春秋左氏传》《史记》《汉书》以及《资治通鉴》或近人所著《通史》，这都是我国传统文化之所寄。如谓文字艰深，则多有今注今译之版本在。其他如子集之类，则各随所愿。”

○梁实秋说：“人生苦短，而应读之书太多。人生到了一个境界，读书不是为了应付外界需求，不是为人，是为己，是为了充实自己，使自己成为一个明白事理的人，使自己的生活充实而有意义。吾故曰：读书乐。”

○梁实秋论读书之乐云：“古圣先贤，成群的名世的作家，一年四季地排起队来立在书架上面等候你来点唤，呼之即来挥之即去。行吟泽畔的屈大夫，一邀就到；饭颗山头的李白、杜甫也会联袂而来；想看外国戏，环球剧院的拿手好戏都随时承接堂会；亚里士多德可以把他逍遥廊下的讲词对你重述一遍。这真是读书乐。”

○梁实秋说，对自己影响最大的书有八本：《水浒传》《胡适文存》、白璧德的《卢梭与浪漫主义》、叔本华的《隽语与箴言》、斯陶达的《对文明的反叛》、惠能的《六祖坛经》、卡赖尔的《英雄与英雄崇拜》以及玛克斯·奥瑞利斯的《沉思录》。

○俞平伯说：“讲到读书的真意义，于扩充知识以外兼可涵咏性情，修持道德，原不仅为功名富贵做敲门砖。即为功名富贵，依目下的情形，似乎不必定要读书，更无须借光圣经贤传，甚至于愈读书会愈穷。”

○汪曾祺喜欢购买、阅读廉价书，并称读廉价书有三大好处：一是买得起，掏出钱时不肉痛；二是无须珍惜，可以随便在上面圈点批注；三是丢了就丢了，不心疼。

○汪曾祺喜读杂书，并言至少有四种好处：第一，这是很好的休息。泡一杯茶懒懒地靠在沙发里，看杂书一册，这比打扑克要舒服得多；第二，可以增长知识，认识世界；第三，可以学习语言。杂书的文字都写得比较随便，比较自然，不是正襟危坐，刻意为文，但自有情致，而且接近口语。一个现代作家从古人学语言，与其苦读《昭明文选》、“唐宋八家”，不如多看杂书。这样较易融入自己的笔下；第四，从杂书里可以悟出一些写小说、写散文的道理，尤其是书论和画论。

○王力认为，读书时应注意三点：一要“去粗取精”，即读书要有选择，“中国的书是很多的，光古书浩如烟海，一辈子也读不完，所以读书要有选择”；二要“由博返约”，“我们研究一门学问，不能说限定在那一门学问里的书我才念，别的书我不念。你如果不读别的书，只陷在你搞的那一门的书里边，这是很不足取的”；三要厚今薄古。“前人的书，如果有好的，现代人已经研究，并加以总结和发挥了。我们念今人的书，古人的书也包括在里边了。如果这书质量不高，没什么价值，那就大可不念。”

〇王力说，读书首先应当读书的序例，即序文和凡例。“序例里有很多好东西。序常常讲到写书的纲领、目的。替别人作序的，还讲书的优点。凡例是作者认为应该注意的地方。这些都很好，我们却常常忽略。”其次要摘要作笔记。“现在人们喜欢在书的旁边圈点，表示重要。这个好，但是还不够，最好把重要的地方抄下来。”第三应当考虑着作眉批，在书的天头加自己的评论。“看一本书，如果自己一点意见都没有，可以说你没有好好看，你好好看，总会有些意见的。所以最好在书眉，又叫天头，即书上边空的地方作些眉批。”最后要写读书报告。“如果你作了笔记，又作了眉批，读书报告就很好写了。……好的读书报告简直就是一篇好的学术论文。”

〇金克木说：“同是读书人，读同类的书，只讲数量，十八岁的不会比八十岁的读得多。这不成问题，所以刚上大学不必为比如老教授读书多而着急。而应当问得是：自己究竟超过了那位八十岁老人在十八岁时的情况没有？若是超过了或大致相等，就可放心；若是还不如，那就该着急了。”

〇金克木说，读中国古书：“首先是所有写古书的人，或说古代读书人，几乎无人不读的书必须读，不然就不能读懂堆在那上面的无数古书，包括小说、戏曲。那些必读书的作者都是没有前人书可替代的，准确些说是他们读的书我们无法知道。这样的书就是：《易》《诗》《书》《春秋左传》《礼记》《论语》《孟子》《荀子》《老子》《庄子》。这是从汉代以来的小孩子上学就背诵一大半的，一直背诵到上一世纪末。这十部书若不知道，唐朝的韩愈、宋朝的朱熹、明朝的王守仁（阳明）的书都无法读。连《镜花缘》《红楼梦》《西厢记》《牡丹亭》里许多地方的词句和用意也难于体会。”

○冯友兰说他从七岁起就开始读书，一直读了八十多年。他的经验总结起来有四点：（1）精其选；（2）解其言；（3）知其意；（4）明其理。“精其选”是指要选择经典著作阅读；解其言是指读书前要攻破语言文字关；“知其意”是指要能体会文字以外的“精神实质”，他说：“读书的时候，即使书中的字都认得了，话全懂了，还未必能知道作书的人的意思。从前人说，读书要注意字里行间，又说读诗要得其‘弦外音，味外味’。这都是说要在文字以外体会它的精神实质。这就是知其意”；“明其理”是指要在“互相比较，互相补充，互相纠正”的基础上形成自己的认识，而这个认识是比较接近客观的“理”的。他说，“读书到这个程度就算是能活学活用，把书读活了”。

○冯友兰说，一个人读书“如果仅只局限于语言文字，死抓住语言文字不放，那就成为死读书了。死读书的人就是书呆子。语言文字是帮助了解书的意思的拐棍。既然知道了那个意思以后，最好扔了拐棍。这就是古人所说的‘得意忘言’。在人与人的关系中，过河拆桥是不道德的事。但是，在读书中，就是要过河拆桥。”

○冯友兰说：“会读书的人能把死书读活；不会读书的人能把活书读死。把死书读活，就能把书为我所用；把活书读死，就是把我为书所用。能够用书而不为书所用，读书就算读到家了。”

○张岱年说：“读书只是学之一术，学不限于读书。孔子弟子子路已经说过：‘何必读书，然后为学？’读书不是求知唯一途径。”

○张岱年说：“书籍是思想文化的载体，每本书在内容上，必然会有其时代的局限性。我们在读书时，一方面要虚心体会，努力研求其中的深湛义蕴；另一方面还要有批评态度，要辨识前人思想的偏失。既要虚心，又要保持批评精神，才是正确的态度。只有在读书时勤于思考，加以分析去粗取精，去伪存真。才能在前人已经达到的水平之上有所前进、有所创新。若盲目迷信典籍，缺乏批评精神，只能使思想陷于停滞，那是不足取的。”

○张岱年最喜欢的十本书是：《周易大传》《孟子》《庄子》《史记》《资治通鉴》《费尔巴哈与德国古典哲学的终结》《自然辩证法》《哲学笔记》《西方哲学史》（罗素）、《邓小平文选》。

北京大学图书馆

○有人向任继愈请教健康长寿的秘诀，任将其归结为“常用脑，多读书、读好书”。他说：“身体是革命的本钱，干好工作先要有一个好身体。常用脑，多读书、读好书，能够健身。我每天读 6~7 个小时的书，平时早睡早起，不熬夜。早晨 5 点起床，到 8 点没电话没人来，可读 3 个小时的书，其他时间再抽几个小时。少看电视，但要看《新闻联播》。业余读书要选一个范围，兴趣是成功的基础，有兴趣效果就好。每天写 600~1000 字。读书写作能够健脑健体。”

○朱光潜说：“世间许多人读书只为装点门面，如暴发户炫耀家私，以多为贵。这在治学方面是自欺欺人，在做人方面是趣味低劣。”

○朱光潜说：“书是读不尽的，就读尽也是无用，许多书都没有一读的价值。多读一本没有价值的书，便丧失可读一本有价值的书的时间和精力；所以须慎加选择。”

○朱光潜说：读书方法很多，只有两点须约略提起：第一，凡值得读的书至少须读两遍。第一遍须快读，着眼在醒豁全篇大旨与特色。第二遍须慢读，须以批评态度衡量书的内容。第二，读过一本书，须笔记纲要精彩和你自己的意见。记笔记不仅可以帮助你记忆，而且可以逼得你仔细。

○朱光潜说：“读书原为自己受用，多读不能算是荣誉，少读也不能算是羞耻。少读如果彻底，必能养成深思熟虑的习惯，涵泳优游，以至于变化气质；多读而不求甚解，则如驰骋十里洋场，虽珍奇满目，徒惹得心花意乱，空手而归。”

○宗白华说，读书可以节省脑力和时间，但也有很多流弊，“流弊中最大的危险，就是我们读书读久了，安于读书，习于以他人的思想为思想，渐渐地把自己‘自动研究’‘自动思想’的能力消灭了。”

○曹靖华回忆他少年在农村读书的经历说：“农村里读书，一般都是半耕半读。白天劳动，有时也能读书，比如放牛时可以读书，推磨时就把书本放在磨盘上，推一圈，读一句。但多半还是利用“三余”读书的，三余者，即‘冬者岁之余，夜者日之余，雨者晴之余’；冬季天寒地冻，田间无活，下雨不能下地，傍晚收工之后，都是读书的好时间。生活穷，买不起纸笔，就用树枝在地上写，或蘸水在方砖上练字。“

○何其芳说：“书帮助了我们，也害了我们。……有的书，说了一些真话的书，帮助我们认识这个世界，推动我们走向人生之正途；而有的书，那些说假话的书，则使我们头脑糊涂，眼睛不亮，做了许多傻事，走了许多冤枉路也。”

○季羡林说：“书能给人以知识，给人以智慧，给人以快乐，给人以希望。但也能给人带来麻烦，带来灾难。”

○季羡林最喜欢阅读的中国书是：《史记》《世说新语》、陶渊明的诗、李白的诗、杜甫的诗、南唐后主李煜的词、苏轼的诗文词、纳兰性德的词、《儒林外史》《红楼梦》。

○吴小如说自己带学生，要求学生做到“懂繁体字，懂草书，懂古文字”。有人问他，会中国古典的东西有什么必读书？他回答说：“过去清朝有一句话：‘诗四观’。诗是《唐诗三百首》；四是‘四书’；观是《古文观止》。要我说，把这三本书从头到尾都看过、都背过，那你的国学基础就是上乘的。多了解中华传统文化，修养也会提高。”

○李四光主张读书和读“自然的书”并重。他说：“书是死的，自然是活的。读书的功夫大半在记忆与思索（有人读书并不思索，我幼时读四子书就是最好的一例），读自然书，种种机能非同时并用不可，而精确的观察尤为重要。读书是我和著者的交涉，读自然书是我和物的直接交涉。所以读书是间接的求学，读自然书乃是直接的求学。读书不过为引人求学的头一段功夫，到了能读自然书方算得真正读书。只知道书不知道自然的人名曰书呆子。”

○江泽涵在指导学生读书时常说：“读一书或一文，先信它，为懂；后疑它，为深入。”

○许宝騄曾对学生张尧庭说：“你念一本书，就要故意和作者作对，尽量去挑书上的毛病。不要认为写书的人是大专家，不会有错，很难找到一本一点错也没有的书。”

○曹文轩说：“读书人与不读书人就是不一样，这从气质上便可看出。读书人的气质是读书人的气质。这气质是由连绵不断的阅读潜移默化养就的。有些人，就造物主创造了他们的毛坯而言，是毫无魅力的，甚至是丑的。然而，读书生涯居然使他们获得了新生。依然还是从前的身材与面貌，却有了一种比身材、面孔贵重得多的叫‘气质’的东西。”

○曹文轩说：“从长知识、增智慧、养精神诸方面讲，不是单纯的读书就能达到完满境界的。还得有人生的经验垫底，才能将书读好。人生的经验越厚实，书就读得越好。世界上凡读书读得好的人，在人生的经验方面都不是很简单的人。”

○肖东发授课，喜作譬喻，尝论中外读书习惯之不同曰：西文书籍素为横排，读者目光左右往返，频频摇头，若言“No”；中国古书则系竖排，读者目光上下移动，唯知点头，似称“Yes”。故西人善疑而学问日进，国人信古而思想渐锢。即此一例，即可见中西文化之不同。

○汤一介最喜爱五本书：《论语》《庄子》《陶渊明集》《绞刑架下的报告》《生死》。

○白化文推荐给青年的“十种引人入胜的中文经典著作”是：《史记》《杜甫诗》《世说新语》《陶渊明集》《三国演义》《西游记》《红楼梦》《聊斋志异》《西厢记》《桃花扇》。

○萧超然推荐给青年的书目是：《左传》（木刻本）、《孟子》（木刻本）、《古文观止》（木刻本）、《唐诗三百首》（木刻本）、《郑板桥家书、道情十首》（铅印本）、《毛泽东选集》《列宁选集》《马克思恩格斯选集》《钢铁是怎样炼成的》《红楼梦》。

○梁柱推荐的阅读书目是：《毛泽东选集》《鲁迅全集》《李大钊文集》《共产党宣言》《钢铁是怎样炼成的》《牛虻》《红楼梦》《毛泽东传》《周恩来与他的世纪》《五四运动史》《苏联兴亡的沉思》。

○袁行霈最爱读的十本书是：《陶渊明集》、巴尔扎克的《贝姨》、《水浒传》《茶馆》《老子》《论语》《东坡乐府》《屠格涅夫中短篇小说选》《茶花女》《狄德罗哲学选集》。

○袁行霈认为，现在研究中国传统文化，要从多个源头清理中华文明的来龙去脉，广泛地吸取其中的精华。基于这样的理念，他倡议对《十三经》重新编选和校注，新编的《十三经》应该收入以下十三种典籍:《周易》《尚书》《诗经》《礼记》《左传》《论语》《孟子》《荀子》《老子》《庄子》《墨子》《孙子兵法》《韩非子》。

○谢冕“爱读的几本理论书”是:《万历十五年》《剑桥中国晚清史》《第三帝国的兴亡》(威廉·夏伊勒)、《意大利文艺复兴时期的文化》(雅各布·布克哈特)、《艺术哲学》(丹纳)、《没有地址的信·艺术与社会生活》(普列汉诺夫)。

○严家炎推荐给青年的几本书是:《阿Q正传》《清代学术概论》《西潮》《白鹿原》《尤利西斯》《风庐故事》《白杨木鼻子》《成年人的童话》《半山半水书窗》

○钱理群曾向北大学生郑重推荐两部著作:《鲁迅全集》和《顾准文集》。推荐理由有二:一、这是20世纪两个“真的人”写的“真的书”，借用鲁迅的话说，“这是血的蒸气，醒过来的人的真声音”;二、学习中国传统文化，不要忘记了现代中国人开创的现代中国文化传统。

○乐黛云说，影响她一生的十本书是:《简爱》《罪与罚》《怎么办》《庄子》《陶渊明集》《十九世纪文学主流》(奥尔格·勃兰戴斯)、《近代文学批评史》(雷纳·韦勒克)、《管锥编》《文心雕龙》、《后现代主义与文化逻辑》(杰姆逊)。

○葛晓音最喜爱八本书:《居里夫人传》《唐诗丛论》《空间的驰想》《艺境》《文史通义校注》《论语新解》《拉奥孔》《东坡乐府》。

未名湖畔好读书

〇褚斌杰最喜爱的书是:《庄子》《红楼梦》《鲁迅全集》《论语》《史记》《白香山集》《儒林外史》《契诃夫小说》《培根论说集》《负暄琐话》。

〇 1998 年北大百年校庆时，哲学系同学在征求五十多位北大著名学者的基础上形成《北大学生应读、选读书目》，影响甚大。其中应读书目、选读书目各含三十本。书目如下：

一、应读书目（三十本）

- 《周易》参读《周易大传今注》高亨编注、《周易译注》周振甫译注
- 《诗经》参读《诗经译注》江阴香编注
- 《老子》参读《老子注译及评介》陈鼓应著
- 《论语》参读《论语译注》杨伯峻译注
- 《孙子兵法》参读《孙子译注》郭化若译注
- 《孟子》参读《孟子译注》杨伯峻译注
- 《庄子》参读《庄子今注今译》陈鼓应译注
- 《史记》参读《史记选》王伯祥选注
- 《坛经》参读《坛经校释》郭朋校释
- 《古文观止》[清]吴楚材、吴调侯选注
- 《唐诗三百首》蘅塘退士编　陈婉俊补注
- 《宋词三百首笺注》朱古微重编　唐圭璋笺注
- 《红楼梦》曹雪芹、高鹗著
- 《中国近三百年学术史》梁启超著
- 《鲁迅选集》
- 《中国哲学简史》冯友兰著　涂又光译

- 《中国法律与中国社会》瞿同祖著
- 《理想国》[古希腊]柏拉图著　吴献书译
- 《神曲》[意]但丁著　王维克译
- 《哈姆雷特》[英]莎士比亚著　曹未风译
- 《思想录》帕斯卡尔著　何兆武译
- 《社会契约论》[法]卢梭著　何兆武译
- 《纯粹理性批判》[德]康德著　何兆武译
- 《约翰·克利斯朵夫》[法]罗曼·罗兰著　傅雷译
- 《科学史》[英]丹皮尔著　李衍译
- 《共产党宣言》马克思、恩格斯著
- 《资本论》(第一卷)马克思著
- 《路德维希·费尔巴哈和德国古典哲学的终结》恩格斯著　张仲实译
- 《毛泽东选集》
- 《邓小平文选》

二、选读书目(三十本)

- 《礼记》
- 《左传》
- 《荀子》
- 《韩非子》
- 《论衡》[东汉]王充
- 《三国志》[晋]陈寿
- 《世说新语》[南朝宋]刘义庆
- 《文心雕龙》[南朝梁]刘勰
- 《李太白集》[唐]李白
- 《资治通鉴》[北宋]司马光
- 《明夷待访录》[清]黄宗羲
- 《儒林外史》[清]吴敬梓
- 《人间词话》王国维著

- 《闻一多年谱长编》闻黎明著
- 《中国哲学大纲》张岱年著
- 《国史大纲》钱穆著
- 《圣经》
- 《国富论》[英]亚当斯密
- 《论法的精神》[法]孟德斯鸠
- 《复活》[俄]托尔斯泰
- 《物种起源》[英]达尔文
- 《城堡》[奥]卡夫卡
- 《飞鸟集》泰戈尔
- 《新教伦理与资本主义精神》[德]韦伯
- 《精神分析引论》[德]弗洛伊德
- 《西方哲学史》[英]罗素
- 《历史研究》[英]汤因比
- 《德意志意识形态》[德]马克思
- 《社会主义从空想到科学》[德]恩格斯
- 《哲学笔记》[俄]列宁

著述第十四

解　题：盖文章，经国之大业，不朽之盛事。名山事业，可谓学者的立业之本，一个学者的社会价值和文化贡献究竟如何，一定要靠其著作、文章来说话。著述不易，写出有益于学术，有益于天下的经典之作，就更是难上加难。让人欣慰的是，北大百余年来，经过一代代学人的笔耕不辍，薪火相承，为中国贡献了一大批优秀的传世之作，从而奠定了北大这所百年名校的学术地位。本章所收，多为大师的著述理念、著述经过和著述的社会影响。虽然著者身份不同，著述门类也是千差万别，但大体上能够体现出以下几个特征：一是孜孜不倦，治学勤奋，即便身处困境也不废著述之业；二是态度严谨，心存精品意识，不轻言著述，不急功近利；三是经世济用，心系文化命脉和社稷苍生，追求著述在理论与实践中的重大作用，而不是只做纯书斋式的工作；四是注重创新，要求每有著论，必有新意和创见，不人云亦云，而言人之不能言。一言以蔽之，就是今日北大人在学风方面一贯坚持并大力提倡的八个大字："勤奋、严谨、求实、创新。"

○ 1887 年，林纾与王寿昌合译《茶花女》。翻译方式别具一格：林不谙外文，先由王根据《茶花女》法文原著逐字逐句口述，林即用古文加以润色译出。林翻译时，耳受手追，声落笔止，不加点窜，脱手成稿。译至缠绵凄恻之处，二人竟相对而泣，林说他译《茶花女》，"掷笔哭者三数"。后译作题名《巴黎茶花女遗事》刊刻问世。林的译文简洁、隽永，能以瑰奇之姿夺人魂魄，一经出版，立即风靡海内。以至严复诗称"可怜一卷《茶花女》，断尽支那荡子肠"。

胡适赞林说："自司马迁以来，未有如先生者。"自此以后，林一发不可收拾，以同样方式译出异域小说二百余种，为中国近代翻译界所罕见，被人誉为"译界之王"。

○章士钊早年热心革命，在上海时曾与章太炎、张继、邹容三人结为兄弟，"要以光复汉族为事"。有一天，邹容突然问章："大哥（指章太炎）有《驳康有为论革命书》，我有《革命军》，博泉（即张继）有《无政府主义》，你有什么著作？"章十分惭愧，无言以对，也使他大受刺激，从此留心著述。1903 年，章以日本人宫崎寅藏所著的《三十三年落花梦》为底本，半译半叙，编译成《孙逸仙》一书，以黄中黄的笔名出版。此书介绍孙中山的革命历史、思想与抱负，章在序言中对孙大加推崇，认为"有孙逸仙，而中国始可为"，出版后，"一时风行天下，人人争看"。章在编译此书时，因一时疏忽，误将孙文的本名同化名"中山樵"连缀成孙中山，从此，"孙中山"才开始名扬天下。

○黄侃治学谨严，不轻言著述。他之所以推崇汉儒，原因之一是"汉学之所以可畏，在不放松一字"，他还称赞清代学者江永"年五十后岁为一书，大可效法"，自己也决定五十岁再著书。不料天不假年，在其四十九岁即将进入著书之年时就去世了。黄还经常告诫自己的学生年轻时不要轻易在报刊上发表文字，一则学力不充分，一则意见不成熟，徒然遗人笑柄，于己无益，于世有损。

○ 1917 年，陈独秀在《新青年》杂志上发表《文学革命论》一文，提出了文学革命的"三大主义"：推倒雕琢的阿谀的贵族文学，建设平易的抒情的国民文学；推倒陈腐的铺张的古典文学，建设新鲜的立诚的写实文学；推倒迂晦的艰涩的山林文学，建设明了的通俗的社会文学。此文被认为新文化运动中一篇重要的纲领性文件。1933 年，蔡元培为陈的文集写序言，称陈在五四时期的文章"大抵取推翻旧习惯创造新生命的态度，而文笔廉悍，足药拖沓含糊等病，即到今日，仍没有失掉青年模范文的资格"。

○陈独秀在南京读了罗尔纲《太平天国广西起义史》草稿，要和他合作写太平天国史。罗将陈的意见告诉其师胡适，胡持异议，对罗说，陈独秀“是有政治偏见的，他研究不得太平天国史，还是你自己努力研究吧”。

○ 1917 年 1 月，胡适在《新青年》杂志上发表《文学改良刍议》一文，认为文言文作为一种文学工具已经丧失活力，中国文学要适应现代社会，就必须进行语体革新，废文言而倡白话。他提出文学改良应从“八事”着手：一曰须言之有物；二曰不模仿古人；三曰须讲求文法；四曰不作无病之呻吟；五曰务去滥调套语；六曰不用典；七曰不讲对仗；八曰不避俗字俗语。后来，胡又把“八事”总括为通俗易懂的“四条”：要有话说，方才说话；有什么话，说什么话，话怎么说，就怎么说；要说我自己的话，别说别人的话；是什么时代的人，说什么时代的话。

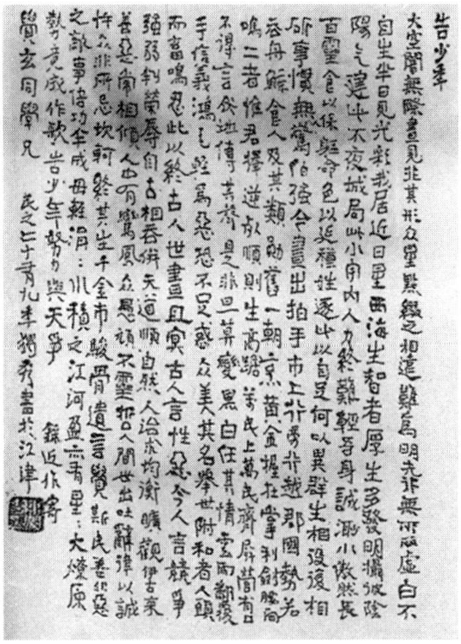

陈独秀晚年手迹

○梁启超、胡适两人相差十八岁，出身迥异，一为传统文人，一为新式留学生，但是在学术上却有十分密切的关系。胡出版《中国哲学史大纲》之后，梁认为此书墨子与荀子部分讲得最好，因而将胡的观点放在他自己讨论墨子的著作之中。1920 年，梁《墨经校释》一书撰成，请胡写序。胡因此很认真地评价梁校勘的主要方法，又指出其中的一些缺失。此书出版时，梁将胡的序文放在书末，称为后序，自己则撰写了一篇答辩的文字，称《读墨经余记》置于卷首，回答胡在序中的质疑。胡因此有所不快。但梁书中提出的观点，又刺激了胡《墨辩新诂》一书的写作。

○蒋梦麟的自传体著作《西潮》，是抗日战争时期在西南躲警报时，在暗黑的防空洞里用英文撰写的。他说，在光线不足的情况下，使用英文写出的字较易辨识。《西潮》出版以后很受欢迎，佳评潮涌，于是蒋决定继续写他下半生的自传，并定名为《新潮》。他说："这本书里要讲的是一个人，一个民族，一个时代的经验。经验是宝贵的；可是宝贵的经验是付重大的代价买来的。"可惜《新潮》并未写完，原稿中尚有不完整的随笔。近五十年来，这两本书在知识分子中有很大的影响。

○刘半农是五四新文化运动的先驱之一，著名的文学家、语言学家、教育家。他也喜欢照相，是早期知名摄影家之一。据说在业余摄影家中，他的造诣第一。他编辑的《北京光社年鉴》是中国最早出版的摄影作品集之一。1927 年，刘写成《半农谈影》一书，甚是畅销。据研究者称，此书是中国第一部摄影美学专著。

○晚年的金岳霖认为三本书就能概括他的一生："我要谈谈我的书，我只写了三本书。比较满意的是《论道》，花工夫最多的是《知识论》，写得最糟的是《逻辑》。"冯友兰给《论道》和《知识论》下的评语是："道超青牛，论高白马。"（青牛指老子，白马指公孙龙）

○金岳霖最早的一本著作是《逻辑》，此书出版后，哲学家贺麟誉之为"国内唯一具新水准之逻辑教本"。殷福生更赞誉说："此书一出，直如彗星临空，光芒万丈！"据金的一位学生回忆，在西南联大时，殷福生找他聊天，看到桌子上放一本金的《逻辑》，"殷福生拿起这本书说：'就拿这本书来说吧！这是中国人写的第一本高水平的现代逻辑。也仅仅就这本书来说吧，真是增一字则多，减一字则少。'这时他突然把这本书往桌上一扔，接着说：'你听，真是掷地作金石声。'"

○金岳霖的《知识论》写了两遍，费时十余年，从完稿到正式出版又用了三十五年之久。新中国成立后，张岱年碰见金，问《知识论》可曾写好。金答，已经写好了，我写了这本书，我可以死矣。1983 年，在金去世前一年，商务印书馆终于出版了《知识论》，金在序中说："《知识论》是一本多灾多难的书……是我花精力最多，时间最长的一本书，它今天能够正式出版，我非常非常之高兴。"

○梁漱溟治学，精神雄健，多有独断之论。1921 年，二十八岁的梁在一片欧风美雨中发表了他的成名作《东西文化及其哲学》，书中将人类文化分为中、西、印三大类型加以讨论，并提出中、印、西文化三路向说：西方文化以意欲向前要求为其基本精神；中国文化以意欲自为调和持中为其根本精神；印度文化以意欲反身向后要求为其根本精神。此书出版的第一年就印刷五次，不到一年就引出了近百篇评论文章，以及十几本小册子讨论东西文化，而且在短时间内被译成十二国文字。知识界对此书推崇极高。梁启超把它与胡适的《中国哲学史大纲》相提并论，赞之曰："哲学家里头能够有这样的产品，真算得民国一种荣誉。"蒋百里称之为"震古烁今之著作"，说它"把东西两半球的学者，闹个无宁日"。胡秋原认为该书"有独创的意义和可惊的深刻思想力"。后来牟宗三回忆往事时，也提到此书"是当时非常了不起的一本著作，是一部深造自得之作，可说是第一流的"。

○梁漱溟终其一生，淡泊明志，一贯"尽力于当下之生活"，且能"心里极干净，无丝毫贪求之念"，对名利荣辱看得很淡。在给老友的书信里，梁说："我等既没有政治权势，亦鲜有社会名望、学术权威，则纵有言论著作，不过聊尽此心而已，不必期望其影响如何如何也。"

1948 年于重庆北碚梁漱溟撰写《中国文化要义》一书时留影

○ 1932 年，熊十力的巨作《新唯识论》（文言文本）出版后。蔡元培称熊乃两千年来以哲学家之立场阐扬佛学最精深之第一人。马一浮更在序言中将熊与王弼、龙树并提，称其学识创见乃超越于道生、玄类、窥基等古代佛学大师之上。与之相反，熊之师欧阳竟无阅后痛言："灭弃圣言，唯子真（熊十力）为尤。"欧阳弟子刘衡如更著《破新唯识论》对熊氏其书进行系统破斥，指责他"于唯识学几乎全无知晓"。

○顾颉刚早年受过严格的文言写作训练，后来仍习惯用文言写作，如果要用白话文发表，就先用文言写一遍，然后再译成白话文。这样一来，一篇文章通常要写两遍。他在致蔡尚思的信中说："……弟幼年习文言文甚久，作文言文反容易，白话则必须易稿数四。"

○ 1926 年，顾颉刚将此前关于古史论辩的有关篇章集结为《古史辨》第一册正式出版，还撰写了六万字的自序畅言自己研究古史的方法以及提出"层累说"的原因。此书在学术界和社会上产生了极大影响。胡适评价此书说："这是中国史学界的一部革命的书，又是一部讨论史学方法的书。此书可以解放人的思想，可以指示做学问的途径，可以提倡那'深澈猛烈的真实'的精神"；又称顾的自序是"中国文学史上从来不曾有过的自传"，"不论是谁，都不可不读"。

○顾颉刚著述态度十分严谨。撰写《尚书・大诰译证》数十万字，自 1960 年至 1966 年，其中各部分大的改动几乎均有三次以上，各次稿本累计达一百万字，小处改动则不计其数。一篇"史事考证"，由初稿的五万言，改至二稿的十余万言，再改至三稿、四稿的三十万言。顾在当时的日记中写道："连日修改考证，改一次，深入一次，其精湛处有想象不到者，真一乐也。""文革"后，顾年事已高，但仍旧习不改，无论是自己过去写而未发的旧稿，还是别人代他整理的新稿，发表前还是要反复修改。家人劝他节劳，注意身体，但他总是拒绝，说："只要我活着就要改，否则就是不负责任。除非我死了，那么最后的改本，才算是我的定本。"

○抗战时期，游国恩撰成《楚辞讲疏长编》一书，他在此书的序言中写道："嗟夫，国难深矣！世之人傥亦有读屈子之文而兴起者乎？则庶乎三闾之孤愤为不虚，而区区之志，亦可与忠义之士相见于天下矣！"

○ 1928年，范文澜在天津出版了他的第一部重要的学术著作《文心雕龙讲疏》。范曾对朋友说起此书的出版因缘："那时有位姓李的同志，在天津搞印刷厂，掩护党的地下活动。没有东西印，就把我的《文心雕龙讲疏》稿子拿去印了。"让他想不到的是，此书虽然印数不多，但出版后却立即受到学术界的重视，范也从此蜚誉士林。

○ 20世纪40年代，范文澜在延安的窑洞中，用两年多时间写出了我国第一部运用马克思主义观点系统叙述中国历史的著作《中国通史简编》。毛泽东看到后，非常高兴，他对范说："我们党在延安又做了一件大事……我们共产党人对于自己国家几千年的历史，不仅有我们的看法，而且写出了一部系统的完整的中国通史。这表明我们中国共产党对于自己国家几千年的历史有了发言权，也拿出了科学的著作了。"毛泽东对此书曾一读再读，并每每赞赏该书的资料丰富，曾说："《中国通史简编》的资料多，让人愿意看下去。"

○汤用彤在中国佛教方面最著名的著作是《汉魏两晋南北朝佛教史》。其《跋》中自云："十余年来，教学南北，常以中国佛教史授学者，讲义积年，汇成卷铁。"他从20世纪20年代初就开始撰写此书，20年代末完成初稿，30年代又全部修改和补充了一次，再花了近四年的时间才完成。直到卢沟桥事变爆发以后，由于担心手稿遗失，才考虑将其中一部交付出版。当钱穆问他，《汉魏两晋南北朝佛教史》为什么要历经数十载反复修改雕琢，汤解释道："总是心感不满。"这部著作开辟了中国佛教史研究的新纪元，受到学术界的广泛称赞。胡适在校阅该书稿本第一册时，称赞此书极好，"锡予训练极精，工具也好，方法又细密，故此书为最有权威之作"。季羡林亦称赞此书："规模之恢宏，结构之谨严，材料之丰富，考证之精确，问题提出之深刻，剖析解释之周密，实在可以为中外学者之楷模。”抗战期间，此书与陈寅恪的《唐代政治史述论稿》同获国民政府教育部学术研究评奖哲学类一等奖。

〇 1932年，朱偰应南京中央大学之聘，任经济系专任教授。他在授课之余，还热心于文物考古方面的研究，尤其注重对南京名胜古迹的研究。抗战前，他先后出版了《金陵古迹图考》《金陵古迹名胜影集》《建康兰陵六朝陵墓图考》等名著。他在《金陵古迹图考》一书的结语中曾自述其转述此类著作的初衷："设余之著述及图版能引起社会注意，进而督促政府，注意古物之保存，弗徒设机关，而不事工作，使金陵古迹应修复者修复，应保管者保管，应登记者登记，应发掘者发掘，使先民文物得以保存而不坠，则固民族文化之大幸。设不然者，南京竟变为完全欧化之都市，虚有物质文明之外表，则吾之图考将永成为历史的记载，此固民族文化之不幸，然而是则无可奈何，亦唯有听之耳。余个人之责任尽于此而已。"

〇 1935 年，朱偰深感古都北平处于危机之中，遂开始系统研究北京自元代建都以来的城市规划、宫殿苑囿、寺宇陵寝，并于抗战前撰成《元大都宫殿图考》《北京宫阙图说》和《明清两代宫苑建置沿革图考》三书。他在《北京宫阙图说》的序言中说："夫士既不能执干戈而捍卫疆土，又不能奔走而谋恢复故国，亦当尽其一技之长，以谋保存故都文献于万一，使大汉之天声，长共此文物而长存。"

〇七七事变以后，北平沦陷。罗常培滞留北平，与北大秘书长郑天挺等人一起维持北大残局，同时还加紧赶写《临川音系》定稿，以排遣烦愁，尽其学者之责。他说："故都沦陷之后，是否还应该每天关在屋里，埋头伏案地去做这种纯学术研究？这件事的是非功罪颇不容易回答。可是我当时想我既不能投笔从戎，效命疆场，也没有机会杀身成仁，以死报国；那么，与其成天楚囚对泣，一筹莫展，何如努力从事自己未完成的工作，借以镇压激昂慷慨的悲怀？假如能在危城中，奋勉写成几本书——自觉对得起自己，对得起学校，对得起国家！”

○朱自清治学十分严谨，从不滥竽充数。1934 年应郑振铎邀请，一个晚上赶写了一篇《论逼真与如画》，其材料依据《佩文韵府》，因来不及检查原书，就在文章后面写明是“抄《佩文韵府》”。

○陈衡哲不仅是有名的历史学家，而且还是新文化运动时期的一位重要女作家。胡适曾说，陈“身上每一个细胞都充满着文艺气息”。陈在《小雨点·自序》中曾谈及她创作的原因说：“我既不是文学家，更不是什么小说家，我的小说不过是一种内心冲动的产品。它们既没有师承，也没有派别，它们是不中文学家的规矩绳墨的。它们存在的唯一理由，是真诚，是人类感情的共同与至诚。”又说：“我每作一篇小说，必是由于内心的被扰。那时我的心中，好像有无数不能自己表现的人物，在那里硬逼软求的，要我替他们说话。他们或是小孩子，或是已死的人，或是程度甚低的苦人，或是我们所目为没有知识的万物，或是蕴苦含痛而不肯自己说话的人。他们的种类虽多，性质虽杂，但他们的喜怒哀乐却都是十分诚恳的。他们求我，迫我，搅扰我，使得我寝食不安，必待我把他们的志意情感，一一地表达出来之后，才让我恢复自由！他们是我写小说的唯一动机。他们来时，我一月可写数篇，他们若不来，我可以三年不写只字。这个搅扰我的势力，便是我所说的人类情感的共同与至诚。”

○ 1938 年 8 月，翦伯赞的名著《历史哲学教程》一书出版。翦在序言中述及其撰写此书的原因是：“在这样一个伟大的历史变革时代，我们绝没有闲情逸致埋头于经院式的历史理论之玩弄；恰恰相反，在我的主观上，这本书，正是为了配合这一伟大斗争的现实行动而写的。”

○冯至是德国文学专家。冯在西南联大时便着手翻译并注释《歌德年谱》。他曾讲过当时的情景：每天下午进城去昆明，第二天下课后再上山，背包里装的只有两种东西：一是在菜市上买的菜蔬，一是几本沉甸甸的《歌德全集》，只要有时间他就阅读歌德著作。他说，后来他能够发表一些有关歌德的论文，是与那时的努力分不开的。

○马寅初终身心系中国农民。1960 年，马被迫辞去北大校长一职，不久又被免去全国人大常委的职务，不再能公开发表文章。赋闲在家后，马便下定决心写一部不亚于《齐民要术》《农政全书》的农业大书。他在日记中写道："大江东流去，永远不回头！往事如烟云，奋力写新书。"1965 年，已经八十三岁的马用毛笔写成了一百多万字的《农书》初稿。1966 年春节后的一天，马将全家人召集起来，说："请你们抽时间帮我把《农书》原稿照抄一遍。这部书现在虽然不能出版，但不等于永远不能出版。它是我十几年的心血呀！"正当家人准备着抄写《农书》时，"文革"爆发。迫于形势，马又忍痛让家人将百万字的《农书》初稿焚烧殆尽。马在撰写《农书》时，往往写下后便放起来，并没有跟家人细谈。以致无人知道《农书》中详细的内容，给世人留下永远的遗憾。

○ 1965 年，已经八十岁高龄的周作人翻译完希腊作家卢奇安的《对话集》，全书共二十篇，四十八万字。周自称"此为五十年来的心愿"。不久，周还在遗嘱中特意提到此书："余今年已整八十岁，死无遗恨，姑留一言，以为身后治事之指针尔。死后即付火葬或循例留骨灰，亦随便埋却。人死声销迹灭最是理想。余一生文字无足称道，唯暮年所译希腊对话是五十年来的心愿，识者当自知之。"

○冯友兰曾论著述不易云："唐朝诗人李贺年轻的时候作诗很苦。他的母亲说：'是儿将呕出心肝来。'其实何止李贺？历来的著作家，凡是有传世著作的，都是呕出心肝，用他们的生命来写作的。照我的经验，作一点带有创作性的东西，最容易觉得累。无论是写一篇文章或者写一幅字，都要集中全部精神才能做得出来。这些东西，可能无关宏旨，但都需要用全部的生命去做，至于传世之作那就更不用说了。"

○ 1980 年，已经八十五岁高龄的冯友兰开始从头撰写《中国哲学史新编》这部一百五十万字的大书。当时冯已成为准盲人，就以口授的方式来著述。他每天上午都在书房度过。有的朋友来看望，感到他很累，就对其女宗璞说："能不能不要写了。"宗璞向父亲转达了这份好意，冯微叹道："我确实很累，可是我并不以为苦，我是欲罢不能。这就是'春蚕到死丝方尽，蜡炬成灰泪始干'吧！我现在就像一头老黄牛，懒洋洋地卧在那里，把已经吃进胃里的草料再吐出来，细嚼烂咽，不仅津津有味，而且其味无穷！其味无穷，其乐也就无穷了，古人所谓'乐道'，大概就是这个意思吧。"冯在生命的最后两年中不能行走，不能站立，起居需人帮助，甚至咀嚼困难，进餐需人喂，有时要用一两个小时。这些都阻挡不了他的哲学思考。

○ 1990 年初，已经九十五岁高龄的冯友兰因病住院。一次医生来检查后，冯忽然对女儿宗璞说："庄子说过，生为附赘悬疣，死为决疣溃痈。孔子说过，朝闻道，夕死可矣。张衡渠又说，存，吾顺事，殁，吾宁也。我现在是事情没有做完，所以还要治病。等书写完了，再生病就不必治了。"1990 年 7 月上旬，七册一百五十万字的巨著《中国哲学史新编》终于定稿。这时的冯已是心力交瘁，在 9 月 30 日再次病重住院。11 月 26 日，冯吐尽了他人生的最后一根丝，平静地离开了人世。

○ 1990 年，在冯友兰逝世的前半年，他自拟了一副九十五岁的预寿联："三史释今古，六书纪贞元。""三史"是指冯的三部关于中国哲学史的著作：《中国哲学史》《中国哲学简史》《中国哲学史新编》，分别代表了冯在 20 世纪三四十年代和 80 年代对中国哲学的理解。特别是《中国哲学史新编》，是冯以一人之力，把孔子到毛泽东的古今中国哲学史做了全面系统的分析，"这在当代是绝无仅有的"。"六书"是冯在抗战时期撰写的六部哲学著作：《新理学》《新世论》《新世训》《新原人》《新原道》《新知言》。这六本书被冯统称为"贞元之际所著书"，又称"贞元六书"。当代学界普遍认为，"贞元六书"构成了冯友兰新理学的完整体系。"三史六书"既概括了冯一生的学术活动，也代表了他一生的学生贡献。

○冯友兰将在抗战时期写成的六部哲学著作称为“贞元之际所著书”。所谓“贞元之际”，冯解释说，“抗战时期是中华民族复兴的时期。当时我想，日本帝国主义侵略了中国大部分领土，把当时的中国政府和文化机关都赶到西南角上。历史上有过晋、宋两朝的南渡。南渡的人都没有能活着回来的。可是这次抗日战争，中国一定要胜利，中华民族一定要复兴。这次‘南渡’的人一定要活着回来，这就叫‘贞下起元’。这个时期就叫‘贞元之际’”。

○钱穆在其名著《国史大纲》的开篇，对读者提出了四项对待国史的殷切期待，提出“凡读本书请先具下列诸信念”：一、当信任何一国之国民，尤其是自称知识在水平线以上之国民，对其本国已往历史，应该略有所知。二、所谓对其本国已往历史略有所知者，尤必附随一种对其本国已往历史之温情与敬意。三、所谓对其本国已往历史有一种温情与敬意者，至少不会对其本国历史抱一种偏激的虚无主义，亦至少不会感到现在我们是站在已往历史最高之顶点，而将我们当身种种罪恶与弱点，一切诿卸于古人。四、当信每一国家必待其国民具备上列诸条件者比数渐多，其国家乃再有向前发展之希望。

○抗战时期，冯友兰与钱穆同时任教于西南联大，二人各自操持本行，冯教哲学，钱教历史。一日，冯以自著新作《新理学》示钱，并请提意见。钱读后，直言告冯：凡中国之理学家，论理气必兼心性，而观君书独论理气，而不及心性，恐有未当。又谓冯：书中没有论及鬼神，也似应增补。后来，冯去文学院演讲，钱亦在座。冯谈及鬼神，不知是有意借题揶揄，还是即兴发挥创见，以活跃会场气氛，说：“鬼者归也，事属过去；神者伸也，事属未来。”接着指着钱道：“钱先生治史，即鬼学也；我治哲学，则神学也。”钱在其晚年所著《师友杂记》中评述此事说：“芝生虽从余言增鬼神一章，而对余余憾犹在，故当面揶揄如此。”

○ 1957 年，张岱年因仗义执言被打成“右派”，虽然处境异常困难，但张并没有灰心丧气，而是争取在困境中寻找做点与学术相关的事。张的儿子张尊超回忆说：“当‘右派’后，不让父亲教学，做史料工作，同时却被要求写教材，还要‘试讲’以‘接受审查’，他孜孜不倦地准备教案、写出讲稿，认真地为别人‘试讲’。看他熬夜写教材，母亲很不平，对他说，又不让你上课，写出教材也不让署你的名字，你这是何苦呢？父亲说，我不要名，就是想把这个事情做好了，这是我的责任。”

○朱光潜的家人曾在“文革”期间劝其“放弃”学术事业。朱回答说：“有些东西现在看起来没有用，但是将来用得着，搞学术研究总还是有用的。我要趁自己能干的时候干出来。我不搞就没有人搞了。”晚年的朱不顾年高体衰，仍然潜心学术，勤于笔耕，视著述为生命。他经常对人说：“我虽然老了，可是要做的事情很多，必须抓紧时间一件一件完成。”1981 年，他在上海出版的《美学文集》作者说明中写道：“‘春蚕到死丝方尽’……只要我还在世一日，就要‘吐丝’一日，但愿我吐的丝凑上旁人吐的丝，能替人间增加哪怕一丝丝的温暖，使春意更浓也好。”1982 年，朱八十二岁，对采访他的记者说：“我老了，写文章有点困难，但翻译一些资料，为后人的研究做些准备工作还是可以的。”

1980 年朱光潜教授在西语系图书室看书

○晚年的朱光潜说：“我的时间不多了。中国的美学研究还很落后，一个重要因素就是资料不足。我多翻译一些，可以为后人研究提供方便。”从 1980 年春到 1983 年底，朱倾其暮年之力，完成了他最后一部翻译巨著——意大利哲学家维柯的《新科学》。书稿完成时，他的体重只剩三十五公斤，很快就病倒了。在三年的翻译过程中，朱每天从早上 8 点到下午 5 点，除了吃中饭，他不离书桌不下楼。夫人和女儿嗔怪他："简直着了维柯的魔了！"朱的小外孙说得更形象："和外公讲什么他都听不见，一讲维柯，他就活了！"

○朱德熙说："真正潜心学术的人，是要把生命放进去的。"朱的朋友李荣说："德熙的文章是用血写出来的……"

○周祖谟在北大的大学毕业论文是《〈篆隶万象名义〉中之原本〈玉篇〉音系》，利用前人没有使用过的资料，进行声韵部类离析，一个音一个音地作，光卡片就写了两万多张。周在北大任教后，一再教导学生：写文章，一定要具体，具体，再具体，资料要求齐备又齐备，真实再真实。晚年时，常对某些博士论文和博士后研究方向深表不满，认为往往"大，空，不能脚踏实地"。

○邓广铭是当代宋史研究的一代宗师。早在20世纪40年代，陈寅恪就在为邓的论著《〈宋史·职官志〉考正》所写的序中，称赞邓"用力之勤，持论之慎，并世治宋史者，未能或之先也"。又说"其神思之缜密，志愿之果毅，逾越等伦。他日新宋学之建立，先生当为最有功之一人，可以无疑也"。《〈宋史·职官志〉考正》和《〈宋史·刑法志〉考正》两部著作以及邓所写其他一系列开创性的论著，还曾被人称作"《宋史》成书六百年来的第一次认真清理"。

○邓广铭一生中的许多著作都经过反复再三的修改、增订乃至彻底改写。其中《辛稼轩年谱》改写过一次，《岳飞传》改写过两次，《王安石》先后修订和改写了三次，《稼轩词编年笺注》也修改、增订过两次，在1993年出版最后一个增订本之后，他又着手进行新的修改，改动百余处。一部《稼轩词编年笺注》从1937年开始撰著到1997年临终前仍在修改订补，创作历程达六十年之久。晚年时期，邓广铭准备在有生之年把《岳飞传》《陈亮传》《王安石》《辛弃疾传》等四部宋人传记全部再改写一遍。在他去世前一年，河北教育出版社准备为他出版全集，他坚持要等他把几部传记重新改写完毕以后才能收入全集。1997年，他在致河北教育出版社编审张惠芝的信中说："《岳飞传》《陈亮传》

《辛稼轩传》，我要新改的幅度都比较大。贵社计划把几传原样重印，我认为不可行。我一生治学，没有当今时贤的高深造诣，使20年代的著作可以在90年代一字不变地重印。我每有新的见解，就写成新书，推翻旧书。”

○邓广铭为文一向谨严，从来都是字斟句酌，决不苟且。所以他从来不愿别人改动他的文稿，更不能容忍由于某种“违碍”的原因而删改文字。他常对出版社或报刊的编辑提出这样的要求：“可以提出修改意见，也可以全稿废弃不用；但希望不要在字里行间，作一字的增删。”1996年，邓为《台大历史学报》写了一篇《怀念我的恩师傅斯年先生》，其中谈到傅斯年去台湾后曾托人给他捎来口信，要把留在北平的藏书全部赠送给他，文中有一段注说：“此乃因傅先生昧于大陆情况之故，当时他已成一个被声讨的人物，其遗存物只应被公家没收，他本人已无权提出处理意见了。”后来中国青年出版社在将这篇文章收入《邓广铭学术文化随笔》一书时，提出要把这段文字删去，邓当即表示：“如果删去这段话，我这本书就不出了！”

○田余庆一生潜心于史学研究，落笔为文，不求数量，但求质量，每篇文章都精益求精，反复打磨，每本论著都堪称史学界的经典力作，影响甚远。《东晋门阀政治》正是他“十年磨一剑”的成果，从20世纪70年代末开始写作，经过精雕细琢的分析，逐字逐句的修改，直到80年代末才完成了这部学术佳作。他说自己秉持的著述理念，就是“求实创新”：“华而不实之作，无独立见解之作，无思想内容之作，趋俗猎奇之作，我都不去考虑。”

○1991年，田余庆在其代表作《秦汉魏晋史探微》的前言中写道：“十年来每有所思所作，总不免晚学之憾。但是自知之明和学有所守的体会却日渐增长。”而后，他引钱锺书在《围城》再版前言中的话，说他非常赞赏钱的“宁恨毋悔”的论学之语，即要想写作而没有可能，那只会有遗恨；有条件写而写出来的不是东西，那就要后悔了，而后悔的味道不好受。田说：“我知道学科有不同，学识有高下，不能一概而言，强比前人。不过宁恨毋悔的论学之语有如当代《世说》，读来浓郁沁心，极堪回味，我愿以为圭臬。”“另外，我还有一个关键‘学有所守’，是想避免曲学和滥作，守住科学良心，这是我的愿望。”

○经济学家赵迺抟主要从事经济思想史的研究，曾历二十余年，撰成《披沙录》一书。赵在自传中谈及著述此书的因缘：“二十余年来，在批阅我国数以万卷计的汗牛充栋的古籍，对于其中凡是对经济思想史有参考价值的资料，或抄录全文，或摘录有关段落，或扼要加以介绍，或作出索引，编成研究中国经济思想史的大型资料工具书。我将此书起名《披沙录》，取其批阅万卷、沙里淘金的意思。”此书达数百万言，工程极为浩繁，故赵晚年曾颇为自豪地说：“自笑漫谈经济策，不将心事付烟霞。”

○许宝騄治学严谨，每撰一文，都要反复修改和锤炼，确定有价值后，才肯发表。他常说：“一篇文章不是在它发表的时候得到了承认，而是在后来不断被人引用的时候才得到证实。”他还说：“我不希望自己的文章登在有名的杂志上因而出了名。我希望一本杂志因为刊登了我的文章而出名。”

○傅鹰曾在《化学热力学导论》的序言阐述他的编书之道：“编写课本既非创作，自不得不借助于前人，编者只在安排取舍之间略抒己见而已。编写此书时曾参考……诸家著作。移植仿效在在皆是。但编书如造园，一池一阁在拙政园恰到好处，移至狮子林可能即只堪刺目；一节一例在甲书可引人入胜，移至乙书可能即味同嚼蜡。若此书中偶有可取，主要应归功于上列诸家；若有错误，点金成铁之咎责在编者。”

○傅鹰经常告诫年轻教师：“写教材一不要为名；二不是逐利；唯为教学和他人参考之用，切记认真，马虎不得。”他还曾公开表示：“编著者任务之一是为激起读者深入钻研之愿望和引起读者之不满。”他认为：“若无不满之感，何必钻研，更何必深入钻研？因此若一书只述成就而无问题，使青年读后有大局已定、从此英雄用武无地之错觉，则即使逻辑谨严、条理清楚，编著似尚未尽责也。”

○新中国成立初期，侯仁之白天的课程、会议、社会活动总是排得很满，只能挤时间写作。他经常是在夜深人静时，坐在燕南园 61 号楼道角落的一张小枣木桌前，笔耕到午夜或凌晨才搁笔。七十岁以后，他更以“不待扬鞭自奋蹄”自勉，每天清晨三四点就起床工作，到中午时分，他会说：“我已经工作了八小时了。”

○季羡林生前住在北大朗润园，数十年如一日，每天清晨 4 点就起床读书撰文。有人说他是闻鸡起舞，是北大的一道独特的图景。他则戏称：“不是我闻鸡起舞，是鸡闻我起舞。”九十岁以后，为了完成自己的著述大业，每天更是提前到 3 点起床。他经常对别人说，“每天 1 到 3 点，就好像有根鞭子抽着让我非起来干活不可。”

○“文革”中，季羡林被命令看楼门，守电话。为了消磨时光，他开始着手翻译印度两大史诗之一的梵文《罗摩衍那》。他晚上把梵文译成汉文散文，写成小字条装在口袋里，白天守楼时，脑子不停止思考，把散文改为有韵的诗。季后来说，如果没有“文革”，如果当时没有成为“不可接触者”他绝对不可能翻译出 8 卷本、250 万字的《罗摩衍那》。《罗摩衍那》出版时，季在译后记中说：“我现在恨不能每天有 48 小时，好来进行预期要做的工作。……我现在不敢放松一分一秒。如果稍有放松，静夜自思就感受到十分痛苦，好像犯了什么罪，好像在慢性自杀。”

○季羡林晚年以血泪之笔撰成《牛棚杂忆》一书。他说：“这是我毕生的最大幸福，是我留给后代的最佳礼品。愿它带着我的祝福走向人间吧。它带去的不是仇恨和报复，而是一面镜子，从中可以照见恶和善、丑和美，照见绝望和希望。它带去的是我对我们伟大祖国和人民的一片赤诚。”

○季羡林写作时，始终掌握一条原则：决不重复陈词滥调，没有新意不写。他常说："鹦鹉学舌，非我所能；陈陈相因，非我所愿，写一篇文章，总想在里面提出哪怕是小小的一点新看法。"

○任继愈说："如果没有社会的培养，就没有个人的成才。我从不觉得自己有什么了不起，不能把功劳记在我自己的名下。我四十多岁的时候编《中国哲学史》，当时恰好找到我，如果找到别人，也一样能编出来。如果我就此忘乎所以，以为我就是了不起的哲学家了，这和我的实际情况不符。"

○任继愈说："老年人（指老辈学者，离退休教师等）做什么？整理资料，为若干年后自己的学生在文化大进步的高潮中少走弯路，有依据，有创新，有超越。"

○任继愈一直恪守不给自己出全集的原则，他解释说："不出全集，是因为我自己从来不看别人的全集。即便是大家之作，除了少数专门的研究者，其他人哪能都看遍？所以，我想，我的全集也不会有人看。不出全集，免得浪费财力、物力，耽误人家的时间。"

○吴小如说他写学术论文或读书札记，只抱定两种宗旨：一是没有自己的一得之见决不下笔。哪怕这一看法只与前人相去一间，却毕竟是自己的点滴心得，而非人云亦云的炒冷饭。否则宁缺毋滥，决不凑数或凑趣。二是一定抱着老老实实的态度，不哗众取宠，不看风使舵，不稗贩前人旧说，不偷懒用第二手材料。

○吴小如说："文章写成，不仅要言之成理，首先须持之有故。要自信，却不可自命不凡；要虚心，却不该心虚胆怯。因为只有昧着良心写文章的人会心虚胆怯的。"

○肖东发教授诸生著述之法云：围绕一问题，稳扎稳打，深入探研，先成文章，后成专著，久久自有成绩。一言以蔽之："文章成系列，著作集大成。"

○ 20 世纪 80 年代，一位北大研究生说："北大文化密度太高，一般的书和论文多点少点差异不大，我们只有从灵魂深处挖掘最有学术价值的东西并用死劲写出高质量的著作，才能在林立的桅杆中耸立一支独特的桅杆，倘能如此，在全国也能新开一面，独树一帜，否则作为一北大学人是有愧的。"

论学第十五

解　题：在很多中国学人看来，吾侪所学关天意，学术乃天下万世之公理，与世道人心、社会发展关系甚大。学术盛衰，关涉国运民生，诚非虚言。传统的治学之人，向来习惯以天下社稷为己任，体现出鲜明的负责与担当意识。现代大学体制兴起以后，治学已成学者的职业工作，在此情势下，旧有的优良传统如何继承并发扬光大，已成普遍问题。当今大学之中，从事学术之人，在在皆是，然而能真正悟得学问真理，得其中三昧者，又有几人？今日大学学风，多有不尽如人意处，让人慨叹不已。其实本书各章内容，均系学问之事。本章集中收录诸位大师的论学之语，诚望先生谆谆之言，能发今人警悚奋起之意。作为补充，我们还认为，从大纲上来讲，古往今来，谈论学问最到位、最让人敬佩又最可遵循者，当属两位先贤之论：一是西汉学者辕固所言："务正学以言，无曲学以阿世。"二是近人蔡元培先生所提倡的"思想自由，兼容并包"之论。

○孙家鼐说："学问乃天下万世之公理，必不可以一家之学，而范围天下。"

○严复说，要使中华文化有新发展，就必须"阔视远步，统新故而视其通，包中外而计其全，而后得之"。

○蔡元培认为："学与术可分为两个名词，学为学理，术为应用。""学必借术以应用，术必以学为基本，两者并进始可。"

〇蔡元培有治学四诀：宏、约、深、美。“宏”指知识结构要博大宏伟，兼收并蓄，了解临近各个知识领域之间的内在联系，加以贯通，以打下坚实基础。“约”是指一个人的生命有限，时间宝贵。当基础打好以后，就当由博趋约，从十八般兵器中选择一两件最合手的，否则精力分散，顾此失彼，势必一事无成。“深”是指精通、发展、创造。在约的前提下重点突破、究本穷源，自然会发现新的境地。“美”是治学的理想境界。唯有付出巨大的劳动，才有可能进入这种境界。

〇黄侃旧学功底在时人中堪称一流，治学向以严谨著称，决不轻易著书立说。曾立誓“五十岁以前不著书”。后因早逝，故留传于世的著作不多。章太炎在黄的墓志铭中写道：“（黄）尤精治古韵，始从余问，后自为家法，然不肯轻著书。余数趣之，曰：‘人轻著书，妄也；子重著书，吝也。妄不智，吝不仁。’答曰：‘年五十当著纸笔矣。’今正五十，而遂以中酒死。”

〇黄侃治学，把学术视为救国家、匡民心的手段。他说：“人类一切学问，当以正德、利用、厚生为三德。”“今日国家，第一当保全匡郭；今日学术，第一当保全本来。”作为学者，“现今自救救人之法，曰刻苦为人，殷勤传学”。

〇黄侃治学注重务实，不尚空论。其论中国学术云：“中国学问，无论六艺九流有三条件：一曰言实不言名，一曰言有不言无，一曰言生不言死。故各家皆务为治，而无空言之学。”他还经常引用顾炎武的话教导学生：著书“必古人之所未及就，后世之所不可无”。

〇黄侃论学问之道曰：“学问之道有五：一曰不欺人，二曰不知者不道，三曰不背所本，四曰为后世负责，五曰不窃。”又云：“治学第一当恪守师承，第二当博学多闻，第三当谨于言语。”

〇黄侃论学术云：“学术二字应解为‘术由师授，学自己成’。”又云：“凡古今名人学术之成，皆由辛苦，鲜由天才；其成就早者，不走错路而已。”“学问最高者，语言最简。”

○黄侃言初学之病有四：一曰急于求解，一曰急于著书，一曰不能阙疑，一曰不能服善。

○黄侃论成才云：“通一经一史，文成一体，亦可以为成人矣。”

○黄侃治学严谨，刻苦研求，常对人说：“学问须从困苦中来，徒恃智慧无益也。”并称：“治学如临战阵，迎敌奋攻，岂有休时！所谓扎硬寨、打死仗，乃其正途。”

○熊十力说：“为学，苦事也，亦乐事也。”他在《读经示要》中写有两句话：“作人不易，为学实难。”

○熊十力被认为20世纪中国最具有原创性的哲学家。他在学术思想的创发性上，特别强调“自得”“体悟”“我就是我”，决不依傍门户，对各家各派均有所取，亦有所破。他说：“凡人心思，若为世俗肤浅知识及腐烂论调所笼罩，其思路必无从启发，眼光必无由高尚，胸襟必无得开拓，生活必无有根据，气魄必不得宏壮，人格必不得扩大。”

○熊十力主张“凡有志根本学术者，当有孤往精神”。他解释说：“人谓我孤冷。吾以为人不孤冷到极度，不堪与世谐和。”他对于中国学人缺乏“孤往精神”感到十分遗憾：“中国学人有一至不良的习惯，对于学术，根本没有抉择一己所愿学的东西，因之于其所学，无有不顾天不顾地而埋头苦干的精神，亦无有甘受世间冷落寂寞而沛然自足于中的生趣。如此，而欲其于学术有所创辟，此比孟子所谓缘木求鱼及挟泰山超北海之类，殆又难之又难。”

○ 1949 年 12 月，熊十力的《十力语要初续》在香港出版。《初续》中云："吾国人今日所急需要者：思想独立，学术独立，精神独立，一切依自不依他，高视阔步，而游乎广天博地之间，空诸依傍，自诚自明。以此自树，将为世界文化开发新生命，岂唯自救而已哉？"

○熊十力说："大凡为学之功，缓急并用。急者，谓有时须强探力索，如猎人之有所搒掠，势甚紧张。否则思力不强，未足深入理窟也。缓者，吾所谓天游，将一向见闻知解悉令放下，胸中毫无留系，自尔神思焕发。此不唯哲学家应有之境，如有远大之规模，重要之发现，亦非有此境不可。"

○蒋梦麟主张"西学为体，中学为用"。在一次公开演讲中，他说，将来"有三件重要的事，很应当注意的"：第一，对于西洋的文化，"用全力去注意它"；第二件重要的事就是整理国学；"第三件要务就是注重自然科学。这是为文化运动扎根的工作。无论是文科的、法科的、理科的，都应着实地注意自然科学。"

○蒋梦麟说："学术者，一国精神之所寄。学术衰，则精神怠；精神怠，则文明进步失主动力矣。故学术者，社会进化之基础也。"

○蒋梦麟说："对于金钱不忠实，不可以为商。对于行为不忠实，不可以为人。对于知识不忠实，其可以言学术乎？"因此，"欲求学术之发达，必先养成对知识的忠实"。

○胡适的治学四要诀为"勤、谨、和、缓"。"勤"是眼勤、手勤，勤求资料，勤求事实，勤求证据。"谨"是一丝一毫不苟且，不潦草，举一例，立一证，下一结论，都不苟且。"和"是心平气和，平心静气，虚心体察。平心考察一切不合理的事实和证据，抛开成见，服从证据，舍己从人。"缓"是从容研究，不急于下结论。证据不充分时，姑且悬而不断。

○ 1925 年，胡适著文谈“读书”，指出“精”和“博”是读书两个要素，两者须相辅相行。“务精者每失之隘，务博者每失之浅，其失一也。”他将这个看法编成两句口号：“为学要如金字塔，要能广大要能高。”在他眼中，理想的学者，既能博大，又能精深。“博大要几乎无所不知，精深要几乎唯他独尊，无人能及。”

○胡适对学术论文有其见解，他曾对台湾大学某学生说，不要奢望轻易找到难题的答案。他说：“要小题大做，千万不要大题小做。”

○胡适说他的“大胆假设，小心求证”的治学方法，是在哥伦比亚大学读书时翻阅《大英百科全书》偶然发现的。

○胡适在 1930 年到北京大学之前，写有一条幅：“做学问要在不疑处有疑；待人要在有疑处不疑。”

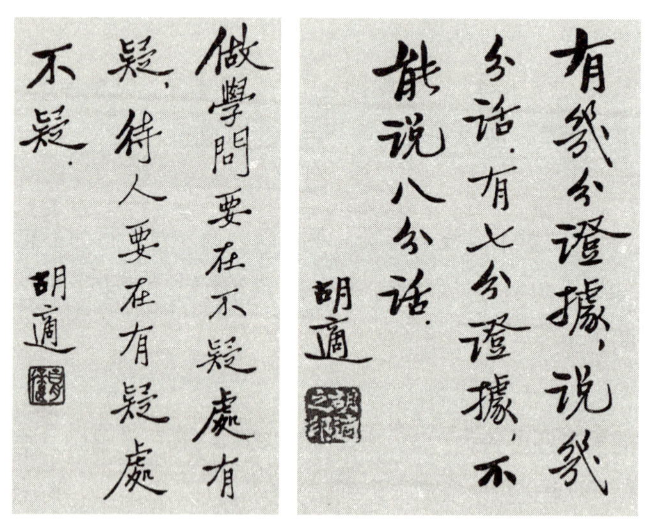

胡适论学名语

○胡适晚年对人说：“做学问切不可动感情，一动感情，只看见人家的错，就看不见自己的错处。”

○胡适说他很少有紧张、忧虑的时候，“不过遇到烦心的事情，就坐下来做些小考证。做些小考证，等于人家去打牌，什么都忘了，可以解除烦恼”。

○ 1919 年 8 月 16 日，胡适就“整理国故”的问题答毛子水说：“我们把国故整理起来，世界的学术界亦许得着一点益处，不过一定是没有多大的……世界所有的学术，比国故更有用的有许多，比国故更要紧的亦有许多。我以为我们做学问不当先存这个狭义的功利观念。做学问的人当看自己性之所近，拣选所要做的学问，拣定之后，当存一个‘为真理而求真理’的态度。研究学术史的人更当用‘为真理而求真理’的标准去批评各家的学术。”

○胡适说：“学问是平等的。发现一个字的古义，与发现一颗恒星，都是一大功绩。”

○顾颉刚说：“一个学者如果不能以天下为己任，学问再好，名气再响又有什么意义呢？”

○存疑是顾颉刚治学的一大特点，他说：“对待书籍亦要留心，千万不要上古人的当，被作者瞒过；须要自己放出眼光来，敢想，敢疑。”“一个人的进步，根本在这个人有疑惑的性情。”

○顾颉刚回忆他青年时代对学术的认识时说：“当我初下‘学’的界说的时候，以为它是指导人生的。‘学了没有用，那么费了气力去学为的是什么！’普通人都这样想，我也这样想。但经过了长期的考虑，始感到学的范围原比人生的范围大得多，如果我们要求真知，我们便不能不离开了人生的约束而前进。所以在应用上虽是该做有用与无用的区别，但在学问上则只该问真不真，不当问用不用。应用只是学问的自然的结果，而不是着手做学问时的目的。”这一认识上的觉悟被顾称为“生命中最可纪念的”，因为它是“学问上有所建树”的“根源”。晚年作《颉刚自传》时，顾颉刚先生又说：“我的唯一目的是研究学问。”

○顾颉刚说：“不做学问则已，如其要做学问，便应当从最小的地方做起。”学者的本分就像农夫和土工一样，须“一粒一粒地播种，一篑一篑地畚土”。又说：“我知道学问是一点一滴积起来的，一步不走便一步不到，决没有顿悟的奇迹，所以肯用我的全力在细磨的工夫上，毫不存侥幸取巧之心。”他还说：“我以为一种学问的完成，有待于长期的研究，决不能轻易便捷像民意测验及学生的考试答案一样。”

○顾颉刚说：“学者本是做苦工的人而不是享受的人，只要有问题发生，便是学者工作的区域；这种工作虽可自由取舍，但不应用功利的眼光去定问题的取舍，更不应因其困难复杂而贪懒不干。”又说：“我们处于今日，只有做苦工的义务而没有吃现成饭的权利。”反之，须人人抱“宁可劳而不获，不可不劳而获”之心，而后乃有真学术可言。

○顾颉刚曾对蔡尚思说：“一个学者决不应当处处都以传统的是非为是非，做学问是不好专看人们的面色的，看人们的面色来做学问，学问总不可能做好的，总不是真学问的。”

○汤用彤主张学术与政治保持一定的距离，他曾多次对学生说：“一种哲学被统治者赏识了，可以风行一时，可就没有学术价值了。还是那些自甘寂寞的人做出了贡献，对后人有影响。至少，看中国史，历代都是如此。”

○ 1936 年，朱偰的《中国租税问题》一书由商务印书馆出版，朱在此书的自序中说：“本书一方面既不偏袒政府，为之文过饰非，如官方种种报告所为；他方面亦绝不偏袒任何特殊阶级之利益，为之辩护。此固学术界应有之立场，学术界自应有其特立独行济世救民不偏不倚之精神。学术著作之可贵，端在乎此。作者处世超然，无私人利害关系杂乎其间，既不闻风附和，人云亦云；亦不谀附权势，欺人欺己。”

○傅斯年认为收集史料是历史研究的最重要的基础。他认为：“凡一种学问能扩张他所研究的材料便进步，不能的便退步。”他甚至直截了当地说：“史学便是史料学。”他认为史学家的责任就是“上穷碧落下黄泉，动手动脚找东西”。他说：“我们反对疏通，我们只是要把材料整理好，则事实自然显明了。一分材料出一分货，十分材料出十分货，没有材料便不出货。”

○傅斯年坚决反对以伦理道德或政治等理由歪曲、粉饰历史。1928 年 5 月，他说：“对青年是不应该欺骗的，治史学是绝不当说谎的。”“把些传统的或自造的‘仁义礼智’和其他主观，同历史学和语言学混在一气的人，绝对不是我们的同志！”

○郑天挺认为，治史学应该做到“深、广、新、严、通”五个字。深：包括事实，多问几个为什么，深入追下去。广：要求详细占有材料，还要广泛联系。新：要求不断提出新资料、新问题、新见解，核实新资料，解决新问题，证明新见解。严：要严格，不虚构，不附会，要事事有来历，处处有交代，要说清楚，不回避问题。通：找出规律，前后一贯。

○钱穆将学问分为“为人之学”和“为己之学”两种：“大抵为人之学，必求炫耀，必求迎合，必求卖弄，必求趋奉。读者心理的尊严，不在所读书中指真理，而在外面的时逢众势，或是某些有力者之影响。因此读者对其书本的态度，常易陷于轻率而且傲慢，其为学必为浅尝，必求速成，必喜标新立异，必务独创已见”；“为己之学，则由自己性情所爱好及自己环境所刺激而感发，……因此他心上的尊严，不在外面世俗上，而在他所追求的真理上。这样的读者，其开始一定沉潜，不喜炫耀，不务卖弄而刚毅，不求迎合，不乐趋奉。……确乎有所自得，不为时风势所摇，不为一二有力者所束缚驰骤而可以贡献于社会”。

○毛子水认为，研究科学，需要四种基本的能力：一是勤，二是谨，三是推理的能力（指归纳、演绎、综合、分析等方法而言），四是玄想的能力。

○毛子水主张做学问当有“科学的精神”，他说：“‘科学的精神’这个名词，包含许多意义，大旨就是前人所说的‘求是’。凡立一说，须有证据，证据完备，才可以下判断。对于一种事实，有严格精确的、公平的解析；不盲从他人的说话，不固守自己的意思，择善而从。这都是‘科学的精神’。”

○梁漱溟在《自学小史》中说：“像我这样，以一个中学生而后来任大学讲席者，固然多半出于自学。……我们相信，任何一个人的学问成就，都是出于自学。学校教育不过给学生开一个端，使他更容易自学而已。”他还说：“人生经历即是真学问，远胜理想空谈也。”

○梁漱溟说，所谓学问，就是对问题说得出道理，有自己的想法。他结合自己的经历认为，做学问须经八层境界：（1）形成主见；（2）发现不能解释的事情；（3）融会贯通；（4）知不足；（5）以简御繁；（6）运用自如；（7）一览众山小；（8）通透。

○贺麟说：“一个没有学问的民族，是要被别的民族轻视的。”

○贺麟说：“我们必须先要承认，学术在本质上必然是独立的，自由的，不能独立自由的学术，根本上不算是学术。学术是一个自主的王国，它有它的大经大法，它有它神圣的使命，它有它特殊的广大范围和领域，别人不能侵犯。每门学术都有它的负荷者或代表人物，这一些人，一个个都抱鞠躬尽瘁，死而后已的态度，忠于其职，贡献其心血，以保持学术的独立自由和尊严。在必要时，牺牲性命，亦所不惜。因为一个学者争取学术自由独立的尊严，同时也就是争取他自己人格的自由独立和尊严，假如一种学术，只是政治的工具，文明的粉饰，或者为经济所左右，完全为被动的产物，那么这一种学术，就不是真正的学术。”

○范文澜在对学生的教诲中，最主要的有两条：一条是坐冷板凳，即研究学问要持之以恒，抓住一个题目，“韧”性地搞他十年二十年；另一条是不要说空话，要言之有物，研究历史要有充分的可靠的材料作根据，即他后来提倡的反对放空炮。他把这副对联作为座右铭，用以激励自己：“板凳要坐十年冷；文章不写一句空。”1957 年，范应翦伯赞之邀，到北大发表演讲，在演讲的最后，他提出做学问要戒骄戒躁。他说：“我经常勉励研究所的同志们下‘二冷’的决心。一冷是坐冷板凳，二冷是吃冷猪肉（从前封建社会某人道德高尚，死后可以入孔庙，坐于两庑之下，分些冷猪肉吃）。意思是劝同志们要苦苦干，慢慢来。”

○范文澜主张读书治学要做到“天圆地方”。“天”指头脑，“天圆”是指要有灵活的头脑，在读书治学中要能灵活运用头脑，勤于思考，善于思考。如果头脑是“方”的，就呆板了，不会思考问题了。“地”指屁股，屁股‘方’才坐得下来，才能埋头苦干，潜心于读书和科研工作，如果‘圆’，就滑了，坐不住了。“地方”其实就是指钻研的精神。范曾说过：“读书做学问要强调一个‘坚’字，‘坚’就是对做学问有坚定的信心、坚持的耐心、坚强的毅力。方针决定以后，认真做下去，要有不知老之将至的精神。”一个人如果缺乏这两个条件，将“天圆”和“地方”倒过来，变成“天方地圆”，就会一事无成。

○罗常培教导学生如何作研究：“教书要深入浅出，做研究要小题大做。大纲、概论、通史、述评只能指示门径，研究则不能以此为根据。”他说：“一个有系统的研究，第一要有问题——问题的产生或由观察精确引起，或从读书而来。第二要有见解——有了问题就该收集材料，相当数量的事实和材料是一切研究的基础。材料的聚集和剖析需要功力，材料的组织和融会贯通需要理解。而科学的精诣就在于研究者要有一点有价值的意见。第三得有证据——假说能否变成通则，就看证据充分不充分。一个严正的研究者得要有‘有几分证据说几分话’的态度。第四得有结论，单有材料而没有意见就会流于破碎；单有意见而无证据就会流于空疏；从材料提出假设，把证据证成通则，自然而然就得出顺理成章的结论来。一个研究工作者没有果断、确切的结论，那就像画龙没点睛，做衣服没装领子一样。这样，对研究工作的性质、步骤和方法，就了如指掌了。”

○冯友兰说，经过“文革”的折腾，他“得到了一些教训，增长了一些知识，也可以说，在生活工作和斗争中学了一点马克思主义的立场、观点和方法。路要自己走的，道理是要自己认识的。学术上的结论是要靠自己的研究得来的。一个学术工作者，应该是写的就是他所想的，不是从什么地方抄来的，不是人依傍什么样本摹画来的”。

○傅振伦说：“整理古籍或从事科研，当先以有用之学为主。我写《孙膑兵法译注》不仅以其有裨军事，亦以其有助于经济、政治、外交等方面。我研究瓷器史，不仅阐述祖国灿烂的文化艺术，同样有关实业与民生。我研究方志，因为方志可以存史料、资治道，有裨实用，且可宣扬爱乡爱国教育。科技是第一生产力，所以也从事研究祖国古代科技。”

○吴组缃经常告诫后生晚辈：“治学问首先要讲节操，要有骨气，应当勇于面对现实，坚持真理。”

○金克木论治学云：“热爱是最好的老师，成果是最好的太老师，不得不干是最好的祖师爷。”

○朱光潜说：“别的事都可以学时髦，唯有读书做学问不能学时髦。”

○晚年的朱光潜层写下一首十四行诗，总结他一生的治学经验。诗云：

不通一艺莫谈艺，
实践实感是真凭。
坚持马列第一义，
古今中外须贯通。
勤钻资料忌空论，
放眼世界需外文。
博学终须能守约，
先打游击后攻城。
锲而不舍是诀窍，
凡有志者事竟成。
老子决不是天下第一，
要虚心争鸣接受批评。
也不做随风转的墙头草，
挺起肩膀端正人品和学风。

○宗白华提倡“自动的思想”和“自动的研究”，这种“思想”和“研究”就是“科学方法的活动研究”，即“走到大自然中，自动的观察，自动的归纳。从这种自由动作中得来的思想，才是创造的思想，才是真实的学问，才是亲切的知识。这是一切学术进步的途径，这是一切天才成功的秘诀”。

○张岱年认为，一切学术的基本方法有三个：一为思与学的统一；二为知与行的统一；三为述与作的统一。遵循这三个方法进行学术研究，就可能取得成果；违反这三个方法，就必定不能取得成果。他说：“学是基础，思是在学的基础之上进一步独立思考，以达到前人所未达到的更高境界。”“研究学问，应该从实际出发，最后更要以实践加以检验。”“述与作的统一即是继承与创新的统一。……文化学术的发展离不开创新。对于前人已经发现的真理，必须加以继承。……研究新的问题，提出新的观点，这是学术创新之路。创新是学术发展的关键。”

○张岱年说，研究学问时，必须有谦虚的态度，应知自己在知识的海洋中只能涉足于一二小小的角落而已。“因此，研究学问，一方面要能独立思考，不受古往今来任何成说束缚；一方面要有谦虚的态度，承认自己学识寡浅。既要有创新的勇气，又应自视欿然、深感自己的不足。唯其如此，才可能为人类的知识宝库增添一二晶莹的真理颗粒。”

○马坚说：“做学问，就像烧肉一样：必须先用大火烧开了，才能再用文火慢慢地煨。”

○马坚论教学说：“一个教员就像一口井。要努力挖掘得深些！井越深，水就会积得越多，打水的人才会感到方便。要想让人家提上一桶水，你井中至少必须有十桶水。如果你井中只有一桶水，打水的人恐怕只能喝上点儿泥浆了。”

○吴小如总结游国恩的治学方法和途径是：“首先尽量述而不作，其次以述为作，最后水到渠成，创为新解；而这些新解确是在祖述前人的深厚基础上开花结果的。”“所谓述而不作，就是指研究一个问题、一个作品或一部著作，首先掌握尽可能找到的一切材料，不厌其多，力求其全。这是第一步。但材料到手，并非万事大吉，还要加以抉择鉴别，力求去伪存真，汰粗留精，删繁就简，惬心贵当，对前人的成果进行衡量取舍。这就是以述为作。如果步前贤之踵武而犹不能达到解决问题的目的，就要根据自己的学识与经验，加以分析研究，最后得出自己的结论，这就成为个人的创见新解。”

○游国恩指导学生时，要求认真读原著，方法是参考旧说旧注，一篇一篇读原作，并写出读书札记，呈他审阅。游教导学生说：“老一代背书，次一代翻书，到新一代只是查书了。记忆库里没东西，怎么做学问？”

〇据白化文回忆，有一次他侍坐其师周祖谟时，周曾对其讲从事学术研究必须做到两点：一是要把该项学术的最基础的几本书一个字一个字地读懂，最好是学着给那几本书作注。此种打基础的工作一定要在年轻力壮时加紧干，终生受益。二是要走在时代的前面，做前人没有做过的工作。所做成果要成为后来人在这方面从学的起点站。

〇周一良教导学生，在历史研究中要掌握好六个W。他说："我在燕京大学念书时，洪煨莲先生给我们讲授研究历史方法，洪先生常说，掌握五个W，就掌握了历史。所谓五个W者，WHO（何人）、WHEN（何时）、WHERE（何地）、WHAT（何事）、HOW（如何）也。我认为这五个W确实很重要，但我主张要增加一个更大的W——WHY（何故）。有了WHY这个W，研究才更深入。"

〇在《邓广铭治史丛稿》的自序中，邓广铭在开篇曾引证清人章学诚《文史通义》中的话："高明者多独断之学，沉潜者尚考索之功，天下之学术，不能不具此二途。"一个学者如果"不能抒一独得之见，标一法外之意，而奄然媚世为乡愿"，那就不足取。邓说自己在治史时，一直是以章氏所规定的几条标准作为追求的目标的。

〇晚年的田余庆反思自己的学术人生说："这几个年头，是我对自己的学术人生的反思过程，也是认识深化过程。我从自己的经历中深深体会到，学术上不可能不受政治风向的制约，但也不能一刻放弃独立思考。求真务实毕竟是学术的首要条件。自己落笔为文，白纸黑字，要永远对之负责，不能只顾眼前。如果以务实求真为目标，真正做到以我手写我心，错了改正，这样的学术工作才能心安理得，才是为学正道。"

〇许宝騄曾对学生说："要把一些工具掌握得纯熟。要脚踏实地，不要做梁上君子。现在数学界有的人是梁上君子，没有根。要注意学习别人的长处，要时常想到自己的绝技是别人的末技；但有时要想到，别人的绝技是自己的末技。”

○黄昆经常教导学生说：“学习知识不是越多越好，越深越好，而是应当与自己驾驭知识的能力相匹配。”

○傅鹰曾多次在北大课堂的黑板上书写过这样十二个字：“科学给人知识，历史给人智慧。”他解释说，学习科学中的定律、定理、学说等等，可以得到知识，然而了解这些知识的产生背景和过程，科学概念变迁的来龙去脉，前人为寻求这些知识所付出的代价，走过的弯路，记取前人的教训，避免重蹈覆辙，从而有助于在科学研究中取得成功，这才是宝贵的财富，才会使人聪明。

○ 1952 年以后，闵嗣鹤在北大数学力学系任教授，担任多门基础课的教学，曾有十年间教了九门课的纪录。他讲课内容充实、方法得当、语言生动幽默，因此很受学生欢迎。闵还特别注意教学方法的改进，他曾很形象地说：“老师教学要循循善诱，好比教小孩子上楼梯，大人不能只是在上面喊：‘上来呀！快上来呀！’而是要走下去教孩子如何抬腿，怎样用力。”

○唐有祺说：“我的一生是崇尚科学，涉足科学的一生。我的心目中科学几乎是‘正确’和‘真理’的同义语。科学作为一个利器是双面开刃的，既可以造福人类，也可以祸害人民，要看掌握在谁的手中。”

○朱德熙在分析西南联大的学风时说：“总要有一批专心致志钻研学问的人，才能形成学术空气。真正潜心学术的人是要把生命放进去的。这可以用李商隐‘春蚕到死丝方尽，蜡炬成灰泪始干’两句诗来形容。这种对学术执着不舍的精神越是在艰难的逆境中越显得可贵。”

○何芳川曾跟他的学生说：“我认为，就人文学科而言，所谓治学，治的就是学术新意。如果没有新意，就不要忙着下笔写什么东西。因为，那其实并不是什么学术研究。而所谓新意，是你站在前人的肩膀上，再前进一点、两点……讲前人未讲过的；前人讲得不足的；或者前人讲失误了的。而若想在这三方面有所建树，就需要沉下心来，静下气来，积累、蒐求。打好理论基础、打好外文基础、打好专业基础。几十年了，我的心常沉不下来，气也常静不下来，所以只有惭愧。这份惭愧，留给来者，或许也是一种价值。”

○任继愈在《开始学习马克思主义》一文中写道：“作为一个中国哲学史的研究者，不了解中国的农民，不懂得他们的思想感情，就不能理解中国的社会；不懂得中国的农民、中国的农村，就不可能懂得中国的历史。”

○学生问任继愈：“写作应注意什么？”他答曰：“写作要简洁，能用两句话说完，不要用三句话。”

○金开诚主张读书治学应该触类旁通、融会贯通。他说：“蜘蛛之所以能随时捕获小虫，就因为它那个网是联系，结构得很好的，假如蜘蛛东吐一丝，西挂一缕，那么它到处爬动也不会有什么收获。所以在学习上要做一个有心人，要善于触类旁通，以至融会贯通。”

○袁行霈主张做学问要有大气象，他用宋代张孝祥《念奴娇·过洞庭》中的三句词来说明学问的气象：“尽挹西江，细斟北斗，万象为宾客。”他解释说，“尽挹西江”是说要将有关的资料全部收集来，竭泽而渔。“细斟北斗”是说对资料要细细地分析研究。“万象为宾客”是说要把相关学科都利用来为自己研究的课题服务。要想成就大学问，就要有这种气象。

○袁行霈认为，中国近现代的学者中，有很多具有大家气象的人物，如王国维、梁启超、陈寅恪、蔡元培、陈垣、余嘉锡、王力，等等。他将这些大学者的特点归纳为三点：一、学术的格局和视野开阔，左右逢源，游刃有余，处处显示出总揽全局的能力。二、有开山之功，开拓新领域，建立新科学，发凡起例，为后人树立典范。三、道德学问并重。“中国历来是道德学问并重，学问的气象实有赖于道德的高尚。为人正直、诚实、刚强，方能不随波逐流，而用于坚持真理。如果又能虚怀若谷，富有宽容精神，气象就更加不同了。”

○袁行霈说：“学术研究不能重复别人，要就不做，做就要出新。或者有新的资料，或者有新的观点，或者有新的方法。出新不能离开守正，要平正要通达，故意用偏锋，或故意抬杠都不是学者的风范。我把自己所采用的这种态度概括为‘守正出新’四个字。”

○王选将科研成功应该具备的要素总结为五点：科学研究需要真正的动力；跨领域的研究容易出大成果；具备多方面知识和经验；远见和洞察力很关键；从失败中吸取教训。

○王选平生最推崇的一句话是：“献身于科学研究就没有权利再像普通人那样活法，必然会失掉常人所能享受到的不少乐趣，但也会得到常人享受不到的很多乐趣。”他说：“一个有成就的科学家，他最初的动力，绝不是想要拿个什么奖，或者得到什么样的名和利。他之所以狂热地去追求，是因为热爱和一心想对未知领域进行探索的缘故。”

○王选曾提出，搞科学技术一定要“顶天立地”。“顶天”就是要一流原始创新的学术，“立地”就是要让成果转化为生产力。科学研究，切忌既不“顶天”，又不“立地”。“顶天立地”也是王选梦想中的校办高科技产业发展模式。他经常反问自己：“我们到底对国家是有功还是有过？我们得了这么多奖，如果将来市场都被外国产品占领了，那么功劳在哪儿呢？国家的投资到哪儿去了呢？”

○王选总结自己的科研道路说，自己从北大本科阶段的基础课上受益终生。他强调说：“北京大学应该继承优秀教师讲基础课的这种传统。”并常对研究生讲：“在大学本科期间你不应该去问这个课有什么用，这是对你一生知识的某种训练，将来发挥的作用是难以估量的。”

〇王选说，诺贝尔奖不是评估出来的。科学研究要避免急功近利，特别是基础科学研究，要给从事研究的人一个自由发挥和探索的空间，营造出一个好的学术气氛。“少评估，不干预”，不能简单地用每年发表多少篇论文来评价一个科学研究者。肤浅的评估只能使科研结出平庸的果实，带来教育界的虚假繁荣和学术界的泡沫效应。在高层的政治协商会上，他好几次提出建议，要给优秀青年科学家一个安定的环境，看准了人，就给足钱，不要去干预他们，让他们安心去做研究。

〇王选特别注重创新精神和团队精神的结合。他常说，要做好学问，先要做个好人，要懂得依靠团队。领导者有责任营造团结奋斗的氛围，以身作则，自己干得比谁都多，“懂得团结人，懂得尊重人。最怕武大郎开店，要能够让有才华的人从自己手下冒出来，应该有这个风度，能够听取不同意见”。

〇王选说，科学研究本身就是一种美，给人带来的愉快是最大的报酬，是一种高级享受。在多年的科研攻关中，有三件事最让他欣慰：一是经过冥思苦想，在攻克一个个技术难关后，那种愉悦心情难以形容；二是看到艰苦开发的产品实现产业化，被用户大规模使用，那种成就感千金难买；三是发现年轻的帅才、将才并委以重任，那种幸福感不可多得。

〇王选说，名誉也好，地位也好，都不能带来幸福，最难忘的是一个难题久久不能解决，突然有一天晚上躺在床上想到了它的答案，这个时候所得到的愉悦是难以用语言来表达的。

〇王选常说，中国的知识分子“价廉物美”，但如果长期“价廉”，可能会不再“物美”，要在待遇上充分体现人才的价值。

〇王选常说，院士未必总是学术权威。他结合自己的经历说："错误地把院士看成是当前领域的学术权威，我经常说时态搞错了，没分清楚过去式、现在式和将来式。我三十八岁的时候，在电脑照排领域的研究在国内处在最前沿，在国际上也可以称得上十分前沿，创造了我人生的第二个高峰，但是是无名小卒，说话没有分量；1995 年我五十八岁的时候，当选中国两院院士和第三世界科学院院士，获得两次国家科技进步一等奖、一次联合国教科文组织科学奖，虽然没有脱离业务，但 1993 年我就离开了具体设计第一线，所以我的巅峰已经过去，我当时就觉得已经不是这个领域的权威了；今年我六十八岁，三年前得了国家最高科技奖，但离学科前沿更远了，现在靠虚名过日子！"

〇徐光宪认为，学习和科研的秘诀，在于能够享受其中的乐趣："做学问，一定会碰到许多困难。但是，我觉得克服困难的过程就是一件快乐的事，甚至超过事后获得任何荣誉的快乐。"

〇徐光宪将科学家分为三个层次：第一个层次是百年一遇的世界大科学家，像爱因斯坦这样的，他是 20 世纪里最伟大的科学家；第二个层次是十年一遇的大科学家，譬如说像居里夫人、钱学森等；第三个层次是一年一遇的科学家，这个是大多数，比如每年都获得诺贝尔奖的科学家。

〇肖东发论学贵有创见，论"学而不思则罔，思而不学则殆"；"信而好古"；"述而不作"曰：为学固当学思结合，生当今日，尤须有述有作，学、思、述、作并重，方有新意。论曰："学而不思则罔，思而不学则殆，学而不述则喑，述而不作则滞。"

〇林毅夫认为："一位想成为大师的学者除了要有孟子所说'当今天下舍我其谁'的自信心，而且，还要有'以天下兴亡为己任'的使命感，只有具有这样大的使命感的学者才会有纵的历史观和横的全局观，才有可能培养出王阳明所形容的'大如天'的洞悉事物本质的能力。同时，要成为一位大师也要有孟子所说的‘自反而缩，虽千万人吾往矣’的道德勇气。”

〇林毅夫说：“将军最大的荣耀是战死疆场马革裹尸还，学者最大的荣耀是累死在书桌上。”这句话也是林自己治学的座右铭。

嘉言第十六

解　题：嘉言者，名言妙语也。“删繁就简三秋树，领异标新二月花。”言语作为一种艺术，不在其多其玄，而在其精其新。有人说话为文，长篇累牍，却山重水复，不得要领，甚至不知所云。而有人却能以简驭繁，三言两语便直指人心，抓住事理的根本所在。这既需要智慧睿思，也需要胆识卓见。文中所收诸师之言，短则数字，长不过数句。有的论及家国文化等“大题目”，有的则道及立身处世等“小事情”，均是悟道之言，智慧之语。读者如有会心之处，不妨择其一二，置于座右，朝夕讽咏，有益身心，自不待言。

○林纾说：“文运之盛衰，关国运也。”

○孙中山在欧洲碰到严复，欲劝严参加革命，严以改造中国宜从教育入手而拒绝。他说：“以中国民品之劣，民智之卑，即有改革，害之除于甲者将见于乙，泯于丙者将发于丁。为今之计，唯急从教育上着手，庶几逐渐更新乎！”

○中日甲午战争爆发后，严复自觉“一时胸中有物，格格欲吐”，遂撰《原强》一文，明确提出，国家欲富强，其国民应有“三强”：“一曰血气体力之强，二曰聪明智慧之强，三曰德性义仁之强。”当时的中国要实现富强，就必须鼓民力，开民智，新民德。鼓民力，就是戒鸦片、禁缠足，锻炼身体；开民智，就是大力学习西方的科学；新民德，就是开议院于京师，地方官吏实行民主选举。果能如此，则“富强之效不为而成”。

严复五十三岁时留影

○严复认为："天下之人，强弱刚柔，千殊万异，治学之才与治事之才，恒不能相兼。尝有观理极深，虑事极审，宏通渊粹，通贯百物之人，授之以事，未必即胜任而愉快。而彼任事之人，崛起草莱，乘时设施，往往合道，不必皆由于学。"因此而提出"治学、治事宜分二途"的观点。

○严复在给儿子的信中说："临帖作书，可代体操。"

○ 1912 年，北京大学校长严复在给教育部提交的《分科大学改良办法说帖》中提出，大学"理宜兼收并蓄，广纳众流，以成其大"。

○章士钊说："防口者，专制之愚策；杀士者，国家之大耻。"

○蔡元培说："所谓大学者，非仅为多数学生按时授课，造成一毕业生之资格而已，实以是为共同研究学术之机关。"他还经常说："大学者，囊括大典，网罗众家之学府也"，"大学是包容各种学问的机关"。

○蔡元培一贯主张"教育独立"。他说："教育是帮助被教育的人，给他能发展自己的能力，完成他的人格，于人类文化上能尽一分子的责任；不是把被教育的人，造成一种特别器具，给抱有他种目的的人去应用的。所以，教育事业当完全交与教育家，保有独立的资格，毫不受各派政党或各派教会的影响。"1932 年，面对国民党的党化教育，蔡指出："教育如无相当的独立，是办不好的。官治化最重之国家，当无过于普鲁士……当年以德皇威廉第二之专横，免一个大学校长的职，竟是大难……其用人行政，一秉法规，行政官是不能率然变更的。"

○蔡元培主张：“完全人格，首在体育。”“有健全之身体，始有健全之精神，若身体柔弱，则思想精神何由发达？”

○袁世凯当政时，唐绍仪任内阁总理，蔡元培任教育总长。后唐因与袁不和而辞职。蔡不满袁之所为，也提出辞职。当蔡到总统府向袁当面辞职时，袁对他说：“我代表四万万人留君。”蔡回答说：“元培亦对四万万人之代表而辞职。”

○五四运动后，孙中山致信蒋梦麟，其中有“率领北大三千弟子，助我革命”之句。

○ 1930 年，蒋梦麟正式就任北京大学校长后，提出十六字办学方针：“教授治学，学生求学，职员治事，校长治校。”规定北大以“研究高深学术，养成专门人才，陶融健全品格”为职志。

○ 1923 年，北京八所学校因政府积欠经费九个月，经过多次争取，各校仍未能筹齐预定的三十万元经费。于是北京八校教职员联席会议议决：未能筹齐经费的学校关门了事。期间，北大代理校长蒋梦麟一直勉励北大师生：“至少也要维持北大的生命，决不让他中断。”11 月 20 日，北大召开教职员全体大会，讨论执行联席会议议决案的问题。蒋在会上沉痛发言：“今日本校教职员开大会议决关门事件，如果主张关门，自无用说；若大家仍要维持，我虽则替八校奔走的能力已尽，但是为着本校的维持，我仍旧愿负这责任，虽生死以之可也。”

蒋梦麟及其墨迹

○据冯友兰回忆，蒋梦麟曾对他说：“我在大学中搞了几十年，经过许多风潮，发现了一个规律：一个大学中有三派势力，一派是校长，一派是教授，一派是学生，在这三派势力中，如果有两派联合起来反对第三派，第三派必然要失败。”

○蒋梦麟在谈到一个人的能力的时候，强调思、行合一。他说：“所谓能思者，养成清楚之头脑，并有肝胆说出其思想。所谓能行者，做事担得起责任，把肩膀直起来，万斤担子我来当。”

○俄国十月革命胜利后，李大钊撰写了《布尔什维克主义的胜利》一文，热烈赞扬十月革命。他满怀激情地写道：“在这世界的群众运动的中间，历史上残余的东西，什么皇帝咧，贵族咧，军阀咧，官僚咧，军国主义咧，资本主义咧——凡可以障阻这新运动的进路的，必挟雷霆万钧的力量摧拉他们。他们遇见这种不可当的潮流，都像枯黄的树叶遇见凛冽的秋风一般，一个一个地飞落在地。由今以后，到处可见的，都是布尔什维克主义战胜的旗。到处所闻的，都是布尔什维克主义的凯歌的声。人道的警钟响了！自由的曙光现了！试看将来的环球，必是赤旗的世界！”

○五四运动过后，李大钊撰写短文《牺牲》，以明心志。他说：“人生的目的，在发展自己的生命，可是也有为发展生命必须牺牲生命的时候。因为平凡的发展，有时不如壮烈的牺牲足以延长生命的音响和光华。绝美的风景，多在奇险的山川。绝壮的音乐多是悲凉的韵调。高尚的生活，常在壮烈的牺牲中。”

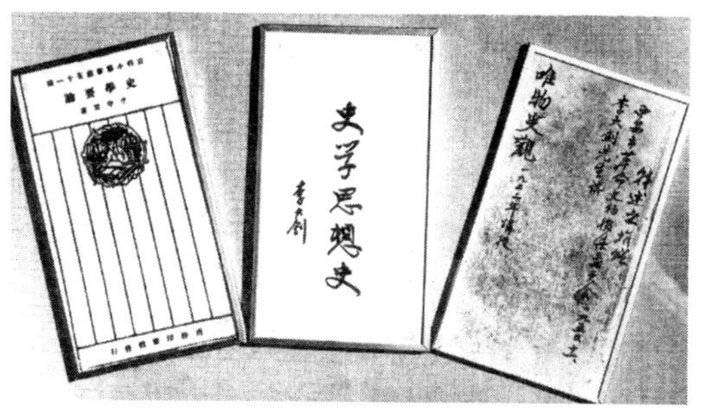

李大钊在北京大学任教授期间撰写的著作和讲义

○李大钊被捕后，向刽子手慷慨陈词：“我是不短吃，不短喝，为的是大多数贫苦无告的工农。你们甚么也不会干，居然吃喝嫖赌，高楼大厦，这是叫人不平的。我们为大多数贫苦无告的工农而生，必为贫苦无告的工农谋穿的、谋吃的、谋喝的而死。”

○ 1919 年，陈独秀在《〈新青年〉罪案之答辩书》中说：“要拥护那德先生，便不得不反对孔教、礼法、贞节、旧伦理、旧政治；要拥护那赛先生，便不得不反对旧艺术、旧宗教；要拥护德先生又要拥护赛先生，便不得不反对国粹和旧文学……西洋人因为拥护德、赛两先生[①]，闹了多少事，流了多少血，德、赛两先生才渐渐从黑暗中把他们救出，引到光明世界。我们现在认定只有这两位先生，可以救治中国政治上道德上学术上思想上一切的黑暗。若因为拥护这两位先生，一切政府的压迫，社会的攻击笑骂，就是断头流血，都不推辞。”

○陈独秀勉励学生说：“世界文明发源地有二，一是科学研究室；一是监狱。我们青年要立志出了研究室就入监狱，出了监狱就入研究室，这才是人生最高尚优美的生活。从这两处发生的文明，才是真文明，才是有生命有价值的文明。”或谓，这几句话就是陈自己一生的写照。

○“五四”时期，有一北大学生为国事奔走呼号，劳累过度，身染重病。有人劝他静养身体，不要过于劳累。学生慨然答道：“国贼不去，足以病国；余宁病一身，何忍病一国乎！”

○胡适最喜欢写的对联是：“大胆的假设，小心的求证；认真的做事，严肃的做人。”上联教人求学，下联教人做人。梁实秋感慨说：“我常惋惜，大家都注意上联，而不注意下联。”

○胡适在给陈之藩的信中写道：“思想切不可变成宗教。变成了宗教，就

① 德先生是指德谟克拉西，是英文 Democracy 的音译，指民主；赛先生是指赛因斯，是英文 Science 的音译，指科学。德先生与赛先生是新文化运动时期的两面旗帜。

不会虚而能受了，就不思想了。”

○胡适认为，东方文明的最大特色是知足。西洋的近代文明的最大特色是不知足。他比较说：“一边是安分，安命，安贫，乐天，不争，认吃亏；一边是不安分，不安贫，不肯吃亏，努力奋斗，继续改善现成的境地。”

○胡适经常说：“任何事我都能容忍，只有愚蠢，我不能容忍。”

○ 1918 年 10 月 5 日，邵飘萍在北京创办《京报》。他在创刊词《本报因何而出世乎》中说：“崇拜真理，反对武力，乃《京报》持论之精神。……必从政治教育入手。树不拔之基，乃万年之计，治本之策。……必使政府听命于正当民意之前，是即本报之所作为也！”

○钱玄同说：“教育是教人研求真理的，不是教人做古人的奴隶的。教育是教人高尚人格的，不是教人干禄的；教育是改良社会的，不是迎合社会的。”

○五四运动发生后，蔡元培力辞北大校长之职。北大教授开会讨论对付当局和挽留蔡校长的问题。辜鸿铭也走上讲坛，赞成挽留，但他的理由却与众不同，他说：“校长就是我们学校的皇帝，所以非得挽留不可。”

○ 1920 年，张勋过生日时，辜鸿铭送张的对联是“荷尽已无擎雨盖，橘残犹有傲霜枝”。后来，辜对胡适说起这件事，解释说“擎雨盖”指的是清朝的大帽子，而“傲霜枝”指的是他和张勋都留着的长辫子。

○人问辜鸿铭为何在民国时仍留辫不去，辜答曰：“这是我个人独有的审美观念，和政治思想无关。”又说：“中国的存亡，主要在于道德，而不在于辫子。辫子除与不除，原无多大出入。”“去了辫子，如果国家果能强盛，则去之也未尝不可。否则我决定不剪辫。此系我个人自由，不劳动问。”辜还在《在德不在辫》一文中指出："洋人绝不会因为我们割去发辫，穿上西装，就会对我们稍加尊敬的。我完全可以肯定，当我们中国人变成西化者洋鬼子时，欧美人只能对我们更加蔑视。事实上，只有当欧美人了解到真正的中国人——一种有着与他们截然不同却毫不逊色于他们文明的人民时，他们才会对我们有所尊重。"

○辜鸿铭认为美国人博大、纯朴，但不深沉；英国人深沉、纯朴，却不博大；德国人博大、深沉，而不纯朴；法国人没有德国人天然的深沉，不如美国人心胸博大和英国人心地纯朴，却拥有这三个民族所缺乏的灵敏；只有中国人全面具备了这四种优秀的精神特质。

○辜鸿铭说，华夏文化的精神在于一种良民宗教，在于每个妇人都无私地绝对地忠诚其丈夫，忠诚的含义包括帮他纳妾；每个男人都无私地绝对地忠诚其君主、国王或皇帝，无私的含义包括奉献出自己的屁股。

○辜鸿铭在 1915 年出版的《春秋大义》中说："要估评一个文明，在我看来，我们最终必须问的问题不是它修建了和能够修建巨大的城市、宏伟壮丽的建筑和宽广平坦的马路；也不是它制造了和能够制造漂亮舒适的家具，精致实用的工具、器具和仪器，甚至不是学院的建立、艺术的创造和科学的发明。要估价一个文明，我们必须问的问题是它能够造就什么样的人性类型，什么样的男人和女人。事实上，正是一个文明所造就的男男女女、人性类型，显示了该文明的本质和个性，即可以说显示了该文明的灵魂。"

○一次，外国友人邀请辜鸿铭宴饮，推其坐首席。席间有人问孔子之教究竟好在哪里。辜鸿铭答，刚才诸君互相推让，不肯居上座，这就是行孔子之教。假如行今日西洋流行的"物竞天择"之教，以"优胜劣败"为主旨，则今天这一席酒菜势必要等到大家你死我活竞争一番，决出胜败，然后定座，再动筷子。如果这样的话，今天这顿饭不知要经过多长时间才能到口呢，恐怕最后谁也吃不到嘴。众皆称妙。

○西南联大时，刘文典教学生写文章，仅授以“观世音菩萨”五字，学生不明所指，刘解释说：“观，乃是多多观察生活；世，就是需要明白世故人情；音，就是文章要讲音韵；菩萨，就是救苦救难、关爱众生的菩萨心肠。”学生闻言，无不应声叫好。

○新中国成立后，李广田任云南大学校长，口口声声称刘文典为“老师”“刘老”。开大会请刘老坐前排，开座谈会请刘老先发言。学校评职称，他被评为一级教授，并任全国政协委员。朋友们祝贺他“喜事重重，旧貌换新颜”。他说：“我热爱共产党，热爱社会主义，是早有思想基础的，我早年参加同盟会，跟随过孙中山，坚决拥护孙中山的联俄、联共、扶助工农政策，那时已扎下了拥护共产主义的根，今天实现了我的夙愿。”

○钱穆的祖父三十七岁谢世，父亲终年仅四十一岁，其长兄钱挚去世时年方“不惑”。1928年，钱穆的结发妻子和新生儿子也相继死去。家中“四世不寿”，在钱内心投下阴影。加上钱本人早先亦体弱多病，故读书时颇关注“年寿”之事。他读陆游晚年诗作，深羡放翁长寿；读《钱大昕年谱》，知谱主中年时体质极差，后来转健，高寿而治学有成。钱穆因而感悟：“人生不寿，乃一大罪恶。”于是在日常生活中特别讲求养生之道，以挣脱命运的“劫数”，后竟享寿九十六岁。

○金岳霖十几岁的时候，按照逻辑推理出中国俗语“金钱如粪土，朋友值千金”有问题。他发现，如果把这两句话作为前提，得出逻辑结论应该是“朋友如粪土”。

○ 1926年，金岳霖回国后发表了他的第一篇哲学论文：《唯物哲学与科学》。他在文中说：“世界上似乎有很多的哲学动物，我自己也是一个，就是把他们放在监牢里做苦工，他们脑子里仍然是满脑子的哲学问题。”

○金岳霖二十八岁的时候，在《晨报·副镌》上发表了一篇题为“优秀分子与今日社会”的文章。他在文章中说：“我开剃头店的进款比交通部秘书的进款独立多了，所以与其做官，不如开剃头店，与其在部里拍马，不如在水果摊子上唱歌。”

○有一学生感到逻辑学这门学问十分枯燥，便好奇地问金岳霖：“您为什么要搞逻辑？”金答之曰：“我觉得它很好玩。”

○ 1963 年，金岳霖为毛泽东祝寿作了一副对联：“以一身心系中国兴亡，此岁来已七十矣；行大道于环球变革，欣受业者近三十亿焉。”

○ 1982 年，重病期间的金岳霖留下了一份遗嘱：“哲学所党组负责同志：我可能很快结束。我要借此机会表示我感谢党，感谢毛泽东同志，感谢全国劳动人民，把中国救了。瓜分问题完全解决了。四个现代化问题也一定会解决。我死之后，请在我的存折中提出三千元献给党。请不要开追悼会，骨灰请让清风吹走。”

○马寅初经常对人说：“言人之所言，那很容易；言人之所欲言，就不太容易；言人之所不敢言，就更难。我就言人之所欲言，言人之所不敢言。”他也用自己一生的言行践行了这段话。

○马寅初在向北大师生宣讲他的新人口论理论、谈中国人口增长过速的原因时，总结出了好几条，其中三条是：一是和尚尼姑大量还俗，增加了生产力；二是中国生活水平低，素食民族比肉食民族生育率高；三是中国农村大部分地区没有电灯，早早躺下睡觉，不多生孩子才怪呢。

○ 1947 年，国共两党分裂后，身为自由主义者何去何从？傅斯年做出的判断是：“与其入政府，不如组党；与其组党，不如办报。”

○ 1945 年 12 月间，西南联大学生因反内战活动而与当地军警发生冲突。时任北大代理校长的傅斯年赶过去，见到对惨案负有直接责任的关麟徵，劈头便说：“从前我们是朋友，可是现在我们是仇敌。学生就像我的孩子，你杀害了他们，我还能沉默吗？”

○傅斯年去世后葬在台大。台大行政大楼的对面架设有一口“傅钟”，每天上下课都会响二十一声，因为这位校长曾说过：“一天只有二十一小时，剩下三小时是用来沉思的。”

○梁漱溟的座右铭是：“情贵淡，气贵和。唯淡唯和，乃得其养；苟得其养，无物不长。”他还将自己的书房命名为：“勉仁斋。”

○ 1946 年六七月间，蒋介石悍然在全国发动大规模内战，“政协决议”被撕毁。周恩来由南京移居上海以为抗议。期间，梁漱溟为国共和谈不厌其烦奔走其间。10 月 10 日，梁由南京到上海去见周恩来，促其回南京继续和谈。11 日夜，梁由上海返回南京，次日清晨抵达南京时，惊见报端已刊发国民党攻占张家口的消息，不禁惊叹地对记者说：“一觉醒来，和平已经死了！”此话一时为媒体广为引用，成为痛斥蒋介石背信弃义的经典话语。

○顾颉刚曾说：“让我盲目崇拜一个人就像让我训斥一个仆人一样困难。”他还说：“我的心目中没有一个偶像，由得我用了活泼的理性做公平的裁断”，“对今人如此，对古人亦然。唯其没有偶像，所以也不会用了势利的眼光去看不占势力的人物”，“我知道学问是只应问然否而不应问善恶的，所以我竭力破除功利的成见，用平等的眼光去观察一切”。

○ 1949 年 1 月 31 日，北平和平解放。2 月 1 日，北平各大专院校师生在北大民主广场举行庆祝北平和平解放的大会。北大教授许德珩首先发言，他激动得热泪盈眶，一开口便说：“朋友们，同学们：天快亮了！太阳快出来了！妖魔鬼怪快要消灭了！”

○陈衡哲早年曾留学美国，归国后应蔡元培之聘任北京大学西洋史兼英语系教授，成为北大历史上第一位女教授。她曾对自己的女儿任以都说：“我们那一代人出去留学，都有一个理想，就是学成归国，要为国家、人民尽点心力、做点事。你们这一代却根本对公众的事，没有什么理想，只愿念个学位，找份好差事，这算什么？”任早年思想激进，一再痛骂士大夫祸国殃民。但陈对她说：“你知不知道士大夫阶级为国家人民做过多少事？真正的士大夫，处处为国家、人民着想，从不考虑个人利害，这样过一辈子才算是有意义的。”直到晚年，任对母亲的这番话仍记忆犹新。她说：“他们那一代，不但开辟了很多新路径、新园地，为日后中国的发展打下良好的基础，也满怀崇高的理想与抱负，一心要为国家人民贡献心力。”

○秉志在《科学呼声》中说：“为师者，要不可不努力自修，以身作则，求为博通淹贯之士，方足以矜式诸生，为国家作育人才……必有精益求精之精神，博闻多识之兴趣，始能使自己深造有得，而为学生考道问业之所资。故勤苦敏求，学而不厌，乃为科学教师所必须有之态度也。”

○范文澜任北方大学校长时，他有一位学生高继芳是高树勋将军之女，在回忆文章《记范文澜校长二三事》一文中说：“范校长是浙江人，口音重，每次学校开大会，范校长讲话，许多同学都听不懂，只能听懂一句话，就是‘全心全意为人民服务’。”

○ 1957 年，范文澜在北大历史系讲课时说：“我们教历史课，明明自己有心得，有见解，却不敢讲出来，宁愿拿一本心以为非的书，按照它那种说法去讲……这样的‘谦虚谨慎’是不需要的，是有害的。我们应该把‘我’大大恢复起来，对经典著作也好，对所谓‘权威’说话也好，用‘我’来批判它们，以客观存在为准绳，合理的接受，不合理的放弃。”

○ 20 世纪 20 年代，在美国留学的翦伯赞读完《共产党宣言》后，在日记中写道：“这是黑暗世界中的一个窗口，从这里，我看见了光明，看见了真理，看见了人类的希望。”

○西南联大期间，教“西洋史”的皮名举教授经常对学生说：“不学中国史不知道中国的伟大，不学西洋史不知道中国的落后。”后来，北大历史系的阎步克又说：“真正差的是我们自己，我们的祖先是丝毫都不比外国人差的。”

○周作人说，人生的季节是不能颠倒的，在青少年时期一定要对真善美的追求打下底子。这种教育是以后任何时期的教育所无法补偿的。现在的学生是过于懂得现实，过早面对世俗丑恶，过早学会世故，这是很可怕的事。

○毛子水说：“要使说话有力量，当使说话顺耳，当使说出的话让人家听得进去。不但要使第三者觉得我们的话正直公平，并且要使受批评的人听到亦觉得心服。”

○ 20 世纪 60 年代初，身在台湾的毛子水就宣称：“稍能思想的人，都知道台湾是决没有脱离祖国而独立的理由的。”

○周培源说：“一所大学办得好或不好，其水平如何，它的决定因素或根本标志之一乃是这所大学的教师阵容。”

○ 1980 年，已经八十岁的陈岱孙对采访他的记者说：“我年纪这么大了，为什么还要教课？客观上，培养学生是教师的职责；主观上，我对青年有偏爱。”1994 年，陈岱孙又对人说：“我上课时从来不点名，但下面总是坐得满满的。我对青年同志有一种好感，觉得中国的将来在青年身上，协助社会培养一代新人是很有意义的。”

○朱光潜说："有些人天资颇高而成就则平凡，他们好比有大本钱而没有做出大生意，也有些人天资并不特异而成就则斐然可观，他们好比拿小本钱而做大生意。这中间的差别就在努力与不努力了。"

○冯友兰说："人类文明好似一笼真火；古往今来，对于人类文明有所贡献的人，都是呕出心肝，用自己的心血、脑汁作为燃料，才把真火一代一代地传了下去。凡是在任何方面有所成就的人，都需要一种拼命的精神。为什么要拼命？就是'情不自禁，欲罢不能'。"他还说："这就像一条蚕，它既生而为蚕，就没有别的办法，只有吐丝。'春蚕到死丝方尽'，它也是欲罢不能。"

○ 1990 年，冯友兰临终前说的最后一句关于哲学的话是："中国哲学将来一定会大放光彩，要注意《周易》哲学。"

○ 20 世纪 80 年代以后，在西潮蜂拥而来，学界意见纷陈之际，张岱年在哲学、文化领域始终"赞同唯物论，深喜辩证法"，始终坚持和发挥"综合创新论"，主张弘扬民族精神，并认为《周易大传》中的两句话，"天行健，君子以自强不息""地势坤，君子以厚德载物"，就是中华民族的民族精神的集中表现。他解释说："'自强不息'就是奋发向上的精神，'厚德载物'即是宽容的精神。中华民族的民族精神可以简称为中华精神。近代以来，中国落后了，我们必须认识自己的缺点，努力更改；但是同时必须具备民族的自尊心与自信心。认识民族精神，坚持民族精神，是具有民族自尊心与自信心的基础。"他常解释"天行健，君子以自强不息"说：宇宙是一刚健的大流行，因此一个学者应该一生自强不息。

○范长江说："东汉马援说'男儿当以马革裹尸还葬耳'，记者以为男儿死了不必一定要有人'裹尸'，更不必要'还葬'，本着认为有意义的事情，百折不回地做下去，那（哪）天死，那（哪）天完，根本用不着管尸体将来怎样安排。"

○王力在给儿女的遗嘱中写道："人活着是为了什么？并不是为了穿衣吃饭。穿衣吃饭是为了生活，而生活本身还有崇高的目的，那就是为国家、为民族做一些有益的事情。"

○ 1981 年，吴组缃应邀去美国参加学术会议。期间有人问吴：怎样看待几十年来中国共产党犯的错误？吴打比方说：乡村里有位老奶奶脊背发痒，叫孙子给她挠挠，小孙子挠了第一下，太靠左边了，挠第二下，又太靠右边了，连挠几下，才挠对了发痒的地方。这样一件小而又小的事，开头尚且把握不住，何况中国共产党所从事的是改天换地的伟大事业呢？

○考古学大师苏秉琦曾将中国历史文化的发展归纳为四句话："超百万年的文化根系，上万年的文明起步，五千年古国和两千年中华一统实体。"

○王瑶退休后，有一次将他的得意门生钱理群召来问话，说自己有苦恼，面临着两个选择：现在年龄已大，七十多岁，继续努力，可以发挥余热，问题在于，已经这么老了，再拼命又有什么意思呢？此谓之"垂死挣扎"；倘若啥也不做，享享清福，辛苦了一辈子，这也理所当然，这便是"坐以待毙"。"要么坐以待毙，要么垂死挣扎，你说我该怎么选？"不待钱开口，王便自己做了回答："与其坐以待毙，不如垂死挣扎！"

○ 1958 年秋，钱三强找到邓稼先，说"国家要放一个'大炮仗'"，征询邓是否愿意参加这项必须严格保密的工作。邓知道是国家要研制原子弹后，便欣然同意，回家对妻子许鹿希说自己"要调动工作"，不能再照顾家和孩子，他说："鹿希，往后家里的事我就不能管了，我的生命就献给未来的工作了，做好了这件事，我这一生过得就很有意义，就是为它死了也值得！"从此，邓稼先的名字便在刊物和对外联络中消失了二十六年。

○杨振宁来华探亲返程之前，问邓稼先："在美国听人说，中国的原子弹是一个美国人帮助研制的。这是真的吗？”邓请示了周恩来总理后，写信告诉杨：“无论是原子弹，还是氢弹，都是中国人自己研制的。”杨看后异常激动，一时热泪满眶，不得不去洗手间去洗脸。

○邓稼先的妻子许鹿希曾对杨振宁说，中国原子弹的造价可比外国少得多。杨回答说，如果算上中国科学家的生命，则远不止这个价。

○原北大校长丁石孙说：“一个人的成长可以有不同的道路。有的人喜欢钻研一些问题，不喜欢广泛地吸纳；有的人却喜欢东看一点，西看一点，博采众长；学习过程中有的人领悟得快一点，有人的领悟得慢一点。但很难说，哪一种人将来会取得更大的成就。教育的关键在于引导，而不能规定。如同工厂生产产品一样，学校也是大规模生产，但学校输出的是人，因此不要管得特别死，要有较大的活动余地。这是培养人才和繁荣学术非常重要的条件。”

○王选对采访他的记者说：“经验告诉我：一个人要想有所成就，他首先要做个好人。‘毫不利己，专门利人’，是绝大多数人，包括我自己在内根本做不到的。我赞成季羡林先生关于‘好人’的标准：考虑别人比考虑自己稍多一点就是好人。不过，我以为，这个标准还可以再降低一点，就是考虑别人与考虑自己一样多的就是好人。”

○王选说：“名人和凡人差别在什么地方呢？名人用过的东西，就是文物了，凡人用过的就是废物；名人做一点错事，写起来叫名人轶事，凡人呢，就是犯傻；名人强词夺理，叫作雄辩，凡人就是狡辩了；名人跟人握握手，叫作平易近人，凡人就是巴结别人了；名人打扮得不修边幅，叫真有艺术家的气质，凡人呢，就是流里流气的；名人喝酒，叫豪饮，凡人就叫贪杯；名人老了，称呼变成王老，凡人就只能叫老王。”

○季羡林认为：“我们东方文化中确实有些好东西，如《论语》中的一句话：

‘己所不欲，勿施于人。’能做到这八个字，到共产主义也不过这个水平。类似这么精辟的话多得很。历史上讲宋太祖时赵普曾说过以半部《论语》治天下的话，现在有人说是胡说八道，我看实际上用不了半部《论语》，有几句话就能治天下。”

○季羡林在给《汤用彤全集》写的《序言》中说：“在地球上凸出一些高山，仅仅一次出现；但它们将永恒存在，而且是不可超越的。在人类文学史和学术史上，不论中外，有时候会出现一些伟大诗人和学者，他们也仅仅一次出现；但他们也将永恒存在，而且不可超越。论高山，比如喜马拉雅山、泰山、华山等等都是；论诗人，中国的屈原、李白、杜甫等，西方的但丁、莎士比亚、歌德等等都是；论学者或思想家，中国的孔子、司马迁、司马光以及明清两代的黄宗羲、顾炎武、戴震、王引之父子、钱大昕等等都是。画家、书法家、音乐家也可以举出一些来。他们都是仅仅一次出现的，他们如同高山，也是不可超越的。赵瓯北的诗：‘江山代有才人出，各领风骚数百年。’历史已经证明了，这个说法是站不住脚的。”

○季羡林说：“一所大学或其中某一个系，倘若有一个在全国或全世界都著名的大学者，则这一所大学或者这一个系就成为全国或全世界的重点和‘圣地’。全国和全世界学者都以与之有联系为光荣。问学者趋之若鹜。一时门庭鼎盛，车马盈门。倘若一个学者去世或去职，而又没有找到地位相同的继任人，则这所大学或这个系身价立即下跌，几乎门可罗雀了。”

○季羡林说：“一个人活在世界上，必须处理好三个关系：第一，人与大自然的关系；第二，人与人的关系，尤其是家庭关系；第三，内心思想与外在行为的关系。这三个关系，如果能处理很好，生活就能愉快；否则，生活就有苦恼。”

○很多人问季羡林在养生方面有什么秘诀，季回答说：“没有秘诀，也从来不追求什么秘诀。我有一个‘三不主义’，这就是：不锻炼，不挑食，不嘀咕。”

他解释说，所谓“不锻炼”，绝不是一概反对体育锻炼，只是反对那些“锻炼主义者”。人生的意义与价值就在于工作。工作必须有健康的体魄，但更重要的是，必须有时间。如果大部分时间都用于锻炼，这有什么意义呢？所谓“不挑食”，不管哪一国的食品，只要合我的口味，我张嘴便吃。什么胆固醇，什么高脂肪，统统见鬼去吧。所谓“不嘀咕”，是指从来不为自己的健康而愁眉苦脸。

○ 2007 年，时任国务院总理温家宝到解放军总医院看望正在调养中的季羡林先生，并祝贺季的九十六岁寿辰。当时温总理说：“我喜欢看您的散文，讲的都是真心话。您说自己一生有两个优点：一是出身贫寒，一生刻苦；二是讲真话。对吧？”季回答说：“要说真话，不讲假话。真话不全说，假话全不说。”他解释说：“就是不一定把所有的话都说出来，但说出来的话一定是真话。”

○费孝通曾说：“知识分子心里总要有个着落，有个寄托。一生要做什么事情，他自己要知道要明白。过去讲‘三军可以夺帅，匹夫不可夺志’，我觉得‘志’就是以前的知识分子比较关键的一个东西，我的上一代人在这个方面比较清楚。每个人都有长处，也有缺点。我们希望历史不断地发展一天比一天好。”

○费孝通在八十寿辰聚会上，意味深长地讲了一句十六字箴言：“各美其美，美人之美，美美与共，天下大同。”其意大概是：人们要懂得各自欣赏自己创造的美，还要包容地欣赏别人创造的美，这样将各自之美和别人之美很好地融合在一起，就会实现理想中的大同美。这十六字箴言被很多人认为是对“君子和而不同”的极好阐释，同时也是当今处理不同文化关系的最佳准则。

○金开诚把中国传统文化概括为四大思想：解决中国人基本哲理的“阴阳五行”思想、解决人与大自然关系的“天人相应”思想、解决社会问题和人际关系的“中和中庸”思想和如何对待自己的“修身克己”思想。

○金开诚说："国学要真正能对现实有用，看来一方面不能对传统文化采取'玩儿'的态度，更不能把它当作'模特儿'，常常穿了不断变化的'时装'来表演；但另一方面恐怕也不能一味强调'坐冷板凳'，'两耳不闻窗外事，一心只读圣贤书'。因为任何学问要对现实有用，都必须了解现实，甚至还要转变观念，才能使真才实学与客观实际挂钩对口，从而有的放矢地解决实际问题。"

○张芝联说："我认为大学最主要的任务跟工厂一样，就是要有产品。产品有两类：一类是人，人才；一类是著作，科学成就。我悬着这么两个标准：一是培养德、智、体全面发展的人才，有一个时期叫作培养接班人，是高质量、高品质的人才。第二种产品就是科学成就，这个科学成就不是一般的科学成就，而是有助于解决重大的理论问题和实际问题。第一流的大学，应该达到这两个要求。"

○徐光宪的处世信条是"推己及人"，他解释说："我认为这就是牛顿第三定律，作用力与反作用力的关系。你怎样对别人，别人也会怎样对你。所以，凡事多想想别人的感受，总是好的。……季羡林先生有句话：考虑别人比考虑自己稍多一些，就叫好人。后来王选讲，标准还可以降低一点，考虑别人和自己一样多，就是好人。其实他考虑别人远比考虑自己多。他一直住着 75 平方米的房子，不搬进分给他的 145 平方米的新居，说要让给更需要房的中青年学者。这方面，我还差得远。"

○徐光宪对采访他的记者说："著名爱国艺术家常香玉说过一句话，'戏比天大'，说得非常好。对我们教师来讲，就是'上课比天大，科研比天大'。这是一种基本的敬业精神。"

○徐光宪说："人生最重要的还是幸福、快乐。""人生的目的，就是追求个人和最大多数人的幸福。小平同志提出'共同富裕'，其根本目的就是共同幸福。如果你身边的人都不幸福，你一个人也很难幸福。"

〇 1998 年，萧灼基在香港讲课，有人问萧："您过去是研究马克思的，现在又研究市场经济。那么，请问您是在马克思那边感到舒服呢，还是在市场经济这边感到舒服？"萧笑答："我感觉用马克思的思想方法来研究市场经济最舒服。"

〇许渊冲对中国文化充满自信，毕生以向国外译介中国经典和中国文化为己任。2014 年，国际译联颁给他"北极光"杰出文学翻译奖。该奖每三年评选一次，每次评选一人，这是首位亚洲翻译家获得该奖。面对荣誉，他说："那次获奖我深感荣幸，但不仅是对我个人翻译工作的认可，也表明中国文学受到世界更多的关注。"他还自信地说："中国的典籍英译，即使不说胜过，至少也可和英美人的译文媲美。这些成就难道不值得中国人自豪？请问世界上哪个外国人能把本国的经典作品译成中文？我们一定要知道自己民族文化的价值。中国文化正在走向复兴，我们不能妄自菲薄。我始终觉得，中国人要有自己的文化脊梁。"

讽议第十七

解　题： 议论而语带讽刺嘲弄之意，是为讽议。鲁迅先生评《儒林外史》："秉持公心，指擿时弊。机锋所向，尤在士林"，遂成我国讽刺小说的最佳典范。时迁世易，大千世界，芸芸众生，值得指摘讽议的人事物处处皆有，因此而期望能有新时代的《各界外史》。大凡语出讽议者，其心中多有不满，必欲一吐为快，或形诸文字，或诉诸语言。由于能够针砭问题，入木三分，高者又能"戚而能谐，婉而多讽"，所以让人读后常能大呼痛快过瘾。本章所收，可视为北大这一小"士林"的讽议小史。所引典故大多生动而深刻，让人过目难忘。在辛辣或婉转的语言中，暗含幽默与讥讽，当然也有不少沉痛之处。有的还极尽挖苦揶揄之能事，看似不近人情，有失厚道，但细细品味之后就会发现，能发此论之人，一定要具备高超的智慧，深刻的见解和精妙的言辞。在很多情况下，还得有几分傲王侯、轻富贵、蔑世俗的胆量。仅就这一点而言，也是难能可贵之举。今日能有如此讽议水准者，又有几人？

○ 1919 年 6 月 15 日，蔡元培发表《不肯再任北大校长的宣言》，他在宣言中说自己绝对不能再到北京的学校任校长，原因是："北京是个臭虫窠（这是民国元年袁项城所送的徽号，所以他那时候虽不肯到南京去，却有移政府到南苑去的计划）。无论何等高尚的人物，无论何等高尚的事业，一到北京，便都染了点臭虫的气味。我已经染了两年有半了，好容易逃到故乡的西湖、鉴湖，把那个臭气味淘洗干净了。难道还要我再做逐臭之夫，再去尝尝这气味吗？"

20 世纪初的蔡元培（在上海）

○ 1922 年 11 月 18 日，北洋政府无故逮捕北大兼课讲师罗文，蔡元培对此极为愤慨，不久，便再次提请辞去北大校长之职，他在致黎元洪的辞呈中说："数月以来，报章所记，耳目所及，举凡政治界所有最卑污之罪恶，最无耻之行为，无不呈现于中国。"

○光绪二十八年（1902），时任湖广总督的张之洞为给慈禧太后祝寿，令各衙署悬灯结彩，铺张浪费，耗资巨万。并邀请各国领事，大开筵宴；并招致军界学界，奏西乐，唱新编《爱国歌》。时辜鸿铭在座，心中不快，对学堂监督梁鼎芬说："满街都是唱《爱国歌》，却不闻有人唱《爱民歌》。"梁说："那你为什么不试编一首？"辜鸿铭稍微沉吟一番，便说："我已得四句好词，不知大家想不想听？"众人说："愿听。"辜曰："天子万年，百姓花钱；万寿无疆，百姓遭殃。"座客哗然，共谓"辜疯子"。

○辜鸿铭认为当日中国之所谓理财，并非理财，乃是争财。昔日孔子曰："君君，臣臣，父父，子子。"辜则谓中国欲得理财之道，须添一句曰："官官，商商。"盖当日中国，大半官而劣则商，商而劣则官，这正是天下饿殍遍地的原因所在。

○张之洞与袁世凯同任军机大臣。一次，在中外宴会上，袁世凯对驻京德国公使说："张中堂（指张之洞）是讲学问的；我是不讲学问，我是讲办事的。"袁之幕僚将此话转述给辜鸿铭，并认为是袁的得意之谈。辜应之曰："诚然如此。但是要看所办是何等事，如老妈子倒马桶，固然用不着学问；除了倒马桶外，我不知天下有何事是无学问的人可以办得好。"

○辜鸿铭向来主张复古，但对伪道学建孔教会却极为反感。在听说孔教会要祭祀孔子后，辜对胡适说：“我编了一首白话诗：监生拜孔子，孔子吓一跳。孔会（指伪道学的孔教会）拜孔子，孔子要上吊。”并问胡：“胡先生，我的白话诗好不好？”

○辜鸿铭在一篇用英文写的文章中说：“什么是天堂？天堂是在上海静安寺路最舒适的洋房里！谁是傻瓜？傻瓜是任何外国人在上海不发财的！什么是侮辱上帝？侮辱上帝是说赫德税务司为中国定下的海关制度并非至善至美！”辜的学生罗家伦说，这句话的“用字和造句的深刻和巧妙，真是可以令人拍案叫绝”。

○在北京的一次宴会上，座中都是一些社会名流和政界大人物，有一位外国记者问辜鸿铭：“中国国内政局如此纷乱，有什么法子可以补救？”辜答道：“有，法子很简单，把现在在座的这些政客和官僚，拉出去枪决掉，中国政局就会安定些。”

○学部侍郎乔君对辜鸿铭说：“您所发的议论，皆是王道，但是为什么不能在今天实行呢？”辜回答说：“天下之道只有两种：不是王道，就是王八蛋之道。孟子所谓：‘道二，仁与不仁而已矣。’”

○辜鸿铭曾当面讽刺某官僚说：“孔子曰：‘君子有三畏’，余曰：今日大人有三待：以匪待百姓，以犯人待学生，以奴才待下属。”

○清末立宪派发动国会请愿运动，辜鸿铭却认为这并非真正的国会，而是“发财公司股东会”。

○一位美国船长在福州无端向中国人开枪，几致人丧命，却仅仅支付了二十美元的赔偿就了结了此事。而美国驻福州领事竟骂他是个傻瓜蛋，说：“为什么要给他那么多钱，只不过是一个中国人嘛！”辜鸿铭得知此情，义愤填膺，著文说：“真正的夷人，指的就是像美国驻福州领事那样的人……是那些以种族自傲、以富自高的英国人和美国人，是那些唯残暴武力是视，恃强凌弱的法国、德国和俄国人，那些不懂得什么是真正的文明却以文明自居的欧洲人！”

○胡适留学归来，就任北京大学教授。当胡意气风发，声名鹊起时，辜鸿铭却批评胡所持乃美国中下层的英语，并言：“古代哲学以希腊为主，近代哲学以德国为主，胡适不懂德文，又不会拉丁文，教哲学岂不是骗小孩子？”

○黄侃曾言“八部书外皆狗屁”，意谓平生信奉推重的经典只有八部，即《毛诗》《左传》《周礼》《说文解字》《广韵》《史记》《汉书》《文选》，其余均不可论，更不用说白话文。黄与陈独秀同在北大任教时，二人旨趣截然不同，一为旧派中坚，一为新派领袖。有好事者作诗题咏校内名人，题陈的一句是“毁孔子庙罢其祀”，题黄的一句便是“八部书外皆狗屁”。

○胡适白话诗中有“两个黄蝴蝶”一句，黄侃看后极为不悦，从此呼胡为“黄蝴蝶”而不称其名；又在其所编的《文心雕龙札记》中骂白话诗为“驴鸣狗吠”。

○黄侃曾与胡适同在北大讲学。在一次宴会上，胡偶尔谈及墨学，滔滔不绝。黄便骂道：“现在讲墨学的人，都是些混账王八！”胡赧然。稍等片刻，黄又骂道：“便是适之的尊翁，也是混账王八。”胡大怒。黄却大笑道：“且息怒，我在试试你。墨子兼爱，是无父也。你今有父，何足以谈论墨学？我不是骂你，不过聊试之耳！”举座哗然大笑。

○黄侃反对胡适提倡白话文。有一次，他在讲课中赞美文言文的高明，举例说：“如胡适的太太死了，他的家人电报必云：‘你的太太死了！赶快回来呀！’长达十一字。而用文言则仅需‘妻丧速归’四字即可，只电报费就可省三分之二。”

○胡适所著《中国哲学史大纲》，仅成上半部，全书久未完成。黄侃曾在中央大学课堂上说："昔日谢灵运为秘书监，今日胡适可谓著作监矣。"学生们不解，问其原因？黄侃道："监者，太监也。太监者，下面没有了也。"学生们大笑不已。

○一日，黄侃道逢胡适，又问胡："胡先生你口口声声说要推广白话文，我看你未必出于真心？"胡闻言不解，问道："黄先生此话怎讲？"黄答："如果胡先生你身体力行的话，大名就不应叫'胡适'，而应改为'到哪里去'才对呀！"胡适听后，竟无言以对。

○黄侃曾在金陵大学兼课，慕名来听课者甚众。孰料该校农学院院长某君，刚从美国获农学博士头衔回来，不可一世。某日，此君忽发奇想，要在校本部礼堂公开表演"新法阉猪"。海报贴出，全校轰动。当日恰逢黄侃上课，学生因去观看"新法阉猪"者特多，故上课者寥寥无几。黄便问明缘由，便宣布：今天上课者不多，大家都去凑凑热闹。在"阉猪"表演现场，院长某君先是得意扬扬地让学生捆出一头大肥猪，紧缚在手术架上，然后开肠破肚，谁知折腾半天也未能找到猪卵巢在哪里，被"阉"之猪不久就一命呜呼。"阉猪"表演却变成了"宰猪"演示。黄侃很快就吟成一阕词，以讽其人其事：

大好时光，莘莘学子，结伴来睹。佳讯竟传，海报贴出，明朝院长表演阉猪，农家二畜牵其一，捆缚按倒皆除。

瞧院长，卷袖操刀，试试功夫。渺渺卵巢知何处？望左边不见，在右边乎？白刃再下，怎奈它一命呜呼，看起来，这博士，不如生屠。

○黄侃处处维护国故。有一次，在课上议论起中西文化和生活方式的比较来，他认为木板书便于批点、执持和躺着阅读，讥讽精装的西式图书为"皮靴硬领"，又说中装的文明和舒适远胜西装，一边说一边不用手就把自己穿的布鞋脱下，然后又穿上，并对一位坐在前排的同学说："看，你穿皮鞋，就没有这么方便！"

○熊十力评士风云：“知识之败，慕浮名而不务潜修；品节之败，慕虚荣而不甘枯淡。”

○熊十力曾痛砭国人学风云：“吾国学人，总好追逐风气，一时之所尚，则群起而趋其途，如海上逐臭之夫，莫名所以。曾无一刹那，风气或变，而逐臭者复如故。此等逐臭之习，有两大病。一、各人无牢固与永久不改之业，遇事无从深入，徒养成浮动性。二、大家共趋于世所矜尚之一途，则其余千途万途，一切废弃，无人过问。此二大病，都是中国学人死症。”“故一国之学子，逐臭习深者，其国无学，其民族衰亡征象已著也。”

○熊十力与张难先私交甚笃。张任湖北财政厅长时，很多人来求熊，希望能通过熊弄个一官半职。熊不胜其烦，一日在报上刊登启事一篇，以绝他人请托之望。内容为：“无聊之友朋，以仆与难先交谊，纷诉介绍，其实折节求官，何如立志读书；须知难先未做官时，固以卖菜为生活者，其乐较做官为多也。仆本散人，雅不欲与厅长通音讯，厅长何物？以余视之，不过狗卵孵上之半根毫毛而已。”

○ 1925 年，北京女子师范大学闹学潮，驱逐校长杨荫榆。时任教育总长的章士钊勃然大怒，下令解散女子师大。不料部令一下，立即就受到代表九十八校的师生联合会的声讨。吴稚晖当众演讲说：“学风固然要整顿，可是章行严是什么东西！够资格整顿吗？够资格来解散师大吗？据我看来，还是让蔡孑民来收拾残局吧！哈！哈！哈！”

○ 1919 年，在五四运动的高潮阶段，鲁迅撰文讽刺当时的国粹派说：“只要从来如此，便是宝贝。即使无名肿毒，倘若生在中国人身上，也便‘红肿之处，艳若桃花，溃烂之时，美如乳酪。’国粹所在，妙不可言。”

○鲁迅说：“现在中国有一个大毛病，就是人们大概以为自己所学的一门是最好、最妙、最要紧的学问，而别的都无用，都不足道的，弄这些不足道的东西的人，将来该当饿死。其实是，世界还没有如此简单，学问都各有用处，要定什么是头等还很难。”

○ 1897 年，陈独秀由于母命难违，到南京参加乡试。考头一场时，陈看见一个徐州的大胖子，一条大辫子盘在头顶上，全身一丝不挂，脚踏一双破鞋，手里捧着试卷，在炎热无比的通道上走来走去，走着走着，上下大小脑袋左右摇晃着，拖长着怪声念自己的文章，念到最得意处，用力把大腿一拍，翘起大拇指喊道：“好！今科必中！”陈然后发感慨说：“倘若这班动物似的家伙得了志，不知国家和人民要如何遭殃，国家所谓的科举，所谓的‘抡才大典’，简直就是隔几年把这班猴子、狗熊搬出来开一次动物展览会。”

○新文化运动时期，旧派人物对北大多有非议，为诋毁北大新派人物不惜造出种种谣言。针对这一现象，陈独秀感慨地说：“中国人有‘倚靠权势’‘暗地造谣’两种恶根性。对待反对派，决不拿出自己的知识本领来正正堂堂地争辩，总喜欢用‘倚靠权势’‘暗地造谣’两种武器。……此次迷顽可怜的国故党，对于大学创造谣言，也就是这两种恶根性的表现。”

○胡适与冯友兰的学术观点常有冲突之处，言谈之间，不免各有讥讽。某日，何炳棣在闲谈中向冯提到，有人曾以“1927 年以前胡适对中国文化界的影响”为题，撰写硕士论文。冯听后，迫不及待地以纯正的河南腔调结结巴巴地说：“这……这……这个题目很……很……很好，因为过了 1927 年，他也就没……没……没得影响啦！”

○邵飘萍说：“人但知强盗可怕，不知无法无天的官吏比强盗更可怕。”

○刘和珍被害后，周作人撰联挽之：“赤化赤化，有些学界名流和新闻记者还在那里诬陷；白死白死，所谓革命政府和帝国主义原是一样东西。”

周作人在北京大学任教时摄影

○周作人说："中国有很多事情，坏就坏在一班读书人手里。"

○林语堂说："'万般皆下品，唯有读书高。'所以读书向称为雅事乐事。但是现在雅事乐事已经不雅不乐了。今天读书，或为取资格，得学位，在男为娶美女，在女为嫁贤婿；或为做老爷，踢屁股；或为求爵禄，刮地皮；或为做走狗，拟宣言；或为写讣闻，做贺联；或为当文牍，抄账簿；或为做相士，占八卦；或为做塾师，骗小孩……诸如此类，都是借读书之名，取利禄之实，皆非读书本旨。亦有人拿父母的钱，上大学，跑百米，拿一块大银盾回家，在我是看不起的，因为这似乎亦非读书的本旨。读书本旨湮没于求名利之心中，可悲。"

○丁文江常对友人说："中国的问题要想解决，非得书生与流氓配合起来不可。"

○傅斯年说："中国向来臣妾并论，官僚的作风就是姨太太的作风。官僚的人生观：对其主人，揣摩逢迎，谄媚希宠；对于同侪，排挤倾轧，争风吃醋；对于属下，作威作福，无所不用其极。"

○罗家伦在五四运动中是个风云人物。但他追逐名利权势，为同学所不齿。罗当时是北大学生会的负责人之一，却暗中到安福俱乐部参加段祺瑞的宴会。有些北大同学得知此事，就画了一幅罗在宴会上拿着刀叉吃大菜（西餐）的漫画，并加了注解，贴在北大西斋壁报栏上。有位同学还写了四句打油诗讽刺罗："一身猪狗熊，两眼官势财；三字吹拍骗，四维礼义廉（意指无耻）。"此诗在北大广传一时。

○辛亥革命爆发后，金岳霖很快就剪去头上的辫子，还仿唐诗《黄鹤楼》写了一首打油诗："辫子已随前清去，此地空余和尚头。辫子一去不复返，此头千载光溜溜。"

○ 20 世纪 30 年代初，南开大学教授张弓在报刊发文，指斥北大教授郭绍虞所著《修辞学》一书，大半抄袭他的旧作。郭阅报后，在津报登大幅广告，一一列举两书不同点，说明自己的《修辞学》决非抄袭之作。最后称："君名为张弓，亦不应无的放矢。"

○ 1940 年，马寅初在国民党陆军大学校本部发表演讲，慷慨陈词："现在是'下等人'出力，农民和劳动人民在前线浴血抗战；'中等人'出钱，后方广大人民受到通货膨胀，物价上涨之害，减少了实际收入，为抗日负担了财力；'上等人'既不出钱，又不出力，还要囤积居奇，高抬物价，从中牟利，发国难财。还有一种所谓的'上上等人'，他们依靠权势，利用国家机密，从事外汇投机，翻手成云，覆手成雨，顷刻之间就获巨利，存到国外，大发超级国难财。我可以告诉诸位，这种猪狗不如的所谓'上上等人'就是孔祥熙和宋子文等人。"

○ 1939 年起，物价不断上涨，法币贬值，民不聊生。在孔祥熙主持的一次经济会议上，马寅初当面向孔询问经济政策，并拿出一张钞票说："今天这张钞票能买到一刀草纸，到明年买一刀草纸需要花一车这样的钞票。"马讲完事实后诘问道："孔先生你看，这不就是你所实行的经济政策吗？"

○ 1940 年 11 月，马寅初在重庆发表公开演讲，点名斥责蒋介石："有人说蒋委员长领导抗战，可以说是我国的民族英雄。但我马寅初认为他根本不够资格，要说英雄，不过他只是一个'家族英雄'。因为他包庇他的亲戚家族，危害国家民族！"

〇马寅初说，蒋介石的光头脑袋就是“电灯泡”，里面真空，外面进不去。

〇 1923 年 11 月，北大为举行校庆二十五周年，委托本校“平民教育讲演团”搞一次“民意测量”。在测量题中，有一道问：“你对于曹锟当总统有何感想？”在收到的 801 份反馈票中，赞成曹锟当总统的只有 19 票，不赞成的达 782 票。有的学生在票上写道：“曹锟当选大总统后我痛哭了三天”，“他做大总统足证中国刺客死尽了”。几十人借机在答卷上慷慨陈词，对曹锟痛骂讽刺。还有一道题问：“你相信当今国会吗？须怎样办？”答相信者仅有三人，其中五分之二的人主张解散逐走，五分之二主张另选，还有五分之一主张将现有议员“打走”“枪毙”“宰杀”“活埋”。

〇新中国成立后，梁漱溟几经磨难，但他在任何情况下都能忍人所不能忍，保持心平气和。“文革”中，梁家被抄得一干二净，床铺没有了就席地而睡；半个月不能出门买菜，就用家里仅存的米粮过日子，而且不出几天就提笔写作，心情不失常度。还写了幽默的打油诗《咏臭老九》：

九儒十丐古已有，而今又有臭老九。
古之老九犹如人，今之老九不如狗。
专政全凭知识无，反动皆因文化有。
假如马列生今世，也要揪出满街走。

〇老北大时期，向达曾感慨地对汤用彤说：“真怪！怎么人一做官便变坏啦？”汤幽默地答道：“不是，你弄颠倒啦，是先变坏了，然后才去做官的呀。”

〇顾颉刚早期曾提出过一种大胆的假设：“禹或是九鼎上铸的一种动物”，“禹为动物，出于九鼎”，这个假设后来他自己也放弃了。这本是一种正常的学术讨论，后来却被一些人曲解为“禹是一条虫”，并借此讥讽顾颉刚。陈立夫在一次演讲中故意说：“顾颉刚说，大禹王是一条虫呢。”以此博听众一笑。

○ 1975 年夏，社科院（当时称学部）文研所的工作人员在农场劳动之余，到团河宫参观。俞平伯因年高体弱，在整个参观过程中情绪不高。当来到乾隆皇帝的罪己碑前，听说该碑是根据乾隆为修建团河宫耗资过大而下的罪己诏刻制而成，俞顿时精神一振，挤过人群，走到碑前，仔细看完碑文后，慨然说道："连封建皇帝都知道做个自我批评。"立时全场肃然。同行者后来回忆说："在当时的背景下，能公开讲出这句话，是需要有足够的勇气、高度和智慧的。"

○俞平伯说："现在有一些人，你对他说身心性命则以为迂阔，对他说因果报应则以为荒谬，对他说风花雪夜则以为无聊。不错，是迂阔，荒谬，无聊。你试问他，不迂阔、不荒谬、不无聊的是啥？他会有种种漂亮的说法。但你不可过于信他，他只是要钱而已。文言谓之好利。"

○在美学讨论热潮中，叶朗曾向朱光潜提出当时某些美学文章故弄玄虚的"晦涩"与"深奥"，朱笑着说："很简单，就是他自己根本没有搞清楚。自己搞清楚了，怎么会说不清楚！"

○李四光将世界上的书籍分为四类：原著、集著、选著、窃著。他说窃著的作者是"拾取一二人的唾余，敷衍成篇，或含糊塞责，或断章取义"。他将窃著作者称为"书盗"，并说："假若秦皇再生，我们对于这种窃著书盗，似不必予以援助。"

1923 年李四光与北京大学地质系古生物学生合影（前排左二为李四光，左三为葛利普，左一为孙云铸；二排左二为杨钟健；后排左一为侯德封）

○"文革"期间，冯至

受到了北大红卫兵的迫害。“文革”过后，冯对人说：“北大的红卫兵真厉害。不过他们都是一些无知的孩子。我原谅他们。”他又说：“不能原谅的是有些大人，他们是同事，曾多年相处，并不是不了解我。这种人平时叫我‘冯先生’，后来又加重尊称我为‘冯老’。‘文革’开始写大字报无限上纲地揭发我，工宣队来了，为了表示与我划清界限，又将我尊称‘冯老’改称‘老冯’。”说罢，冯哈哈大笑。

〇游国恩曾对吴小如慨叹国人的陋习说，我们是“荒田无人耕，耕了有人争”。吴小如后来又补充道，我们传统的陋习还有一面是“气人有，笑人无”。

〇王瑶论知识分子曰：“他首先要有知识，其次，他是分子。所谓分子，就是有独立性，否则分子不独立，知识也会变质。”但现在却存在两种所谓的知识分子：一类是“社会活动家型的学者”。这种人或者根本没有学问，但极善公关，或者也有点学问，开始阶段还下了点功夫，取得了一定成绩和学术地位。然后，就吃老本，不再做学问了。而是到处开会、演说、发言、表态，以最大限度地博取名声，取得政治、经济的好处，这就成了“社会活动家”了。但也还要打着“学者”的旗号，这时候，学术就不再是学术，而成了资本了。当年的研究，不过是一种投资，现在就要获取最大的利息了。他们一旦掌握权力就会充分利用手中的权力，为自己谋取更大利益，拉帮结派，“武大郎开店”，压制才华高于自己的同辈或年轻人，有的就成了“学霸”。另外一种是“二道贩子”，既向外国人贩卖中国货，又向中国人贩卖外国货。看起来很博学，谈古说外，实际上对中外文化都无真知真解，知识一知半解，他的学问全在一个“贩”字。

〇季羡林在《牛棚杂忆》的自序中感慨道：“现在人们有时候骂人为‘畜生’，我觉得这是对畜生的诬蔑。畜生吃人，因为它饿。它不会说谎，不会耍刁，绝不会先讲上一大片必须吃人的道理，旁征博引，洋洋洒洒，然后才张嘴吃人。而人则不然。”

○王选六十一岁时，对学生说，他的创造高峰已经过去，他五十五岁以上就没什么创造了。令他感到奇怪的是，虽然他没有什么创造了，但从 1992 年开始连续三年每年增加一个院士。他说："现在把我看成权威，这实在是好笑的，我已经五年脱离第一线，怎么可能是权威？世界上从来没有过五十五岁以上的计算机权威，只有五十五岁以上犯错误的一大堆。"他对学生说："我真正是权威的时候，不被承认，反而说我在玩弄骗人的数学游戏；可是我已经脱离第一线，高峰过去了，不干什么事情，已经堕落到了靠卖狗皮膏药为生的时候，却说我是权威。""在我贡献越来越少的时候，忽然名气大了。所以要保持一个良好的心态，认识到自己是一个非常普通的人，而且正处在犯错误的危险的年龄上，这在历史上不乏先例。"

○王选说："一个科研工作者如果在电视上出现多了，说明他的学术生涯快结束了。"

辩驳第十八

解　题：辩驳者，辩解驳斥之谓也。驳人之论，立己之说，是辩驳的主要目的和特点。古往今来，善辩而成学派，成名著，成功业者，代代皆有。可见辩驳之事，不能小觑。事理不辩不明，一些问题与观点，不经辨别，就无法明是非。针锋相对之际，一来一往之间，高下优劣毕现，读来让人醍醐灌顶，茅塞顿开。当然，有的则几近狡辩，虽然以是为非，以非为事，但也蕴含着智慧的机锋，语言的魅力，闲时一读，亦可助人一乐。

○严复任北大校长时，主张学习西方新学，努力提倡学习外语，除国学课外，所有课程，都用外语讲授。一时“校中盛倡西语之风。教员室中，华语几绝。开会计事，亦用西语。所用以英语为多，有能作德语者尤名贵，为众多称羡”。当时的英语教员徐崇钦，一上课就讲“我们的西国”如何如何，他在教务会议上也讲英语，于是大家也跟着讲。急得听不懂英语也不会讲英语的沈尹默抗议说：“我固然不懂英语，但此时此地，到底是伦敦还是纽约？”并威胁“以后你们如再讲英语，我就不出席了”。此后，满室西语之风稍敛。

○ 20 世纪 20 年代，章士钊质问主张“全盘西化”者：“中国文化实有其绝大之价值……家有弊帚，享之千金，我们何反轻视本国文化呢？”

○北伐战争时期，国民革命军攻克杭州以后，蔡元培以浙江政治分会委员身份在市民大会上发表演说。有几个与蔡政见不同的年轻人指着蔡说：“这个投机分子来了！”蔡闻言勃然大怒，厉声斥道：“我开始革命时你们全没有出世呢！”接着用激昂慷慨的言辞陈述军阀的专横和人民的疾苦，令全场民众为之动容。

○对于蔡元培在北大实行“兼容并包”主义，容纳旧派学者，允其登台授课之举，胡适持有异议，他认为：“蔡老先生欲兼收并蓄，宗旨错了”，北大应是革新基地，不应存在“新旧并立现象”。陈独秀则对胡的这一说法不以为然。他在给胡的信中说：“北京大学教员中，像崔怀庆（适）、辜汤生（鸿铭）、刘申叔（师培）、黄季刚（侃）四位先生，思想虽说是旧一点，但是他们都有专门学问，和那般冒充古文家、剧评家的人不可同时而语。蔡先生对于新旧各派兼收并蓄，很有主义，很有分寸；是尊重讲学自由，是尊重新旧一切正当学术讨论的自由，并不是毫无分寸，将那不正当的猥亵小说、捧角剧评和荒唐鬼怪的扶乩剑侠、毫无学识的丹田术数，都包含在内……他是对于各种学说，无论新旧都有讨论的自由，不妨碍他们个性的发达；至于融合与否，乃听从客观的自然，并不是在主观上强求他们的融合。我想蔡先生的兼收并蓄主义，大概总是如此。”

○ 1920 年有女学生要求进入北京大学读书，蔡元培听说后非常高兴，但因当时考期已过，蔡就先录取女生为旁听生。等到暑假招考，就正式录取了第一批女生。当时有守旧人士责问蔡说：“兼收女生是新法，为什么不先请教育部核准？”蔡不卑不亢地回答：“教育部的大学令，并没有专收男生的规定。从前女生不来要求，所以没有女生，现在女生来要求，而程度又够得上，大学就没有拒绝的理。”结果责难的人哑口无言。从此后，各大学都以北大为榜样，陆续开始招收女生。

○蒋梦麟在晚年所写的《谈中国新文艺运动》中回忆说：“毛泽东到北大图书馆当书记，是在我代理校长的时期。有一天，李守常跑到校长室来说，毛泽东没有饭吃，怎么办？我说，为什么不让他仍旧办合作社？他说不行，都破了产。我说那么图书馆有没有事？给他一个职位好啦。他说图书馆倒可以给他一个书记的职位。于是我拿起笔来写了一张条子：派毛泽东为图书馆书记，月薪十七元。”后来，英国一位议员来华，听蒋讲完此事后，说：“如果你那时候多给他一点钱，也许毛泽东就不会变成共产党了。”蒋答：“那也难说，好多有钱的人不是也变成了共产党了吗？”

○ 1937 年，北大、清华、南开三校组成长沙临时大学。由于战时条件所限，学生住宿情况很差。蒋梦麟、张伯苓、梅贻琦三位校长巡视学生宿舍时，见房屋破败，蒋认为不宜居住；张却认为学生应该接受锻炼，有这样的宿舍也该满意了。于是蒋说：“倘若是我的孩子，我就不要他住在宿舍里！”张却针锋相对地表示：“倘若是我的孩子，我一定要他住在这宿舍里！”

○五四新文化运动时期，新派人物提倡新道德，提倡男女平等，反对纳妾。而辜鸿铭则认为这是大大的荒谬，是“中国人不识货，把古董卖给了外国人。”他说，男人纳妾是很有必要的，理由是：“‘妾’就是‘立女’嘛！其妙用就在于男子疲倦之时，有女立其旁，可作扶手拐杖之用也。故男子不可无女人，尤不可无扶手之立女！”有人反驳道：“那女子疲倦时，为什么不可以将手靠男人呢？”辜鸿铭从容申辩：“你见过一个茶壶配四个茶杯，哪有一个茶杯配四个茶壶呢，其理相同。”

○有洋人不服辜鸿铭，称一夫多妻，太不人道。辜反驳道：“这有什么稀奇？男人好比茶壶，女人好比茶杯，一把茶壶配上几只茶杯，不是中西同理，很自然的事吗？而且中国人纳妾是光明正大的，不似你们西方人偷着养情人。”他尝振振有词言道：“中国的那些纳妾有群的达官贵人，倒比那些摩托装备的欧洲人，从马路上捡回一个无依无靠的妇人，供其消遣一夜之后，次日凌晨又将其重新抛弃在马路上，要更少自私和不道德成分。”

○有外国女士反驳辜鸿铭，言：既然男子可纳妾，则女子也可多夫，如此才算平等。辜听后，大摇其头，期期以为不可，并徐徐道出自己的观点："不行不行，论情不合，说理有亏，对事有悖，于法不容！"并反问："夫人出行，代步是用洋车，还是汽车？"妇人答道："汽车。"辜言："这就对了，汽车有四个轮胎，请问府上可备有四副打气筒？"此言一出，举座大笑，并广为传称。

○辜鸿铭早年在西洋留学，祭祀祖先上供食品，并下拜叩头。外国人见状嘲笑说，这样做你的祖先就能吃到供桌上的饭菜了吗？辜鸿铭马上反唇相讥：你们在先人墓地摆上鲜花，他们就能闻到花的香味了吗？

○洋人问辜鸿铭："为什么中国人留辫子？"辜反问："为什么外国人留胡子？"洋人谴责中国妇女缠足野蛮时，辜大加反击："那么，你们西洋女子为何要束腰呢？"

○辜鸿铭刚到北大任教时，学生们看到他脑后拖着一条长长的辫子，忍不住哄笑起来。他却不动声色地走上讲台，慢条斯理地说："你们笑我，无非是因为我的辫子，我的辫子是有形的，可以剪掉。然而诸位同学脑袋里面的辫子，就不是那么好剪的啦。"一席话把学生镇住了，以后没有人再笑话他了。

○五四运动时期，辜鸿铭在一个日本人办的《华北正报》里写了一篇文章，大骂学生运动，说学生是野蛮的暴徒。罗家伦看报之后很不满，把这张报纸带进教室，质问辜道："辜先生，你从前著的《春秋大义》，我们读了都很佩服，你既然讲春秋大义，你就应该知道春秋的主张是'内中国而外夷狄'的，你现在在夷狄的报纸上发表文章骂我们中国学生，是何道理？"这一下把辜气得脸色发青，他很大的眼睛突出来了，一两分钟说不出话，最后站起来拿手敲着讲台对罗说："我当年连袁世凯都不怕，我还怕你？"

○新文化运动前期，周树人独居北京绍兴会馆，处于报国无门、救民无法的境地，心中极为苦闷，时以抄写古碑、辑录旧文消遣时日。当时，其友钱玄同正在为《新青年》筹稿，经常来周的居处闲谈。某日，钱又身着长衫，提着皮夹兴冲冲来到绍兴会馆。钱见周书桌上一叠叠抄写的古碑文，就问："你抄了这些有什么用？"答："没有什么用处。"钱又追问："那么，你抄它是什么意思呢？""没有什么意思。"钱再一次建议说："我想，你可以做点文章。"周拒绝说："假如一间铁屋子，是绝无窗户而万难破毁的，里面有许多熟睡的人们，不久都要闷死了，然而是从昏睡入死灭，并不感到就死的悲哀。现在你大嚷起来，惊起了较为清醒的几个人，使这不幸的少数者来受无可挽救的临终的苦楚，你倒以为对得起他们吗？"钱争辩说："然而几个人既然起来，你不能说决没有毁坏这铁屋的希望！"这句话打动了周的心，终于答应钱走出沉默，动笔写文章。不久，周就写出了第一篇抨击吃人的旧礼教的白话文小说《狂人日记》，发表在《新青年》1918 年 4 月号上，署名"鲁迅"。从此，世人才知"鲁迅"之名。周也因此而一发不可收，成为新文化革命的主将。

○黄侃嗜书如命。黄一生最大的家私，便是书籍。其师章太炎在为他作的墓志铭中说："有余财，必以购书。"一次，黄跟他学生聊关于他买书的趣事，说他的太太，常常责备他拼命去买书，有时把钱汇到外埠去买，钱寄出后，天天盼望包裹，等书真的寄来了，打开包裹，匆匆看过一遍后，便把书往书架上一放，甚至从此便不再翻阅，这实在是太浪费了。黄却回答道："要知我买书的快乐，便在打开包一阅之时，比方我俩结婚吧，不也就在新婚燕尔之时最乐吗？"

○谭鑫培的戏风靡北京时，各大学的师生中多有"谭迷"，北大也不例外。一天课间休息，教师们闲话谭的《秦琼卖马》时，胡适插话："京剧太落伍，用一根鞭子就算是马，用两把旗子就算是车，应该用真车真马才对……"在场者都静听高论，无人说话。只有黄侃立身而起，问道："适之，适之，那要唱武松打虎怎么办？"

○胡适终生精研《水经注》而不懈。一次，梁实秋在听胡谈论《水经注》时乘间提问："先生青年写《庐山游记》，考证一个和尚的墓碑，写了八千多字，登在《新月》上，还另印成一个小册，引起常燕生先生一篇批评，他说先生近于玩物丧志，如今这样的研究《水经注》，是否值得？”胡回答说：“不然。我是提示一个治学的方法。前人著书立说，我们应该是者是之，非者非之，冤枉者为之辩诬，作伪者为之揭露。我花了这么多力气，如果能为后人指示一个作学问的方法，不算是白费。”

○胡适曾为文，论中国深受“五鬼”之害，即贫、病、愚、乱、贪，而为患最甚的帝国列强，却只言未提。陶行知乃写诗匡之曰：“明于考古，昧于知今，捉住小鬼，放却大魔。”

○ 1923 年，胡适曾为青年拟了《最低限度的国学书目》，把《三侠五义》《九命奇冤》也列入。梁启超对胡适说：我便是没有读过这两部书的人，我虽自知学问浅陋，但说连国学最低限度都没有，我不服。

○徐志摩看了胡适给青年拟定的《最低限度的国学书目》后说：“惭愧！十本书里至少有九本是我不认识它的……我是顶佩服胡先生的，关于别的事我也很听他话的，但如其他要我照他定的书目用功那就叫我生吞铁弹了！”

○胡适考证南朝陶弘景的《真诰》，发现《真诰》根本是抄袭《四十二章经》的，便以为是侦破了一桩千年的窃案。史学家陈寅恪却告诉他，朱熹早在七百年前就发现了。

汤用彤

○胡适和汤用彤闲谈。汤说，我有一个私见，就是不愿意说什么好东西都是从外国来的；胡也笑对他说，我也有一个私见，就是说什么坏东西都是从印度来的。说完，两人相视大笑。

○有一学期，胡适和梁漱溟在同一时刻开课，胡讲“中国哲学史”，梁讲“东西文化及其哲学”。胡在楼上，梁在楼下。在当时的学生看来，胡为留美的洋博士而大讲中国哲学，梁作为一名身着布鞋布袜的土学者而高谈东西文化、西洋文明，“根本就有点滑稽”。但两人都能讲得头头是道，所以都非常叫座。两人在讲课时经常唱对台戏。胡经常对学生讥讽梁说，他连电影院都没进去过，怎么可以讲东西文化、印度哲学？岂不是笑话？梁则说胡根本不懂什么叫哲学，正犯着老圣人“学而不思则罔，思而不学则殆”的毛病。但这并不妨碍两人平日的交往，学生也都十分佩服两人的学问。

○胡适与钱穆都对《老子》很有研究。胡继承传统的说法，认为老子略早于孔子；钱则创立新说，认为老子略早于韩非，后于孔子。一次，两人不期而遇。钱说：“胡先生，《老子》成书的年代晚，证据确凿，你不要再坚持你的错误了！”胡说：“钱先生，你举出的证据还不能说服我；如果你能够说服我，我连自己的亲老子也可以不要！”据说，胡有一次在课堂上对同学谈起他和钱的分歧时，还大发感慨地说：“老子又不是我的老子，我哪会有什么成见呢？”

○陈独秀曾为胡适从杜威走向蒋介石而感到惋惜，陈对胡说：“你若只作学术研究，也许不会被人鄙视的。”胡说：“我也为你惋惜，你若不当政党领袖，专心研究学术，想来也会有些成就，而不致身陷囹圄的。”

○胡适说：“从前禅宗和尚曾说：‘菩提达摩东来，只要寻一个不受惑的人。’我这里千言万语，也只是要教一个不受人惑的方法。被孔丘、朱熹牵着鼻子走，固然不算高明；被马克思、列宁……牵着鼻子走，也算不得好汉。”翦伯赞说：“很显然地，当胡适说这段话时，他自己已经被杜威牵着鼻子走了。”

○丁文江认为“良好的政治是一切和平的社会改革的必要条件”，丁常对人说：你们“不要上胡适之的当，说改良政治是先从思想文艺下手”的；“你们的文学革命、思想改革、文化建设，都禁不起腐败政治的摧残”。丁还说，中国政治的混乱，不是因为国民程度幼稚，不是因为政客官僚腐败，不是因为武人军阀专横，而是因为少数自由知识分子没有责任心、也没有能力负责任的缘故。

○德国地质学家李希霍芬说："中国读书人专好安坐室内，不肯劳动身体，所以他种科学也许能在中国发展，但要中国人自做地质调查，则希望甚少。"丁文江反驳道："我们已有一班人，登山涉水，不怕吃苦。"丁曾任北大地质系教授，并主持创办我国第一个地质机构——中国地质调查所，对中国地质事业的发展贡献甚巨。

○ 1932 年陈独秀被捕，傅斯年为之辩诬，说陈是"中国革命史上光焰万丈的大彗星"。1927 年李大钊就义，报纸上发表消息有谓李在北平"就刑"。傅斯年反驳说，李不是"就刑"，是"被害"。

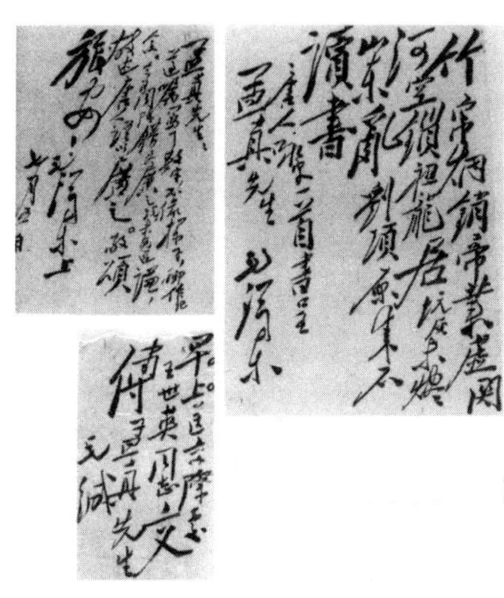

1945 年，毛泽东赠傅斯年的条幅

○金岳霖晚年回忆说自己喜欢作对联，"小的时候，大人经常讲对联。我也学了背对联，背的多半是曹丕的。到北京后，也喜欢作对联，特别喜欢把朋友们的名字嵌入对联。有时也因此得罪人。"抗战前，他以梁思成、林徽因的名字作了一联："梁上君子；林下美人。"梁思成听了很高兴，因为他研究建筑经常要攀上爬低，"梁上君子"是俏皮的写实；而"林徽因的反应很不一样，她说：'真讨厌，什么美人不美人，好像一个女人没有什么事可做似的。'"

○吴宓有一时期在报纸上发表了他的爱情诗，其中有"吴宓苦爱毛彦文，九洲四海共惊闻”之句。有一同事觉得不妥，便请金岳霖去劝吴。金对吴说：“你的诗如何我们不懂。但是，内容是你的爱情，并涉及毛彦文，这就不是公开发表的事情。这是私事。私事是不应该在报纸上宣传的。我们天天上厕所，可是我们并不为此而宣传。”吴闻言不爽，说：“我的爱情不是上厕所。”金争辩说：“我没有说你是上厕所，我说的是私事不应该宣传。”后来金回忆此事，感觉自己当时说的话“确实不伦不类”。

○五四时期以写新诗著名的康白情，1919 年前在北京大学念书时已自视甚高。他是新潮社成员，每次上课，照例迟到。他选了马叙伦的“老庄哲学”课，没有一次不迟到的。马授课颇为专注，对学生是否缺课，有无迟到，从来不大注意。一日，马开讲《庄子》，讲得正兴起十分得意时，康又推门而入，全班学生的视线不约而同转向康。这次，马忍不住了，放下《庄子》责问康何故来迟。康答：“住得太远。”马火气大发，说：“你不是住在翠花胡同吗？只隔了一条马路，三五分钟就可走到，何得谓远！”康马上说：“先生不是在讲庄子吗？庄子说：‘彼亦一是非，此亦一是非。’先生不以为远，而我以为远。”马其时正在大讲“白马非马”，高谈玄理。康诗人就以诡辩术回报。气得马一时无话可说，只好宣布下课。

○郭沫若批评林语堂叫青年读古书，自己却连《易经》也看不懂，而英文也不好。林反驳说：“我的英文好不好，只有让英国人、美国人去批评，郭沫若是没有资格批评我的英文的。至于读《易经》，我读了不敢说懂，郭沫若读了却偏说他懂，我与他的分别就是这一点。”

○梁漱溟常说，别人把他视为学者、哲学家、佛学家、国学家，其实是对他的误解。他说，这“一面固然糟蹋了学者以及国学家；一面亦埋没了我简单纯粹的本来面目”。他一再对人说：“我根本不是学问家！并且简直不是讲学问的人，我亦没有法子讲学问！”

刘文典

○刘文典睥睨古今，对同时代的新派学人多有不满，一次上课时谈及鲁迅，轻蔑地伸出小指，口中不置褒贬。20 世纪 50 年代高校思想改造，有人责问他当年为何侮辱鲁迅，他辩解说："我何尝侮辱他，中国人以拇指比老大，那是表示年龄的，自古英雄出少年，鲁迅是我同学中最年轻有为的，我敬佩他是当代才子，所以伸出小指。"对方无话可说。其实，知情人都知道，刘文典比鲁迅小了十岁，他的辩解无疑是一种狡辩。

○ 1980 年魏建功逝世，周扬在追悼会上找到周一良，安慰他说："今后要吸取经验教训嘛！"对此，周一良在自传中说："我当时心想：组织上当时调我进梁效，并非个人报名加入，谈不到经验教训。而且，'文革'中你自己不也是被整得人仰马翻吗？你又怎样去吸取经验教训呢？"

○ 20 世纪 60 年代初，康生说，由校勘《西厢记》悟出"柳丝长玉骢难系"的不通，"西风紧"的时节如何还能有绿色的垂杨。过去搞《西厢记》的都没有指出这一点，可见权威之不足信云云。游国恩就揶揄他说："如果他的住处没有垂杨，那就请他秋天到燕东园来看一看。"

○"文革"时，有人说当时的北大是"庙小妖风大，池浅王八多"。针对这句话，赵宝煦说："北大即便是'池浅'，这个'浅池'中习见的也是'锦麟游泳'，还不时出现蛟龙。然而，王八也未必一个都没有。"

○北大的学生对人对事都敢提意见，能挑毛病。于是有很多人说，北大培养的学生眼高手低。对此，任继愈说："我想，眼高手低是个缺点，但作为一个知识分子，分不出高低，眼手俱低，以已之昏昏使人昭昭，是不可能的。古人说'观过知仁'从缺点中发现其缺点不无可取之处。这也许是出于对北大的偏爱吧。”

〇有一位从北大毕业的校友在一篇文章中忠告还在北大读书的师弟师妹说，大家出去工作不要狂傲，应该认真对待师兄师姐的忠告，否则，几年之后，当你的同学都西装革履，开着轿车来赴同学会的时候，你会感到懊悔。有人看到这样的忠告后说：“头两句我是举双手赞成的，但懊悔倒不必，如果从北大出来，对于生活的评价仍然是‘西装革履’，那也算在北大白待了这么多年。”

神伤第十九

解　题：本章所收，多为北大学者黯然伤神之事，读来让人慨叹唏嘘不已。任何人的一生不可能总是一帆风顺，偶尔遭遇几许不快之事，原属正常。但百余年来，因为社会变革和政治动荡等诸多原因，又因知识分子与政治文化的密切关系，北大学者常主动或被动地置身于变革的大潮之中，有时甚至还被推向潮头浪尖。风云变化之际，舞台上人物的命运就会随之而变。命运的难以捉摸，催生出了几多悲欣交集之事。在与政治、世俗的博弈中，败下阵来的，往往是读书人。但读书人的天性决定了他们很难忘情于社稷苍生，因此而多有失望、遗憾与伤心，极端者，便是以身殉道。本章所收的典故，大概可以代表百余年来国内知识分子的共同经历。面对这些往事，心生伤感与敬重之余，不由不感慨：做人不易，做读书人更不易。一句“百余年风云变幻，诸师毕竟是书生”，足以概括全篇之内容。

○有人问京师大学堂监督张亨嘉中西学之优劣，张答曰：“中国积弱至此，安有学？”

○严复曾四次参加科举考试，但每次都名落孙山，遂有“当年误习旁行书，举世相视如髦蛮”之叹。民国初立，社会动荡不安，严常为寻找一块安身立命之地而发愁：“福建既不可归，上海无从插足，天津过于扰人，北京又危险如是，真不知如何打算。看来日后只可往秦皇岛忍耐孤单耳。”

○ 1919 年，五四风潮过后，迫于各方面的压力，蔡元培辞职离京，北京和上海学界遂掀起一场“挽留蔡校长”的风潮。上海学生联合会在 5 月 15 日发表的宣言中称：“夫蔡先生去，则大学虽存犹死。大学死则从此中国之学术思想尽入一二权威者掌握之中，而学界前途遂堕于万劫不复之境。”

○ 1923 年，蔡元培在《关于不合作的宣言》向世人表述了他担任北大校长的痛苦：“我是一个比较的还可以研究学问的人，我的兴趣也完全在这一方面。自从任了半官式的国立大学校长以后，不知道一天要见多少不愿意见的人，说多少不愿意说的话，看多少不愿意看的信。想每天腾出一两点钟读读书，竟做不到，实在苦痛极了。而这个职务，又适在北京，是最高立法机关行政机关所在的地方。只见他们一天一天地堕落：议员的投票，看津贴有无；阁员的位置，秉军阀意旨；法律是舞文的工具；选举是金钱的决赛；不计是非，只计利害；不要人格，只要权力。这种恶浊的空气，一天一天地浓厚起来，我实在不能再受了。”

○ 1921 年，北洋政府停发北京各学校教师的工资，将教育经费再次挪作军用，引起北京学界的强烈不满。6 月 3 日，上万名教职员、学生到总统府前示威游行。北京大学教授马叙伦和李大钊走在队伍的前面，遭到荷枪实弹的卫兵阻拦和殴打。卫兵用枪托、刺刀胡乱刺击手无寸铁的教师、学生。李、马和几个同事都被打得鼻青脸肿。李挺身与士兵理论，责备他们毫无同情心，不该欺负饿肚皮的穷教员。马怒斥宪警：“你们只会打自己中国人，你们为什么不去打日本人？”胡适在当天的日记里也写道：马“血流满面，犹直立大骂‘你们为什么不要脸，都跑了！’”

○ 1922 年 8 月，北洋政府积欠北京各校经费达五个月以上。经费无着，各校招生停顿，老生开学日期亦难确定。蔡元培等国立八校校长及教职员代表二十一人到教育部要求发给部分积欠（三个月），以解燃眉。但教育部“始则闭门不纳；继则谈话未终，突来部员多人咆哮怒骂；部长托辞赴院，一去不回；

宪兵巡警盘诘监视；自朝至暮，毫无结果”。

○ 1915 年，袁世凯秘密接受了丧权辱国的“二十一条”，正在日本留学的李大钊得知此事后，拍案而起，满怀悲愤，写下了血泪文字——《警告全国父老书》，其中有句“空山已无歌哭之地，天涯不容漂泊之人”。随即弃学回国，投身救国运动之中。

○ 1917 年，蒋梦麟学成回国，原因是：“学成回国是我的责任，因为我已享受了留美的特权。”蒋后来在日本看到中日战争中俘获的中国军旗、军服和武器时，“惭愧得无地自容”。当他再看到日本人为纪念日俄战争胜利而游行，队伍绵延数里的场景时，竟“孤零零地站在一个假山顶上，望着游行的队伍，触景生情，不禁泫然涕下”。

○ 1926 年，北京发生了震惊中外的“三一八惨案”，北大的三位学生张仲超、黄克仁、李家珍惨遭杀戮。时任北京大学代理校长的蒋梦麟悲愤填膺。3 月 24 日，北京大学全体教职员及学生在三院大礼堂召开追悼三位烈士的大会，由蒋主祭。蒋在大会上沉痛地说：“在我代理校长任内，学生举行爱国运动，不幸有此次之大牺牲，李、黄、张三生之死，就其各人之家庭言，均损失一贤子孙，其家属接此种凶耗，不知如何痛心；就国家社会言，

北京大学校园内的三一八烈士纪念碑

损失如许求专门知识之良好学生，此种学生之培植，由小学而大学，殊不易易，将来即少如许有用之才；就同学方面言，大家亦损失许多互相切磋琢磨之朋友。任就一方面言之，均损失不小。……我任校长，使人家之子弟，社会国家之人才，同学之朋友，如此牺牲，而又无法避免与挽救，此心诚不知如何悲痛！”蒋说到这里潸然泪下。接着，蒋对北洋政府的暴行进行了猛烈的抨击，他说：“处此人权旁落，豺狼当道之时，民众与政府相搏，不啻与虎狼相斗，终必为虎狼所噬。古人谓苛政猛于虎，有慨乎其言矣！”话未说完，蒋“不禁放声大哭，台下致祭者亦有相对痛哭者，一时全场顿成惨淡悲哀景象”。3 月 26 日，蒋发出布告：“本校定本月 30 日开学，因此次同学惨死，开学后停课一星期，以志哀悼。”

〇 1927 年，奉系军阀占领北京后，张作霖下令将北大并入新成立的“国立京师大学”，并由“教育总长”刘哲兼任校长。刘治校如对敌，实行恐怖专政，学校重要职员多是他的亲信、奴才，连校役都由便衣充任。学生稍有反抗，便遭逮捕。一次，学生因反对某教员专横，最后闹到刘处，刘对学生说：“不要捣乱，我有三种方法让你死：一、诬蔑你为共产党，送往天桥枪毙；二、逮捕后，令狱吏用药将你毒死；三、用汽车运往南口，活埋到炭坑中。”在“秽风腥雨，暗无天日”的专制统治下，北大失去往日生气，“三千学子均面现忧色，惨然若大难之将临也”。

〇 1928 年 12 月 17 日，北大三十周年校庆时，北大师生因反对大学区制、争取复校而受到国民党政府的武力压制，校庆活动甚为冷清：“二院大礼堂只聚了二百多同学，两个旧教授，门首高悬着一副白布对联，冷清清地举行了那告朔式的卅周年纪念。”1933 年刊印的《国立北京大学校史略》，对此有更为精彩的描述：“是年冬，我校三十周年纪念日，例应盛为庆祝。以方争求复校期中，仅于某夜有学生数十，提灯巡游景山东街、北河沿一带，呼口号以见志。朔风吼天，枯枝摇雪。灯光疏暗，呼声弗扬。虽云志庆，实写悲也。”

○黄节，字晦闻，老北大时期中文系教授，平日愤世嫉俗，认为中国当时的局势很像明代末年，为人写字常钤一印章，上刻“如此江山”四字。九一八事变以后，在北大讲授顾炎武诗文，常常是讲完字面意思以后，再阐明顾炎武的亡国之痛和忧民之心，一面讲一面慨叹，仿佛要陪着顾炎武也痛哭流涕。他曾对学生解释过他讲顾炎武诗文的原因是：“看到国家危在旦夕，借讲顾亭林（顾炎武的字），激发同学们的忧国忧民之心。”学生因此而大受感动。

○九一八事变前夕，黄节感于时事，集宋人词句，撰联一副，以赠其弟子陆宗达：“海棠如醉，又是黄昏，更能消几番风雨；辽鹤归来，都无人管，最可惜一片江山。”

○ 1935 年 10 月 8 日，黄侃与世长辞，享年仅四十九岁。临终前仍念念不忘国事，问家人：“河北近况如何？”最后叹息道：“难道国事果真到了不可为的地步了吗？”中央大学教授汪辟疆在《悼黄季刚先生》中称赞黄：“盖先生本性情中人，气愤填膺，虽在弥留之际，犹未忘怀国事，即此一端已足见其平生矣！”

○ 1937 年 7 月 29 日，北平沦陷。当天，梁实秋对他的大女儿梁文茜说：“孩子，明天你吃的烧饼就是亡国奴的烧饼。”

○陈岱孙在《往事偶记》一文中曾谈及他青年时代，在上海黄浦滩公园看到“华人与狗不许入内”的木牌时的切身感受：“我当时是毫无思想准备的，因为关于这一类牌子的存在，我是不知道的。我陡然止步了，瞪着这牌子，只觉得似乎全身的血都涌向头部。在这牌子前站多久才透过气来，我不知道。最后我掉头回店，嗒然若丧。第二天乘船回家。我们民族遭到这样的凌辱、创伤，对于一个青年来说，是个刺心刻骨的打击。我们后来曾批判过那个年代起出现的所谓各种‘救国论’。但是只有心灵上经历这深巨创伤的人才会理解‘救国论’有其产生的背景。”

○ 1929 年，毕业于北大地质系的地质学家赵亚曾去云南考察，收集了一大堆资料，装了好几只箱子，雇了几个骡驮队从山区往城市里转运。当地土匪以为装有财物，半路劫掠，赵拼命保护，遂被杀害。消息传到北大，师生无限悲痛。地质系葛利普教授用他独有的方式表达了对赵的哀悼之情："有一天地质系上课的时候，下肢瘫痪的美国教授葛利普坐在椅子上被抬上讲台。他两手按着教桌，颤巍巍地站起来，同学们都没见过他这种动作，正在惊疑之际，他说：'同学们站起来，我们的赵亚曾同学在云南被土匪杀害了，要为他默哀。'全堂的同学都起立低下了头。坐下以后他又讲了赵同学被害的经过，回忆他平日自己勤学，帮助同学一同进步的情况和他常说的为了祖国富强努力学习，发掘宝藏的话。课堂上把默哀转成了流泪，这一堂课就是这样上的。"

○西南联大时期，教学条件和生活条件都很艰苦。当时纸币贬值，稿费极低。有时写一篇文章的稿费，恰好够吃一碗面。王力的《中国现代语法》(上册)出版时，王妻从龙头村（王在郊区的住处）进昆明城到商务印书馆取稿费，拿到的钱还不够进城的车费。

○蒋梦麟于民国三十二年(1943)被调往国民党"中训团"任"训练委员"，实际上乃是受训：早晚升降旗要参加，重要的课目要上课听讲，每星期的纪念周必须参加听训，团长、教育长点名时，还必须排列在队伍里面，握拳、举手、转头、注目，很有力地答一声"有"！……同以"训练委员"名义参加受训的还有梅贻琦、竺可桢、金曾澄等。

○青年毛泽东第一次来北京时，经杨昌济介绍，在李大钊手下做北大图书馆的书记员。月薪只有八元大洋。毛回忆他在北大图书馆工作的情形说："我的职位低微，大家都不理我。我的工作中有一项是登记来图书馆读报的人的姓名，可是对他们大多数人来说，我这个人是不存在的。在那些来阅览的人当中，我认出了一些有名的新文化运动头面人物的名字，如傅斯年、罗家伦等等，我对他们极有兴趣。我打算去和他们攀谈政治和文化问题，可是他们都是些大忙人，没有时间听一个图书馆助理员说南方土话。”

○ 1947 年，国内局势动荡不安，物价飞涨，北大教育经费无着落，教师生活十分清苦。胡适在记者招待会上抱怨：“教授们吃不饱，生活不安定，一切空谈都是白费。”当年 9 月 21 日，胡致电教育部，说平津物价高昂，教员生活清苦，“请求发给实物；如不能配给实物，请按实际物价，提高实物差额金标准。”也无下文。9 月 23 日，胡在日记中叹息：“北大开教授会，到了教授约百人，我做了两个半钟头的主席。回家来心里颇悲观，这样的校长真不值得做！大家谈的想的都是吃饭！”

○ 1948 年元旦之夜，南京城中失去了往年节日的喧嚣，此时胡适正从北平回到南京，傅斯年与胡适聚会共度岁末，两人置酒对饮，相视凄然。一面饮酒，一面谈论时局。在国共之间，他们一直把国民党政权视为合法政权，以在野的身份参政议政，而目前国民党政权失败已成定局，自己何去何从，难以决断。瞻念未卜之前途，留恋乡土之情顿生，思前想后，两人都十分伤感，不禁潸然泪下。

○ 1947 年 9 月，胡适主持北大教授会，商讨北大未来十年的发展规划。向达在会上说：“我们今天愁的是明天的生活，哪有工夫去想十年二十年的计划？十年二十年后，我们这些人都死完了。”

○内战进入后期，国民党的统治岌岌可危。蒋介石要胡适做国民党的官，胡先以“内人临送我上飞机时说‘千万不要做官，做官我们不好相见了！’”为辞搪塞，后又以“北大同人坚决反对”为由推辞。

○晚年的胡适对胡颂平说：“一个人到了某一种阶段，没有人肯和他说实话，那是最危险的！”

○ 1948 年 12 月 17 日，是北大建校五十周年，也是胡适五十七岁生日，在南京“中研院”内的北大校庆纪念会上，胡适致辞：“我绝对没有梦想到今天会在这里和诸位见面，我是一个弃职的逃兵，实在没有面子再在这里说话。”语至痛切处，痛哭失声，会场一片凄然。

○ 1948 年阳历除夕，胡适与傅斯年同在南京度岁。凄然相对，一边饮酒，一边吟诵陶渊明《拟古》第九：“种桑长江边，三年望当采。枝条始欲茂，忽值山河改。柯叶自摧折，根株浮沧海。春蚕既无食，寒衣欲谁待。本不植高原，今日复何悔！”语至凄切处，不禁潸然泪下。

○傅斯年死后，胡适说：“有人攻击我，傅斯年总是挺身而出，说：‘你们不配骂胡适之。’那意思是只有他才配骂。他也承认这一点。”从此，这个世界上再没有人骂胡适了，这一点令胡无比痛惜。

○ 1948 年五六月间，北平物价飞涨，局势愈加紧张，北大教授生活难以安定。邓嗣禹经过考虑，决定向校长胡适辞职。邓一进校长办公室，就开门见山地对胡说：“胡先生，抱歉得很，一年例假已到期，我想回美国教书。请您原谅。”胡惊讶地说：“去年我请马祖圣、蒋硕杰跟你邓嗣禹三人来北大教书，希望你们三位青年教授，把在美国教书的经验，施之于北大，提高理科、经济跟历史的标准，采严格主义，盼在三五年之后，能使北大与世界名大学并驾齐驱，为什么你刚来了一年就要离开，请打消此念头。”邓再说：“我已考虑了很久，跟同学同事们相处得非常之好，实在舍不得离开北大。然人是要吃饭的，而且我要吃得相当地好，再三思维，别无办法，只好辞别心爱的北京，再去给别人抱孩子。”当时前来辞职的教授甚多，胡无奈地看看其他教授，对邓说：“各位在坐已很久了，此事一言难尽，我请你取消辞意，以后再谈，如何？”但邓去意已决，不几日离开北大，前往美国。

○丁文江曾对胡适感叹：“我们这班人恐怕只能是‘治世之能臣，乱世之饭桶’吧！”

○鲁迅病逝的第二天，周作人恰好在北大有一堂“六朝散文”课，他没有请假，而是照样挟着一册《颜氏家训》，缓缓走进教室，开始讲授此书的“兄弟”篇。在长达一小时的时间里，周只是念着书本讲话，学生也不开口发问或表示慰问。教室竟然显得十分沉静。下课铃声响后，周挟起书说：“对不起，下一堂课我不讲了，我要到鲁迅的老太太那里去。”这个时候，大家才看到周的脸色十分肃穆、沉静、幽黯，让人觉得他的悲痛和忧伤不是笔墨所能形容。周的学生柳存仁回忆当时的情景说：“他并没有哭，也没有流泪，可是眼圈有点红热，脸上青白的一层面色，好像化上了一块硬铅似的。这一点钟的时间，真是一分钟一秒钟地慢慢地挨过，没有一个上课的人不是望着他脸，安静地听讲的。这个时候容易叫你想起魏晋之间的阮籍丧母的故事。”

○鲁迅去世后，其母悲痛至极，对周作人说：“老二，以后我全要靠你了。”周只说：“我苦哉，我苦哉……”周的回答让老太太分外失望，她后来对人说：“老二实在不会说话，在这种场合，他应该说，大哥不幸去世，今后家里一切事，理应由我承担，请母亲放心。这样说既安慰了我，又表明了他的责任。”后来，老太太还无奈地对人说：“只当我少生了他这个儿子。”

1965 年，周作人八十一岁留影

○据叶淑穗回忆，“文革”一开始，周作人就被红卫兵抄家，被关在一个小棚子中，只有一位老保姆在照料他。有一次，叶和其他几个人去看周，周已经站不起来了，躺在搭在地上的木板上，身穿一件黑布衣，胸口戴着一块白牌，上面写着周的名字。当时周的脸色苍白，似睡非睡，痛苦地呻吟着。而红卫兵却对周喊：“起来了，你起来！博物馆的同志要向你问一点事。”周费力地起来，一件事也说不出来了。红卫兵就拿皮带揍他："你说不说！你说不说！"没过多久，周就黯然辞世，享年八十三岁。

〇抗战胜利后，内战又起，周炳琳不辞辛苦，为和平奔走呼吁，但都无济于事。他在给胡适的一封信中写道："在此局势中，号称主人翁之人民呼吁无灵，而知识分子尤可怜。"

〇 1949 年 2 月 28 日，北平市军事管制委员会文化接管委员会对北大实行接管。次日，周炳琳上书主动辞去法学院院长职务，专任经济学系教授。5 月 5 日，北平市军事管制委员会决定成立北京大学校务委员会，由汤用彤任主席，并命令"自校务委员会成立之日起，旧有行政组织即停止活动"。同日，任命钱端升为新一任法学院院长。此时的周炳琳百感交集。后来他自己回忆说："当人民解放战争接近在全国范围取得胜利的时候，众人欢腾，我却变得十分矜持。"

〇 1952 年 7 月，顾颉刚参加了上海高校的思想改造运动和三反运动。对这些运动的真实感受，他在日记中说："此次学习，可怕者三：天正热，不堪炎热，一也。刺激太甚，使予接连不得安眠，二也。开会太多，无写作自我批判的时间，三也。"整个 20 世纪 50 年代，顾一直感到苦闷。他在日记中说："到京八年，历史所如此不能相容，而现在制度下又无法转职，苦闷已极。"

〇 1953 年，沈从文当选为全国政协委员，又当选为文代会代表。在第二次文代会期间，受到毛主席的接见，毛主席问起他的工作和生活情况，并说："你还可以写点小说嘛！"沈以微笑作答，但是此后，沈再也没有写过小说。

〇梁宗岱在弥留之际，"不作呻吟，而是发出雷鸣般的巨吼，震动整座楼房"。梁的同事戴镏龄说梁："他不怕死，但在死前竟留下一堆未完成的工作，他不得不用连续的巨吼代替天鹅绝命的长鸣，以发泄他的无限悲愤。"

○ 1949 年后，北京市委统战部召开知识分子座谈会，北大老教授邓之诚与会。有人在会上慷慨陈词："我们已进入一个全新的时代。有人自恃有些旧学功底，就对抗思想改造。我奉劝某些人，不要自视过高。其实，过去的所谓'国学'都是封建糟粕，一文不值。"散会后，邓氏回寓所，一路秋风萧瑟，落叶满阶，他"目中茫然"。后来，邓留在北大，没有学生，也不上课。当年人人以听其讲课为幸的邓，因为没有授课记录，工资下调三级。

○熊十力早年参加辛亥革命和护法运动。两次革命均以失败告终。熊目睹"党人竞权争利，革命终无善果"，内心非常痛苦，常常"独自登高，苍茫望天，泪盈盈雨下"。后遂不问政事，一心向学。

○ 1962 年 5 月，熊十力在给唐君毅、牟宗三等人的信中说："平生少从游之士，老而又孤。海隅嚣市，暮境冲寞。长年面壁，无与言者。"

○冯友兰在《怀念熊十力先生》一文中写道："熊先生在世时，他的哲学思想不甚为世人所了解，晚年生活尤为不快。但在 20 世纪 50 年代他还能发表几部稿子。在他送我的书中，有一部的扉页上写道：'如不要时，烦交一可靠之图书馆。'由今思之，何其言之悲耶！"

○暮年的熊十力，室内内墙上挂着三个大字书写的君师帖，从墙头一直贴到天花板，孔子居中，左右是两位王先生：王夫之和王阳明，朝夕膜拜。但此时，他目光不再炯炯有神，谈吐不再潇洒自如，情绪也不再热烈激昂，而是"常独坐桌边，面前放一叠白纸，手中握支秃笔，良久呆坐"。

○"文革"开始以后，身在上海的熊十力不断地给中央领导人写信，反对"文革"，坚持让家人每信必寄。还经常写很多小字条，甚至在裤子上，袜子上都写着对"文革"的抗议。后来，熊常穿一件褪色的布长衫，扣子全无，腰间胡乱扎一根麻绳，独自一人到街上或公园，跌跌撞撞，双泪长流，口中念念有词:“中国文化亡了!”“中国文化亡了!”

○ 1960 年，马寅初被迫辞去北京大学校长的职务。他说:“在北大政治上我是不能领导，可是，在学术上我是可以领导的吧!我的人口理论是纯粹的学术问题，可是有人硬把它扯成政治问题，我当然不服，现在北大的空气太沉闷了，学生谁也不敢发表意见，没有学术空气。”

○“文革”开始后，全国上下大兴“破四旧”的极左之风，图书、文物、古迹均在破坏之列。已经八十多岁的马寅初对时势颇为不满，但又无可奈何。一天早饭后，他把家人叫到客厅，平静地说:“近来我一直思考一件事情，总犹豫不定，现在我决定了。今天，你们大家都不要出去，我们全家自己动手来破四旧。这样做，虽然可惜，也非常痛苦，但不这样做，又有什么办法呢?与其让别人烧，不如自己烧!”当天，家人就把马珍藏多年的珍贵文物、字画以及积累了多年的学术资料统统付之一炬。

○“文革”期间，卞之琳被当作“反动学术权威”揪出来。一天，他的学生高秋福看到他拿着扫把在扫地，照例喊了一声“卞先生”。他惊悚地抬起头，环顾四周无人，摆摆手，悄声说:“再不要这样叫。要划清界限!”说罢，像什么事都未发生一样，继续干他的活。

翦伯赞

○ 1968 年，工宣队到北大勒令翦伯赞交代所谓刘少奇当“叛徒”的材料，翦无言相对。当年 12 月，翦与妻子在北大燕南园寓所服用过量安眠药，离开人世。二人平卧于床，穿着新衣服，合盖一条新棉被。在翦的中山装的两个下衣袋里，各搜出一张二指宽的字条:一张上写着:“我实在交代不出什么问题，所以走了这条绝路……”另一张上写着:“毛主席万岁，万万岁!”

○“文革”时期，叶企孙曾被投入监狱，长期受到迫害，晚境十分凄惨。“当时不少人在海淀中关村一带见到了这种情景：叶企孙弓着背，穿着破棉鞋，踯躅街头，有时在一家店铺买两个小苹果，过走边啃，碰到熟知的学生便说：‘你有钱给我几个。’所求不过三五元而已！”

○“文革”期间，向达受到了极大的冲击。邹衡曾记下向达惨遭批斗的情景：“我永远不能忘记那个可怕的太阳似火的上午，时在 1966 年 6 月，几个‘造反派’架住被迫剃光了头的向达先生在三院二楼外晒得滚烫的房檐瓦上‘坐飞机’，一跪就是几小时……向先生已是六十六高龄。我看到有的教师吓得直哆嗦，我也感到他凶多吉少，躲在一边落泪。果然，从此以后，我再也没有见到一代巨匠向达先生。”遭到折磨的向达，还暗中嘱咐友人“不必耿耿”，将如“凤凰涅槃，获得新生”。无奈他身患重病，不但得不到及时治疗，还要接受劳改和批斗，遂于 1966 年 11 月 24 日含冤去世。

○傅鹰在“文革”中被打成“反动学阀”和“美国特务”，备受折磨，当有人问他当初回国而今是否后悔时，他瞪大眼睛毫不犹豫地回答：“不！中国是我的祖国，我回来不后悔！”1970 年夏，当傅鹰得到“解放”之后，发还给他被查抄的存款时，他当即表示愿拿出其中的十数万元人民币，捐献给国家，为恢复高等教育出力。但当时的驻校宣传队却以“国家办教育不需要资产阶级的钱”为由而拒收。后来，他又书面请求赠款七万元人民币给他的一个早期学生，用以帮助开展科学研究，同样遭到拒绝，致使报国无门的傅老泪纵横，不能自已。

○ 1968 年 7 月 15 日，在长期遭受残酷迫害后，朱偰在南京图书馆含冤辞世。他在去世前留下的绝笔中写道：“我没有罪，你们这么迫害我，将来历史会证明你们是错误的。”

○在新中国成立后的思想改造运动中，冯友兰曾就过去的历史多次检讨交代，甚至不惜上纲上线，但依然难以过关。为促使他转变思想，组织上派金岳霖去冯家说服动员，一进门金就大声问道："芝生啊，你有什么对不起人民的地方，可要彻底交代呀！"说着说着，两个人扑上去抱头痛哭。

〇"文革"期间，北大很多教授都被红卫兵管制起来，一切行动都得听指挥，早晚请示、背语录、劳动、吃饭都必须排队。每排队时必要报数，在报数的同时要自报自己的政治帽子。冯友兰个子较高，总被排在第一个，并叫他说："报到！我叫冯友兰！是……反动学术权威！"红卫兵说："不行，重报！你这是避重就轻！你是反动学阀！"冯马上改口说："我……我是反动学阀。"洪谦因为害怕，怕也说他避重就轻，也说："我叫洪谦，反动学阀。"红卫兵说："不对！你还不够格，你是反动学术权威。"洪吓得连忙改口说自己是"反动学术权威"。冯定在自我报名为"反动学术权威"时，红卫兵说："你不是就写过一本《平凡的真理》吗？你还想往反动学术权威里窜！你是反革命修正主义分子！"就这样月月如此，天天如此，持续了很长一段时间。

〇"文革"中，闵嗣鹤被抄了家，满屋子都是封条，闵被迫站在高凳上接受批斗；后来住房也被分割去一半。北大教学楼上还挂上了"打倒资产阶级反动学术权威闵嗣鹤"的标语。在被集中到学生宿舍接受集体管制时，闵被迫写的"交代材料"有一寸高。一次出早操，闵心绞痛发作，不得已从队列中退了下来，并报告说自己有心绞痛，宣传队员怒气冲冲地责问他到底是"心"痛，还是"脚"痛，以为这是"资产阶级知识分子"搞的什么新花样。对于以后的打算，闵当时在"交代材料"上写道：只求今后能当一个印刷工人，为人民做点实事。

〇周一良参加"梁效"写作组时，以为这是组织对自己改造成果的肯定。每每奋笔熬至深夜，然后骑着自行车悠然回家。他不无自得地说："几十年前古典文献的训练，今天居然服务于革命路线，总算派上用场了。"后来当"梁效"写作组接受政治审查时，周还懵懂地说："从未意识到批儒是指周总理，也从未听到任何暗示。"三十年后，在"梁效"写作组某成员的追悼会上，一句"五十年风云变幻，老友毕竟是书生"的挽联深深触动了他。周至此才幡然悔悟。

○晚年的周一良重拾荒废多年的古代史研究，可惜时光不再。中华书局曾经出版了一本他的《魏晋南北朝史文集》，被他戏称为“我的前半生”，因为收的都是他新中国成立以前的论文。他承认，新中国成立以后他写的文章“大多是奉命或应邀之作……不足以言研究也。”他把那段“红与黑”的心路历程记载下来。每每约见晚辈，不讲学术，只谈人生。

○周一良家中的墙上挂着一幅字：“人生不如意事十之八九，可与言人无二三”，周曾用他惯常的语气平静地告诉他的学生，这就是他一生的真实写照。

○ 1957 年，性情耿直、直道而行的张岱年被戴上“右派”的帽子，此后一直遭受迫害，直到 1979 年恢复名誉和待遇。张觉得他一生最为遗憾的事就是被冤枉的二十年里没有好好做学问。他感慨地说：“可惜呀！二十年中我什么工作也不许做。从五十岁到七十岁，二十年里光阴虚度。咳咳……从七十岁到九十岁又做了二十年的工作，可惜精力差多了。”

○梁漱溟晚年回忆说：“我曾哭过两次，一次在曹州，系由学生不听话所致；另一次是陈铭枢出卖了李济深，使李被蒋介石软禁汤山温泉一段时间，我觉得太不应该，曾大哭一场。”

○据金克木的学生郭良回忆，“文革”结束后不久，郭去看望金，金见到郭说的第一句话是：“又要来听我放毒了呀！我教你们五年，放了五年毒。我说的每句话都是放毒，都要批判的。以后我不再说了，就不再毒害你们了。”

○“文革”期间，王瑶被关进“牛棚”接受改造。一天下午，王和几个被管制的教授在校园里拔草。几个红卫兵走过来嫌王拔得不干净，声色俱厉地问：“你在干什么？”王不假思索地回答：“拔草。”“拔什么草？”“毒草。”“怎么拔？”“连根拔。”一个红卫兵却朝他的腰部猛踢一脚，气呼呼地说，牛鬼蛇神还有闲心开玩笑！

○晚年的周培源回顾自己的一生经历时说："这一辈子不是我所追求的。"

○黄昆的学生郑厚植院士等曾回忆说，黄昆到了晚年，为自己没有更多学术贡献而痛苦，但是又不得不承认并遵守自然规律。

○林庚去世后，其弟子袁行霈撰文追忆说："林先生走得那样安详，那样从容，没受任何折磨，这是他修的福气，我不应该太难过。……凡是聆听过他教诲的人，凡是读过他的著作的人，凡是见过他的人，凡是知道他的人，都会为这样一位诗人、学者和教育家的离去而感到悲痛。这样纯真的、诚挚的、一片冰心的、无须别人设防的人，今后恐怕是越来越少了。"

○侯仁之治历史地理学，特别重视野外考察和考古研究。"文革"后期，侯甫一脱离被长期批斗的处境，就前往河北、山东等地考察当地城市的发展演变。1978 年，已经六十七岁的侯再次前往西北沙漠，重新开始中断十年的沙漠研究。他还坚定地说："历史地理工作者必须勇敢地打破旧传统，坚决走出小书房，跳出旧书堆，在当前生产任务的要求下，努力开展野外的考察研究工作。"1993 年暑假，八十二岁的侯带着学生去内蒙古赤峰市考察。由于大雨冲垮路基，火车到了北京郊区的怀柔就被迫返回，侯的最后一次野外考察就这样结束了。以后的岁月，他经常满怀惆怅地说："我的野外考察生涯就这样中断了！"

○海子的朋友、诗人西川在一篇题为"回忆"的文章中说："诗人海子的死将成为我们这个时代的神话之一。随着岁月的流逝，我们将越来越清楚地看到，1989 年 3 月 26 日黄昏，我们失去了一位多么珍贵的朋友。失去一位真正的朋友意味着失去一个伟大的灵感，失去一个梦，失去我们生命的一部分，失去一个回声。"

忧思第二十

解　题：忧虑之思，形诸文字与语言，是谓忧思。生于忧患，死于安乐，不仅是个人成长成才的规律，也几乎是历史演变的基本准则。一个国家与民族，在任何时候，总有一些能保持清醒头脑，居安思危之人。他们忧天下、忧苍生、忧文化、忧时风，就是很少忧一己之幸福。他们的忧思，不仅能指陈问题，寻出原因，还在努力寻求解决的方案，让人感到他们的良苦用心与热忱关怀。作为北大学人，大家重点关心的乃是教育与文化这些“百年大计”。遗憾的是，当年很多先生的忧虑之言，担心之事，都被不幸而言中。今日国家教育文化事业的发展，先哲时贤的忠言谠论，应该引起人们的足够重视。

○ 1915 年，林纾为国学扶轮社编纂的《文科大辞典》作序云：“新学即昌，旧学日就淹没，孰于故纸堆中觅取生活？”

○新文化运动时期，林纾极力捍卫古文的地位，与蔡元培、胡适、陈独秀、钱玄同等新派人物激烈论争，讥笑白话是“引车卖浆之徒所操之语”，“不值一哂”。白话最终取文言而代之。林仍矢志不渝，推广古文。他在《论古文之不当废》中说：古文不能废，“吾识其理，乃不能道其所以然”。在他逝世前一月写的遗训十条中，特意为擅长古文辞的四子林琮写有一条：“琮子古文，万不可释手，将来必为世所宝。”林在弥留之际，仍以手指在林琮手心写下最后的遗嘱：“古文万无灭亡之理，其勿怠尔修。”

○严复说：“天下之最为哀而令人悲愤者，无过于一国之民，舍故纸所传而外，一无所知。”

○辛亥革命成功以后，南北议和，举国对袁世凯心存幻想。邵飘萍却发表时论警示国人：“呜呼！当断不断，反受其乱。袁贼不死，大乱不止。同胞同胞，岂竟无一杀贼男儿耶？”

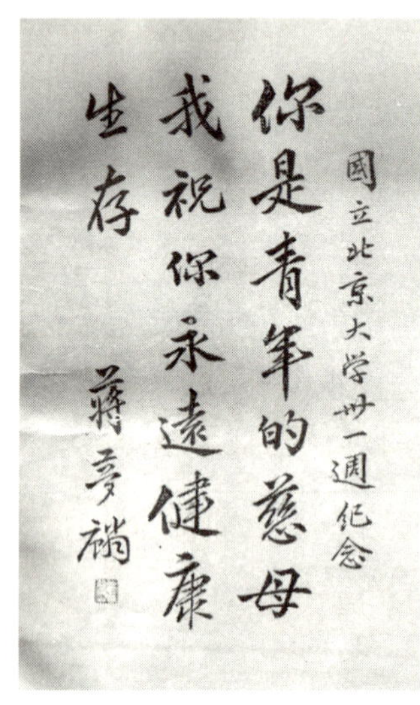

1929年，蒋梦麟为北大建校三十一周年题词

○ 20世纪30年代，北大校长蒋梦麟发感慨说：“政治腐败，我们哪里能不谈政治；既谈政治，教育界哪里能不遭到政客的摧残、仇视、利用。即退一步，我们可不谈政治，然而哪里能不主张公道？主张公道，那不公道的一班人，就与我们捣乱。”

○ 1914年，到美国仅四年的胡适，痛感留学生的沉迷生活，撰写了忧患不已的《非留学篇》。这篇洋洋洒洒的长文的开头四句是：“留学者，吾国之大耻也；留学者，过渡之舟楫非敲门之砖也；留学者，废时伤财事倍而功半者也；留学者，救急之计而非久远之图也。”

○ 1915年2月20日，在美国留学的胡适与其英文教师亚丹谈话中论及国立大学的重要性，很受刺激。于是在当日的日记中写道：“吾他日能见中国有一国家大学可比此邦之哈佛，英国之剑桥、牛津，德之柏林、法之巴黎，吾死瞑目矣。嗟夫！世安可容无大学之四万万方里、四万万人口之大国乎！世安可容无大学之国乎！”

○胡适曾说：“国无海军，不足耻也；国无陆军，不足耻也；国无大学，无公共藏书楼，无博物院，无美术馆，乃可耻耳。我国人其洗此耻哉！”

○ 1922年，胡适困于北大风潮，在《努力周报》上发表评论说：“北京大学这一次因收讲义费的事，有少数学生演出暴乱的行为，竟致校长以下皆辞职，这件事，在局外人看起来，很像是意外的风潮，在我们看起来，这确是意中之事。‘五四’‘六三’以后，北京大学‘好事’的意兴早已衰竭了。一般学生仍回到那‘挨毕业’的平庸生活；优良的学生寻着了知识上的新趣味，都向读书译书上去，也很少与闻外事的了。因此，北大的学生团体竟陷入了绝无组织的状态，三年组不成一个学生会！这几年教职员屡次因经费问题，或罢课，或辞职；学生竟完全处于无主张的地位，懒学生落得不上课，不考，好学生也只顾自己可以读书自修，不问学校闹到什么田地。学校纪律废弛，而学生又无自治的组织，一旦有小变故，自然要闹到‘好人笼着手，坏人背着走’的危险境地。目前的风潮，也许可以即日结束；但几十个暴乱分子即可以败坏二千六百人的团体名誉，即可以使全校陷于无政府的状态，这是何等的危机？”

○ 1922年12月17日，在北大校庆二十五周年纪念盛会上，胡适总结北大过去几年的成就说，北大是“开风气则有余，创造学术则不足”。他感叹道：“我们有了二十四个足年的存在，而至今还不曾脱离‘裨贩’的阶级！自然科学方面姑且不论；甚至于社会科学方面也还在裨贩的时候。三千年的思想、宗教、政治、法制、经济、生活、美术……的无尽资料，还不曾引起我们同人的兴趣与努力！这不是我们的大耻辱吗？”

○ 1931年9月，北大刚开学不久，就爆发了举世震惊的九一八事变。胡适在日记中愤怒地写道：“我们费了九个月的工夫，造成了一个新北大，九月十四日开学，五日之后就是‘九一八’的一炮！日本人真是罪大恶极！”

○ 1934年8月，胡适很诚恳地对国人说：今日中国教育的一切毛病，都由于我们对教育太没有信心，太不注意，太不肯花钱。教育所以“破产”，都因为教育太少了，太不够了。教育的失败，正因为我们今日还不曾真正有教育。

〇胡适说他学成归国后所见的怪现象中，最普通的是“时间不值钱”。“中国人吃了饭没有事做，不是打麻雀，便是打‘扑克’。有的人走上茶馆，泡了一碗茶，便是一天了。有的人拿一只鸟儿到处逛逛，也是一天了。更可笑的是朋友去看朋友，一坐下便生了根，再也不肯走。有事商议，或是有话谈论，倒也罢了。其实并没有可议的事，可说的话。”

〇 1929 年，胡适在《文化的冲突》一文中问国人：“我们对中国文明究竟有什么真正可以夸耀的呢？……我们国家在过去几百年间曾产生过一位画家、一位雕刻家、一位伟大诗人、一位小说家、一位音乐家、一位戏剧家、一位思想家或一个政治家吗？”1930 年，胡又撰文说：“我们必须承认我们自己百事不如人，不但物质机械上不如人，不但政治制度上不如人，并且道德不如人，知识不如人，文学不如人，音乐不如人，艺术不如人，身体不如人。”

〇胡适说：“我们中国民族最伟大的时代，正是我们最肯模仿四邻的时代：从汉到唐宋，一切建筑、绘画、雕刻、音乐、宗教、思想、算学、天文、工艺，哪一件里没有模仿外国的重要成分？……到了我们不肯学人家好处的时候，我们的文化也就不进步了。我们到了民族中衰的时代，只有懒劲学印度人的吸食鸦片，却没有精力学满洲人的不缠脚，那就是我们自杀的法门了。”

〇据梁漱溟回忆，北大哲学系第一届（或第二）毕业生在毕业之前，曾召开一次茶会，邀请了校长蔡元培、文科学长陈独秀以及相关教员参加。陈独秀在讲话中说：“我很替诸位毕业的同学发愁。因为国文系的同学毕业，我可以替他们写介绍信，说某君国文很好请你用他，或如英文系的同学毕业事，我可以写介绍信说某君英文很好请你可以用他，但哲学系毕业的却怎么样办呢？所以我很替大家发愁！”若干年以后，梁漱溟在给中山大学哲学会演讲时，也感慨地说："一个大学里开一个哲学系，招学生学哲学，三年五年毕业，天下最糟，无过于是！哲学系实在是误人子弟！"

○梁漱溟在《中国文化要义》中说："中国文化之最大偏失，就在个人永不被发现这一点上。一个人简直没有站在自己立场说话的机会，多少感情要求被压抑，被抹杀。"

○傅斯年任北京大学代校长时，有一次讲到农民的艰苦生活时说："孟子说'乐岁终生苦，凶年不免于死亡'，乃是至理真言。中国这块土地上，自从有了农民后，这千千万万的农人就没有过过一天舒心日子，可政府官员还要千方百计去盘剥他们，天理难容，天理难容！"一边说一边还用手杖在地上捣，一副义愤填膺、欲为百姓讨公道的神情。

○作家陶纯在老北大上学时，与路友于关系甚好。二人经常在一起探讨国家大事。有一次，路问陶加入国民党没有。陶答没有。路又问陶是否赞成三民主义，拥护孙中山。陶答，肯定拥护和赞成。路便向陶解释说孙中山的三民主义和孙创建的国民党是救中国的道路，热血青年应该加入国民党。陶答："没有本事不能救国，只有先读书才能救国。"路听后，慢腾腾地对陶说："等你有了本事，国家亡了怎么办？"陶无言相答，两人陷入沉默好长时间。后来路和李大钊一同被张作霖杀害，成为烈士。

○ 1945 年 2 月，翦伯赞发表《论中日甲午之战》，在分析战争的结局和原因时，翦痛心疾首地说："甲午之战，中国一开始就是失败，以后也是失败，最后，还是失败。这是什么原因呢？非常明白，最主要的原因，就是因为中国落后腐败。"

○ 1946 年 7 月，李（公仆）闻（一多）被暗杀后，费孝通面临的局势十分危险，在美国领事馆的帮助下，费孝通及其家人避到了美国领事馆。期间，费孝通在《这是什么世界》一文中写道："一个国家怎能使人人都觉得自己随时可以被杀！人类全部历史里从来就没有过这种事。我们现在活在什么样的世界里！"

○ 1988 年 5 月 3 日，费孝通参加"已故燕京、西南联大社会学教授学术成就研讨会"，在表示对梁漱溟治学、为人之道的敬慕心情时，费孝通说："环顾当今之世，在知识分子中能有几个不唯上、唯书、唯经、唯典？为此舞文弄笔的人也不少，却常常不敢寻根问底，不敢无拘无束地敞开思想，进行独立思考。"

○曾昭抡经常教导学生将个人的学业与国家命运联系起来，切切实实尽一个公民的社会义务。他对"一般青年趋向实利主义"的现象非常担心，认为"这样的青年，如果将来要担负国家的责任，对于国家，未免危险"。

○ 1948 年，张榆生在《介绍国立北京大学——献给准备投考的千万青年同学》一文中写道："正如北大校舍的没有墙垣和门户，北大人也最散漫、最无门户观念。他们在校即少接触，离校之后更无联系，同学会的组织有名无实。毕业生的就业没有特别势力范围，大都单枪匹马自找出路。胡适说：'我到北大三十一年来没有写过一封介绍信。'这种独立精神不求援引自属难能可贵，但不免失之于孤立，在社会上缺乏同学的砥砺和监督。"

○王选说他当年搞汉字激光照排系统研究时，颇多坎坷，最难受的是他的工作得不到别人的认可。他回忆说："可惜当时我是一个无名小卒，别人根本不相信。我说要跳过日本流行的第二代照版系统，跳过美国流行的第三代照版系统，研究国外还没有商品的第四代激光照版系统。他们就觉得这个简直有点开玩笑，说，'你想搞第四代，我还想搞第八代呢！'"

○王选说，他很拒绝参加科研项目的鉴定会。他说："我从来不把鉴定会当回事，因为鉴定会就是庆功、友好，最后大家弄一个皆大欢喜的结果，鉴定有鉴定的一套办法，使得既不丧失原则，又让被鉴定者非常地舒服。我从来不参加鉴定会，因为人家特别愿意我去参加一些我不懂的领域的鉴定会，因为我有点名气，又不懂得，这就特别有利。什么叫不丧失原则，就是给他加很多限制词，说什么‘国际领先水平’，其实那个国际领先一点价值没有，市场上根本不接受。”

○王选在演讲中说：“可悲的是，人们对小人物往往不重视。有一种马太效应，已经得到的他使劲地得到，多多益善，不能得到的他永远得不到。这个马太效应现在体现在我的头上很厉害，就是什么事情都王选领导，其实我什么都没有领导起来，工作都不是我做的。”

王选

○ 2005 年，年届九十的马大猷依然笔耕不辍，他对采访他的记者说：“我们科学技术水平还比较落后。我国科学技术水平只是在落后国家中较强。研究工作水平不断下降，国际科学前沿够不上，新高技术主要靠引进。这使我国科技人员愧对国际同行，愧对海外中国科学家。我着急呀！所以，想给大家提个醒。”他还说：“现在科学前沿几乎不见中国科学家。新技术产品颇为发达，但其核心技术与研究很少是中国人的贡献。我国缺少第一流科学大师和科学领袖人物，这样下去，还谈什么诺贝尔奖！”

○据周一良的弟子刘聪回忆，厦门远华案被曝光以后，对周一良的震动极大。刘回忆说：那天，“我刚一进屋，就感觉先生的脸色不太好，先生的第一句话就是，刚刚看新闻了，出了一个大案子（厦门远华案），好像贪污了很多钱。当时的新闻报道只是蜻蜓点水，我把从网上看来的消息告诉先生。当时我的情绪有一点激动，先生显然也不像平时那样平静，当我说完时，先生本来直着的腰靠到了躺椅上，喃喃地说‘中国可怎么办哪’，我分明看到了先生的眼里充满了泪水。”

○钱穆生前曾对妻子说：“自古以来的学人很少有及身而见开花结果的。在今天讲文化思想，似乎不像科学家的发明，不论别人懂与不懂，即可获得举世崇拜，因为科学有一个公认的外在价值，而讲文化思想只有靠自己具有一份信心来支持自己向前，静待时间的考验，故其结果往往要在身后。”钱认为，中国人对中国文化失去信心是当代中国文化的最大危机，学校偏重自然科学，崇洋蔑己，更是中国文化的隐忧。

○苏秉琦曾充满忧虑地呼吁：“我们建设现代化，如果是建设日本式的、新加坡式的，是单纯学美国、学欧洲，哪能就是千万仁人志士抛头颅洒热血奋斗的目标？不是，我们要建设的是同五千年文明古国相称的现代化！”

○季羡林在《悼念邓广铭先生》一文中感叹：“近些年来，由于众所周知的原因，国内大学及科研机构中，从事人文社会科学的研究事业者，大都有后继乏人之慨叹。实际情况也确实是这样，确实值得人们的担忧。阻止或延缓这种危机的办法，目前还没有见到。有个别据要津者，本应亡羊补牢，但也迟迟不见行动，徒托空言，无济于事。这决非杞人忧天的想法，而是迫在眉睫的灾难。我辈这一批手无缚鸡之力的知识分子，虽然知之甚急，忧之极切，也只能‘惊呼热中肠’而已。”

○在一次政协会议上，金开诚对当前的教育现状忧心忡忡，他说：“传统文化讲教育，有三条规律：德智兼修、因材施教、学以致用。我们现在教育培养的是‘考试机器’，德育进不了学生的‘兴奋中心’，所以就不会在精神世界中起作用。因材施教也根本没有做到，中小学教材过于深奥，而且要门门高分才能考上大学，这如何发挥学生的智能特征？学以致用更无从谈起，十二年中小学，四年大学，硕士、博士再加五年，学出来就二十八九岁了，才开始‘用’，还未必学以致用，到时哪个行当热门便从事哪行，造成人才的极大浪费。”他还说：“我常常感到，有些博士的专业技能，并不如学徒出身的人的技能。”“过去我们常讲，‘三百六十行，行行出状元’，但我们现在没有这个社会风气，人人要当白领，长此以往，后果不堪设想。”“我为国家担忧，我为年轻一代担忧，我为人民担忧。有关部门难道就不痛心，就不能想想办法解决一些问题吗？”

○吴小如在20世纪80年代中期，曾指导一个来自日本早稻田大学戏剧系毕业的女硕士。她准备从吴学习两年后回国攻博士学位，主攻方向是中国戏曲。一日，金克木与吴一起进城开会，在车上，金感慨地对吴说：“你一定要把自己掌握的全部中国戏曲知识，无保留地教给这个女孩子。等将来我们研究戏曲的人才绝了种，还可以派人到日本去留学，把这一套知识和本领再重新学回来。”

○汤一介说：“梅贻琦校长可以说：‘大学者，有大师之谓也’，但今天还能这样说吗？我认为，今天是出不了大师的，特别是文科，因为没有出大师的环境和条件了。”

○2001年4月，袁行霈在北大文科全体教师的大会上充满忧虑地指出：“目前，社会上的浮躁风气和商业上的投机心理侵蚀着学术，一些学者忘记了学术的目的，或急功近利，粗制滥造；或媚于世俗，热衷炒作；有的人甚至丧失学术道德，以抄袭剽窃的手段换取一时的名利。这简直就是学术自杀的行为！”他因此呼吁北大应该“树立学术的气象和学者的风范”。

○2006年，谢冕在一次主题为“读图时代与经典阅读”的座谈会上充满忧虑地说：“今天我们面临的是一个匆忙、快速的消费时代，物质的丰富和精神的匮乏形成强烈的反差。一大批浅薄、没有耐心的读者，完全没有耐心读经典。我担心，有一天，我们的耳朵将无法欣赏美妙的高雅音乐，我们的眼睛将无法欣赏凡·高那美丽动人的金黄色。文学经典培养的是一代有趣味、有诗意的中国人，但这一切在慢慢失去。”

○陈平原感慨说：“没有长须飘拂的冯友兰，没有美学散步的宗白华，没有妙语连珠的吴组缃，没有口衔烟斗旁若无人的王瑶，未名湖肯定会显得寂寞多了。”

自许第二十一

解　题：自许者，自我期许，自我评价之辞也。宋人洪迈云："人苦不自知，可发千载一笑"，清人曾国藩亦云："目能见千里而不能自见其睫"，足见自知之难。人贵有自知之明，但客观地认识和评价自己，表露出自己的真实心声，谈何容易。期许过高，但无真才实学，是为疏狂。期许过低，则眼低手低，恐怕也难成就一番大事业。唯独期许与才能、事功大致相当，名副其实，才算明智之士。本章所收，多为大师的夫子自道之辞，我们从中读出的是真诚、恰切与自任不轻。读者三复其言，对于了解先贤，认识和评价自我，当有不少启发和助益。

○张百熙曾赋诗明志云："方我少年时，读书气嶙峋。常怀四海志，放眼横八垠。"

○林纾曾说自己："生平冷癖，提起做官二字，如同恶病来侵。"

○林纾为近代翻译大家，终其一生，翻译世界名著四十余部。林晚年自陈其翻译目的云："纾年已老，报国无日，故日为叫旦之鸡，冀吾同胞警醒。"

○蔡元培一生好学不倦，涉猎甚广，但总觉不满足。年近七十岁时，蔡撰写《假如我的年纪回到二十岁》，自述平生读书兴趣及遗憾："我若能回到二十岁，我一定要多学几种外国语，自英语、意大利语而外，希腊文与梵文，也要学的；要补习自然科学，然后专治我喜爱的美学及世界美术史。”

○蒋梦麟说自己平生做事全凭“三子”：以孔子做人，以老子处世，以鬼子办事。所谓鬼子者，洋鬼子也，指以科学务实的精神办事。蒋复璁也评价说：蒋梦麟是“以儒立身，以道处世，以墨治学，以西办事”。

○蒋梦麟晚年在回忆北大的学术自由以及蔡元培、陈独秀、胡适和鲁迅兄弟以后，曾谦虚地说：“有人说北京大学好比是梁山泊，我说那么我就是一个无用的宋江，一无所长，不过什么都知道一点。因为我知道一些近代文艺发展的历史，稍有空闲时，也读他们的作品，同时常听他们的谈论。古语所谓‘家近通衢，不问而多知’。我在大学多年，虽对各种学问都知道一些，但总是博而不专，就是这个道理。”

○辛亥革命时期，李大钊作诗云：“何当驱漠北，遍树汉家旗。”他在日本留学时，曾赋诗一首：“壮别天涯未许愁，尽将离恨付东流。何当痛饮黄龙府，高筑神州风雨楼。”

○在武汉失守后，胡适迅速拉到了美国给中国的第一笔两千五百万美元的贷款。蒋介石贺电说：“借款成功，全国兴奋。”胡适自己也很兴奋地题诗一首作为纪念：“偶有几茎白发，心情微近中年，做了过河卒子，只能拼命向前。”

○胡适在介绍自己的事业时，只介绍文学是他的“娱乐”，哲学是他的“职业”，历史是他的“训练”，政治是他的“兴趣”，却从未说过教育是他的“什么”。

○ 1916 年 1 月 25 日，身在美国的胡适在给朋友的信中说他“近来别无奢望，但求归国后能以一张苦口，一支秃笔，从事于社会教育，以为百年树人之计，如是而已。”

○ 1916 年，胡适在与他人进行新文学论战时，曾作《沁园春·誓诗》，初稿中，词的下半阕是："要前空千古，下开百世，收他臭腐，还我神奇。为大中华，造新文学，此业吾曹谁欲让？诗材料，有簇新世界，供我驱驰。"后来，胡觉口气很狂，心中不安，所以屡易其稿，后来的定稿是："定不师秦七，不师黄九，但求似我，何效人为！语必由衷，言须有物，此亦寻常当谁告！从今后，倘傍人门户，不是男儿！"

○胡适是新文化运动的主将之一，但他却说，由于自己的历史癖太深，故不配做革命的事业，文学革命的进行，最重要的急先锋不是自己，而是自己的朋友陈独秀。

○胡适就任北大校长后，雄心勃勃，称"既已做了北大校长，就希望做他十年八年，以求能做出一些成绩来，否则对不起北大，对不起自己。"他的目标是"一心一意把北大办成具有国际地位的大学"。

○ 1921 年，胡适出版《〈红楼梦〉考证》，一反以往索隐派、附会派等"旧红学"派的观点，创立了以自传说为特点的"新红学"。胡因之成为"新红学"派的祖师。他对此很是得意，说"我对《红楼梦》的研究都是前所未有的"。

○ 1962 年 2 月 24 日，也就是胡适去世的当天，胡适在台湾主持"中研院"第五次院士会议时，高兴地说："我常向人说，我是一个对物理学一窍不通的人，但我却有四个学生是物理学家，一个是北京大学物理系主任饶毓泰，一个是曾与李政道、杨振宁合作试验'对等律治不可靠性'的吴健雄女士，而吴大猷却是饶毓泰的学生，杨振宁、李政道又是吴大猷的学生。排行起来，饶毓泰、吴健雄是第二代，吴大猷是第三代，杨振宁、李政道是第四代了。这一件事，我认为平生最为得意，也是最值得自豪的。"这是胡适生前的最后讲话。

○陈独秀说自己："不怕打，不怕杀，只怕人对我哭，尤其妇人哭"；"绝对厌弃中庸之道，绝对不说人云亦云，豆腐白菜不痛不痒的话，我愿说极正确的话，也愿意说极错误的话，决不愿说不对又不错的话”；“我只注重自己的独立思想，不迁就任何人的意见……不受任何人的命令指使，自作主张，自负责任。”

○ 1942 年 12 月，傅斯年于大病之后，在给胡适写的一封信中说：“病中想来，我之性格，虽有长有短，而实在是一个爱国之人，虽也不免好名，然比别人好名少多矣。心地十分淡泊，喜欢田园舒服。在太平之世，必可以学问见长。只是凡遇到公家之事，每每过量热心。此种热心，确出于至诚，而绝非有所为。遇急事胆子也大，非如我平常办事之小心。有时急得强聒不舍，简直是可笑。平日好读老庄，而行为如此。有此性情，故遇有感情冲动之事，心中过分紧张。这种感情冲动，私事甚少，而为公者极多。性情如此，故得此病，更不易治。此等性情，自天外人看来，未知还有趣否？但在中国确算比较少的了。……古人有以天下事为己任之说，一个人如此想，多半是夸大狂，我向不以此言为然。但自己不自觉之间，常在多管闲事，真把别人的事弄成自己的事。此比有此意识者更坏事，以其更真也。我本以不满政治社会，又看不出好路线来之故，而思遁学问，偏不能忘此生民，于是在此门里门外跑来跑去，至于咆哮，出也出不远，进也住不久。此其所以一事无成也。今遭此病，事实上不能容我再这样，只好从此以著书为业。所可惜者，病中能著书几何，大是问题耳。但只要能拖着病而写书，其乐无穷。”

○辜鸿铭曾深情地说：“我热爱我的国家……在他们[1]还没有出生前，我就口诛笔伐，反对‘不平等条约’和治外法权的卑劣做法”，“我在英国读书时就已知道何为祖国，而当时许多中国人对此还不甚了解；为了更好地为祖国效力，我不看荣誉和金钱……”辜称自己希望中国繁荣富强，“那时，我将在儒家的天国深感欣慰”。苏曼殊由此感慨地说：“国家养士，舍辜鸿铭先生而外，都是

① 指嘲笑辜的大学生。

‘土阿福’。”

○ 1918 年，熊十力为老友张纯一《谈道书》作序，称：“茫茫大地……唯有撑拳赤脚，独往独来于天地间而已。”熊于当年自印《熊子真心书》，丁去病为其作跋，称熊为“孤怀独往者”。

○周作人曾说他自己并非文人，更不是学者，学无专门，他的工作只是打杂、砍柴、打水、扫地一类的工作。周有一个长达十三字的署名：“京兆布衣八道湾居士苦茶庵主”。他还自称前身是和尚。

○ 1934 年，周作人五十岁，曾作两首所谓的“自寿诗”，颇能体现其立身志趣。其一云：“前世出家今在家，不将袍子换袈裟。街头终日听谈鬼，窗下通年学画蛇。老去无端玩骨董，闲来随分种胡麻。旁人若问其中意，请到寒斋吃苦茶。”其二云：“半是儒家半释家，光头更不着袈裟。中年意趣窗前草，外道天涯洞里蛇。徒羡低头咬大蒜，未妨拍桌拾芝麻。谈狐说鬼寻常事，只欠工夫吃讲茶。”

○林语堂曾说自己是：“两脚踏东西文化，一心作宇宙文章。”他还经常对人说：“我的长处是对外国人讲中国文化，而对中国人讲外国文化。”

○林语堂说自己：“永远不骑墙而坐。我不翻跟头，体能上的也罢，精神上的也罢，政治上的也罢。我甚至不知道怎样趋时尚，看风头。”“我从未有写过一行讨当局喜欢或是求当局爱慕的文章。”“我以为我像别人同样有道德，我还以为上帝若爱我能如我母亲爱我的一半，他也不会把我送进地狱去。我这样的人若是不上天堂，这个地球不遭殃才怪。”

○范文澜追述他“五四”前后的转变说：“我在‘五四’前后，硬抱着几本经书、汉书、说文、文选，诵习师说，孜孜不倦，自以为这是学述正统，文学嫡传，看不起那时的白话文、新学说，把自己抛在大时代之外。后来才知道错了！错了！剑及履及般急起直追，感谢时代不抛弃任何一个愿意前进的人，我算是跟上时代了。想起那时候耳不闻雷霆之声，目不睹泰山之形，自安于蚯蚓窍里的微吟，如何不后悔呢！”

○顾颉刚年轻时说自己“既不把别人看作神秘，也同样地不把自己看作神秘。我知道我是一个有二重人格的人：在一切事务上，只显得我的平庸、疲乏、急躁、慌张、优柔寡断。可以说是完全无用的；但到了研究学问的时候，我的人格便非常强固，有兴趣，有宗旨，有鉴别力，有自信力，有镇定力，有虚心和忍耐；所以我为发展我的特长计，愿意把我的全生命倾注于学问生活之内，不再旁及他种事务。”

○ 1931 年，顾颉刚在给洪业的信中说：“像我们这种人，个性太强，事业心太重，是天生的给人攻击的。”

○ 1923 年，顾颉刚在《努力周报》上发表《与钱玄同先生论古史书》，提出“层累地造成的中国古史”的重要假设，认为：第一，“时代愈后，传说的古史期愈长”；第二，“时代愈后，传说中的中心人物愈放愈大”；第三，“我们在这方面，虽然不能知道某一件事的真确的情况，但可以知道某一件事在传说中的最早状况”。这一学术观点打破了人们头脑中“自从盘古开天地，三皇五帝到于今”的传统观念，带来了学界的大论战。胡适称顾的“层累说”“替中国史学界开了一个新纪元”，郭沫若称“层累说”“的确是个卓识”，“在旧史料中凡作伪之点大体是被他道破了”。自此引起了当时学界对古代史料真伪的考辨，形成了“古史辨派”。对此，顾颇为自信，他在给叶圣陶的信中写道：“我自己知道，我是对于两三千年来中国人的荒谬思想与学术的一个有力的革命者。”

○顾颉刚在早年的日记里写道：“思我将来死了，希望他人替我作传时，说下面两句话：‘对于自己，克勤克俭；对于他人，不骄不吝。’这两句话对于我并非过褒也。”

〇梁漱溟生前多次跟别人谈及，他这辈子最大的心愿就是做一名佛门弟子。他在致朋友的信中说：“我自幼年（无人引导）时辄有出家为僧之想，一生倾心佛法，从小乘进入大乘，大乘菩萨不舍众生，不住涅槃，是出世法而不出世，似我前生便是一禅师也。”

〇梁漱溟的一生充满了矛盾，他曾经说自己一生中有四件始所未料的事情：第一，最讨厌哲学，结果自己也讲了哲学；第二，在学校里根本没有读过孔子的书，结果讲了孔家哲学；第三，未曾读过大学，结果教了大学；第四，生于都市，长于都市，却从事于乡村工作。

〇梁漱溟曾对学生“郑重声明”：“我始终不是学问中人，也不是事功中人。我想了许久，我是什么人？我大概是问题中人！”

〇梁漱溟诗云：“我生有涯愿无尽，心期填海力移山。”他晚年在中国文化书院讲习班上对学生说：“我不是一个书生，不是一个单纯的思想家、理论家，我是一个实行家、实干家。我生于都市，长于都市，却深入农村，热衷乡村建设。一句话，因为我觉得中国要建设一个新的中国，要从君主专制转到民主宪政，并不是宣布一个宪法能了事的，而必须以地方自治为基础。所以我一直致力于此。……我是一个要实践的人，是一个要拼命干的人，在新中国成立前几十年里，我的所作所为，是致力于解决我所遭遇的实际的社会问题、政治问题、国际问题。我一直没有停顿休息。”

〇《这个世界会好吗》一书的作者艾恺问梁漱溟：“您认为您生活中最重要的大事是什么？”梁漱溟回答道：“大事一个就是为社会奔走，做社会运动。乡村建设是一种社会运动，这种社会运动起了相当的影响。”

冯友兰

○冯友兰多次说："为天地立心，为生民立命，为往圣继绝学，为万世开太平，此哲学家所应自期许者也！"

○ 1987 年 8 月，九十二岁的冯友兰写了一篇《康有为公车上书书后》，他在文中说："《诗经》有一首诗说，周虽旧邦，其命维新。我把这两句诗概括为'旧邦新命'，这几个字，中国历史发展的现阶段足以当之。'旧邦'指源远流长的文化传统，'新命'指现代化和建设社会主义。阐旧邦以辅新命，余平生志事，盖在斯矣。"稍后，他又在《冯友兰学术精华录》自序中说："……特别是（康有为公车上书书后）最后一句'阐旧邦以辅新命'，尤为概括。我又把这一句作了一副对联的上联，下联是'极高明而道中庸'。上联说的是我的学术活动的方向，下联说的是我所希望达到的精神境界。我还打算把这副对联亲自写出来，悬于壁上，以为我的座右铭。"

○张岱年回忆说："我少年时期，对于民族危机感受极深，痛感国耻的严重，于是萌发了爱国之心，唤起了爱国主义的激情。深知救国必须有知，于是确立了求真之志，培育了追求真理的热诚。"

晚年的陈翰笙在书房

○ 1933 年元旦，陈翰笙撰文说："假使梦想就是希望，我总希望着我个人的工作能助长人类的进步。"

○傅振伦说："有人说我是历史学家、考古学家、方志专家、陶瓷专家，这些都不太准确。最根本的，我想我应是一位爱国的历史学者。我国是六大文明古国之一，我无时无刻不为此而感到骄傲和自豪。我进行历史研究，从事考古、科技史、方志的研究，都是出于对祖国、对家乡的热爱。热爱祖国，是我从事社会科学研究的精神力量。”

○吴组缃经常对人说，自己是个“半吊子”：“前半辈子是作家，后半辈子是学者。”

○沈从文曾自述自己的早年生活是：“做过许多年补充兵，做过短期正兵，做过三年司书，以至当流氓。”

○陈岱孙曾对别人说：“我最适宜的工作就是教书，别的事情不会做。在任何国家教书都是很苦的，我从不考虑这个问题。”1995 年，他在北大为他举行的“九十五年寿辰庆祝大会”上说：“我这一辈子只做了一件事：教书。我这一辈只做好了一件事，也是教书。”又说：“如果有下辈子，下辈子还教书。”

○费孝通对自己的学术生涯和坎坷人生，曾有一段自述：“我一生写作自以为是比较随意的，秉笔直书，怎样想就怎样写，写成了也不太计较个人得失和别人的毁誉，这种性格的确曾给我带来过没有预计到的人生打击，但至今不悔。而且今天我还这样做。”

北京大学燕南园内的陈岱孙雕像

○费孝通说：“我最喜欢教书，我搞了一辈子教育，我也喜欢别人叫我老师。为什么呢？我认为学问是一生的事情，学问是立身之本。没有学问不行，我是把学术视作我的生命。”“要以学为本，这是我一生的追求。”而他一生治学的中心思想和主要目标就是四个字：“志在富民。”

〇金克木晚年写《自撰火化铭》，说自己：“农、工、商、军——涉足而无以立足，于是以书生始，以书生终，其命也欤。虚度一生，赍志而殁，悲夫！铭曰：空如有。弱而寿。无名，无实。非净，非垢。咄！臭皮囊，其速朽！”

〇 1987 年，已经七十三岁的王瑶在一次老同学聚会上做“自我介绍”云：“在校时诸多平平，鲜为人知。唯斯时曾两系囹圄，又一度主编《清华周刊》，或能为睽违已久之学友所忆及。多年来皆以教书为业，乏善可述，今乃忝任北京大学教席。迩来垂垂老矣，华发满颠，齿转黄黑，颇符‘颠倒黑白’之讥；而浓茗时啜，烟斗常衔，亦谙‘水深火热’之味。唯乡音未改，出语多谐，时乘单车横冲直撞，似犹未失故态耳。”所谓“两系囹圄”，是指王当年身为中共地下党员，参加一二·九运动，曾两次被国民党当局逮捕入狱。而“颠倒黑白”和“水深火热”，既是描述王头发白、牙齿黑的形象，和喜欢喝浓茶、叼烟斗的生活习惯，也暗含着坎坷一生的辛酸感慨。

〇晚年的季羡林说：“我生平优点不多，但自谓爱国不敢后人，即使把我烧成了灰，每一粒灰也还是爱国的。可是我对于当知识分子这个行当却真有点谈虎色变。我从来不相信什么轮回转生。现在，如果让我信一回的话，我就恭肃虔诚祷告造化小儿，下一辈子无论如何也别再播弄我，千万别再把我播弄成知识分子。”

〇季羡林说：“我最讨厌人摆官架子，然而偏偏有人爱摆。这是一种极端的低级趣味的表现。我的政策是：先礼后兵。不管你是多大的官，初见面时，我总是彬彬有礼。如果你对我稍摆官谱，从此我就不再理你。见了面也不打招呼。知识分子一向是又臭又硬的，反正我决不想往上爬，我完全无求于你，你对我绝对无可奈何。官架子是抬轿子的人抬出来的，如果没有人抬轿子，架子何来？因此我憎恶抬轿子者胜于坐轿子者。如果有人说这是狂狷，我也只等秋风过耳边。”

○曾经有人请教张中行的养生之道，张坦然回答说：“我没有什么养生秘诀。要说有的话，就是我这一辈子，一不想做官，二不想发财，只是一门心思读书做学问。除此之外，我别无他求。”季羡林评价张为：“高人、逸人、至人、超人”，而张则说：“我乃常人，就安于常态。”

○许宝騄把数学家分成三流：第一流的数学家，是有天才的。他们能开创新的领域。这些人是可望而不可即的；第二流数学家是靠刻苦学习而成的，认真消化整理前人的东西，在这个基础上有所创造发现，这种工作对后人影响较大，年青人可以在这个基础上较快地进入科学的前沿；第三流的数学家只在某一两个问题上有一点贡献，不能像第二流的那样有系统的工作。剩下的就是不入流的数学家。他认为自己的才能并不出众，所取得的成就完全是靠刻苦学习而得到的。他诚恳地希望他的学生超过他。有一次他在讨论班上说：“自古以来，只有做状元的老师是光荣的，做状元的学生是没有什么的。”

○ 1957 年，傅鹰在北大化学系讨论正确处理人民内部矛盾问题的座谈会上说：“知识分子就是爱国。我父亲从前在外交部做事，从小我就听他说，从康熙《尼布楚条约》到《辛丑条约》，每条都是中国吃亏。宣统三年我到上海，公园牌子上写着‘中国人与狗不许入内’。后来到美国，过国境到加拿大看瀑布，日本人可以自由来往，中国人就不行；我到物料科领药品，那里的人说，‘你们中国人学科学干什么？’我一生的希望就是有一天中国翻身，现在这个希望实现了，所以我拥护这个政府。共产主义我不了解，从书本上看的来说：意识形态方面我不见得全同意，但共产党把国家弄成现在的气派，我拥护它。”

○吴大猷说他一生“只管求学……脑子里向来不存做官和赚钱的思想，唯一的念头是在学术上做工作，能列身著作之林”。他很看不惯“一有机会就想去做官”的人，认为“这种人念书的动机是为名为利，拿念书做阶梯”，因而他“看了最摇头”。

○ 1991 年，周培源在一次会议上，将自己一生走过的道路概括为十六个字:“独立思考，实事求是，锲而不舍，勤能补拙。”

○黄昆曾对别人坦言：“我自己对自己影响最大。”“像我这样考虑问题，没有太大的天赋也能做出很好的工作。过去教学时，大家评论我课上得还不错，我也认为是下了功夫的，但就是对一个个学生不太关心。因为我认为上课也是培养人，讲课是我的责任，我尽了我自己很大的努力。”他认为自己的“缺点”是：“我过去曾经迷信天才，水平跟我差不多的，我觉得他勉强能做物理工作；比我差的，就认为一钱不值；比我好的，就觉得不得了。”

○数学家、北京大学教授闵嗣鹤一生遵循的座右铭是：“能受苦方为志士，肯吃亏不是痴人。”

○ 2003 年初，饶鑫贤在他去世之前，曾撰一联：“平生循直道以行，明分清浊洞察贤奸在出处进退之间，了无遗憾；此日管舒心而去，坦对浮沉冷观誉毁于俯仰枯荣之际，自得宽余。”

○侯仁之在年过九旬后曾这样总结自己的一生：少年飘零，青年动荡，中年跌宕，老而弥坚。他说：“昔日读书的时候，对人生有白驹过隙的感叹，而今想一想自己九十多年的来路，反而感觉漫长而清晰，生活是这样的起伏跌宕，路转峰回……在我八十五岁的时候，我曾用‘老牛自知黄昏晚，不待扬鞭自奋蹄’的话来自励。常常是想‘奋蹄’的时候却奋不了‘蹄’。我应该感谢我的亲朋好友，特别是我的夫人张玮瑛，数十年来相濡以沫，扶我走过风风雨雨，以至于我虽不能‘奋蹄’，但还可以慢慢地走路。总之我还要平淡充实地继续工作下去。”

○王选给自己立的座右铭是:“多做好事,少做错事,不做坏事。”

○晚年的王选说:“我没想过会有今天这样的荣誉和头衔。如果那时就一心想着荣誉和成就,也不会有今天的成绩,过分追求荣誉的人一般会急功近利。那时追求荣誉,不是做产品,而是写论文,评职称。还没有做,就想着荣誉,什么事也做不好。”

○王选总结自己取得成就的原因时说:“我能够取得今天的成绩,和在关键时刻能想得比别人早一点有很大关系。我曾经谈到过自己的很多不足,但我有一个优点,就是有一些远见和洞察力。”“有了远见,就不会受潮流的影响,就不会被暂时的发表论文、评职称左右,就不会急功近利。”

○ 2002 年,王选六十一岁,给北大学生做讲座,认为自己是“努力奋斗,曾经取得过成绩,现在高峰已过,跟不上新技术发展的一个过时的科学家。”他说:“我只是一个科学家,即使年轻二十岁,也不可能成为企业家和 CEO,因为我的基本素质与企业家差距甚远。我不懂经营,对财务一窍不通,也不擅长管理。中国的高新技术企业现在最需要的是优秀的 CEO、企业家和企业领袖,其次才是技术专家。”

○王选说:“中国古代有句话,上士忘名,将名利彻底淡忘;中士立名,靠自己的成就把名立起来;下士窃名,自己不行就窃取人家的。我不做到上士,因为我做不到忘名的地步,但是我不会为了立名而去窃名。”

○王选回忆说:“1985 年我家中还只有一台九英寸的黑白电视机,当时我已多次去香港和国外,有一次在香港看到高级商场中一些人在买高档首饰,尽管我当时工资很低,没有奖金,但我忽发奇想:‘将来会证明,这些买高档物品的人对人类的贡献可能都不如我王选。’我一下子感到有一种强烈的自豪感,后来我把此称为‘精神胜利法’,但这与阿 Q 完全不同,是对知识价值的高度自信。”

○许渊冲在他所著的一篇回忆往事的文章中写下了这样一段话：“据说生下来哭声特别大，这就奠定了我以后五十年的教学生涯。”九十三岁时，他说自己过去的九十三年，按但丁《神曲》三部曲的分法，可以分为从出生到1950年的《青春》，1951年到1980年的《炼狱》，1981年到现在的《新生》。

○陈佳洱说：“我一向认为老师带学生最主要的不是要给他职业的培训，为他以后谋生做准备，而是要教会他怎样去做人，使之具有全面发展的素质。学校教育和社会活动影响了我的世界观的形成，影响了个人对社会、对全人类的责任感。我一解放就入团，十八岁入党，始终认为人活着最有价值的事就是让社会因为他的存在而更美好。在这方面，我最佩服居里夫人，她是那么热爱科学事业和她的国家，是彻底的爱国主义者。”

○有一年，钱理群被北大学生选为“十佳教师”。不久，钱收到一个学生的信，信中说：“我们为什么要选您呢？是因为我们觉得您很可爱。”钱对这个评价非常满意，他说：“因为我觉得任何一个人都不能作为‘代表’，一作为‘代表’他就完了，我代表不了任何人，我就是钱理群，说我可爱我就很满意了，我在一篇文章里开玩笑说：如果我死了，就在我的墓碑上写上：这是个可爱的人。我认为这是一个不低的评价。”

○钱理群曾对采访他的记者说：“我只是一个低调的理想主义者。我是屡败屡战，活得很充实，从来没感到空虚。”

○李零说：“我的知识分子意识特别淡薄，陕西西府话中，‘读书人’的发音是‘都是人’。古今中外，什么人都是人。如果我没记错，王蒙先生有诗：认得几个狗字，有什么了不起。这样的话，我喜欢。”

○刘默涵说："我不比同学们高，我只有一米五七；我也没有同学们大，我还不到二十岁；我也没有在过生日的时候，请大家吃饭；遇到班里一些高消费的活动，我有时还不参加，可是我用我的人格，我的才智，赢得了我的尊严。我只有一米五七，但我可以在校运会上拿五千米长跑的第六名；我不到二十岁，但是我可以我的社会阅历在社团活动中大显身手；我不会请客吃饭，但是我可以以我最大的努力去帮助每一位同学；我很穷，但是我却是我们班唯一一个自己养活自己的人。兄弟，我是这样赢得我的自尊的，不骗你，你也可以，只要你努力！"

○北大毕业的诗人西川在回忆文章中写道："1981 年 9 月我进入北大，第一次开全体新生大会，校团委书记就大声宣布：'北大原有八千精英，现在有了一万精英——欢迎新同学！'那是我第一次听到'精英'这个词。我听出了这个词所含有的兴奋和自豪，心想，哦，我还是个精英啊！只是一万精英，数目似乎大了些。"

月旦第二十二

解　题：月旦，又名月旦评，典出《后汉书·许劭传》："初，（许）劭与（许）靖俱有高名，好共核论乡党人物，每月辄更其品题，故汝南俗有'月旦评'焉。"今谓品评议论人物。生前口碑如何，身后青史如何留名，是人生的一大要事，因此人言不可不畏。如何评价人，如何被人评价，都是一件众说纷纭之事，不同人有不同的看法和结论。《自许》之后，继之以他人的月旦评，有助于我们更加全面更加丰满地认识大师先贤。文中特别不厌其烦地引用多人对蔡元培诸先生的评价，是为了突出表彰这些几近完人的先生之风。"先生风度在，光焰万千丈"，也算是晚生后学斗胆对先生们的月旦评吧。

○美国汉学家史华兹说："严复不是整个中国的代表，他属于一个庞大的、愚昧的社会中的一小部分杰出的文人学士，而在这些文人学士中，他又属于对时势作出开创性反应的佼佼者。……他的著述确实对他同时代的青年人，和对现今已七八十岁的中国知识界、政治界的杰出人物发生过相当大的影响。梁启超深受过他的影响，而其他各类人，如胡适、蔡元培、鲁迅以及毛泽东也都在年轻时受过他的影响。"

○梁漱溟评章士钊："在学术界才思敏捷，冠绝一时，在时局政治上自具个性，却非有远见深谋。论人品不可菲薄，但多才多艺亦复多欲。细行不检，赌博、吸鸦片、嫖妓、蓄妾媵……非能束身自好者。"

○美国学者杜威评价蔡元培："拿世界各国的大学校长来比较一下，牛津、剑桥、巴黎、柏林、哈佛、哥伦比亚等等，这些校长中，在某些学科上有卓越贡献的，固不乏其人；但是，以一个校长身份，而能领导那所大学对一个民族，一个时代起转折作用的，除蔡元培以外，恐怕找不到第二个。"

○傅斯年曾对蒋梦麟说，蒋的学问不如蔡元培，办事却比蔡高明。他自己的学问比不上胡适之，但办事却比胡高明。最后笑着批评蔡、胡说："这两位先生的办事，真不敢恭维。"蒋梦麟补充说："孟真，你这话对极了，所以他们两位是北大的功臣，我们两个人不过是北大的功狗。"

○蒋梦麟认为，蔡元培的学问人格具备了中西文化里三种最好的精神："一、温良恭俭让，是中国最好的精神；二、重美感，是希腊最好的精神；三、平民生活及在他的眼中个个都是好人，是希伯莱最好的精神。"他说：蔡元培"是中国文化所孕育出来的著名学者，但是充满了西洋学人的精神，尤其是古希腊文化的自由研究精神。他的'为学问而学问'的信仰，植根于对古希腊文化的透彻了解，这种信仰与中国'学以致用'的思想，适成强烈的对照。蔡先生对学问的看法，基本上是与中山先生的看法一致的，不过孙先生的见解来自自然科学，蔡先生的见解则导源于希腊哲学"。

○傅斯年评价蔡元培说："蔡先生实在代表两种伟大的文化：一是中国传统圣贤之修养，一是法兰西革命中标揭自由平等博爱之理想。此两种伟大文化，具其一已难，兼备尤不可得，先生殁后，此两种文化在中国之气象已亡矣！"

○梁漱溟评蔡元培说："核论蔡先生一生，没有什么其他成就，既不以某种学问见长，亦无一桩事功表见。然而他所成就之伟大，却又非寻常可比。这就是：他从思想学术上为国人开导出一新潮流，冲破了社会旧习俗，推动了大局政治，为中国历史揭开新的一页。"

〇冯友兰说："蔡元培先生是中国近代的大教育家，这是人们所公认的。我在大字上又加了一个最字，因为一直到现在我还没有看见第二个像蔡先生那样的大教育家。"

〇林语堂评蔡元培说："论资格，他是我们的长辈；论思想精神，他也许比我们年轻；论著作，北大教授很多人比他多；论启发中国新文化的功劳，他比任何人大。"

〇毛泽东称蔡元培是："学界泰斗，人士楷模。"

〇罗家伦赞誉蔡元培说："千百年后，先生的人格修养，还是人类向往的境界。"

〇辜鸿铭，生在南洋，学在西洋，婚在东洋，仕在北洋，晚年自称"东西南北老人"。精通英、法、德、拉丁、希腊、马来亚等九种语言，获十三个博士学位。清末任张之洞幕僚，官至外务部左丞。辛亥革命后，被蔡元培聘为北大教授，讲授英国文学。推崇儒家学说，反对新文化。曾倒读英文报纸嘲笑英国人，说美国人没有文化，第一个将中国的《论语》《中庸》用英文和德文翻译到西方。凭三寸不烂之舌，向日本首相伊藤博文大讲孔学，与文学大师列夫·托尔斯泰书信来往，讨论世界文化和政坛局势，被印度圣雄甘地称为"最尊贵的中国人"。

〇民国初年，在来北京的外国人中流传着一个口头禅："到北京可以不看三大殿，但不可不看辜鸿铭。"辜曾对毛姆说："你看我留着发辫，那是一个标记，我是老大中华的末了的一个代表。"

〇林语堂评价辜鸿铭说："辜作洋文、讲儒道，耸动一时，辜亦一怪杰矣。其旷达自喜，睥睨中外，诚近于狂。然能言顾其行，潦倒以终世，较之奴颜婢膝以事权贵者，不亦有人畜之别乎？”

○北京有一个叫鄂方智的西方主教，瞧不起林语堂的英文，但却对辜鸿铭的英文佩服得五体投地。他声言，辜“用英文所写的文章，以英国人看，可以和维多利亚时代任何大文豪的作品相比拼”。孙中山认为近代中国有“三个半”英语人才，其一是辜鸿铭，其二是伍朝枢，其三是陈友仁。还有半个孙未说。但无可置疑的是他将辜置于第一。

○李大钊尝言：“愚以为中国二千五百余年文化所钟，出一辜鸿铭先生，已足以扬眉吐气于二十世纪之世界。”吴宓亦称赞辜鸿铭曰：“辜氏实中国文化之代表，而中国在世界唯一之宣传员。”

○嗣銮说他留德六七年间受刺激最深的两件事是：德国哥廷根大学哲学教授奈尔逊对辜鸿铭极为佩服，当得知辜生活困难时，竟还为他筹款；有一位教授郑重其事地宣布，学生中若不懂辜鸿铭，则不准参加有关讨论。

○辜鸿铭在北大教授会议上说：“如今没有皇帝，伦理学这门功课可以不讲了。”时人都以为他复古倒退，是守旧人物。张勋复辟的时候，梁敦彦保荐他做外部侍郎，张勋却说：“辜鸿铭太新了，不能做侍郎。”

○《清史稿》称道辜鸿铭：“庚子拳乱，联军北犯。汤生以英文草《尊王篇》，申大义，列强知中华以礼教立国，终不可侮，和议乃就。”那时的北京有人说：“庚子赔款以后，若没有一个辜鸿铭支撑国家门面，西方人会把中国人看成连鼻子都不会有的！”

○蔡元培说他之所以请辜鸿铭到北大任教，是“因为他是一个学者、智者和贤者，而绝不是一个物议飞腾的怪物，更不是政治上极端保守的顽固派”。

○黄侃喜爱旧学，对新潮流不太适应，故与当时新派人物多不和睦，胡适为新派代表，尤为黄所不悦。但胡在解除国文系教授林损的聘约后，曾评论道："章太炎、黄季刚，天分高，肯用功！林公铎（即林损）天分高，不用功！"

○陆侃评价黄侃说：看上去，他的个性中存在着两种截然相反的东西：做学问极其艰苦严谨，玩乐时极为放浪不羁；革命时激昂慷慨冒死犯难，革命后归隐林泉不问政治；交接中恒与人忤以善骂称，去世后人多怀思不计前嫌。其实，细研其为人，方觉黄所以如此，只因其个性中含了一个"真"字。对学问，是认"真"，对朋友，是"真"实，对处世是天"真"。唯其如此，才成就为一代国学大师，才成为师友弟子的追念，才成为一个颇为亲切有趣的血肉丰满的人。

○人称熊十力是"陆、王心学之精致化、系统化最独创之集大成者"。梁漱溟说熊"是中国唯一的'狂者'"。陈毅1956年在上海高校教师会上明确宣布："熊十力是中国的国宝。"

○胡适成名后，章士钊撰《评新文化运动》，文中称当时的一般少年人："以适之为人帝，绩溪为上京，一味于《胡适文存》中求文章义法，于《尝试集》中求诗歌律令。"胡还很善于同美国人打交道，在美国民众中的印象也非常好，当时许多大学都以名誉博士学位相赠为荣，仅在1942年胡就接受了十个名誉博士学位。

○胡适在提倡白话文和红学研究方面的成就为举世所公认。胡适去世后，有人撰联挽之："先生去了，黄泉如遇曹雪芹，问他红楼梦底事？后辈知道，今世幸有胡适之，教人白话做文章。"

○胡适去世后，毛子水为其题写墓志铭，其词曰："这个为学术和文化的进步、为思想和言论的自由、为民族的尊荣、为人类的幸福而苦心焦虑、敝精劳神以致身死的人，现在在这里安息了。我们相信：形骸终要化灭，陵谷也会变易，但现在墓中这位哲人所给予世界的光明，将永远存在。”

○胡适去世后，台北“北京大学同学会”送挽联：“生为学术，死为学术，自古大儒能有几？乐以天下，忧以天下，至今国士已无双。”

○沈尹默说：“胡适这个人，因缘时会，盗窃虚名，实际他是一个热衷利禄的政客，并非潜心学术的文士。”

○洪业，号煨莲，福建侯官（今闽侯）人，著名历史学家，曾在燕京大学执教二十余年。博闻强识，治学严谨，精于考证和工具书的编纂，好品评学林中人。他曾以开玩笑的口吻说胡适爱胡说，傅斯年爱附会。

○季羡林说：“胡适是一个非常复杂的人物”，他一方面研究学术，一方面从事政治活动。“有时候想下水，但又怕湿了衣服”。一生都在矛盾中度过。季觉得胡适在本质上是一介书生，“说得不好听一点，就是个书呆子”。

○ 1946 年 8 月，胡适到北大就任校长，冯友兰在欢迎大会上说：“胡先生出任北大校长，是一件应乎天而顺乎人的事，就全国范围来讲，再没有比胡先生更合适的人选了。”

○胡适有一次问胡颂平：“你见过静庵先生（即王国维）吗？”胡颂平说：“没有见过。”胡适说：“他的人很丑，小辫子，样子真难看，但光读他的诗和词，会以为他是个风流才子呢！”

○鲁迅曾以形象的语言比较陈独秀、胡适和刘半农之不同：“假如将韬略比作一间仓库罢，独秀先生的是外面竖一面大旗，大书道：‘内皆武器，来者小心！’但那门却开着的，里有几支枪，几把刀，一目了然，用不着提防。适之先生的是紧紧地关着门，门上粘一条小字条道：‘内无武器，请勿疑虑。’这自然可以是真的，但有些人——至少是我这样的人——有时总不免要侧着头想一想。半农却是令人不觉其有‘武器’的一个人，所以我佩服陈胡，却亲近半农。”

1929年，周作人与刘半农、马廉等朋友在苦雨斋中合影

○周作人说，刘半农的好处有两点：“其一是他的真，他不装假，肯说话，不投机，不怕骂；一方面却是天真烂漫，对什么人都无恶意。其二是他的杂学，他的专门是语音学，但他的兴趣很广博，文学美术他都喜欢，作诗、写字、照相、注书、谈文法、谈音乐，有人或者嫌他杂，我觉得这正是好处，方面广，理解多，于处世和治学都有用。”

○刘半农去世后，有人抓住其死因及对五四运动之贡献等要点，撰写挽联曰：“活昆虫竟敢咬死教授，死文字哪能哭活先生。”

○王瑶评价鲁迅说：“鲁迅先生是真正的知识分子。什么是知识分子？他首先要有知识；其次，他是‘分子’，有独立性。否则，分子不独立，知识也会变质。”

○鲁迅用一个字来评价其弟周作人：“昏。”他好几次对周建人摇头叹气，说周作人“真昏！”在给许广平的信中，也说周作人“颇昏，不知外事……”

○张中行评周作人：“小事不糊涂，大事糊涂。”

〇冯玉祥赞邵飘萍说：“飘萍一支笔，胜抵十万军！”还说邵“主持《京报》，握一支毛锥，与拥有几十万枪支之军阀搏斗，卓绝奋勇，只知有真理，有是非，而不知其他，不屈于最凶残的军阀之刀剑枪炮，其大无畏之精神，安得不令全社会人士敬服！”

〇新文化运动时期，沈尹默曾致力于新诗创作，他创作的《月夜》被认为我国新诗史上第一首散文诗。同样致力于新诗创作的胡适对沈的诗备极推崇。他称赞这首新诗《月夜》，说“几百年来哪有这样的好诗！”

〇章士钊评价李大钊在北大的地位和作用说：“守常一入北大，比于临淮治军，旌旗变色，自后凡全国趋向民主之一举一动，从‘五四’说起，几无不唯守常之马首是瞻，何也？守常北方之强，其诚挚性之感人深也。”

〇陈独秀曾在狱中对狱友评价李大钊说：“守常是一位坚贞卓绝的社会主义战士。从外表上看，他是一位好好先生，像个教私塾的人；从实质上看，他生平的言行，诚如日月之经天，江河之行地，光明磊落，肝胆照人。……世人称他为马克思先驱、革命家的楷模，是一点也不过誉的。他对马克思主义的研究，比当时的人深刻得多。他对同志的真诚，也非一般人可比。寒冬腊月，将自己新制棉袄送给同志，青年同志到他家去，没有饿着肚子走出来的。英风伟烈应与天地长存。”说完这番话后，陈还感慨地说：“‘南陈’徒有虚名，‘北李’确如北斗。”他对李的态度是“非常钦佩，十分敬仰”。

〇陈毅评李大钊：“学而不厌，诲人不倦，革命先驱，大节不辱。”

〇梁漱溟回忆说：“我认为蔡元培先生萃集的各路人才中，陈独秀先生确是佼佼者。当时他是一员猛将，是影响最大，也是最能打开局面的人。”他比较陈独秀与胡适对北大改革的贡献说：“当时发生最大作用的人，第一要数陈独秀先生，次则胡适之先生，且不论他们两位学问深浅如何，但都有一种本领，就是能以自己把握得的一点意思度与众人。胡先生额脑明爽，凡所发挥，人人易晓。当时的新文化运动自不能不归功于他。然未若陈先生之精辟广悍，每发一论，辟易千人。实在只有他才能掀起思想界的大波澜。”

○蔡元培说，丁文江“是一位有办事才能的科学家。普通科学家未必长于办事，普通能办事的又未必精于科学；精于科学而又长于办事，如在君先生，实为我国现代稀有的人物”。

○胡适评丁文江：“治学之外，实有办事的干才，不像我们书生只能拿笔杆，不能做事。”

○据蒋梦麟回忆：“九一八事变后，北平正在多事之秋，我的参谋就是适之和孟真两位。事无大小，都就商于两位。他们两位代北大请了好多位国内著名教授。北大在北伐成功以后之复兴，他们两位的功劳，实在太大了。”蒋还称赞傅斯年为人处世的两大特征：“办事十分细心”和“说一是一，说二是二”的果断精神。

○傅斯年去世后，胡适一连用了十四个“最”来表彰傅斯年：“孟真是人间一个最稀有的天才。他的记忆力最强，理解力也最强。他能做最细密的绣花针功夫，他又有最大胆的大刀阔斧本领。他是最能做学问的学人，同时他又是最能办事、最有组织才干的天生领袖人物。他的情感最有热力，往往带有爆炸性的；同时他又是最温柔、最富于理智、最有条理的一个可爱可亲的人。这都是人世间最难得合并在一个人身上的才性，而我们的孟真确能一身兼有这些最难兼有的品性与才能。”

○罗家伦评傅斯年：“纵横天岸马，俊逸人中龙。”又说“孟真贫于财，而富于书，富于学，富于思想，富于感情，尤其富于一股为正气而奋斗的斗劲”。“孟真所代表的是天地间一种混茫浩瀚的元气，这种淋漓元气之中，饱含了天地的正气，和人生的生气。”

○ 1945 年 7 月 2 日下午 6 时，毛泽东、周恩来、朱德等在延安设宴招待傅斯年等六位参政员，贺龙、刘伯承、陈毅、聂荣臻、邓小平、彭真、高岗、陈云等都出席了宴会。宴会上毛泽东、周恩来分别做了欢迎辞和祝酒辞。毛泽东风趣地对傅斯年说：“我们老相识了，在北京大学时我就认得你，你那时名气大得很，被称作孔子以后第一人哩！”傅说：“毛先生过誉，那是同学们的戏谑之词，何足道哉。”

○抗战前，学术界喜欢把有名望、地位高的教授称为“老板”，当时北平学术圈内有三个人被称为老板，一个是胡适，一个是傅斯年，还有一个就是顾颉刚。

○马来西亚学者郑良树称顾颉刚至少在四个不同学术领域内起了领导的作用并且结出了丰硕的果实：“第一，古史和古籍的考辨。第二，古代地理和边疆地理的提倡与研究。第三，民俗学及民间文学的提倡和研究。第四，古籍的译著和点校。一般学者只要介入任何一二项的话，恐怕都要耗费他大半辈精力。然而顾先生竟然兼四者于一身，并且样样都拥有相当惊人的成就。”

○美国史学家施奈德评价顾颉刚说：“顾颉刚是现代中国最卓越的史学家之一，是儒家偶像的破坏者和主张史学改革的人。”“顾颉刚的反传统主义有革命的成分，而他对中国学术的贡献，也就是他对 20 世纪中国革命过程的贡献。”苏联史学家越特金说：“顾颉刚为创建中国现代历史学奠立了第一块基石。”

○侯仁之说顾颉刚“不是一个陶醉于古书堆中的所谓‘书斋里的学者’，而是一个对伟大祖国怀有深厚感情的知识分子”。许冠三也说顾“无疑是一位纯学人”，但“并不是那种‘两耳不闻窗外事’的‘读书种子’”。

○叶公超恃才傲物，喜欢骂人，有人说叶“一天的脾气有四季，春夏秋冬”，变化无常。他的好友叶明勋说：“提起李白，除了诗忘不掉他的酒；徐志摩，除了散文忘不掉他的爱情；叶公超先生，除了他的外交成就，我们忘不掉他的脾气。”

○艾青说徐志摩是个色情诗人，原因是徐写过一首题为“别拧我，痛！”的诗。

○徐志摩曾说金岳霖：“金先生的嗜好是捡起一根名词的头发，耐心地拿在手里给分；他可以暂时不吃饭，但这头发丝粗得怪讨厌的，非给它劈开了不得舒服。”

○张岱年回忆说：“我的家兄张生辅先生说过，现在中国如有个哲学界的话，第一人是金岳霖先生。”

○ 1935 年郭湛波在《近五十年中国思想史》中说，中国近五十年思想方法上，“真正能融会各种方法系统，另立一新的方法系统，在中国近日恐怕只有金岳霖先生一人了”。又说，金的“思想过于周密，理论过于深邃，而文字过于谨严，不善于用符号的人不能了解其学说思想，而善于运用符号的人既不多，故了解金先生的学说思想的人甚寥寥”。

○冯友兰回忆 20 世纪 30 年代的金岳霖说：“金先生的风度很像魏晋大玄学家嵇康。嵇康的特点是‘越名教而任自然’，天真烂漫，率性而行；思想清楚，逻辑性强；欣赏艺术，审美感高。我认为，这几句话可以概括嵇康的风度。这几句话对于金先生的风度也完全可以适用。”又说：“我想象中的嵇康，和我记忆中的金先生，相互辉映。嵇康的风度是中国文化传统所说的‘雅人深致’‘晋人风流’的具体表现。金先生是嵇康风度在现代的影子。”今人或论金岳霖：“不是真诚，而是非常真诚！”

○张中行说梁漱溟至少有五点可敬之处："有悲天悯人之怀，一也。忠于理想，碰钉子不退，二也。直，有一句说一句，心口如一，三也。受大而重之力压，不低头，为士林保存一点点元气，四也。不作歌颂八股，阿谀奉承，以换取挈驾的享受，五也。"张还特别表彰说："今日，无论是讲尊崇个性还是讲继承北大精神，我们都不应该忘记梁先生，因为他是这方面的拔尖儿人物。"

○钱穆终生倡导对本国历史应有一种"温情与敬意"，"做一个现代中国的士"，是他毕生的理想和志业所在，这让钱成为20世纪中国最具中国情怀的一位史学家，其弟子余英时评价说，钱的一生，是"为故国招魂"的一生。

○何兆武一直对钱穆的《国史大纲》中的很多见解都持异议。他说："钱先生对中国传统文化的感情太深厚了，总觉得那些东西非常之好，有点像情人眼里出西施，只看到它美好的一面，而对它不怎么美好的另一面绝口不谈。……人无完人，总有优点、缺点，文化也没有完美的，也有它很黑暗、很落后、很腐败的部分，比如血统论。……这是传统文化里腐朽的部分，可是钱先生好像并没有正视它，讲的全是中国传统文化里美好的部分，以为这才是中国命脉的寄托所在，这是他的局限性。"

○李敖回忆他对钱穆态度的变化时说："按说以钱穆对我的赏识，以我对他的感念，一般的读书人，很容易就会朝'变成钱穆的徒弟'路线发展，可是，我的发展却一反其道。在我思想定型的历程里，我的境界很快就跑到前面去了。对钱穆，我终于论定他是一位反动的学者，他不再引起我的兴趣，我佩服他在古典方面的朴学成就，但对他在朴学以外的扩张解释，我大都认为水平可疑。钱穆的头脑太迂腐，迂腐得自成一家，这种现象，并无师承，因为钱穆的老师吕思勉却前进得多，老师前进，学生落伍，这真是怪事！"

○废名本名冯文炳，是现代文坛的一位独具个性的人物。早在20世纪30年代，著名评论家李健吾就曾说过："在现存的中国文艺作家里面……有的是比他通俗的、伟大的、生动的，新颖而且时髦的，然而很少一位像他更是他自己的……他真正在创造。”文学史家易竹贤在为《废名年谱》作的序言中说：“在中国现代文学史上，他的创作不算多，却极具自己独特的艺术个性，常有珍奇的精品，耐人咀嚼寻味。”当代学者杨义认为，废名虽然算不上“大家”，但“我们应该说：废名的名字是不应该废的”。老作家汪曾祺 1996 年曾断言：“废名的价值的被认识，他在中国现代文学史上的地位真正被肯定，恐怕还得再过二十年。”

○周炳琳历任国民政府要职，胡适评价周说：“他是国民党员，但终因北大的训练，不脱自由主义的意味。”马叙伦说，周在抗战时期，“任参政员兼北大教授，他的表现十足站在民主方面了”。

○新中国成立前，在一份秘密的汇报材料《国立北京大学概况》中，如此介绍、评价周炳琳说：“周炳琳——浙江人，五十余岁，国民党员，参政员，失意政客。现任法学院长兼法律系主任，经济系教授。……是一个为了达到目的不择手段的人。时而为了迎合学生们的心理，发一顿牢骚，时而又为了将来好做大官，变成了一个极反动的人。”

○张中行说：“魏建功先生是与北大生死与共的人物。”沈兼士则戏云：“魏建功是北大的姑奶奶。”

○金岳霖在把自己同冯友兰相比较时说，他的长处是能把很简单的事情说得很复杂，冯先生的长处是能把很复杂的事情说得很简单。

○钱穆评汤用彤：“独立不倚，极高明而道中庸。”

○季羡林说：“章太炎是不可超越的，王国维是不可超越的，陈寅恪是不可超越的，汤用彤同样是不可超越的。”

○沈从文逝世后，其妻妹张充和写了一副挽词：“不折不从，亦慈亦让，星斗其文，赤子其人”，被认为是公道之论。

○费孝通九十寿辰时，他的学生王尧曾赋诗一首：“潇洒无尘，耿介绝俗；崎岖历尽，书生面目。”有人认为，这四句话，可谓“永远的费先生”之精神写照。

○季羡林说他自己喜欢的人是这样的：“质朴，淳厚，诚恳，平易；骨头硬，心肠软；怀真情，讲真话；不阿谀奉承，不背后议论；不人前一面，人后一面；无哗众取宠之意，有实事求是之心；不是丝毫不考虑个人利益，而是多为别人考虑；关键是一个‘真’字，是性情中人；最高水平当然是孟子说的‘富贵不能淫，贫贱不能移，威武不能屈’。”

○张岱年用八个字来概括宗白华的境界：“超然物外，逍遥自得。”冯友兰称赞宗：能把中西美学思想融会贯通，随便一谈，要点尽出。

○李泽厚说：“宗白华先生本人对名誉是无所谓的，他是魏晋风度、逍遥游。超越世俗，才能走入美的世界。所谓智者乐，仁者寿！”

○据冯友兰为《张岱年文集》所作的序言中介绍，张岱年的学生刘鄂培爱好篆刻，想送导师一枚闲章，问张刻什么字好。张说就刻“直道而行”四个字吧！冯友兰感叹地说：“此张先生立身之道也，非闲章也！”

○张岱年去世后，有人送挽联：“综合创新经世文章流千古，直道而行探求真理垂后人。”其弟子认为，这是对这位哲学泰斗、一代宗师一生言行和业绩的真实写照。

○张岱年去世后，汤一介说：“他的去世是中国哲学界的一大损失，因为现在像他这样有成就、有学问，为人又平和的学者已经没有几个了。”汤又说：“张岱老是 20 世纪中国最有深度的哲学家和哲学史家之一，他的思想和著作自成体系，博大精深。像我这样七十多岁的这一代人大多读过他的著作，听过他的课，对他的感情非常深厚。他的一生都在勤勤恳恳地做学问，所以学问非常扎实，这是值得我们学习的。”

○钱锺书去世后，李慎之问朋友柳叶：“钱锺书先生去世后，你说谁最有学问？”柳略加思索，回答说：“金克木先生。”李点头称是。

○朱德熙评价王瑶说：“我一直认为昭琛[①]具备一个大学者应有的素质。要是环境更好一点，兴趣更专一一点，他一定会做出更大的贡献。”

○钱理群评价其师王瑶：“先生一生崇尚独立自由，很像魏晋时候的人。”1989 年，王去世后，众弟子送上一副挽联寄托哀思：

魏晋风度，为人但有真性情。

五四精神，传世岂无好文章。

○季羡林评价周一良说：“一良虽然自称‘毕竟一书生’；但是据我看，即使他是一个书生，他是一个有骨气有正义感的书生，决不是山东土话所称的‘孬种’。”又评新中国成立以后的周说：“在这长达半个多世纪的时间中，他走过的道路，有时顺顺利利，满地繁花似锦；有时又坎坎坷坷，宛如黑云压城。当他暂时飞黄腾达时，他并不骄矜；当他暂时堕入泥潭时，他也并不哀叹。他始终无怨无悔地爱着我们这个国家。我从没有听到过他发过任何牢骚，说过任何怪话。”

○周一良说：“邓广铭是 20 世纪海内外宋史第一人。……他与一般史学家

① 昭琛是王瑶的字。

不同的一点是，他不单研究历史，而且写历史。他的几本传记，像《王安石》《岳飞传》《辛弃疾传》等等，都是一流的史书，表现他的史才也是非凡的。所以我说他在史学、史才、史识三个方面都具有很高水平。这是当代研究断代史的人很难做到的一点。”

○胡适曾对李亦园说：“做学问应该像北京大学的季羡林那样。”

○饶宗颐评季羡林：“他是一位笃实敦厚的人们乐于亲近的博大长者，摇起笔来却娓娓动听，光华四射。他具有褒衣博带从容不迫的齐鲁风格和涵盖气象，从来不矜奇、不炫博，脚踏实地，做起学问来，一定要‘竭泽而渔’。”

○张中行评季羡林：“以一身而具有三种难能：一是学问精深，二是为人朴厚，三是有深情。三种难能之中，我以为，最难能的还是朴厚……像他这样的难于找到第二位。”

○黄昆一生致力于半导体物理和固体物理研究，其研究的许多成果均被国际重视和利用，写下了《固体物理学》《半导体物理学》（与谢希德合著）、《晶格动力学》《晶格动力学》等重要论著。其中《晶格动力学》是与其师诺贝尔奖获得者玻恩教授合著的，曾被誉为这一领域的《圣经》。玻恩在自传中曾这样评价自己的弟子：“中国的黄昆是最聪明的。”

○有人评周培源：“科学家中的政治家，政治家中的科学家。”

北京大学物理学院的周培源雕像

○西南联大时，金岳霖以谋生手段之高低为标准，品评几位好友："如果有一天我们这批教授被困在一个荒岛，大概第一个死掉的是叶企孙；第二个就是我，他比我还不行；最后唯一能活成也许能活久一点的，大概只有周公（指周培源）了。"

○物理学家钱临照曾把叶企孙和饶毓泰做过比较，他说："他们两人都很刚强，但饶先生像玻璃，虽然硬，却容易碎，而叶先生像一块钢，不仅硬，还有 Plasticity（塑性）。"

○杨振宁说："邓稼先是中国几千年传统文化所孕育出来的有最高奉献精神的儿子。邓稼先是中国共产党的理想党员。"

○王选特别佩服邓稼先。他喜欢引用杨振宁的一段话：邓稼先"没有小心眼儿，一生喜欢'纯'字所代表的品格。人们知道他没有私心，人们绝对相信他。"他说："我和邓稼先并不认识，但我很佩服他。他的伟大在于：他不仅自己才华横溢，而且能够让手下比他更出众的人充分施展才华。"

1986 年 3 月，在医院中邓稼先用手比画中国第一颗氢弹的大小

○邓稼先的妻子许鹿希说："如何评价我丈夫呢？我觉得他把自己的聪明才智都给了祖国和人民，他没有虚度一生，还是做了一些事情吧！"

○王选去世后，有人说："只要你读过书，看过报，你就要感谢他，就像你每天用电灯要感谢爱迪生一样。"还有人说，"王选献身照排术的发明与创新，无意间也把自己的名字也照排进了人们的心里"。王的夫人陈堃銶总结王的一生："半生苦累，一生心安。"

○田余庆去世后，其学生阎步克评价说："他是我心目中的标杆，他的学术人格是纯金美玉"，并做挽联云："音容宛在，夫子教训铭心骨；堂构维艰，纵有一得竟谁呈。"张积也做挽联评价田云："探秦汉魏晋史以微知著；执历史唯物论从始至终。"

○严纯华评价乃师徐光宪说："科学家中有两种人，一种是'工匠'，还有一种是'大师'。前者的目光局限在具体的研究中，而后者则研究科学的哲学层面。徐先生则已经达到了后者的境界。"

○许渊冲对英、法两种语言的造诣很高，翻译技巧已臻化境，其译作得到了众多翻译界名家的赞许。美国宾州大学教授顾毓赞美说："历代诗词翻译成英文，能押韵自然，功力过人，先生实为有史以来第一。"企鹅公司出版的《中国不朽诗三百首》封底介绍说，"译文绝妙，读来是种乐趣"。钱锺书称许为"译才"，说许"译著兼诗词两体制，英法两语种，如十八般武艺之有双枪将，左右开弓手矣"。

谣歌第二十三

解　题：诗言志，歌咏言，歌诗之用，可谓大矣。北大历史上流行过的著名歌谣、谣谚、打油诗、顺口溜，均在本章的收录之列。其中既有奏唱于重大典礼等公开场合的雅颂之乐，也有在师生中间流传的民谣歌诗。以其语言生动，朗朗上口，故能广为传诵，深入人心。所收内容，也可为研究校园谣歌、校园文化者，提供必要的参考，以发挥存史资学的作用。需要说明的是，虽然历史上流行的谣歌不少，但直到今日，北大尚无官方确定的校歌，有人说这也是北大"思想自由，兼容并包"的体现之一。我们倒觉得，推出一首多数人认可的校歌，同时不废其他歌谣，好比一枝独秀的同时，也有万紫千红，未尝不是件好事。近年来，北大每年都会举办评选校园十佳歌手的赛事，其中总能出现两三首优秀的原唱歌曲。积之数年，或许能从中涌现出一首广为传唱的校歌，让我们拭目以待。

○国学大师吴梅曾为北京大学作《正宫锦缠道·寄北雍诸生》一歌：

景山门，启鳣帏成均又新，弦诵一堂春。破朝昏，鸡鸣风雨相亲。数分科，有东西秘文。论同堂，尽南北儒珍。珍重读书身，莫白了青青双鬓。男儿自有真，谁不是良时豪俊？待培养出，文章气节少年人。

此歌后被蔡元培校长用作北大校歌，是北大历史上最早的一首校歌。据言，在北大百年校庆时，一些青年学子唱着它竟怆然涕下。

○ 1917年12月17日，北大举行校庆二十周年纪念。当时吴梅曾作歌一首，后广为传唱，成为北大历史上有名的校歌之一。其词为：

棫朴乐英材，试语同侪：追想逊清时创立此堂斋，景山丽日开，旧家主第门程改。春明起讲台，春风尽异才。

沧海动风雷，弦诵无妨碍，到如今费多少桃李栽培。喜此时幸遇先生蔡，从头细揣算，匆匆岁月，已是廿年来。

〇抗日战争爆发后，北大、清华、南开三校南迁昆明，成立西南联合大学。由联大中文系教授罗庸作词的《西南联大校歌》，抒写了这段流亡的艰辛和悲愤，更表达了驱逐敌寇、收拾旧山河的决心和信念，表达了一代学人担当国运的精神。被称为是岳飞《满江红》八百年后的一个新版。而歌词中的“仇寇”二字，原为“倭虏”：

万里长征，辞却了五朝宫阙。暂驻足衡山湘水，又成离别。绝徼移栽桢干质，九州遍洒黎元血。尽笳吹弦诵在山城，情弥切。

千秋耻，终当雪；中兴业，须人杰。便一城三户，壮怀难折。多难殷忧新国运，动心忍性希前哲。待驱逐仇寇复神京，还燕碣。

〇西南联大时，冯友兰还曾做校歌勉词一首，在全校师生中也有很大的影响：

西山沧沧，滇水茫茫，这已不是渤海太行，这已不是衡岳潇湘。同学们，莫忘记失掉的家乡，莫辜负伟大的时代，莫耽误宝贵的辰光。赶紧学习，赶紧准备，抗战、建国，都要我们担当！同学们，要利用宝贵的时光，要创造伟大的时代，要恢复失掉的家乡。

〇 1952 年北大迁入燕园之后，气象一新，当时曾有《燕园情》一歌传唱一时：

红楼飞雪，一时英杰，先哲曾书写，爱国进步民主科学。

忆昔长别，阳关千叠，狂歌曾竟夜，收拾山河待百年约。

我们来自江南塞北，情系着城镇乡野；

我们走向海角天涯，指点着三山五岳。

我们今天东风桃李，用青春完成作业；

我们明天巨木成林，让中华震惊世界。

燕园情，千千结，问少年心事，

眼底未名水，胸中黄河月。

歌词先对“五四”先哲的夙求和西南联大的颠沛做了回顾，然后抒写今日学子的读书报国之志。也被认为是北大校歌之一，近年来北京大学在开学典礼和毕业典礼上奏唱《燕园情》已经成为定例。

○五四时期，在北大的影响下，北京女学生也行动起来，成立了“北京女学生联合会”举行罢课，并仿照北大组成讲演团四处宣传。她们的口号是“罢不罢，看北大！”

○五四时期，北大大部分学生的生活都比较清苦，一月的伙食费只有三块钱左右。通常的做法是几个人合起来包饭，多则七八人，少则两三人。每顿饭除了五个菜以外，每人还分两个馒头，吃饭时大家都抢着吃。当时吃饭前先要打锣，所以当时北大学生中间有“锣声动地，碗底朝天”之谣。

○五四时期，本校正式学生无法入住北大宿舍，而外来旁听生却傲然占据。经多方辩论，旁听生方认理屈，乃拂袖而去，还留下打油诗一首：“此地不留爷，自有留爷处；到处不留爷，大爷回家住。”一时遂成北大民谣。

○ 1926 年，“三一八惨案”发生后，北京知识界纷纷谴责段祺瑞政府的暴行。鲁迅称这一天是“民国以来最黑暗的一天”，而且就此惨案连续写了七篇檄文。刘半农因此而作哀歌一首《呜呼！三月一十八》，其词为：

呜呼三月一十八，养官本是为卫国！

北京杀人如乱麻！谁知化作豺与蛇！

民贼大试毒辣手，高标廉价卖中华！
半天黄尘翻血花！甘拜异种作爹妈！
晚来城郭啼寒鸦，愿枭其首籍其家！
悲风带雪吹，死者今已矣！
地流赤血成血洼！生者肯放他？！
死者血中躺，呜呼三月一十八！
伤者血中爬！北京杀人如乱麻！
呜呼三月一十八，北京杀人乱如麻！

此词由赵元任谱曲，唱遍京城，影响甚巨。

○ 1931 年九一八事变发生后，举国哗然。当年 12 月 1 日，北大二百三十余名，组成“北京大学全体同学南下示威团”（简称南下示威团），奔赴南京示威。12 月 5 日，示威团在南京示威游行，国民党当局出动一千多名军警包围示威队伍，毒打和逮捕爱国学生，一百八十五名学生被捕，三十三人受重伤。坐牢的北大学生在狱中高唱：

北大！北大！一切不怕。
摇旗呐喊，示威南下。
既被绳绑，又挨枪把。
绝食两天，不算什么！
做了囚犯，还是不怕。
不怕！不怕！北大！北大！

此歌后来传唱一时。

○ 1937 年，七七事变发生后，蒋介石在庐山召集全国各界代表人物举行谈话会，胡适作为文化学术界的代表也应邀参加。在谈话会上，胡多次慷慨陈词，发表了自己对抗战救国和国防教育的看法。同组的胡健中听后，当场赋诗一首送给胡：“溽暑匡庐盛会开，八方名士溯江来。吾家博士真豪健，慷慨陈词又一回。”胡看后，也随手写了一首白话打油诗回赠：“哪有猫儿不叫春？哪有蝉儿不鸣夏？哪有蛤蟆不夜鸣？哪有先生不说话？”四句反问，信手拈来，类比生动，饶有风趣。据说后来“中央日报”登出这首诗，蒋介石看了，也忍俊不禁。

○民国时期，曾有人针对北大的特点编出“北大三部曲”：投考时是“凶”，入校后是“松”，毕业后是肚中“空”。大意是要考北大极难，出题很严，有时还会“故意古古怪怪地危难”；一旦考入北大，成为真正的“北大人”，就可以过上“一切随意”的自由生活，在学校的几年里，学校的管理很松，很少有人去管你；因为“松”，所以学生到毕业时，才发现什么都没学到，只落了一个“肚中空空”。对于“凶”和“松”，北大人向来无异意，但对“空”却一直不认可，认为在北大，“真正‘空’的人究竟还是少数……对于大多数人，北大之‘松’却成了一种预防疾病的抗毒素，甚至对于许多人更是一种发挥天才的好机会”。“北大的教育精神是提倡自立、自主的。进得大学，年纪有那么大了，应该懂得了辨别是非。给你逛窑子的机会你不逛，那才是真经得起试探的人；给你抄书机会你不抄，那才是真有读书心得的人；将你搁在十字街头受那官僚封建腐烂的北平空气熏蒸而不染，那才是一个真能改造中国的人。关在‘象牙之塔’里受尽保护的，也许出得塔门，一阵风就吹散了。但丢在社会的洪炉中七上八下锻炼过的北大生，却也许什么都可以不在乎。‘松’的唯一结果却是天才的充分发展。”因此，在北大才会常出一些极为优秀的特殊人物，其多且怪，常为其他学校所不及。

○ 20 世纪 30 年代，在北平学界曾广泛流传的一段关于女学生择偶条件的“顺口溜”：“北大老，师大穷，燕京、清华可通融。”成年女学生们一般都认为北大男生老气横秋，没有吸引力；师大的男学生以后只能成为穷酸的教书匠，不屑于与之议嫁娶，而只有燕京和清华两所地处西郊的学府，一个是美国教会大学，一个是以美国庚子赔款开办的，男学生多少沾有洋味，能说几句洋文，穿西装的也多，够气派，属于新潮人物，日后出路也要风光得多，自然合格而“可通融”了。另有一种说法，称此顺口溜乃是名教授择校任教的标准。

○萧公权说，战前清华园教授同仁之间就流行这样的说法：Whatever Daisen says，it goes；Whatever it goes，Chisen says。这话的意思是岱孙怎么说，事情就怎么做；事情怎么做，芝生就怎么说。

○郭沫若曾有《咏红楼》诗，盛赞沙滩红楼时期的北大。诗云：

星火燎大原，滥觞成瀛海。
红楼弦歌处，毛李笔砚在。
力量看方生，勋勤垂后代。
寿与人民齐，春风永不改。

○20世纪50年代，时任北大校长的马寅初提出“新人口论”，主张计划生育，但遭到举国上下的批判。20世纪80年代，当人口问题开始凸现时，国内开始流传一句民谣：“错批一个人，多生几个亿。”

马寅初在北大燕南园寓所

○20世纪70年代末期，北大开始流行一句话：“一塔湖图两锅周”，用以指称当时的北大。“一塔湖图”指博雅塔、未名湖和图书馆。这是北大校园最具代表性的三处景观；“两锅周”则指当时的校长周培源和党委书记周林。

北京大学的湖光塔影

○ 20 世纪 80 年代，北大校园诗人和歌手风光一时。当时，社会学系许秋汉曾作《未名湖是个海洋》一歌，风靡全校，至今传唱，被认为是北大的“民间校歌”。歌词为：

这真是一块圣地，今天我来到这里
阳光月光星光灯光再照耀，她的面孔在欢笑和哭泣

这真是一块圣地，梦中我来到这里
湖水泪水汗水血水在闪烁，告诉我这里没有游戏

未名湖是个海洋，诗人都藏在水底
灵魂们都是一条鱼，也会从水面跃起

未名湖是个海洋，鸟儿飞来这个地方
这里是我胸膛，这里跳着我心脏

就在这里　就在这里
让那些自由的青草滋润生长
让那泓静静的湖水永远明亮
让萤火虫在漆黑的夜里放把火
让我在烛光下唱歌

我的梦，就在这里

风骨第二十四

解　题： 国有上庠，校有精魂。本章所收，多为对北大办学宗旨、历史传统、精神风度和社会影响的论述，一言以蔽之，曰北大之风骨也。北大作为中国第一所国立的现代综合型大学，在百余年的发展中，始终与民族共命运，与时代同进步。新文化运动的勃兴，中国共产党的成立，“新人口论”和“股份制”的提出、“两弹一星”和汉字激光照排的发明，创建世界一流大学战略目标的提出……这些深刻影响和改变中国社会、文化、经济、科技发展的伟大事件，无不与北大密切相关。悠久的历史、众多的大师、辉煌的成就使北大成为中国理所当然的最高学府，被誉为20世纪中国文化界的双子星座之一。在一百余年的发展变革中，北大也酝酿出了一种独特的学术空气和校园氛围，形成了具有鲜明特色的精神气度和文化风骨，让身处其中的每一个人都能深受影响。今日的北大人，在这种环境的浸润和熏陶下，头顶历代前贤打造的耀眼光环，理应加倍努力，再续辉煌，让北大的风骨更加挺拔，更富魅力！

○戊戌政变以后，除京师大学堂外，新政悉被废除。当时天津《国闻报》报道说：“在北京尘天粪地之中，所留一线光明，独有大学堂一举而已。”后来，梁启超也说，戊戌变法成绩，“可留为纪念者，独一大学堂而已”。

○ 1902年，清政府任命张百熙为京师大学堂管学大臣。张任职后，在给清廷的一份奏折中曾谈到京师大学堂的重要地位：“大学堂理应法制详尽，规

京师大学堂匾额

模宏远，不特为学术人心极大关系，亦即为五洲万国所共观瞻。天下于是审治乱，验兴衰，辨强弱。人才之出出于此，文明之系系于此。”由张主持拟订的《钦定学堂章程》规定：“京师大学堂之设，所以激发忠爱，开通智慧，振兴实业”以及“端正趋向，造就通才，为全学制纲领”。

○管学大臣张百熙曾为京师大学堂题联：“学者当以天下国家为己任；我能拔尔抑塞磊落之奇才。”

○ 1912 年，梁启超在北大发表演说，指出北大之所以异于普通学校而成为全国最高学府，是因为北大不仅具有普通学校的功能（培养学生健全的人格，与其在社会上生存发展的能力），而且还具有特别之目的，即“研究高深之学理，发挥本国之文明，以贡献于世界之文明是焉”。他还说：“大学校[①]之目的，既在研究高深之学理，大学校之学课，又复网罗人类一切之系统智识，则大学校不仅为一国高等教育之总机关，实一国学问生命之所在，而可视之为一学问之国家者也。”

○胡仁源任北大校长期间（1914 年 1 月—1916 年 12 月），在一份关于北大发展的计划书中说，北京大学设立的目的，“除造就硕学通才以备世用而外，尤在养成专门学者”。

○ 1922 年 10 月 5 日，在北大开学典礼上，蔡元培说：“本校的宗旨，每

① 辛亥革命后，京师大学堂一度改名为北京大学校，所以时人多以‘大学校’指称北京大学。

年开学时候总说一遍，就是‘为学问而求学问’”。此后，蔡还说：“北大为全国最高学府，开办迄今……四方来学者，日益以众。……夫以济济多士，萃集一堂，研究学术，砥砺德业，本互助之精神，作他山之攻错，彼此情谊，实有联结之必要。”

○蔡元培就任北大校长后，兴利除弊，去旧布新，使陈腐的北大一变而为鲜活的北大，名副其实的北大。有人评论说“蔡学界泰斗，哲理名家，就职后励行改革，大加扩充，本其历年之蕴蓄，乐育国内之英才，使数年来无声无臭生机殆尽之北京大学校，挺然特出，褎然独立……学风丕振，声誉日隆。各省士子莫不闻风兴起，担簦负笈，相属于道，二十二行省，皆有来学者”。正如冯友兰所说：“从 1917 年到 1919 年仅仅两年多时间；蔡先生就把北大从一个官僚养成所变为名副其实的最高学府，把死气沉沉的北大变成一个生动活泼的战斗堡垒。流风所及，使中国出现了包括毛泽东同志在内的一代英才。”

○蔡元培任北大校长时，提倡“自由听讲”的学风。人称当时的北大有“五公开”或“六公开”：课堂公开，教室可以随便进去听课，讲义开始可以自由领取，后来交钱也可以买到；图书馆、阅览室公开；运动场公开；学生食堂公开；澡堂公开；学生宿舍管理松散，实际上是半公开。一时之间，北大课堂上多了许多没有学籍的旁听生。他们不受歧视，一样坐在北大教室听课。柔石、胡也频、李伟森、沈从文以及曹靖华等人都曾是北大的旁听生。有一次，沈从文还假冒正式生坐进考场参加考试，居然考及格，还得了 3 角 5 分钱奖金。曹靖华后来回忆说：“（蔡先生）在北大办学民主，首倡学校为社会开门，教授为社会服务的作风，是最值得纪念的。他长北大时，社会上

民国时期的北大红楼大门

的各行各业人士都可以进入沙滩红楼听课。那些求知欲望甚为强烈，但由于贫困而上不了学的青年，诸如商店的营业员、工厂的学徒等，都可以随意进入北大讲堂听课，学习文化知识，这在中国教育史上是空前绝后的。”

○蔡元培执掌北大时，以“劳工神圣，人人平等”为宗旨，大力提倡平民教育，先后创办北大校役夜校和平民夜校，为北大全校工友和沙滩附近的平民子弟提供教育机会。1920 年 1 月 18 日，在平民夜校的开学典礼上，蔡元培发表演讲说：“今日为北京大学学生会平民夜校开学日，此事不唯关系重大，也是北京大学准许平民进去的第一日。从前这个地方是不许旁人进去的，现在这个地方人人都可以进去。”“北京大学第一步的改变，便是校役夜班之开办。于是二十多年的京师大学堂里面，听差的也可以求学……于是大学中无论何人，都有了受教育的权利。”2006 年，北京大学为了“继承蔡先生‘劳工神圣’的真谛与精神，让大学教育跨越围墙，通过传播知识，让更多民众受益”，重新开启了新时期的平民学校。

○蒋梦麟说，新文化运动时期的北大“是北京知识沙漠上的绿洲。知识革命的种子在这块小小的绿洲上很快就发育滋长。三年之中，知识革命的风气已经遍布整个北京大学”。他还说：“北大所发生的影响非常深远。北京古都静水中所投下的每一颗知识之石，余波都会到达全国的每一个角落。甚至各地的中学，也抄袭了北大的组织制度，提倡思想自由，开始招收女生。北大发起任何运动，进步的报纸、杂志和政党无不纷纷响应。国民革命的势力，就在这种氛围中日渐扩展，同时中国共产党也在这环境中渐具雏形。”

○ 1923 年，蒋梦麟在《北大之精神》一文中曾将北大的精神概括为两点：“大度包容”和“思想自由”的精神。他解释“大度包容”说：“本校自蔡先生长校以来，七八年间这个‘容’字，已在本校的肥土之中，根深蒂固了。故本校内各派别均能互相容受。平时于讲堂之内，会议席之上，做剧烈的辩驳和争论，一到患难的时候，便共力合作。这是已屡经试验的了。但容量无止境，我们当继续不断地向‘容’字一方面努力。‘宰相肚里好撑船’。本校‘肚里’要好驶飞艇才好！”解释“思想自由”说：“本校是不怕越出人类本身日常习惯范围以外去运用思想的。……本校里面，各种思想能自由发展，不受一种统一思想所压迫，故各种思想虽平时互相歧异，到了有某种思想受外部压迫时，就共同来御外侮。引外力以排除异己，是本校所不为的。故本校虽处恶劣政治环境之内，尚能安然无恙。”

○五四运动前夕，北大学子因明写文章说：“我对北京大学的感情，近来极好，心目中总觉得这是现在中国唯一的曙光，其中容纳各派的学说和思想，空气新鲜得很。”

○从 1917 年 11 月 16 日起，经蔡元培倡议，北大出版了《北京大学日刊》。“北京大学的几种杂志一出，若干种的书籍一经印行，而全国的风气，为之幡然一变。从此以后研究学术的人，才渐有开口的余地。专门的高深的研究，才不为众所讥评，而反为其所称道。”

○ 1919 年 5 月 3 日晚，北京大学全体学生大会在北大法科礼堂召开。北大新闻学研究会导师、《京报》主笔邵飘萍向北大学生报告巴黎和会山东问题交涉失败经过情形，并勉励北大学生说：“现在民族危机系于一发，如果我们缄默等待，民族就无从挽救而只有灭亡了。北大是最高学府，应当挺身而出，把各校同学发动起来，救亡图存，奋起抗争。”北大法科学生谢绍敏当场咬破手指，撕下衣襟，血书“还我青岛”四字，有人还持刀要自杀以此激励国人，会场“现出一种如火如荼、不屈不挠之气象”。后遂有五四运动之举。

○ 1919 年 5 月 4 日，为阻止北洋政府在巴黎和约上签字，北京学界举行游行示威活动。游行总指挥是北大学生傅斯年。下午 1 时，云集天安门的各校学生通过了北大许德珩起草的《北京学生界宣言》。在游行过程中，沿途散发了北大学生罗家伦起草的《北京全体学界通告》一万多份，《通告》中说：“中国的土地可以征服而不可以断送！中国的人民可以杀戮而不可以低头！国亡了！同胞们起来啊！”

○五四运动中，北大部分学生被捕入狱，许德珩也在其中。其他学生知道后，集体到公安局自首，表示愿意集体坐牢。后来，许向北大学生讲述此事时说：“这是北大精神。北大精神是负责的精神，为国家人民去干，干了自己担当的精神。”

○ 1920 年，孙中山在《致海外国民党同志书》中盛赞五四运动说：“自北京大学学生发生五四运动以来，一般爱国青年，无不以革新思想为将来革新事业之预备；于是蓬蓬勃勃，发抒言论，国内各界舆论，一致同倡，各种新出版物，为热心青年所举办者，纷纷之伪政府，犹且不敢撄其锋。此种新文化运动，在我国今日，诚思想界空前之大变动……倘能继长增高，其将来收效之伟大且久远者，可无疑也。”

○民国时期，北大素以闹学潮闻名中外。一二·九运动结束后，北大学生赵九成撰写了一篇题为“我国历史上的学生运动”的文章，称北大的学生运动，不是从“一二·九”开始的，也不是从五四时代开始的。“推溯其源，当导源于东汉。……在中国，最先发生的便是东汉末年的党锢之祸。”

○北大马克思学说研究会的发起人之一朱务善说北大的发展有两条大路：一是思想革命兼文学革命；二是社会运动兼政治运动。“总而言之，北大精神是科学的平民的非宗教的非干涉的，而其尤足令人佩服不置的，还是当仁不让之‘干’的精神。”

○ 20 世纪 30 年代编纂的《北京大学概况》曾将北京大学“校风之特点”概括为五点：(1) 具独立精神；(2) 有特别见解；(3) 做事有坚强之毅力；(4) 服从真理；(5) 气量宽宏。

○ 1925 年，应北京大学学生会的紧急征发，鲁迅为北大校庆二十七周年撰写了《我观北大》一文。他将北大的“校格”总结为两点：“第一，北大是常为新的，改进的运动的先锋，要使中国向着好的，往上的道路走。虽然中了许多暗箭，背了许多谣言；教授和学生也都逐年地有些改换了，而那向上的精神还是始终一贯，不见得弛懈。”“第二，北大是常与黑暗势力抗战的，即使只有自己。”还说：“北大究竟还是活的，而且还在生长的。凡活的而且在生长者，总有着希望的前途。”

○ 1930 年 12 月 17 日是北大建校三十二周年纪念日，周作人撰文说：“有人说北大的光荣，也有人说北大并没有什么光荣，这些暂且不管，总之我觉得北大是有独特的价值的。这是什么呢，我一时也说不很清楚，只可以说他走着他自己的路，他不做人家所做的而做人家所不做的事。”

○周作人说，北大的学风“仿佛有点迂阔似的，有些明其道不计其功的气概，肯冒点险却并不想获益”。

○ 1927 年 12 月 19 日，杭州北大同学会举行纪念北大校庆二十九周年集会。马寅初在会上发表题为“北大之精神”的演讲。他在演讲中把北大的精神概括为“牺牲主义”：“回忆母校自蔡先生执掌校务以来，力图改革。五四运动，打倒卖国贼，做人民思想之先导。此种虽斧钺加身毫无顾忌之精神，国家可灭亡，而此精神当永久不死。然既有精神，必有主义，所谓北大主义者，即牺牲主义也。服务于国家社会，不顾一己之私利，勇敢直前，以达其至高之鹄的。”他进而说：“苟有北大之牺牲精神，无论举办何事，则结果之良好，俱可期而待。”

○ 1928 年 2 月 4 日，马寅初在上海北大同学会演讲时说：“‘北大’二字，从何而来，不可不知，我们须知在五四运动以前，北京大学为社会所不注意，自五四运动发生，打倒曹、章、陆三卖国贼以后，北大二字，乃名满中外，故五四运动之精神不但在校时不可丧失，就在社会服务，仍须保存，随时运用出来。‘五四’时的精神，就是为国牺牲，就是牺牲精神。”

○ 1946 年，冯友兰在《国立西南联合大学纪念碑碑文》中盛赞西南联大之精神云：“三校有不同之历史，各异之学风，八年之久，合作无间。同无妨异，异不害同，五色交辉，相得益彰，八音合奏，终和且平……联合大学以其兼容并包之精神，转移社会一时之风气，内树学术自由之规模，外来民主堡垒之称号，违千夫之诺诺，作一士之谔谔。”

○ 1981 年 3 月 20 日深夜，广播里传出了振奋人心的好消息：中国男子排球队在争夺世界杯排球赛亚洲区预赛的关键一战中，先输两局，奋起直追，扳回三局，终以 3∶2 战胜南朝鲜队，取得参加世界杯排球赛的资格。消息传来后，北大学生欢悦雀跳，激情昂扬，毫无倦意，自动集结起来，组成了一支浩浩荡荡的队伍，先是在校园之内，后又走出校门，在马路上游行。就是在这次自发组织起来的游行中，北大的学生喊出了一个历史性的振奋人心的口号：“团结起来，振兴中华！”这一口号被认为是改革开放初期“时代的最强音”。

○ 1984 年，在国庆三十五周年的庆典上，北京大学的学生队伍走进天安门检阅台时候，打出了“小平您好”的横幅。“小平您好”这四个字，喊出了当时全国千万知识分子共同的心声，也让境外媒体惊呼：中国迎来了一个更为宽松自由的环境。

○季羡林认为，北大的优良传统可归结为根深蒂固的爱国主义。他说：“如果我们改一个计算办法的话，那么，北大的历史就不是一百年，而是几千年。因为，北大最初的名称是京师大学堂，而京师大学堂的前身则是国子监。国子监是旧时代中国的最高学府，已有一千多年的历史，其前身又是太学，则历史更长了。从最古的太学起，中经国子监，一直到近代的大学，学生都有以天下为己任的抱负，这也是存在决定意识这个规律造成的，与其他国家的大学不太一样。在中国这样的大学中，首当其冲的是北京大学。在近代史上，历次反抗邪恶势力的运动，几乎都是从北大开始。这是历史事实，谁也否认不掉的。五四运动是其中最著名的一次。虽然名义上是提倡科学与民主，骨子里仍然是一场爱国运动。提倡科学与民主只能是手段，其目的仍然是振兴中华，这不是爱国运动又是什么呢？”

〇季羡林论述北大与中国文化的关系说：“也许是出于一种偶合，北大几乎与 20 世纪同寿。在过去一百年中，时间斗换星移，世事沧海桑田，在中国产生了天翻地覆的变化，而北大在人事和制度方面也随顺时势，不得不变。然而，我认为，其中却有不变者在，即北大对中国文化所必须担负的责任。古人常说，某某人‘一身系天下安危’。陈寅恪先生《挽王静安先生》诗中有一句话：‘文化神州表一身。’而我却想说，北大一校系中国文化的安危与断续。”

〇在 1998 年出版的《巍巍上庠百年星辰——名人与北大》一书的序言中，季羡林写道：在中国一百年以来错综复杂的历史大环境中，“北大的师生，在所有的掊击邪恶、伸张正义的运动中，无不站在最前列，发出第一声反抗的狮子吼，震动了全国，震动了全世界，为中华民族的前进，为世界人民的前进，开辟了道路，指明了方向。北大师生中，不知出现了多少烈士，不知出现了多少可以被鲁迅称之为‘脊梁’的杰出人物。这有史可查、有案可稽，绝非北大人的‘一家之言’。中国人民实在应该为有北大这样的学府而感到极大的骄傲”。

〇任继愈认为，北大的特点可用两个字概括：一是“老”，一是“大”。所谓“老”，是北大的前身可以追溯到汉武帝元朔五年（前 124）设立太学，北大直到“五四”以前，都是汉唐以来“太学”的继续。这样算来，北大比欧洲的大学起码要早一千多年。而北大的“大”，“不是校舍恢宏，而是学术气度广大。这一无形养成的学风，使北大的后来人能容纳不同的学术观点”。他说，“人们在众多流派中各自汲取其要汲取的，取精用宏，不名一家。北大这个‘大’的特点，谁能善于利用它，谁就能从中受益。肯学习，就能多受益。不能说其他大学不具备这种‘大’的特点，似乎北大给人的印象最深”。

○北大百年校庆时，有记者问丁石孙："您认为北大的精神与风格是什么，在今天的意义是什么？"丁答："我想我的教育思想部分地体现了北大的精神与风格，那就是尊重人，尊重人的成长和自由发展。追求民主，追求科学，一百年来，这种精神已经融入中华民族的文化之中，为民族的发展做出了巨大的贡献。我相信，这种精神必将在今后发挥更大的作用。"

○北大原校长陈佳洱说："北大是常为新的，这个'新'字不仅体现在能开风气之先，能紧随着时代发展，更'新'在不断地有新鲜的血液注入古老的校园。我见迎新时有这样一幅标语：'今天，你为北大而自豪；明天，北大为你而骄傲。'这其中承载的不正是一种创新精神，一种敢打敢拼的气质吗？不管是将来的，已毕业的，还是正在校园中学习与生活着的，北大学子都是优秀的。他们是北大的新人，中国的新人，也是世界的新人。中国的一句古话是他们最好的行为准则：'天行健，君子以自强不息！'"

○厉以宁说："使北大的探索精神得以代代相传并且紧紧随着时代前进的步伐的主要原因，是北大人的高度的社会责任感。……是高度的社会责任感，导致当年的北大人，冲出校门，同旧秩序展开斗争，发扬了'五四'精神、'一二·九'精神。是高度的社会责任感，导致现在的北大人，冷静地思考世界经济技术发展的大趋势，分析中国经济技术落后的根源，寻觅民族振兴的可行的方案。探索是为了革命，既包括当初的第一次革命，也包括今天的第二次革命。正是这种高度的社会责任感，使探索精神成为北大的传统、北大的生命力、北大的永远的骄傲。"

○谢冕在《永远的校园》一文中称北大是一块精神的圣地，他说："这真是一块圣地。数十年来这里成长着中国几代最优秀的学者。丰博的学识，闪光的才智，庄严无畏的独立思想，这一切又与先于天下的严峻思考，耿介不阿的人格操守以及勇锐的抗争精神相结合。这更是一种精神合成的魅力。科学与民主是未经确认却是事实上的北大校训。二者作为刚柔结合的象征，构成了北大的精神支柱。把这座校园作为一种文化和精神现象加以考察，便可发现科学民主作为北大精神支柱无所不在的影响。正是它，生发了北大恒久长存的对于人类自由境界和社会民主的渴望与追求。”

○袁行霈说：“我觉得北大有一股力量，有一种气象，有一个不可测其深浅的底蕴，唯有大海才能比拟。”他在一次题为“盛唐气象”的学术报告中说：“到北大西校门一站，你就看到北大有一种气象。”他的语气里边充满一种自信和力量。

北大西校门夜景

○王选去世后，他的朋友盛森芝教授说：“王选有一颗振兴中华的强烈爱国心，他用自己及其748团队的光辉实践给我们留下了灿烂的‘王选精神’。”他解释说“王选精神”就是“自主创新、振兴中华”的精神。他还特别指出：“必须说明的是，王选精神的出现，不是空穴来风，也不是偶然的巧合，而是历史的必然。王选精神成长在北大，也不是北大人赶时髦，而是北大这块土壤比较适合于‘王选精神’的成长。从历史上看，北大从来都是出精神的地方。在解放前的立国时期曾经出现过陈独秀、胡适的科学、民主精神，后来又有蔡元培的‘科教兴国’‘兼容并包’精神；在解放后的建国时期，出现过马寅初的为真理不惜牺牲自己的硬骨头精神；在改革开放后的强国时期就必然要出现新的精神，这就是王选的‘自主创新、振兴中华’的精神。”

○一次，一位全国著名的小品演员到北大来给大学生们讲小品表演艺术。他在开场白中说：“我某某认为，茅台酒是国酒，红塔山是国烟，北大是国校。”

○朱海涛曾比较北大与清华之不同说：“北大和清华是正相反的。清华门门功课都要不错，个个学生都在水平线上，你不行的非拉上来不可，你太好的也得扯你下来。北大则山高水低，听凭发展。每年的留学生考试，五花八门的十来样科目，北大向例考不过清华。但北大出的特殊人物，其多而且怪，也常是任何其他学校所赶不上的。”

○在北大长期流传着这样一种说法：“北大的空气也是养人的。”2013年，一则被媒体广泛报道的新闻称：在过去二十年，北京大学保安大队先后有五百余名保安考学深造，有的获得大专或本科学历，有的考上重点大学的研究生，有的毕业后当上了大学老师，用自己在北大半工半读的经历，诠释了“知识改变命运”这一美好的命题。

奋勉第二十五

解　题：奋勉者，自勉奋斗，精进不止，再续辉煌之意也。京师大学堂初建之时，就被赋予了两大重要职责：一是为国家培育现代精英人才，努力实现教育兴国、民族复兴之梦；二是代表中国大学在世界名校中争得一席之地，为人类文明的发展做出自己的贡献。百余年来，围绕这两大目标，北大人的逐梦之旅从未停歇和中断，也的确做出了一些骄人的成就。但今天的北大人，绝不能总讲过去辉煌而忘记今后的使命。尤其是在实现“中国梦”的伟大进程中，北大更应该在人才培养、科学研究、服务社会、文化传承与创新方面发挥重要的排头兵、领头羊的作用，以期早日成为可与哈佛、剑桥等学校齐名的世界一流大学。我们曾在北大学生中做过一个小小的调查，问大家“面对北大你有何为何感？”同学们的答案可谓五花八门，异彩纷呈，但我们最喜欢的一个答复是：“希望北大真正成为世界名校，而不仅仅是中国第一。”因为这不仅仅是数代北大人的共同愿望，更是亿万国人多年来的真切期盼。本章所收录的内容，主要反映的是先哲时贤对北大和中国学术文化未来发展的殷切期许。潮平两岸阔，风正一帆悬，北大人任重而道远，正如张岱年先生所期盼的那样，北大的学术，中国的学术，一定要走向世界。新时代的北大人理应以前贤为楷模，后来而居上，尽快以优异的成绩给北大前贤，给亿万国人，给这个渴望复兴已久的民族交上一份满意的答卷。这也是本书以《奋勉》做结的原因所在。

○清末熊亦奇在其拟订的《京师创立大学堂条议》中说："夫学校者，天下之公器也……国家设立学部于京师，谓京师大学堂；延聘中西通儒，译编课本。自蒙课递及普通，依次分门，纂为定本；行此百年，而才俊不兴风气不变者，吾不信也。"

○ 1912 年，梁启超受邀至北京大学发表演说。他在演说中勉励北大学生说："盖大学为研究学问之地，学问为神圣之事业。诸君当为学问而求学，于学问目的之外，别无他种目的，庶不愧为大学生。""诸君勉之！努力问学之事业，以发挥我中国之文明，使他日中国握世界学问之牛耳，为世界文明之导师，责任匪轻。诸君其勉力为我中国文明争光荣！"

○ 1912 年 5 月 3 日，严复被任命为更名后的北京大学的首任校长。严受命后，雄心勃勃，颇想有一番作为。他说："故自受事以来，亦欲痛自策励，期无负所学，不怍国民，至其他利害，诚不暇计。"

○蔡元培曾说："一个民族或国家要在世界上立得住脚——而且要光荣地立住，是要以学术为基础的。尤其是，在这竞争剧烈的 20 世纪，更要倚靠学术。所以学术昌明的国家，没有不强盛的；反之，学术幼稚和知识蒙昧的民族，没有不贫弱的。""以后要想雪去被人轻视的耻辱，恢复我们固有的光荣；只有从学术方面努力，提高我们的科学知识，更进一步对世界做出一种新的贡献，这些都是不能不首先瞩望于一般青年学生的。"

北京大学办公楼

○ 20 世纪 20 年代，北京大学曾积极邀请爱因斯坦到北大来讲学，但因交流不通的缘故，致使爱因斯坦未能成行。蔡元培对爱因斯坦没能到北大讲学感到非常的遗憾，他在事后说：“当我们在科学上有所贡献，并引起世界关注的时候，我相信爱因斯坦会专程前来访问的。因此大家千万不要懊丧，而应该互相勉励。”

○ 1918 年，蔡元培在北大建校二十周年校庆纪念会上提出北大应向世界著名大学看齐的宏伟目标：“本校二十年之历史，仅及柏林大学五分之一，莱比锡大学二十五分之一，苟能急起直追，未尝不可与为平行之发展。”

○ 1938 年，北大四十周年校庆时，因病在香港避难的蔡元培已经七十二岁高龄，他对北大仍念念不忘，充满信心，特意为校庆题词：“他日河山还我，重返故乡，再接再厉，一定有特殊之进步。”

○在北大校庆二十五周年纪念盛会上，蒋梦麟说：“今日是本校第二十五年的生日，是我们全校师生反省的日子。”胡适也发表祝辞说：“祝北大早早脱离裨贩学术的时代，而早早进入创造学术的时代。祝北大的自由空气与自治能力携手同程并进。”

○北大二十三周年校庆时，蒋梦麟对北大师生说，在以后的十年或二十年里，北大应该特别在三件事情上努力：一是输入西洋的文化，二是整理国故，三是注重自然科学的研究。他说，只要努力，等到举行北大四十周年或三十五周年校庆时，就会取得显著的好成绩。到那时，北大“也可以在世界上去讲，就不至于竟是挂一块招牌的了”。他还说，“到那时，我们当举行一个公开的大庆祝，因为已经有了许多的成绩在社会上了！”

○ 1929 年，北大校庆期间，代理校长陈大齐撰文《我们今后的责任》说：“本校要想保持过去的光荣，并且发扬而光大之，唯一的方法只有在学术上努力做出些成绩来。大学本是研究高深学术的处所，大学的职务本在于发扬学术，所以大学要想获得荣誉，自应在学术上努力。假使舍却了这条正道，而到旁路上去求，恐怕愈迷愈深，不但达不到目的，终且适得其反。”

○ 1915 年 2 月 18 日，在美国留学的胡适在日记中写道：“任重而道远，不可不早为之计：第一，须有健全之身体；第二，须有不挠不曲之精神；第三，须有博大高深之学问。日月逝矣，三者一无所成，何以对日月？何以对吾身？”

○胡适在 1922 年时，在《努力周报》上撰文说“古人说：‘暴得大名，不祥。’这话是有道理的。名誉是社会上期望的表示。但是社会往往太慷慨了，往往期许过于实际。所以享大名的，无论是个人，是机关，都应该努力做到社会上对他的期望，方才可以久享这种大名。不然，这个名不副实的偶像，终有跌倒打碎之一日。北京大学以二十年‘官僚养成所’的老资格，骤然在全国沉寂的空气里，表示出一种生气来，遂在一两年中博得‘新文化中心’的大名！这是大不祥的事。”他希望北京大学的同人们“能痛痛快快地忘记了这几年得来的虚名，彻底觉悟过来，努力向实质上做去，洗一洗这几年‘名不副实’的大耻辱！”

○ 1946 年 10 月 10 日，北大举行开学典礼，新任校长胡适向全校师生演讲，表示：“我只做一点小小的梦想，做一个像样的学校，做一个全国最高学术的研究机关，使它能在学术上、研究上、思想上有贡献。”其方向有二：“一、提倡独立的、创造的学术研究；二，对于学生要培养利用工具的本领，做一个独立研究，独立思想的人。”

○ 1922 年，李大钊在一次北大教职员全体大会上发表演讲说：“北大两字，本旁视者对北京大学之缩称，吾校人员亦省而用之，外人即不免认吾校自称北大，带有骄气。其实此正北大之精神。盖吾校要研究各种学术，自然算大。希望同人以后都从‘大’字上做去，发扬伟大的精神。”

○北大举办校庆二十五周年盛会时，李大钊批评说，当时值得做北京大学

“第二十五年纪念的学术上的贡献实在太贫乏了！”他说：“我以极诚挚的意思，祝本校学术上的发展。只有学术上的发展，值得做大学的纪念。只有学术上的建树，值得‘北京大学万万岁’的欢呼。”

○ 1920 年，刘半农在去欧洲游学之前，曾对北大学生发表演说，说自己对“祖国”的希望是：“希望中国的民族，不要落到人类的水平线下去；希望世界的文化史上，不要把中国除名。”

○北京大学三十五周年校庆时，刘半农撰写《三十五年过去了》一文，认为鲁迅设计的北大校徽是“愁眉苦脸”的，而这愁眉苦脸的校徽，“正在指示我们应取的态度，应走的路。我们唯有在愁眉苦脸中生活着，唯有在愁眉苦脸中咬紧了牙齿苦干着，在愁眉苦脸中用沉着刚毅的精神挣扎着，然后才可以找到一条光明的出路。”

○ 20 世纪 30 年代的周作人认为，“北大该走他自己的路，去做人家所不做的而不做人家所做的事。北大的学风宁可迂阔一点，不要太漂亮，太聪明。……不过这只是消极的一面，此外还有积极的工作，要奋勇前去开辟人荒，着手于独特的研究，这个以前北大做了一点点了，以后仍须继续努力。”

○周作人说：“我并不怀抱着什么北大优越主义，我只觉得北大有他自己的精神应该保持，不当去模仿别人，学别的大学的样子罢了。”

○ 1926 年，在“三一八惨案”中，北大的黄克仁、李家珍、张仲超三位学生遇难。1929 年 5 月，北大师生为纪念三位烈士，在北大三院修建“三一八遇难烈士纪念碑”。北大教授黄右昌撰铭文曰：“死者烈士之身，不死者烈士之神。愤八国之通牒兮，竟杀身以成仁，唯烈士之碧血兮，共北大而长新。踏着三一八血迹兮，雪国耻以敌邻，系后死之责任兮，誓尝胆而卧薪。”

○据郑天挺回忆，1921 年，在北大的一次集会上，陈垣对大家说："现在中外学者谈汉学，不是说巴黎如何，就是说东京如何，没有提中国的。我们应当把汉学中心夺到中国，夺回北京。"

○ 1935 年，北平形势危急，日本正在酝酿着成立"华北国"。陈垣当时正在北大史学系任教，平日很少议论时政。有一次上课时，学生要求他发表一下他对时局的看法。他沉沉地说道："一个国家是从多方面发展起来的；一个国家的地位，是从各方面的成就累积的。北平市商会主席到日本去观光，人家特别派了几位商业上的领袖人物来招待，倾谈之下，我们的商人什么都不明白，连谈话的资格都不够，像这样凭什么去和人家竞争？凭什么能使人尊重？我们必须从各方面就着个人所干的，努力和人家比。我们的军人要比人家军人好，我们的商人要比人家的商人好，我们的学生要比人家的学生好，我们是干史学的，就当处心积虑，在史学上压倒人家！"他还经常对人说："每当我接到日本寄来的研究中国历史的论文时，我就感到像一颗炸弹扔到我的书桌上，激励着我一定要在历史研究上赶过他们。"

○ 1933 年，北大三十五周年校庆时，学生会发表《纪念宣言》，追问：在"日本帝国主义强占我东北四省，法帝国主义侵占我海南九岛，英帝国主义眼睁睁要攫取我西藏西康"，而政府又一再委曲求全的状态下，北大人该如何纪念三十五周年校庆？并在宣言中问道："两年前的今日，北大学生曾经反抗过政府对帝国主义的一贯投降的政策，做过轰轰烈烈的南下示威运动，唤醒了数千百万的民众，来反抗帝国主义的蛮横。然而，两年来，北大却成了粉饰太平的'学府'！我们大家睁眼看看民族危亡的情况，回顾自己醉生梦死的悠悠度日，这时，我们想想我们自己是国家的中坚分子呢？还是只知吃饭的废物呢？"

○ 1936 年，北大学生会根据同学们的愿望和要求，发起了"建设新北大"的运动，其具体纲领是：一、克服个人主义；二、发扬团结精神；三、肃清不良习惯；四、启发青年朝气；五、改良物质生活；六、力求整洁严肃；七、锻炼健强身体；八、学习时代知识；九、促成师生合作；十、光大五四精神。

北京大学百年纪念讲堂

○ 1937 年 11 月 1 日，北大、清华、南开三所大学组成的长沙临时大学正式上课。蒋梦麟回忆当时的情景说："虽然设备简陋，学校大致还差强人意，师生精神极佳，图书馆虽然有限，阅读室却座无虚席。"

○在抗日战争时期，北大、清华、南开三校师生在长沙组建临时大学，不久又千里行军，步行到昆明成立西南联合大学。行军途中，每个同学的背上挂一块纸板，上面写满英文生字，供走在后面的同学学习。记住了这块纸板的生字，可以走到另一位同学的后面，再学另一块纸板上的生字。这样经过几十天的行军，记住了几千个英文生字。所以西南联大毕业的每一个学生，英文基础都很好，如有需要，都能用英文讲课。

○马寅初对 20 世纪 20 年代吏治败坏、道德堕落，国民家庭观念浓厚，公家观念薄弱，一人得道、鸡犬升天的现象深恶痛绝。他主张用"北大精神"来改造整个社会。他说："欲使人民养成国家观念，牺牲个人而尽力于公，此北大的使命，亦即吾人之使命也。"

○ 1951 年，马寅初被任命为北京大学校长。他在就职典礼上号召北大师生："以团结一致的精神来发扬北大的光荣革命传统，保持学术地位，并配合国家建设工作的开展，为国家造就大批建设人才。"他说："我们北京大学是全国最高学府……但若不急起而求进步，这地位现在不容易维持。因为五四运动，别的大学大半是静态的，比较起来，北大进步得多。现在时代不同了，别的大学正在着手改造，我们若不团结一致积极推进，不免落在人家后面。”他提醒北大师生：“中国已经走上一条新的道路，我们只能前进，不能后退，倘若还是故步自封，不肯赶上时代，必然落后，甚至被淘汰。”

○ 1978 年 7 月周培源被任命为北京大学校长，在全校党员干部会上他不无激动地发表了演说：“我一定要把党中央、国务院对我的信任作为对自己的有力鞭策。我已经七十六岁，为党工作的日子不多了。在本世纪末实现四个现代化，要为发展科学、教育事业，献出我的余年。我对北大是有感情的，希望能和北大的广大群众一起努力奋斗，早日看到北大成为名副其实的重点大学。”

○周培源任北大校长时，曾在一次集会上对学生说，今日北大“弥漫着强烈的社会责任感，振兴中华的宏大愿望，浓厚的学术气氛和活跃的思想”。

○乐森璕是国内外知名的地质学家和地质学教育家，曾长期担任北京大学地质系主任一职，对北大地质系的发展贡献甚大。1982 年，已经八十三岁的乐被组织上安排去青岛疗养，但他仍不忘地质系的工作。他在给地质系领导写的信中详细嘱托要办的大事，还写道：“我至今仍有雄心壮志，把北大地质系办成第一流的”，“欲速则不达，唯靠人和自力更生，多聘贤达大力兼课和兴建近代化大楼，前途未可限量。否则，我们这些老校友将成忘此大任的罪人！”（着重号为乐自己所加）

○ 1998 年，北大百年校庆。电视台记者采访陈翰笙，请他说几句祝福北大的话。当时陈已过百岁，他掰着手指头说：“我给北大老师讲三句话：第一，要好好帮助年轻学生；第二，不要当官；第三，要多写书。”电视台记者坚持要他给北大说句祝福的话。陈说：“祝北大今后办得像老北大一样好。”记者和家人不满意，教他说，你说“祝北大今后越办越好”。陈连说三遍，次次都与原先说的一样，不肯照别人吩咐的说。

○张岱年年轻时曾说："我所好在学术，此生如能有点贡献，也必是在学术方面……每每想起西洋现代青年学者日日努力与学术工作，我又自警，若不快快地专心一志于学术，怎能在世界学术界占一席地呢？终生做他们的传达者，我是不甘心的。"晚年的他一直关心的问题是："北大的学术，中国的学术，一定要走向世界。"

○ 1998 年，北大百年校庆时，张岱年撰文说："改革开放以来，北大亦呈现了新的面貌。现在一个重要任务是把北大办成世界第一流大学，达到英国牛津、剑桥、美国哈佛等大学的水平。中华民族是一个伟大的民族，20 世纪是中国由弱转强、由衰转盛的世纪。……北京大学在学术文化上对于世界应做出重要贡献，这是责无旁贷的。"他还说："从蔡元培到今天，北大历来虚心向上，所以取得了一定的成就。北大要发扬传统，光有信心和愿望不行，还需要脚踏实地的研究，做出成绩来。总要有新的发现，新的创造，才算是有真正的成就。"

○杨振宁曾经说过："我一生最重要的贡献是帮助改变了中国人自己觉得不如人的心理。"许渊冲自称这位昔日同窗是对自己影响最大的人。他说："我觉得在文化方面，尤其在译学方面，也应该改变不如外国人的心理。"

○季羡林说："我知道中国是一个弱国，也想把中国的国际地位提高。但怎样提法呢？自己唯一的自信就是在学术方面，所以我就拼命念书，希望能够在自己研究的这门学问里，写出几篇有价值的论文，让外国人大吃一惊，知道中国也大有人在。"

○ 1946 年，季羡林学成归国之初，就在《大公报》上撰文呼吁："介绍外国学者的研究成绩，当然有极大的价值，而且是刻不容缓的，对这些介绍人我们都应该有很大的尊敬。然而这究竟是跟着别人走。我们不应该自安于追踪别人，我们也要去研究，让外国学者也跟我们走。"

○季羡林认为当代北大的师生应该有一种很强的文化责任感，他说："如果我说'文化神州系一校'，这似乎有点夸大。其他大学也在不同程度上有这种责任。但是其中最突出者仍然是非北大莫属。……北大上承几千年来太学与国子监的衣钵，师生向'以天下为己任'，在文化和政治方面一向敢于冲锋陷阵。这一点恐怕是大家不得不承认的。今天，在对内弘扬和对外弘扬方面，责任落在所有大学的人文社会科学学术教育机构，以及教员和学生的肩上。北大以其过去的传统，更应当是当仁不让，首当其冲，勇往直前，义无反顾。"

○谢冕说："北大学生以最高分录取，往往带来了优越感和才子气。与表层现象的骄傲和自负相联系的，往往是北大学生心理上潜在的社会精英意识：一旦佩上北大校徽，每个人顿时便具有被选择的庄严感。北大人具有一种外界人很难把握的共同气质，他们为一种深沉的使命感所笼罩。今日的精英与明日的栋梁，今日的思考与明日的奉献，被无形的力量维系在一起。青春曼妙的青年男女一旦进入这座校园，便因这种献身精神和使命感而变得沉稳起来。"

○ 2001 年 4 月，袁行霈在北大文科全体教师的大会上说："北大的学术应当具有宏伟的气象，北大的学者应当具备大家的风范。北大许多前辈学者之所以具有魅力，就在于他们气象非凡风范无边。形成这种气象和风范至少有三个条件：第一是敬业的态度，对学问十分虔诚，一丝不苟；第二是博大的胸襟，不矜己长，不攻人短，不存门户之见；第三是清高的品德，潜心学问，坚持真理，堂堂正正。以上三点不仅是构成学者个人气象和风范的条件，也是塑造北大整体形象不可缺少的要素。"

○林毅夫说："随着中国经济地位在 21 世纪的复兴，中华文明再次由衰而盛，中国有可能逐渐取代美国成为世界的经济中心，同时成为世界的学术中心，中国将会迎来世界级大师辈出的时代。北大作为中国的学术中心，北大在培养世界级大师上更应该是责无旁贷。"

北京大学办公楼前华表

○ 2008 年，林毅夫在北京大学经济中心的毕业典礼上发表演说，希望即将毕业的北大学生，能以 110 年来中国知识分子以及五千年来中国士人以天下为己任的普世关怀作为自己的人生追求。北大人的胸怀和承诺应该是：“只要民族没有复兴，我们的责任就没有完成，只要天下还有贫穷的人，就是我们自己在贫穷中，只要天下还有饥饿的人，就是我们自己在饥饿中，只要天下还有苦难的人，就是我们自己在苦难中。”

○潘维在一次演讲中说：“在把我国社会推向进步的过程中，共同的理念，共同的努力，是必不可少的，是我们每个北大人的责任。正因为如此，我们北大人——如果我们还自认‘北大’是优秀的代名词，就不能忘记早年中国共产党人的理想精神，更不能抛弃祖先的道德人文精神。这精神就是：‘为天地立心，为生民请命，为往圣继绝学，为万世开太平。’”

○一位北大教师在其著作的后记中写道：“每当我走向课堂，看到教学楼前如森林般的自行车群，我感到敬畏。昏暗的灯光，拥挤而闷热的教室，我们就在这种条件下创世界一流？但对这帮世界上最优秀的孩子，我们没有理由不充满信心。”

○ 20 世纪 90 年代，一位北大学生说：“没有思想大师，没有管理大师，没有在人格和能力方面都能成为时代中流砥柱的一个精英群体，这个民族就失去了希望，一个国家就不能在世界上有地位。我认为北大人能担负起这个重任。”

附录：北大人物志[1]

【孙家鼐】（1827—1909）字燮臣，号蛰生、澹静老人。安徽寿县人。清末名相。咸丰九年（1859）中状元。1876 年，任光绪帝师。1895 年，列名北京强学会。1898 年，以吏部尚书、协办大学士身份主持创办、管理京师大学堂（北京大学前身）。被称为北京大学历史上的第一任校长。后任礼部尚书、体仁阁大学士、武英殿大学士、资政院总裁等职。

【张百熙】（1847—1907）字埜秋，一作冶秋，号潜斋。湖南长沙人。清末大臣，著名教育家。同治十三年（1874）进士，先后任翰林院编修、山东学政、国子监祭酒、内阁学士兼礼部侍郎、都察院左都御史、工部尚书、吏部尚书、京师大学堂管学大臣、户部尚书、邮传部尚书等职。为官三十余年，积极主张变法自强，直言进谏。1902 年被任命为京师大学堂管学大臣，对京师大学堂有开创性的贡献。

【张亨嘉】（1847—1911）字燮钧，一字铁君，福建侯官人。光绪九年（1883）进士，选庶吉士，后授翰林院编修。先后典试广西，提督湖南、浙江学政。一生治学，务求实用。1904 年 1 月至 1906 年 2 月，任京师大学堂总监督。

【林纾】（1852—1924）原名群玉，字琴南，号畏庐，别署冷红生。近代著

① 本附录所列，均为本书正文中所出现的重要人物。排列次序以出生年份先后为序。部分人物因在正文中所占篇幅不多，未能一一列入。

名文学家、翻译家。所作古文，为桐城派大师吴汝纶所推重。译作《巴黎茶花女遗事》，风行全国，有“可怜一卷茶花女，荡尽支那游子肠”之誉。曾任北京大学讲席，推崇古文，反对白话文。著译颇丰，翻译世界名著四十余种，诗文集有《畏庐诗存》《畏庐文集》《畏庐漫录》《韩柳文研究法》等。

【严复】（1854—1921）原名宗光，字又陵，后改名复，字几道，福建侯官人。中国近代资产阶级启蒙思想家、翻译家，是近代中国系统介绍和传播西方资产阶级政治学说和思想文化制度的第一人。首倡“信、达、雅”的翻译标准。曾任京师大学堂总监、京师大学堂编译局总办。1912 年京师大学堂更名为北京大学后任首任校长。其著作编入《侯官严氏丛刊》《严几道诗文抄》，代表性译著有《天演论》《原富》《群学肆言》等。

【辜鸿铭】（1857—1928）字汤生，字鸿铭，出生于马来西亚威尔斯王子岛（今称槟城）。中国近现代著名国学大师。精通多种语言。担任张之洞外交顾问秘书二十余年，曾任清末外交部侍郎。辛亥革命后，仍留辫不去，直至去世。1915 年开始在北京大学任教授。曾翻译中国四书中的三部（《论语》《中庸》《大学》），著有《中国的牛津运动》《中国人的精神》（又名《春秋大义》）等书，向西方介绍和宣扬东方的文化和精神，影响颇大。

【蔡元培】（1868—1940）字鹤卿，号孑民。浙江绍兴人。中国近代著名教育家、民主革命家。清光绪进士，翰林院编修。1905 年参加同盟会，宣传民主思想，鼓动革命，倡导教育。1912 年出任南京临时政府教育总长，1916—1927 年间任北京大学校长，提出“兼容并包，思想自由”的办学思想，影响甚巨。是北京大学历史上最著名的校长。1927 年任南京政府大学院院长，后任中央研究院院长。九一八事变后与宋庆龄、鲁迅等发起中国民权保障同盟。抗战时期病逝于香港。主要著述有《哲学大纲》《伦理学原理》《石头记索隐》《孑民先生言行录》等。

【陈独秀】（1879—1942）原名庆同、乾生，字仲甫。安徽怀宁人。民主主义革命家、政治学家、中国共产党的主要创建人之一。清末秀才。1915 年在上海创办并主编《青年》杂志，后改名为《新青年》，倡导新文化运动。1917 年被聘为北京大学教授、文科学长。1919 年积极发动并领导了五四运动，开始接受和宣传马克思主义。1921 年发起成立中国共产党，被选为中国共产党中央局书记。后历任中国共产党第二、三届中央执行委员会委员长，第四、五届中央委员会总书记。1942 年病故于四川江津。主要著作收入《独秀文存》《陈独秀文章选编》。

【鲁迅】（1881—1936）原名周树人，字豫才。浙江绍兴人。伟大的文学家、思想家、革命家，新文化运动代表人物，中国现代文学奠基人。1920 年秋到 1926 年夏，曾在北京大学任教，讲授中国小说史。投身并领导五四新文化运动，创办多种文学刊物与多个文学团体。曾为北大设计校徽，赞誉北大是“常为新的，改进的运动的先锋”。一生著译甚丰，以杂文、小说、散文成就最大，享誉世界文坛。有多种版本《鲁迅全集》《鲁迅选集》刊行于世，并译成五十多种文字，传播世界。

【章士钊】（1881—1973）字行严，号青桐、秋桐、孤桐等，湖南长沙人。著名思想家、教育家、学者。清末任上海《苏报》主笔。辛亥革命后，任北京大学教授。后被任命为北京大学校长（1912 年 10 月 1 日—12 月 27 日）。1914 年创办《甲寅》周刊。后任教育总长、司法总长、上海法政学院院长等职。新中国成立后任中央文史馆馆长、全国政协常务委员等职。著有《柳文指要》《甲寅杂志存稿》《长沙章氏丛稿》等。

【马衡】（1881—1955）字叔平，别署无咎，号凡将斋主人，浙江宁波人。近代著名金石学家。1917 年开始在北京大学任教。1934 年任故宫博物院院长。1949 年后兼任北京市文物整理委员会主任委员。毕生致力于金石学的研究，为中国近代考古学的前驱者和奠基人之一。主要著作有《中国金石学概要》《凡将斋金石丛稿》《汉石经集存》《石鼓为秦刻石考》等。

【马寅初】（1882—1982）又名元善。原籍浙江嵊县，生于绍兴。著名经济学家、人口学家、教育家。1906 年毕业于北洋大学。后赴美留学，获经济学博士学位。回国后，在北京大学任教，历任经济系教授、系主任、教务长等职。1927 年后，历任中央大学、中山大学、上海交通大学、苏州东吴大学、浙江大学等校教授。抗战期间，要求实行民主政治，反对独裁统治。新中国成立后，历任全国政协委员、常务委员，全国人大常委，华东行政委员会副主席，中央人民政府财经委员会副主任，浙江大学校长，北京大学校长，中国人口学会名誉会长，北京大学名誉校长等职。1957 年因发表《新人口论》等文章而遭到错误批判。毕生从事经济学教学与研究工作，为国家经济建设和经济科学、人口科学学科建设做出了卓越贡献。主要论著有《经济学概论》《通货新论》《马寅初经济论文选集》《马寅初全集》等。

【沈尹默】（1883—1971）原名君默，亦作君墨，后更名尹默。祖籍浙江吴兴，生于陕西汉阴。著名学者、书法家、诗人。1913 年起任北京大学教授。五四运动时期，曾为《新青年》六大编辑之一，为新文化运动的积极倡导者和先行者。新中国成立后，曾任中央文史馆副馆长、上海市中国书法篆刻研究会主任委员等。著有《秋明集》《秋明室杂诗》《历代名家学书经验谈辑要释义》《二王书法管窥》等，另有《沈尹默书法集》等多种墨迹版本刊行。

【熊十力】（1884—1968）原名继智、升恒、字子真，晚年称漆园老人。湖北黄冈人。中国现代思想史上最富原创性的哲学家之一，也是一位特立独行、无所倚傍的怪杰。早年参加辛亥革命和护法运动。后入南京支那内学院研究佛学。1922 年至 50 年代末到北京大学任教。新中国成立后以“特别邀请人士”身份参加首届中国人民政治协商会议。学贯古今，融会中西，创立“新唯识论”。著作有《新唯识论》《十力论学语要》《佛家名相通释》《原儒》等。

【邵飘萍】(1884—1926)原名振青，笔名飘萍。中国新闻事业的先驱者之一。浙江金华人。清末秀才。先后任《申报》《时报》《时事新报》等报主笔。1918 年 10 月独资创办《京报》，同时受聘为北京大学新闻研究学会导师。五四运动爆发前夜，在北大发表演说，呼吁学生“救亡图存，奋起抗争”。1926 年被张作霖以“宣传赤化”罪名杀害。著有《新闻学总论》《实际应用新闻学》等。

【刘师培】(1884—1919)字申叔，号左盦，曾改名“光汉”。江苏仪征人。近代著名语言文字学家、文学史家、经学家。出身经学世家。早年从事民主革命，几经反复。1917 年应蔡元培之聘，任北京大学教授。1919 年与黄侃、朱希祖、马叙伦、梁漱溟等成立“国故月刊社”，刊行《国故月刊》，任总编辑，成为国粹派代表人物。治学严谨，著述宏富，与章太炎齐名，时人称为“二叔”(章枚叔、刘申叔)。其著述经弟子、友人整理，辑成《刘申叔先生遗书》。

【马叙伦】(1884—1970)字彝初，号石翁、石屋老人。浙江余杭人。著名语言文字学家、教育家。同盟会员。先后在清华大学、北京大学任教。五四运动时，任北京大学教职员会书记，热情支持学生爱国运动。此后长期担任北京大学教授，并积极从事民主爱国活动。新中国成立后，历任教育部、高等教育部部长，中国科学院学部委员，中国文字改革研究委员会主任，全国人大常委，全国政协副主席，中国民主促进会中央委员会主席，中国民主同盟中央委员会副主席等职。著有《石屋余瀋》《石屋续瀋》《说文解字六书疏证》等。

【周作人】(1885—1967)原名周櫆寿，后改名槐树，字启明、起孟，号知堂。浙江绍兴人。鲁迅之二弟。著名散文家、诗人、文学翻译家。早年留学日本，归国后任北京大学教授、东方文学系主任。倡导为人生而艺术的现实主义文学。卢沟桥事变发生后，任北京大学图书馆馆长、北京大学文学院院长。后任日伪政权的国府委员等职，抗战胜利后因汉奸罪被监禁在南京。新中国成立后，家居从事翻译与写作。一生著述甚丰，作品集达五十余种，有《自己的园地》《知堂文集》《苦茶随笔》《风雨谈》，译文《日本狂言选》《伊索寓言》等。

【蒋梦麟】（1886—1964）原名梦熊，字兆贤，别号孟邻，浙江余姚人。中国近现代著名教育家，清末秀才。1908年赴美留学，师从杜威攻读哲学和教育学。1917年，获哲学及教育学博士学位后回国。1919年，被聘为北京大学教育系教授，此后在北大工作二十余年。1964年病逝于台北。在蔡元培任校长期间，蒋长期担任总务长，三度代理校长。1930年正式担任北大校长，主持校政十七年，是北大历届校长中任职时间最长的一位。为北京大学的建设和发展做出了重大贡献。

【黄侃】（1886—1935）原名乔馨，后更名侃，字季刚。湖北蕲春人。近代民主革命的先行者，著名国学大师，被誉为“传统语言文字学的承前启后人”。1914年被聘为北京大学教授。后历任东南大学、山西大学、南京中央大学等大学教授。推崇传统学术，反对白话文。言行怪僻，处世尚气节。治学勤奋，所治文字、训诂、声韵之学多有创见，自成一家。著作甚丰，有《音略》《说文略说》《尔雅略说》《集韵声类表》《日知录校记》等。

【秉志】（1886—1965）原名翟秉志，河南开封人，满族。著名动物学家，中国近现代生物学的一代宗师。清末举人。1908年毕业于京师大学堂。1918年获美国康奈尔大学哲学博士学位。1920年至1922年任南京高等师范学校（后为东南大学）教授并创办我国第一个生物系。1948年选聘为中央研究院院士。1955年被聘为中国科学院生物学地学部（后为生物学部）学部委员，并被选为常委。

【沈兼士】（1886—1947）一名坚士。浙江吴兴人。著名语言文字学家、教育家。1917年，任北京大学国史编纂处编纂员。后改任北京大学国文系教授，与兄士远、尹默同任教北大，合称“三沈”。1922年，北大研究所国学门成立，任主任。1929年起在辅仁大学任职，是辅仁大学的创始人之一。1937年抗战全面爆发后，与同仁在北平组织“炎社”，提倡民族气节。抗战胜利后，任平津区教育善后复员特派员。主要论著有《段砚斋杂文》《文字形义学》《沈兼士学术论文集》等。

【邓之诚】（1887—1960）字文如，号明斋、五石斋，祖籍江苏江宁，生于四川成都。著名历史学家。清末举人，早年积极参加民主革命活动。1917 年应北京大学之聘，担任国史编纂处民国史纂辑。1927 年起任北京大学史学系教授。1931 年起，专任燕京大学历史系教授。1952 年以北京大学历史系教授身份全薪退休。曾任中国科学院哲学社会科学部历史考古专门委员。著述有《骨董琐记》《中华二千年史》《桑园读书记》《东京梦华录注》《清诗纪事初编》等。

【钱玄同】（1887—1939）原名钱夏，号疑古。浙江吴兴人。十九岁留学日本，翌年加入中国同盟会，曾从章太炎治“小学”。1913 年始，先后任北京高等师范、北京大学教授。1917 年在《新青年》上发表杂感，力主“文学革命”。“五四”后，任北京师大国文系主任，参加语丝社，并致力于音韵学研究，从事文字改革工作。1928 年任北平大学中文系主任。有音韵学和辞书等著述多种。

【丁文江】（1887—1936）字在君。江苏泰兴人。曾任中国地质调查所所长、北京大学地质系研究教授、中央研究院总干事。著作有《梁启超年谱长编》《扬子江芜湖以下的地质》等二十余种。

【张竞生】（1888—1970）原名公室，广东饶平人。著名性学研究专家。1919 年获法国里昂大学哲学博士学位。1921—1926 年，受蔡元培聘任北大哲学教授。1926 年公开出版《性史第一集》。新中国成立后任广东省文史馆研究员。

【李大钊】（1889—1927）原名耆年，字寿昌、守常，笔名李钊。河北乐亭人。著名的马克思主义理论家、政治学家、历史学家、无产阶级革命家、中国共产党主要创始人之一。1917 年应聘到北京大学，任图书馆主任，经济系、历史系教授。十月革命后，接受和积极传播马克思列宁主义，积极领导五四运动。1920 年在北京大学发起组织“马克思学说研究会”，同年在北京建立共产主义小组。1921 年中国共产党成立后，负责中共北京市委和北方区委的工作。后历任北京大学教授、校长秘书、北大图书馆馆长，中共中央委员，中国劳动组合书记部北方分部书记等职。1927 年 4 月 6 日被奉系军阀逮捕，28 日在北京英勇就义。主要论著收入《李大钊文集》。

【李四光】（1889—1971）字仲揆，湖北黄冈人，蒙古族。著名地质学家，中国地质事业的奠基者和领导人。毕生从事地质科学的研究和教育事业，成就卓著，蜚声海内外。1920—1927 年在北京大学地质系任教授。1931—1937 年担任北大地质系主任。新中国成立后，历任中国科学院副院长、中科院古生物研究所所长、地质部部长、中科院地学部委员、中国科协主席，全国政协副主席等职。为中国大庆等油田的发现做出重大贡献。著有《中国地质学》《地质力学概论》《地震地质》等。

【刘文典】（1890—1958）字叔雅，原名文骢，笔名刘天民。安徽合肥人。近现代民主革命家和著名学者。早年积极参加民主革命活动。后经陈独秀推介，到北京大学任教，经过数年努力，完成第一部学术著作《淮南鸿烈集解》，学术声誉由是大振。1927 年出任安徽大学校长。1928 年重回北京大学任教授。新中国成立后曾当选全国政协第一、第二届委员。著有《淮南鸿烈集解》《庄子补正》《三余札记》《群书校补》《杜甫年谱》等。

【许德珩】（1890—1990）字楚生，江西九江人。著名社会学家、政治活动家。1915 年入北京大学，是五四学生运动领袖之一。历任中山大学教授，黄埔军官学校政治教官，上海暨南大学、北平师范大学、北京大学教授。1944 年发起组织民主科学座谈会（1945 年改名为九三学社），任常务理事，后任中央委员会主席。1949 年后，历任中国人民政治协商会议全国委员会副主席、全国人民代表大会常务委员会副委员长等职。

【胡适】（1891—1962）原名嗣穈，学名洪骍，字希疆，后改名胡适，字适之，笔名藏晖等，安徽绩溪人。现代著名学者、诗人，五四新文化运动的领袖人物之一。1910 年留学美国，师从杜威，1917 年获哲学博士学位。回国后任北京大学哲学系教授、英文系系主任、文学院院长等职。1938 年任国民党政府驻美大使。1946—1949 年任北京大学校长。1949 年去台湾。兴趣广泛，著述丰富，在文学、哲学、史学、考据学、教育学、伦理学、红学等诸多领域都有深入的研究。毕生宣扬自由主义，提倡怀疑主义，宣传民主、科学，倡言“大胆假设，小心求证”“言必有征”的治学方法。主要著述有《尝试集》《胡适文存》《中国哲学史大纲》《白话文学史》等。

【刘半农】（1891—1934）原名寿彭，改名刘复，字半农，号曲庵。江苏江阴人。著名语言学家、作家。1917 年起，历任北京大学预科教授、《新青年》编辑，是当时北京大学著名的进步教授之一。1925 年获法国国家文学博士学位，回国后历任北京大学中文系教授、研究所国学门导师。1931 年后任北京大学文学院研究教授兼研究所文史部主任，中央研究院历史语言所特约研究员等职。长期致力于语言学的教学和研究，对我国实验语音学的建设做出了开拓性的贡献。主要论著有《中国文法通论》《中国文法讲话》《四声实验录》等。

【周炳琳】（1892—1963）字枚荪，浙江黄岩人。毕业于北京大学，长期在北京大学任教授。曾任南京政府教育部常务次长、国民参政会参政员和副秘书长、北京大学校友会会长等，解放后任国民党革命委员会中央委员、中国人民政治协商会议全国委员会委员等。

【张申府】（1893—1986），原名张崧年，河北献县人。张岱年之胞兄。哲学家，社会活动家。1913 年考入北京大学，毕业后留校任教，曾参加五四新文化运动，是最早把罗素哲学引进中国的人。是周恩来、朱德的入党介绍人。1925 年退党。抗战期间参与组建民主同盟。新中国成立后由周恩来安排，任北京图书馆研究员。晚年任全国政协委员。逝世后，《人民日报》讣告称其为

“党的老朋友”。

【汤用彤】（1893—1964）字锡予。原籍湖北黄梅，生于甘肃渭源。著名的哲学史家、佛教史家，是现代中国学术史上少数几位能会通中西、接通华梵、熔铸古今的国学大师之一。1922年获哈佛大学硕士学位。回国后，历任东南大学、南开大学、中央大学教授。1931年起长期任北京大学哲学系教授。1947年当选为中央研究院院士。1951年后担任北京大学副校长，1955年当选为中国科学院哲学社会科学部学部委员。主要著作有《汉魏两晋南北朝佛教史》《隋唐佛教史论稿》《印度哲学史略》《魏晋玄学论稿》等。

【梁漱溟】（1893—1988）原名焕鼎，字寿铭，笔名漱溟。祖籍广西桂林，生于北京。著名的哲学家、佛学家、教育家、爱国民主人士。早年从事民主革命活动。1917年应蔡元培之邀到北京大学哲学系任教，同时进行比较文化研究。20世纪20年代末开始从事乡村建设运动。抗战时期，曾组织“中国民主政团同盟”等多个民主社团，积极响应抗战，并任《光明报》社长。新中国成立后曾任全国政协委员、常委，宪法修改委员会委员，中国文化书院院务委员会主席，中国孔子研究会顾问等职。对以儒学、佛学为代表的东方哲学和东方文化有精深的研究，成为一代宗师。主要著作有《东西文化及其哲学》《中国文化要义》《乡村建设理论》《梁漱溟全集》等。

【顾颉刚】（1893—1980）原名诵坤，字铭坚。江苏苏州人。中国历史地理学和民俗学的开创者、“古史辨”学派的创建人，是国内外享有盛誉的著名史学家。1920年毕业于北京大学文科中国哲学门。历任厦门大学、中山大学、燕京大学、北京大学、云南大学、中央大学、复旦大学等校教授。新中国成立后，任中国科学院历史研究所研究员，中国民间文艺研究会副主席，全国政协委员，民主促进会中央委员等职。著述宏富，主要论著有《古史辨》《崔东壁遗书》《汉代学术史略》等。主持过《资治通鉴》《二十四史》的标点工作。

【马廉】（1893—1935）字隅卿，浙江宁波人，学者、古小说戏曲版本学家。曾任北平孔德学校总务长，北平师范大学、北京大学教授。1926年继鲁迅之后，在北京大学讲授中国小说史课。1935年2月19日在北京大学讲台上因脑溢血昏倒，不幸逝世。主要著作有《中国小说史》《录鬼簿新校注》《不登大雅文库书目》等。

【陈衡哲】（1893—1976）笔名莎菲，原籍湖南衡山。历史学家、作家。1920年获芝加哥大学文学硕士学位，同年应蔡元培之邀回国，任北京大学西洋史兼英语系教授，成为北京大学第一位女教授。此后，又先后在四川大学、东南大学任教授。陈还是最早用白话文进行创作的重要作家之一。主要著作有《西洋史》（上、下册）、《文艺复兴史》《衡哲散文集》《小雨点》《一个中国女人的自传》等。

【范文澜】（1893—1969）字云台、芸台、仲云、仲芸，笔名武波，浙江绍兴人，著名的马克思主义史学家。1917年毕业于北京大学。历任北京大学、北京师范大学、河南大学等校教授。1939年参加中国共产党，1940年任中共中央马列学院历史研究室主任，撰写《中国通史简编》和《中国近代史》。新中国成立后，任中国科学院中国近代史研究所所长、中国史学会副会长、中国科学院哲学社会科学学部常务委员、全国政协常委、中共第九届中央委员。毕生从事历史研究，对中国史学中的一些重大问题均有独创见解。主要著作还有《群经概论》《正史考略》《文心雕龙注》《唐代佛教》《范文澜历史论文选集》等。

【毛子水】（1893—1988）名准，字子水，以字行，浙江衢州人。著名学者。学问广博，被誉为五四时代“百科全书式的学者”。曾任北京大学教授、图书馆馆长，天津《益世报》主编。1949年去台湾，任台湾大学教授，《自由中国》《新时代》杂志主编。著述集为《毛子水文存》《毛子水全集》。

【**冯友兰**】（1895—1990）字芝生，河南唐河人。著名哲学家、哲学史家、教育家。1918 年毕业于北京大学文科中国哲学门。1924 年在美国获哲学博士学位。回国后，历任中州大学、中山大学、燕京大学、清华大学、西南联大教授。1952 年院系调整后，任北京大学哲学系教授，直至去世。兼任中国科学院哲学社会科学学部委员、常务委员，全国政协委员、常务委员等职。在哲学思想和中国哲学史研究方面，继承和阐发了程朱理学的传统，建立了自己独特的哲学思想体系，开创了中国传统哲学现代化的新局面，在国内外享有盛誉。主要论著收入《三松堂全集》。

【**钱穆**】（1895—1990）字宾四，号未学斋主。江苏无锡人。著名历史学家、思想史家。1930 年任燕京大学讲师。1931 年起历任北京大学、长沙临时大学、西南联合大学教授。1950 年在香港创办新亚书院，并任院长。1967 年去台湾，任台湾“中央研究院”院士。长期研治史学，功底深厚，造诣很高，著述丰富，有《国史大纲》《先秦诸子系年》《刘向、歆父子年谱》《中国近三百年学术史》《宋明理学概述》等。

【**金岳霖**】（1895—1984）字龙荪，湖南长沙人。著名哲学家、逻辑学家。1920 年获美国哥伦比亚大学博士学位。历任清华大学、西南联大、北京大学哲学系教授。1955 年后任中国科学院哲学研究所一级研究员、副所长、哲学社会科学部学部委员、中国逻辑学会会长等职。长期从事哲学和逻辑学的教学、研究工作，是最早把现代逻辑系统地介绍到中国来的逻辑学家之一。并且把西方哲学与中国哲学相结合，建立了独特的哲学体系。

【**林语堂**】（1895—1976）原名和乐，后改语堂，福建龙溪（今龙海）人。著名学者、作家。曾获德国莱比锡大学博士学位。1923 年回国，任北京大学教授。1932 年起创办《论语》《人世间》《宇宙风》等刊物，为“论语派”代表人物。1954 年任新加坡南洋大学校长。1966 年定居台湾。一生著述颇丰，长于英文写作，风格幽默、闲适。著述主要有《吾国与吾民》《京华烟云》《风声鹤唳》《幽默小品集》等。

【**傅斯年**】（1896—1950）字孟真，山东聊城人。著名历史学家、教育家。1913年考入北京大学预科。新文化运动时期，响应胡适，提倡白话文。1918年发起成立新潮社，编辑《新潮》月刊。五四运动期间，为北大学生领袖之一。1928年受蔡元培先生之聘，筹立中央研究院历史语言研究所。曾任北大历史系教授、代理校长。1948年当选为中央研究院院士。1949年去台湾，任台湾大学校长。有《东北史纲》《傅斯年选集》行世。

【**郁达夫**】（1896—1945）原名郁文，字达夫，浙江富阳人。著名作家、新文化运动代表人物之一。1913年赴日本留学期间走上文学创作道路。1921年发起成立创造社。1923年至1926年在北京大学任教。1930年参加中国左翼作家联盟。因积极参加抗日救亡运动，被日本宪兵杀害。先后主编《创造月刊》《大众文艺》。著有《沉沦》《春风沉醉的晚上》《戏剧论》《小说论》等。

【**高君宇**】（1896—1925）原名尚德，字锡三。山西静乐人。1916年考入北京大学，1919年五四运动期间，被推选为北京大学学生会负责人，积极组织爱国示威游行。1920年，与李大钊等发起成立北京共产主义小组。同年被推选为北京社会主义青年团首任书记。1922年在中国社会主义青年团第一次全国代表大会上，当选为第一届团中央委员。1924年，与李大钊等参加国民党第一次全国代表大会。1925年，抱病到上海参加中共第四次全国代表大会。随后出席孙中山在北京召开的国民会议促成会全国代表大会。3月5日在北京病逝。时年二十九岁。遗体葬于北京陶然亭公园。

【**陈翰笙**】（1897—2004）原名陈枢。江苏无锡人。著名经济学家、历史学家、社会学家、国际问题专家。1924年获柏林大学博士学位。回国后被聘为北京大学教授。任教期间，经李大钊介绍参加革命。1955年当选为中国科学院学部委员。历任外交部顾问、外交学会副会长、中印友好协会副会长、北京大学兼职教授，中国国际文化书院院长等职。主要著作有《封建社会的农村生产关系》《印度和巴基斯坦经济区域》《中国的地主和农民》《美国垄断资本》《陈翰笙文集》等。

【赵迺抟】（1897—1986）字述庭，号廉澄。浙江杭州人。当代著名经济学家、教育家。1922 年毕业于北京大学经济系。1929 年获美国哥伦比亚大学经济学博士学位。回国后，长期担任北京大学教授，曾任北京大学经济系主任。长于经济学原理、经济思想史、财政金融等学科。著有《理查德·琼斯，一位早期英国的制度经济学家》《欧美经济学史》《披沙录》等。

【朱光潜】（1897—1986）字孟实，笔名孟石，安徽桐城人。著名美学家、文艺理论家、教育家。1925 年先后赴英法留学。1929 年因开明书店出版其《给青年的十二封信》而闻名全国。新中国成立前曾两度任北京大学教授。1949 年以后一直任北大西语系教授。曾一度兼任中国科学院学部委员、中国美学会会长、全国政协常务委员等职。对中西文化都有很深的造诣，融贯中西，创立了自己的美学理论，在我国美学发展史上享有重要的地位，堪称一代宗师。一生著译丰富，共计七百多万字。代表作有《文艺心理学》《悲剧心理学》《西方美学史》《诗论》等。

【宗白华】（1897—1986）原名之櫆，字伯华，江苏常熟人。著名美学家、哲学家、诗人。五四时期的新诗代表人物之一。1920 年赴德留学。回国后历任东南大学、中央大学教授。1952 年任北京大学哲学系教授。曾兼任中华全国美学学会顾问。是中国现代美学研究的先行者和开拓者之一，被誉为“融贯中西艺术理论的一代美学大师”。著译作品有《美学与意境》《美学散步》《歌德研究》《判断力批判》《海涅生活与艺术》等；另有诗集《流云》等。

【曹靖华】（1897—1987）原名曹联亚，笔名亚丹，河南卢氏人。著名苏联文学研究和翻译家、散文家。早年曾在北京大学旁听。曾被派往苏联留学并任教。新中国成立后，任北京大学俄语系教授、主任，兼任中国作家协会书记处书记，全国政协委员等职。在俄苏文学作品的翻译方面成就卓著，1987 年获得苏联“各国人民友谊勋章”。译著有《铁流》《三姐妹》《我是劳动人民的儿子》等，另有散文《曹靖华散文集》《花》《春城飞花》等。

【徐志摩】（1897—1931）初名槱森，小字又申，后更字为志摩，浙江海宁人。现代著名诗人、文学家。1915 年考入北京大学预科。1918 年师从梁启超，同年出国留学，期间受欧美浪漫主义和唯美派诗人的影响，开始写诗。1922 年归国后，历任北京大学、清华大学、中央大学教授。为五四时期新诗的积极倡导者，诗风格调清新，韵律和谐，想象丰富，比喻新奇，富于韵致，是“新月派”代表人物。有《志摩的诗》《翡冷翠的一夜》《落叶》《秋》等传世。

【翦伯赞】（1898—1968）原名象时，湖南桃源人，维吾尔族。著名历史学家。1924 年留学美国加利福尼亚大学。1926 年回国，从事马克思主义和中国历史的研究。1937 年加入中国共产党。1938 年出版名著《历史哲学教程》，系统地阐述了历史唯物主义的基本原理。新中国成立后，历任燕京大学教授，北京大学教授、历史系主任、副校长。“文革”中，被划为“资产阶级反动学术权威”，1968 年与夫人同时含冤去世。著述宏富，发表论文三百余篇，出版专著八部，共约四百余万字。

【叶企孙】（1898—1977）上海人。著名的物理学家、教育家。1923 年获哈佛大学哲学博士学位。回国后历任东南大学、清华大学、西南联合大学教授。1948 年当选为中央研究院院士。1952 年起，历任北京大学教授、校务委员，中国科学院自然科学史委员会副主任，中国科学院学部委员，全国政协委员。为我国培养和选拔了一大批科技精英，被誉为我国物理学界的一代宗师。

【罗常培】（1899—1958）字莘田，号恬庵。北京人。满族。著名语言学家。1916 年考入北京大学文科国文门。毕业后历任西北大学、厦门大学、中山大学、北京大学等校教授。1949 年后任中国科学院语言研究所所长、中国文字改革委员会委员。1955 年当选为中国科学院哲学社会科学部学部委员。毕生从事语言教学及研究，对汉语音韵学和汉语方言研究均有贡献。所著有《厦门音系》《临川音系》《唐五代西北方音》《汉语音韵学导论》等。

【游国恩】（1899—1978）字泽承，江西临川人。著名文学史家、楚辞学专家。1926 年毕业于北京大学中国文学系。1932 年起，历任山东大学、华中大学、西南联合大学、北京大学教授。1952 年后，兼任北大中文系副主任、校务委员会委员，全国政协委员，九三学社中央委员等职。1956 年被评为一级教授。主要著作有《楚辞概论》《先秦文学》《中国文学史》（主编）等。

【曾昭抡】（1899—1967）字叔伟。湖南湘乡人。著名化学家、教育家。1926 年获美国麻省理工学院博士学位。回国后曾任北京大学教授、教务长兼化学系主任。1948 年当选为中央研究院院士。1955 年当选为中国科学院学部委员（院士）。主要著作和译作有《化学战争通论》《炸药制备实验法》《有机物质分类反应及鉴定实验》等。

【郑天挺】（1899—1981）原名庆甡，字毅生，笔名攫日。原籍福建长乐，生于北京。著名历史学家、教育家。1920 年毕业于北京大学。1924 年至 1927 年，任北京大学预科讲师。后历任中文系、历史系教授、系主任，北京大学秘书长。新中国成立后曾任南开大学副校长，主持校点《明史》。治学严谨，精于考证，尤精于明清史。主要著作有《清史探微》《探微集》《清史简述》《及时学人谈丛》等。

【陈岱孙】（1900—1997）原名陈总，福建闽侯人。当代著名经济学家、教育家。1926 年毕业于美国哈佛大学，获博士学位，1927 年回国后，先后担任清华大学、西南联大经济系教授、系主任和法学院院长。1953 年起任北京大学经济系教授，历任北京大学经济系主任、校务委员会委员、副主任，兼任国务院科学规划委员会委员、经济学组副组长等职务。在财政学、统计学、国际金融、经济学说史等方面都有极高的研究成就，为我国高等教育事业和经济科学的建设发展做出了重要贡献。被誉为经济学界的一代宗师。主要著作有:《经济学说史讲义》《经济学说史》《从古典经济学派到马克思》《政治经济学说史》《陈岱孙文集》等。

【王力】（1900—1986）字了一，广西博白人。著名语言学家，中国现代语言学的奠基人之一。1926 年考入清华国学研究院。1927 年赴法国留学，获博士学位。先后在清华大学、西南联合大学、岭南大学等校任教。1954 年后任北京大学教授，先后兼任中国科学院哲学社会科学部委员，中国语言学会名誉会长，全国政协委员、常务委员等职。一生成就卓著，著作等身，主要有学术专著《汉语史稿》《古代汉语》《汉语诗律学》，杂文集《龙虫并雕斋琐语》。著作汇编为《王力文集》行世。

【俞平伯】（1900—1990）原名铭衡，字平伯，以字行。浙江德清人。清末著名学者俞樾之孙。古典文学研究家、红学家、现代作家、诗人。1919 年毕业于北京大学文学院。曾加入北京大学新潮社，是新文化运动初期的重要人物之一。抗战胜利后至 1952 年任北京大学教授，讲授中国文学。1952 年任北京大学文学研究所研究员，该所后并入中国科学院哲学社会科学部（今中国社会科学院），1956 年被评定为一级研究员。曾当选为全国人大代表，全国政协委员，中国文联委员。

【向达】（1900—1966）字觉明、觉民，笔名觉明居士。土家族。湖南溆浦人。著名历史学家、中西交通史和敦煌学专家。1924 年毕业于东南大学历史系。1934 年到北京大学任教。1935 年起，先后赴英、德、法等国，对流散到国外的我国珍贵的敦煌莫高窟史料进行收集和研究。新中国成立后，历任北京大学历史系教授兼北京大学图书馆馆长、校务委员会委员、全国政协委员等职。主要著作有《中西交通史》《唐代长安与西域文明》《敦煌艺术概论》等。

【魏建功】（1901—1980）字天行，笔名健攻、山鬼、文狸等。江苏海安人。著名语言文字学家、教育家，是我国现代语言学的早期开拓者之一，也是北京大学中文系古典文献专业的奠基人。1925 年毕业于北京大学中文系。先后任教于北京大学、中法大学、西南联合大学院校。历任北京大学中文系主任、北京大学副校长等职。兼任中国科学院哲学社会科学部委员、语言所学术委员，国务院科学规划委员会委员，中国科学院语言所审音工作委员会委员等职务。主要著作收入《魏建功文集》。

【唐兰】（1901—1979）号立厂（读如庵），浙江嘉兴人。著名文字学家、金石学家、历史学家、诗人。多才多艺。先后在北京大学、清华大学、北京师范大学等校任教。1946 年任北京大学教授，1947 年代理北京大学中文系主任。1952 年调至故宫博物院工作。曾任故宫博物院副院长、中国科学院历史研究所学术委员、北京历史学会理事等职。主要著作有《殷墟文字记》《古文字学导论》《中国文字学》等，研究论文二百余篇。

【废名】（1901—1967）原名冯文炳，字蕴仲，笔名废名。湖北黄梅人。现代小说家、学者。1922 年考入北京大学预科，毕业后留校任国文系讲师。1924 年语丝社成立后，成为语丝社的成员。是京派作家的重要代表。1937 年北平沦陷，回乡避难，在家乡任中小学教师。1946 年重返北大中文系任副教授、教授，1952 年调至东北人民大学（即吉林大学）任教授。代表作有《竹林的故事》《桃园》《枣》《桥》等。

【周培源】（1902—1993）江苏宜兴人。著名流体力学家、理论物理学家、教育家和社会活动家。1924 年赴美留学，1928 年获博士学位。1929 年回国后，先后在清华大学、西南联大、北京大学任教授。新中国成立后曾任北京大学教务长、副校长和校长，中国科学院副院长，中国科协主席，世界科协副主席。学术研究工作主要集中在广义相对论和流体力学湍流理论方面，在理论物理和流体力学研究方面取得了举世瞩目的成就。

【**江泽涵**】（1902—1994）安徽旌德人。著名数学家。1930 年获哈佛大学博士学位。回国后任北京大学数学系教授，1934 年起任系主任，直至 1952 年。1955 年当选为中国科学院院士（学部委员）。江泽涵是把拓扑学引进中国的第一人，为推动中国拓扑学研究事业，培养拓扑学人才做出了不可磨灭的贡献。主要著作有《拓扑学引论》《点集拓扑学初步》《不动点类理论》等。

【**傅鹰**】（1902—1979）祖籍福建福州，生于北京。著名胶体化学家，化学教育家。1928 年在美国获科学博士学位。回国后历任东北大学、青岛大学、厦门大学、重庆大学等校教授。1950 年任北京大学化工系教授兼系主任。1955 年当选为中国科学院学部委员。1961 年，任北京大学副校长。曾当选为第三、四届全国政协委员，第五届全国政协常委。主要从事胶体与表面化学的研究，是我国胶体与表面化学的主要奠基人。主要著作有《热力化学导论》《大学普通化学》等。

【**沈从文**】（1902—1988）原名沈岳焕。湖南凤凰人。苗族。现代小说家、散文家、历史文物研究家。1923 年只身来到北京，在北京大学旁听，靠自学从事文学创作。抗战爆发后，任教于西南联大。抗战胜利后任教于北京大学，为京派作家的代表人物。新中国成立后，放弃文学创作，先后在中国历史博物馆、故宫博物院、中国社会科学院历史研究所工作。20 世纪 80 年代，重返文坛，在海内外文学界产生了极大的影响。著作有《蜜柑》《龙朱》《湘行散记》《唐宋铜镜》《中国古代服饰研究》等。

【**贺麟**】（1902—1992）字自昭，四川金堂人。现代哲学家、黑格尔哲学研究专家、翻译家。1931 年任北京大学哲学系讲师，1947 年任北京大学哲学系代理主任。1953 年加入中国民主同盟。1955 年调任中国科学院哲学社会科学部哲学研究所一级研究员。为中国哲学与西方哲学的融合创新做出了突出的贡献。代表著译作品有《近代唯心论简释》《文化与人生》《小逻辑》《黑格尔》《黑格尔学述》等。

【**梁宗岱**】（1903—1983）笔名岳泰。祖籍广东新会。著名诗人、翻译家。早年留学法国，回国后曾任北京大学法文系主任兼教授，同时兼任清华大学讲师。后历任南开大学、复旦大学教授。曾创办广西西江学院，任代理院长。新中国成立后任中山大学、广州外国语学院教授。代表作有《梁宗岱选集》《晚涛》《芦笛风》《诗与真》等。

【**梁实秋**】（1903—1987）学名治华，字实秋，笔名秋郎。原籍浙江余杭，生于北京。现代著名作家、翻译家、文艺评论家。1926 年留美回国后，在多所大学任教授。主编多份刊物，曾与鲁迅等左翼作家多次撰文论战。1934 年任北京大学英文系教授，后兼任系主任，同时主编《自由评论》。1949 年去台湾，晚年致力于文学翻译。主要著作有《英国文学史》《浪漫的与古典的》《文学的纪律》《雅舍小品》《雅舍散文》《槐园梦忆》等。译有《莎士比亚全集》《咆哮山庄》等。

【**王重民**】（1903—1975）字有三，号冷庐。河北高阳人。当代著名目录版本学家、敦煌学家、图书馆学家。1929 年毕业于北京师范大学，后在北平图书馆任职。1934 年奉派赴法国巴黎国立图书馆收集流落海外的敦煌资料。1939 年受聘于美国国会图书馆，整理馆藏中国善本古籍。1947 年归国后受聘于北京大学，创办图书馆学专业。新中国成立后，任北京图书馆副馆长，北京大学图书馆专科教授、主任。1956 年任北京大学图书馆系主任。一生从事文史方面许多学科的研究，著述颇丰，影响甚大。

【**叶公超**】（1904—1981）原名崇智，字公超，后以字行。广东番禺人。著名学者、外交家。曾任北京大学西语系教授、系主任。1949—1958 年任国民党政府“外交部部长”，后为台湾驻美“大使”、台湾故宫博物院管理委员会副主任委员。著有《中国古代文化生活》，另刊有《叶公超文集》等。

【**冯至**】（1905—1993）原名承植，字君培。河北涿县人。著名文学家、诗人、翻译家、德语文学专家、杜甫研究专家。1921 年考入北京大学，开始发表诗作。参加创建沉钟社，是中国新诗开创时期的主要诗人。德国留学归来，执教于西南联大和北京大学，曾任北京大学西语系主任、中国科学院外国文学研究所所长、中国作家协会副主席。著述有《昨日之歌》《西郊集》《论歌德》《杜甫传》等。

【傅振伦】（1906—1999），字维本，河北新河人。著名学者、历史学家、考古学家、陶瓷专家。1929 年毕业于北京大学史学系。历任北京大学助教、故宫博物院古物馆科员、北平大学女子文理学院讲师、中国历史博物馆研究员等职。学识渊博，著作颇丰，有《中国方志学通论》《中国史学概要》《博物馆学概论》《刘知几之史学》《中国古陶瓷论丛》等著作二十部，论文四百多种。

【马坚】（1906—1978）字子实。云南个旧人。回族。著名阿拉伯语文和伊斯兰教专家。1946 年始任北京大学教授，参加东方语言文学系的组建。曾任北京大学校务委员会委员，东语系阿拉伯语教研室主任。兼任中国伊斯兰教协会常务委员，中国亚非学会理事等职。著译有《古兰经》《回教哲学》《回教真相》《伊斯兰哲学史》《阿拉伯通史》等。

【皮名举】（1907—1959）湖南长沙人，著名经学家皮锡瑞之孙，历史学家。早年留学美国，习世界史，获哈佛大学博士学位。1935 年回国，先后任北京大学、西南联大、国立湖南师范学院、湖南大学、湖南师范学院教授。在西南联大时与雷海宗齐名，当时学界有“南有皮名举，北有雷海宗”之称。

【邓广铭】（1907—1998）字恭三。山东临邑人。著名历史学家。1936 年毕业于北京大学史学系。历任北京大学教授、系主任、中国中古史研究中心主任、博士生导师。兼任中国宋史研究会会长，国务院学位委员会历史学评议组成员，全国政协委员等职。毕生从事中国古代史的教学和研究，研究领域宽阔，学问博大精深，对宋史的研究尤其有高深造诣。是 20 世纪公认的宋史泰斗。主要著作有《稼轩词编年笺注》《王安石》《岳飞传》《邓广铭学术论著自选集》等。

【朱偰】（1907—1968）字伯商。浙江海盐人。著名学者。1929从北大毕业后，考取德国柏林大学研究生，获哲学博士学位。回国后任中央大学经济系教授、系主任。解放后，历任南京大学经济系教授、系主任，江苏省文化局副局长，省文物管理委员会副主任，南京历史学会理事等职。1957年，因批评拆毁南京城墙一事，被错划为右派。“文革”中又遭迫害，1968年7月含冤辞世。著有《金陵古迹图考》《金陵古迹名胜影集》《南京的名胜古迹》等。

【吴组缃】（1908—1994）原名吴祖襄，笔名寄谷、野松，安徽泾县人。著名作家、学者。1929年，考入清华大学经济系，次年转入中国文学系，毕业后在清华研究院学习。1935年，受聘为冯玉祥的国文教师和秘书。1947年，任南京金陵女子文理学院教授。1949年，任清华大学教授兼中文系主任。1952年，改任北京大学中文系教授。曾任中国文联理事，中国作家协会理事、书记处书记，全国《红楼梦》研究会会长等职。主要著作有《西柳集》《拾荒集》《苑外集》《宋元文学史稿》等。

【千家驹】（1909—2002）浙江武义人，著名经济学家。1932年毕业于北京大学经济系。曾任北京大学经济系讲师、广西大学教授。1945年加入中国民主同盟。新中国成立后，历任中国人民银行总行顾问，清华大学、交通大学教授，政务院财经委员会委员，中央工商行政管理局副局长，中央社会主义学院副院长，中国科学院哲学社会科学部学部委员，中国社会科学院顾问等职。

【张岱年】（1909—2004）字季同，别名宇同。原籍河北献县，生于北京。著名哲学家、中国哲学史家。1933年受聘到清华大学哲学系任助教，1936年写成名著《中国哲学大纲》。1937年抗战爆发后，在北平蛰居读书，保持民族气节，不与敌伪妥协。1952年调任北京大学哲学系教授。1981年被教育部批准为首批博士学位导师。兼任中国哲学史学会会长。长期从事中国哲学史研究，著述等身，有着极高的造诣和广泛的建树。主要著作收入《张岱年文集》《张岱年全集》。

【**张中行**】（1909—2006）原名张璇。河北香河人。当代著名学者、散文家、编辑家。1935 年毕业于北京大学中文系。曾在北大中文系任教授。新中国成立后供职于人民教育出版社，从事中学语言教材的编辑工作。治学兴趣广泛，博览古今中外，人称“杂家”。主要从事语文、古典文学及思想史的研究。文风古朴，学识渊博，具有“五四”遗风。著有《文言和白话》《文言津逮》《佛教与中国文学》《禅外说禅》《负暄琐话》等。

【**苏秉琦**】（1909—1997）河北高阳人，著名考古学家。1934 年，毕业于北平师范大学历史系。1952 年，开始担任北京大学考古教研室主任。曾任中国考古学会理事长、国家文物委员会委员、北京考古学会名誉理事长等职。是中国近代考古学开创者之一，新中国考古学奠基人之一，为中国考古学做出了杰出的贡献。主要论著有《洛阳中州路》《苏秉琦考古学论述选集》《华人·中国人·龙的传人——考古寻根记》《中国文明起源新探》等。

【**费孝通**】（1910—2005）笔名费北。江苏吴江人。著名社会学家、人类学家、社会活动家。1938 年获伦敦大学博士学位。回国后任云南大学社会学系教授、社会学研究所主任。1945 年起历任西南联大、清华大学教授。新中国成立后，历任中央民族学院教授、副院长，中国科学院哲学社会科学部委员、社会学研究所所长，北京大学教授兼社会学研究所所长，中国社会学学会会长，全国政协副主席，中国民主同盟主席，全国人大副委员长等职。著述浩繁，主要论著收入《费孝通文集》。

【**林庚**】（1910—2006）字静希，原籍福建闽侯，生于北京。著名诗人、文学史家、教育家。1933 年自清华大学毕业，留校任朱自清先生助教。同年出版第一本自由体诗集《夜》。1952 年改任北京大学中文系教授。在文学史研究领域有突出贡献。代表性著作有《诗人屈原及其作品研究》《诗人李白》《中国文学简史》等。

【许宝騄】（1910—1970）字闲若。原籍浙江杭州，生于北京，系名门世家，著名数学家。1934 年任北京大学数学系助教，1940 年获英国伦敦大学科学博士学位，后回国任教于西南联合大学、北京大学。1948 年当选为中央研究院院士。1955 年，当选为中国科学院学部委员。在中国开创了概率论、数理统计的教学与研究工作。在内曼—皮尔逊理论、参数估计理论、多元分析、极限理论等方面取得卓越成就，是多元统计分析学科的开拓者之一。

【王竹溪】（1911—1983）湖北公安人。著名物理学家、教育家。1938 年获剑桥大学博士学位。回国后历任西南联合大学、清华大学、北京大学教授。曾任北京大学副校长。1955 年当选为中国科学院院士（学部委员）。素以治学严谨著称。在理论物理各领域都具有很深的造诣，发表学术论文三十余篇。主要著作有《热力学》《统计物理学导论》《简明十位对数表》等。还采用自己创制的新部首检字法，编纂了《新部首大字典》，为中国的语言文字工作做出了贡献。

【季羡林】（1911—2009）山东临清市人。著名东方学家、梵文学家，中国东方学的奠基人，北京大学文科资深教授。1941 年获德国哥廷根大学哲学博士学位。1946 年任北京大学教授，主持创办东方语言文学系，并任系主任长达四十年。1956 年当选为中国科学院哲学社会科学部委员。曾任北京大学副校长，国务院学位委员会委员，中国外国文学学会会长，中国敦煌吐鲁番研究会会长等职。一生治学严谨，著作等身，在国内外享有盛誉。主要著作有《中印文化关系史论集》《罗摩衍那初探》《印度古代语言论集》《糖史》等。

【侯仁之】（1911—2013）原籍山东恩县，生于河北枣强。著名历史地理学家，中国科学院院士。1932 年入燕京大学历史系学习。1949 年获英国利物浦大学哲学博士学位。先后任燕京大学、清华大学、北京大学教授。曾担任北京大学副教务长、地质地理系主任、地理系主任，中国地理学会副理事长，北京市文物古迹保护委员会主任委员，国务院学位委员会第一届学科评议组成员等职务。主要代表性著作有《历史地理学的理论与实践》《历史地理学四论》《侯仁之文集》《北京历史地图集》（一、二集）等。

【金克木】（1912—2000）笔名辛竹、止默。安徽寿县人。著名梵语文学家、语言学家、翻译家。自学成才。1935 年任北京大学图书馆职员。1939 年执教于湖南大学文学院。1946 年，任武汉大学哲学系教授。1948 年到北京大学任教授，兼任全国政协委员，九三学社中央参议委员等职。长期从事印度文学、哲学、文化以及中西文化比较的研究和教学，学术渊博，著述甚丰。主要著作有《梵语文学史》《印度古诗选》《金克木自选集》等。

【闵嗣鹤】（1913—1973）字彦群。祖籍江西奉新，生于北京。著名数学家。1935 年毕业于北京师范大学。1945 年入英国牛津大学，1947 年获博士学位。1952 年任北京大学数学力学系教授。曾任中国科学院数学研究所专门委员，北京数学会理事等职。最主要的成就在于解析数论。主要著作有《数论的方法》《格点和面积》等。

【周一良】（1913—2001）曾用字太初。安徽东至人，生于山东青岛。著名历史学家。1944 年获哈佛博士学位。1947 年任清华大学教授。1952 年任北京大学历史系教授。先后任历史系副主任、主任。曾任中国史学会理事，中国日本史学会名誉会长，中华日本学会副会长，北京中日文化交流史研究会会长等职。主要著述有《亚洲各国古代史》（上册）、《中日文化关系史论集》《魏晋南北朝史论集》《魏晋南北朝史札记》等。

【王瑶】（1914—1989）字昭琛，山西平遥人，著名文学史家。1943 年毕业于清华大学中文系。1952 年任北京大学中文系教授。曾兼任中国现代文学研究会会长、国务院学位委员会文学评议组成员、中国民主同盟中央文化委员会副主任等职。曾任第二、六、七届全国政协委员。主要著作有《中国新文学史稿》《鲁迅与中国文学》《李白》《中国诗歌发展讲话》《中古文学史论集》等。

【李赋宁】（1917—2004）祖籍陕西，生于江苏南京。西方语言文学大师，著名教育家，翻译家。1949 年在耶鲁大学获博士学位。1952 年开始任北京大学西语系教授。1981 年成为我国首批博士生导师之一。曾任北京大学副教务长，西语系、英语系主任，兼任国务院学位委员会学科评议组成员和特约成员、中国英国文学学会名誉会长、中国外语教学研究会副会长等职。学识渊博，治学范围宽阔，代表著述有《英语史》《李赋宁论英语学习和西方文学》《英国文学论述文集》《漫谈英语学习》等。

【黄昆】（1919—2005）原籍浙江嘉兴，生于北京。著名理论物理学家。1948 年获英国布里斯托大学哲学博士学位。1951—1977 年任北京大学物理系教授。1977—1983 年任中国科学院半导体研究所所长。1955 年当选为中国科学院院士（学部委员）。黄昆对固体物理学做出许多开拓性的贡献，他和 M.Born 合著的《晶格动力学理论》成为该学科领域的权威著作。2002 年荣获国家最高科学技术奖。主要著作有《固体物理学》《半导体物理学》《半导体物理基础》等。

【朱德熙】（1920—1992）江苏苏州人，著名语言学家、古文字学家、教育家。曾任清华大学、北京大学教授。长期从事现代汉语语法和古文字学的教学和研究工作，为祖国的语言学事业做出了杰出的贡献。主要著述有《现代汉语语法研究》《语法讲义》《语法问答》《语法丛稿》等。

【徐光宪】（1920—　）浙江绍兴人。当代著名化学家、中科院院士。1951 年获美国哥伦比亚大学物理化学博士学位，回国后到北京大学任教至今。现任北京大学化学系教授、博士生导师。历任北京大学原子能系（后改为技术物理系）副主任、稀土化学研究中心主任，国家自然科学基金委员会化学科学部主任，中国化学学会理事长，中国稀土学会副理事长等职。主要著作有《物质结构》《量子化学——基本原理和从头计算法》《萃取化学原理》《徐光宪文集》等。

【许渊冲】（1921—　）江西南昌人。当代著名学者、翻译家。1943 年毕业于国立西南联合大学外语系。自 1951 年起，历任军委总参外语院校英文、法文教授，1983 年起任北京大学国际文化教授。现为北京大学教授、博士生导师。已在国内外出版中、英、法文文学作品五十余部，是把中国历代诗词全面地、系统地译成英、法韵文的唯一专家。又把英、法文世界文学十种名著译成中文，在国内外影响甚大。

【吴小如】（1922—2014）原名吴同宝，安徽泾县人。当代著名学者，文史研究专家。1945 年考入燕京大学文学院，翌年转清华大学中文系，1947 年再转北京大学中文系。1951 年任燕京大学中文系助教，1952 年起历任北京大学中文系讲师、教授，1983 年后转任北京大学中古史研究中心教授。著作有《台下人语》《吴小如戏曲文录》《古典小说漫稿》等。

【田余庆】（1924—2014）湖南湘阴人。当代著名历史学家。1950 年毕业于北京大学史学系。历任北京大学文科研究所助教，历史系助教、讲师、教授，北京大学资深教授、历史系主任、系学术委员会主席等职，对北京大学历史学系的发展做出了突出贡献。曾兼任国务院学术委员会历史学科评议组成员、国务院古籍整理与出版规划小组成员等职务。主要研究方向为中国古代史、秦汉魏晋南北朝史。代表作为《东晋门阀政治》《秦汉魏晋史探微》《拓跋史探》等。

【邓稼先】（1924—1986）安徽怀宁人。著名核物理学家，中国核武器理论研究工作的奠基者和开拓者之一，中国研制和发展核武器的技术组织领导者之一，中国原子弹理论设计总负责人。中国科学院院士。1945 年毕业于西南联合大学物理系，次年受聘任北京大学物理系助教。1948 年赴美留学，于 1950 年获博士学位，回国后在中国科学院近代物理研究所、原子能研究所任助理研究员、副研究员。从原子弹氢弹原理的突破和试验成功及其武器化，到新的核武器的重大原理突破和研制试验，邓稼先都做出了重大贡献。1999 年被授予两弹一星功勋奖。

【汤一介】（1927—2014）原籍湖北黄梅，生于天津。当代著名学者、哲学家。1951 年毕业于北京大学哲学系。当代著名哲学家、哲学史家、哲学教育家。曾任北京大学文科资深教授，中央文史研究馆馆员、中国哲学与文化研究所所长，中国文化书院院长、中国东方文化研究会副理事长、中国炎黄文化研究会副会长、中华孔子学会副会长，国际价值与哲学研究会理事。著有《魏晋南北朝时期的道教》《郭象与魏晋玄学》《中国传统文化中的儒道释》等。

【厉以宁】（1930— ）江苏仪征人，著名经济学家。1955 年毕业于北京大学经济系，后留校任教。现为北京大学文科资深教授、博士生导师。曾任北京大学经济管理系系主任、北京大学工商管理学院院长、光华管理学院院长。兼任全国人大财经委员会副主任委员、中国民主同盟中央委员会副主席、中国环境与发展国际合作委员会委员。主要专著有《现代西方经济学概论》《教育经济学》《社会主义政治经济学》等。

【谢冕】（1932— ）福建福州人。曾用笔名谢鱼梁。当代著名学者、诗人。1955 年考入北京大学中国语言文学系，1960 年毕业留校任教至今。现为北京大学教授、博士研究生导师，北京大学中国语言文学研究所所长，北京作家协会副主席，中国当代文学研究会副会长。

【袁行霈】（1936— ）原籍江苏武进，生于济南。当代著名学者、古典文学专家。现任北京大学文科资深教授、博士生导师，国学研究院院长，中央文史馆馆长，民盟中央副主席，国务院学位委员会委员。主要著作有《中国诗歌艺术研究》《中国文学概论》《陶渊明集笺注》《中国文学史》四卷（主编）。

【王选】（1937—2006）江苏无锡人。著名计算机科学家。中国科学院院士，中国工程院院士。1954 年考入北大数学力学系，1958 年毕业，留校在无线电系任助教。1979 年起历任北京大学计算机科学技术研究所教授、副所长、所长，计算机应用专业博士生导师。曾任九三学社第十一届中央委员会副主席、第十届全国政协副主席。2001 年获国家最高科学技术奖。王选是我国汉字激光照排系统创始人和技术负责人。他所领导的科研集体研制出的汉字激光照排系统为新闻、出版全过程的计算机化奠定了基础，被誉为“汉字印刷术的第二次发明”。他本人则被称为“当代毕昇”。

参考文献[①]

1. 白化文:《负笈北京大学》，南昌：江西教育出版社 2007 年版。

2. 北京大学校刊编辑部:《精神的魅力》，北京：北京大学出版社 1998 年版。

3. 蔡元培著、文明国编:《蔡元培自述》，北京：人民日报出版社 2011 年版。

4. 陈平原、夏晓虹:《北大旧事》，北京：生活·读书·新知三联书店 1998 年版。

5. 陈平原:《老北大的故事》，南京：江苏文艺出版社 1998 年版。

6. 程千帆、唐文:《量守庐学记》，北京：生活·读书·新知三联书店 2006 年版。

7. 杜家贵:《北大红楼：永远的丰碑》，北京：中国社会科学文献出版社 2012 年版。

8. 郭建荣、杨慕学:《北大的大师们》，北京：中国经济出版社 2005 年版。

9. 郭建荣、杨慕学:《北大的学子们》，北京：中国经济出版社 2006 年版。

10. 何炳棣:《读史阅世六十年》，桂林：广西师范大学出版社 2009 年版。

11. 何兆武口述、文靖撰写:《上学记》，北京：生活·读书·新知三联书店 2008 年版。

12. 胡适著、欧阳哲生编:《读书与治学》，北京：生活·读书·新知三联书店 1999 年版。

13. 李宏主:《北大逸事》，沈阳：辽海出版社 1999 年版。

14. 李宪瑜:《北大缤纷一百年》，北京：北京大学出版社 1999 年版。

① 按编著者首字音序排列。

15. 李振东：《北大的校长们》，北京：中国经济出版社 2003 年版。

16. 刘克选、方明东：《北大与清华：中国两所著名高等学府的历史与风格》，北京：国家行政学院出版社 1998 年版。

17. 刘培育：《金岳霖的回忆与回忆金岳霖》（增补本），成都：四川教育出版社 2000 年版。

18. 罗尔纲：《师门五年记·胡适琐记》（增补本），北京：生活·读书·新知三联书店 2006 年版。

19. 马嘶：《学人往事》，北京：时事出版社 2000 年版。

20. 牧州、牧小：《北大故事：名人眼中的老北大》，北京：中国物价出版社 1998 年版。

21. 盛珂、子非：《北大百年散文精选》，北京：中央编译出版社 2002 年版。

22. 孙铁：《北大先生们》，北京：中国人民大学出版社 2003 年版。

23. 汤一介：《北大校长与中国文化》，北京：北京大学出版社 1998 年版。

24. 王世儒、闻笛：《我与北大："老北大"话北大》，北京：北京大学出版社 1998 年版。

25. 王煦华：《顾颉刚先生学行录》，北京：中华书局 2006 年版。

26. 萧超然：《北京大学与五四运动》，北京：北京大学出版社 1995 年版。

27. 萧超然：《巍巍上庠百年星辰：名人与北大》，北京：北京大学出版社 1998 年版。

28. 肖东发、杨承运：《北大学者谈读书（修订本）》，北京：北京图书馆出版社 2002 年版。

29. 肖东发、李云、沈弘：《风骨：从京师大学堂到老北大》，北京：北京图书馆出版社 2003 年版。

30. 肖东发、陈光中：《风范：北大名人寓所及轶事》，北京：北京图书馆出版社 2004 年版。

31. 橡子、谷行：《北大往事》，北京：新世界出版社 2002 年版。

32. 熊十力：《十力语要》，上海：上海书店出版社 2007 年版。

33. 许宝骙先生纪念文集编委会：《道德文章垂范人间：纪念许宝騄先生百

年诞辰》，北京：北京大学出版社 2010 年版。

34. 叶新：《近代学人轶事》，天津：百花文艺出版社 2005 年版。

35. 袁行霈：《袁行霈学术文化随笔》，北京：中国青年出版社 1998 年版。

36. 余开亮、李满意：《国学大师的养生智慧》，北京：东方出版社 2006 年版。

37. 赵为民：《青春的北大》，北京：北京大学出版社 1998 年版。

38. 张世林：《学林往事》（上、中、下册），北京：朝华出版社 2000 年版。

39. 张友仁：《北大清华的教授们》，香港：凌天出版社 2005 年版。

40. 张中行：《桑榆琐话：张中行散文精选》，深圳：海天出版社 2001 年版。

41. 中共中央统战部：《知识分子的榜样：王选》，北京：学苑出版社 2007 年版。

42. 北京大学新闻网、校友网、招生网等相关文章。